Berufspraxis Rechtsanwälte

Doukoff: Die zivilrechtliche Berufung

Die zivilrechtliche Berufung

von

Norman Doukoff, M.A.
Richter am Oberlandesgericht München

3. völlig neu bearbeitete Auflage

VERLAG C. H. BECK MÜNCHEN 2005

Verlag C. H. Beck im Internet:
beck.de

ISBN 3 406 52974 7

Druck und Bindung: Nomos Verlagsgesellschaft
In den Lissen 12, 76547 Sinzheim

Satz: Fotosatz H. Buck,
Zweikirchener Str. 7, 84036 Kumhausen

Gedruckt auf säurefreiem, alterungsbeständigem Papier
(hergestellt aus chlorfrei gebleichtem Zellstoff)

Vorwort zur dritten Auflage

Das Berufungsrecht ist, was leider immer wieder verkannt wird, eine hochspezialisierte Materie.[1] Dies gilt nach Inkrafttreten des ZPO-RG mit seiner Einschränkung der berufungsgerichtlichen Kontrollmöglichkeiten und der Neuregelung der Revision mehr denn je.[2]

Die vorliegende Schrift, deren bisherige Auflagen in der Kritik und bei den Lesern eine freundliche Aufnahme fanden, möchte dem Anwalt auch in der Neuauflage sowohl konkrete Hilfe im Einzelfall als auch die Grundlagen für eine Spezialisierung im Hinblick auf die immer wieder – zurecht – erhobene Forderung nach Einführung eines Fachanwalts für Berufungsrecht[3] bieten durch

- die umfassende Erörterung der einzelnen Schritte der Bearbeitung eines Berufungsmandats, wobei auf kosten- und gebührenrechtliche Fragen ebenso eingegangen wird wie auf die Besonderheiten des arbeitsgerichtlichen Berufungsverfahrens;
- ABC-Stichwortreihen und Rechtsprechungsübersichten;
- ausgewählte Zitate aus der (insbesondere auch unveröffentlichten) Rechtsprechung und einen umfangreichen Anmerkungsapparat, der dem Benutzer die notwendige eigenverantwortliche, differenzierte Argumentation gegenüber Gericht und Gegner ermöglicht,[4] was in einer Zeit von besonderer Bedeutung ist, wo auch Oberlandesgerichte hergebrachte Grundsätze rechtwissenschaftlichen Arbeitens zugunsten einer ergebnisorientierten Meinungsselektion aufgeben;
- Formulierungshilfen und Schriftsatzmuster.

Den Schwerpunkt der Neubearbeitung bildet die Einarbeitung des Kostenrechtsmodernisierungsgesetzes vom 5.5.2004, des Justizmodernisierungsgesetzes vom 24.8.2004, des vom Bundestag am 28.10.2004 einstimmig verabschiedeten Anhörungsrügegesetzes sowie der seit der Vorauflage veröffentlichten außerordentlich umfangreichen Rechtsprechung und Literatur. Auch der Regierungsentwurf zum Justizkommunikationsgesetz vom 28.7./28.10.2004 ist bereits durchgehend berücksichtigt. Darüber hinaus wurde der gesamte Text gründlich überarbeitet und in erheblichem Umfang neu geschrieben. Gesetzgebung, Rechtsprechung und Literatur sind bis Ende Oktober 2004 und, soweit es die Drucklegung erlaubte, auch darüber hinaus eingearbeitet worden.

---

[1] Vgl. in dieser Richtung etwa *Stallmeister* S. 386 li. Sp. und *Tilmann* S. 482.

[2] Vgl. jüngst nachdrücklich BGH NJW 2004, 1455.

[3] Grundlegend *Koch* S. 582; zustimmend *Stobbe* S. 436 und *Becker* S. 96; auch der „Bericht zur Rechtsmittelreform in Zivilsachen" erwägt für den Fall einer einheitlichen Simultanzulassung die Einführung eines Fachanwalts für Berufungsrecht (S. 10 unter A II 10.1.1); vgl. ferner *Oberheim* Rn. 2.

[4] Das bloße Zitieren von Fundstellen genügt nämlich nicht (vgl. BVerfG NJW 1987, 2499) und der unkritische Umgang mit *„gängigen Handkommentaren"* und redaktionellen Leitsätzen ist gefährlich (vgl. BGH NJW 1985, 495 einerseits und OLG München OLGR 1993, 87 andererseits; ferner eingehend *Prechtel* S. 108).

Danken möchte ich zunächst erneut meiner Frau, Rechtsanwältin Beate Doukoff, für zahlreiche Hinweise hinsichtlich Konzeption und Inhalt, für die stete Vermittlung der spezifisch anwaltlichen Sichtweise sowie das Korrekturlesen. Danken möchte ich weiter meinen Kollegen im 10. Zivilsenat des Oberlandesgerichts München für viele intensive Gespräche insbesondere auch über das berufungsrichterliche Selbstverständnis. Danken möchte ich schließlich ganz besonders dem Verlag C. H. Beck für die Möglichkeit einer Neuauflage und die großzügige technische Unterstützung.

Für Anregungen und Verbesserungsvorschläge ist der Verfasser auch in Zukunft dankbar.

München, im November 2004 *Norman Doukoff*

Inhaltsverzeichnis

Abkürzungsverzeichnis

a.A.	anderer Ansicht
abl.	ablehnend
AcP	Archiv für die civilistische Praxis (1828 ff.)
a.E.	am Ende
a.F.	alte Fassung
AF/Bearbeiter	*Heidel/Pauly/Amend* (Hrsg.), AnwaltFormulare
AG	Amtsgericht
AGS	Anwaltsgebühren Spezial (1993 ff.)
AK-ZPO/Bearbeiter	*Ankermann/Wassermann* (Hrsg.), Alternativkommentar zur ZPO
Anm.	Anmerkung
AnwBl	Anwaltsblatt (1950/51 ff.)
AnwHdb-ArbR/Bearbeiter	*Tschöpe* (Hrsg.), Anwalts-Handbuch Arbeitsrecht
AP	Arbeitsrechtliche Praxis, Nachschlagewerk des Bundesarbeitsgerichts (1950 ff.)
ARB	Allgemeine Bedingungen für die Rechtsschutzversicherung
ArbGG	Arbeitsgerichtsgesetz
AR-Blattei SD/Bearbeiter	*Dieterich/Neef/Schwab* (Hrsg.), Arbeitsrechts-Blattei – Systematische Darstellungen
Az.	Aktenzeichen
BAG	Bundesarbeitsgericht
BAGE	Entscheidungen des Bundesarbeitsgerichts (1954 ff.)
BauR	Baurecht (1970 ff.)
BayJMBl	Bayerisches Justizministerialblatt (1947 ff.)
BayObLG	Bayerisches Oberstes Landesgericht
BayVerfGH	Bayerischer Verfassungsgerichtshof
BB	Betriebsberater (1946 ff.)
Begr.	Begründung
Beschl.	Beschluß
BFH	Bundesfinanzhof
BFHE	Sammlung der Entscheidungen des BFH (1952 ff.)
BFH/NV	Sammlung amtlich nichtveröffentlichter Entscheidungen des BFH (1985 ff.)
BGB	Bürgerliches Gesetzbuch
BGBl.	Bundesgesetzblatt
BGH	Bundesgerichtshof
BGHR	BGH-Rechtsprechung (1987 ff.)
BGHReport	BGHReport (1989 ff.)

BGHZ .... Entscheidungen des Bundesgerichtshofs in Zivilsachen (1951 ff.)
BinnSchVerfG .... Gesetz über das gerichtliche Verfahren in Binnenschiffahrtssachen
BL/Bearbeiter .... *Baumbach/Lauterbach/Albers/Hartmann*, ZPO
BPatG .... Bundespatentgericht
BPatGE .... Entscheidungen des BPatG (1962 ff.)
BProzFb/Bearbeiter ...... *Locher/Mes* (Hrsg.), Beck'sches Prozeßformularbuch
BRAGO .... Bundesrechtsanwaltsgebührenordnung
BRAK-Mitt. .... BRAK-Mitteilungen (Mitteilungen der Bundesrechtsanwaltskammer, 1969 ff.)
BRiHb/Bearbeiter .... *Seitz/Büchel* (Hrsg.), Beck'sches Richter-Handbuch
BSG .... Bundessozialgericht
BSGE .... Entscheidungen des Bundessozialgerichts (1955 ff.)
Bsp. .... Beispiel
BStBl. .... Bundessteuerblatt (Teil I – III, 1951 ff., Teil III bis 1967)
BT-Dr. .... Bundestagsdrucksache
BVerfG .... Bundesverfassungsgericht
BVerfGE .... Entscheidungen des Bundesverfassungsgerichts (1952 ff.)
BVerwG .... Bundesverwaltungsgericht
C.C. .... Code Civil
CISG .... Übereinkommen der Vereinten Nationen über Verträge über den internationalen Warenkauf (UN-Kaufrechtsabkommen) vom 11.4.1980
CR .... Computer und Recht (1985 ff.)
DAV .... Deutscher Anwaltverein
DB .... Der Betrieb (1948 ff.)
DGVZ .... Deutsche Gerichtsvollzieher-Zeitung (1881 ff.)
DÖV .... Die Öffentliche Verwaltung (1948 ff.)
DR .... Deutsches Recht (1931–1945)
DRiZ .... Deutsche Richterzeitung (1909 ff.)
DRZ .... Deutsche Rechts-Zeitschrift (1946–1950)
DStR .... Deutsches Steuerrecht (1962/63 ff.)
DVBl. .... Deutsches Verwaltungsblatt (1950 ff.)
EGMR .... Europäischer Gerichtshof für Menschenrechte
Einl. .... Einleitung
EMRK .... Europäische Menschenrechtskonvention
ErfKoArbR/Bearbeiter ... *Dieterich/Müller-Glöge/Preis/Schaub* (Hrsg.), Erfurter Kommentar zum Arbeitsrecht
EuGVÜ .... Brüsseler EWG-Übereinkommen über die gerichtliche Zuständigkeit und die Vollstreckung gerichtlicher Entscheidungen in Zivil- und Handelssachen vom 27.9.1968

EuGVVO .... Verordnung (EG) Nr. 44/des Rates 2001 über die gerichtliche Zuständigkeit und die Anerkennung und Vollstreckung von Entscheidungen in Zivil- und Handelssachen vom 22.12.2000
EWiR .... Entscheidungen zum Wirtschaftsrecht (1985 ff.)
EzA .... Entscheidungssammlung zum Arbeitsrecht (1954 ff.)
EzFamR .... Entscheidungen zum Familienrecht (1980 ff.)
FA .... Fachanwalt Arbeitsrecht (1997 ff.)
FamRB .... Der Familien-Rechts-Berater (2002 ff.)
FamRZ .... Zeitschrift für das gesamte Familienrecht (1954 ff.)
FF .... Forum Familienrecht (1997 ff.)
Fn. .... Fußnote
FPR .... Familie Partnerschaft Recht (1995 ff.)
FuR .... Familie und Recht (1991 ff.)
GbR .... Gesellschaft des bürgerlichen Rechts
GE .... Das Grundeigentum (1956 ff.)
GG .... Grundgesetz
GKG .... Gerichtskostengesetz
GK-ArbGG/Bearbeiter ... *Ascheid/Leinemann/Wenzel* (Hrsg.), Gemeinschaftskommentar zum Arbeitsgerichtsgesetz
GMP/Bearbeiter .... *Germelmann/Matthes/Prütting/Müller-Glöge*, ArbGG
GmS-OGB .... Gemeinsamer Senat der obersten Gerichtshöfe des Bundes
grdl. .... grundlegend
Gruchot .... Beiträge zur Erläuterung des Deutschen Rechts (1857–1933)
GRUR .... Gewerblicher Rechtsschutz und Urheberrecht (1896 ff.)
GRUR-RR .... GRUR-Rechtsprechungs-Report (2001 ff.)
GS .... Großer Senat
GSZ .... Großer Senat in Zivilsachen
GVG .... Gerichtsverfassungsgesetz
Hako/Bearbeiter .... *Fiebig/Gallner/Griebeling/Mestwerdt/Nägle/Pfeiffer*, Kündigungsschutzgesetz
HdbVorlR/Bearbeiter ..... *Dunkl/Moeller/Baur/Feldmeier*, Handbuch des vorläufigen Rechtsschutzes
HdbStraßenverkR/Bearbeiter *Berz/Burmann*, Handbuch des Straßenverkehrsrechts
h.L. .... herrschende Lehre
h.M. .... herrschende Meinung
Hs. .... Halbsatz
HWK/Bearbeiter .... *Henssler/Willemsen/Kalb*, Arbeitsrecht- Kommentar
i.d.F. .... in der Fassung
i.e. .... im einzelnen
IPRax .... Praxis des Internationalen Privat- und Verfahrensrechts (1981 ff.)
i.S.d. .... im Sinne des
i.V.m. .... in Verbindung mit

JA	Juristische Arbeitsblätter (1969 ff.)
JMBlNRW	Justizministerialblatt für Nordrhein-Westfalen (1947 ff.)
JKomG	Justizkommunikationsgesetz
JuMoG	Justizmodernisierungsgesetz vom 24.8.2004
JR	Juristische Rundschau (1947 ff.)
Jura	Jura (1979 ff.)
JurBüro	Das Juristisches Büro (1956 ff.)
juris	Juristisches Informationssystem
jurisPR-BGHZivilR	juris PraxisReport Zivilrecht (2003 ff.)
JuS	Juristische Schulung (1961 ff.)
Justiz	Die Justiz (1952 ff.)
JW	Juristische Wochenschrift (1872–1939)
JZ	Juristenzeitung (1951 ff.)
KG	Kammergericht
KritV	Kritische Vierteljahresschrift für Gesetzgebung und Rechtswissenschaft (1859 ff.)
K&R	Kommunikation und Recht (1998 ff.)
KostRMoG	Kostenrechtsmodernisierungsgesetz
KostRspr.	Kostenrechtsprechung (1961 ff.)
KR/Bearbeiter	*Becker/Hillebrecht/Etzel*, Gemeinschaftskommentar zum Kündigungsschutzrecht und zu sonstigen kündigungsschutzrechtlichen Vorschriften
KTS	KTS – Zeitschrift für Insolvenzrecht (1927 ff.)
KV-GKG	Kostenverzeichnis zum Gerichtskostengesetz
LAG	Landesarbeitsgericht
LAGE	Entscheidungen der Landesarbeitsgerichte (1985 ff.)
LAGR	LAGReport (2001 ff.)
LG	Landgericht
li. Sp.	linke Spalte
LM	*Lindenmaier/Möhring* (Hrsg.), Nachschlagewerk des Bundesgerichtshofs (1951 ff.)
LMK	Kommentierte BGH-Rechtsprechung Lindenmaier-Möhring (2003 ff.)
Ls.	Leitsatz
LugÜ	Luganer Übereinkommen über die gerichtliche Zuständigkeit und die Vollstreckung gerichtlicher Entscheidungen in Zivil- und Handelssachen vom 16.9.1988
LwVG	Gesetz über das gerichtliche Verfahren in Landwirtschaftssachen
LZ	Leipziger Zeitschrift für Deutsches Recht (1907–1933)
MAH-Versicherungsrecht/Bearbeiter	*Terbille* (Hrsg.), Münchener Anwaltshandbuch Versicherungsrecht
MDR	Monatsschrift für Deutsches Recht (1947 ff.)
MüKo-ZPO/Bearbeiter	*Lüke/Wax* (Hrsg.), Münchner Kommentar zur ZPO

MüProzFb-ArbR/Bearbeiter *Zirnbauer* (Hrsg.), Münchener Prozeßformularbuch, Bd. 6 Arbeitsrecht
Musielak/Bearbeiter ...... *Musielak* (Hrsg.), ZPO
m.w.N. .... mit weiteren Nachweisen
Nds.Rpfl. .... Niedersächsische Rechtspflege (1947 ff.)
NJ .... Neue Justiz (1947 ff.)
NJOZ .... Neue Juristische Online-Zeitschrift (2001 ff.)
NJW .... Neue juristische Wochenschrift (1947/48 ff.)
NJW-RR .... NJW-Rechtsprechungs-Report Zivilrecht (1986 ff.)
NJWE-WettbR .... NJW-Entscheidungsdienst Wettbewerbsrecht (1996–2000)
NordÖR .... Zeitschrift für öffentliches Recht in Norddeutschland (1998 ff.)
n.v. .... nicht veröffentlicht
NZA .... Neue Zeitschrift für Arbeitsrecht (1984 ff.)
NZA-RR .... NZA-Rechtsprechungs-Report (1996 ff.)
NZBau .... Neue Zeitschrift für Baurecht und Vergaberecht (2000 ff.)
NZG .... Neue Zeitschrift für Gesellschaftsrecht (1998 ff.)
NZM .... Neue Zeitschrift für Miet- und Wohnungsrecht (1998 ff.)
NZS .... Neue Zeitschrift für Sozialrecht (1992 ff.)
NZV .... Neue Zeitschrift für Verkehrsrecht (1988 ff.)
OLG .... Oberlandesgericht
OLG-NL .... OLG-Rechtsprechung Neue Länder (1994 ff.)
OLGR .... OLG-Report (1992 ff.)
OLGRspr. .... Die Rechtsprechung der Oberlandesgerichte auf dem Gebiete des Zivilrechts (1900–1928)
OLGZ .... Entscheidungen der Oberlandesgerichte in Zivilsachen einschließlich der freiwilligen Gerichtsbarkeit (1965–1994)
PKH .... Prozeßkostenhilfe
pr. .... principium
PraxhdbFamR/Bearbeiter . *Garbe/Oelkers* (Hrsg.), Praxishandbuch Familienrecht
ProzRB .... Der Prozeß-Rechts-Berater (2002 ff.)
RAG .... Reichsarbeitsgericht
RAnz. .... Deutscher Reichs-Anzeiger und Preußischer Staats-Anzeiger (1871–1945)
RdA .... Recht der Arbeit (1948 ff.)
RegE/AnhörungsrügenG .. Regierungsentwurf eines Gesetzes über die Rechtsbehelfe bei Verletzung des Anspruchs auf rechtliches Gehör (Anhörungsrügengesetz) vom 25.8.2004
RefE/FormVAnpG .... Referentenentwurf eines Gesetzes zur Anpassung der Formvorschriften des Privatrechts und anderer Vorschriften an den modernen Rechtsgeschäftsverkehr vom 5.6.2000

RegE/FormVAnpG ……	Regierungsentwurf eines Gesetzes zur Anpassung der Formvorschriften des Privatrechts und anderer Vorschriften an den modernen Rechtsgeschäftsverkehr vom 6.9.2000
RegE/JKomG …………	Regierungsentwurf eines Gesetzes über die Verwendung elektronischer Kommunikationsformen in der Justiz vom 28.7./28.10.2004
RefE/JuMoG …………	Referentenentwurf eines Gesetzes zur Modernisierung der Justiz vom 28.4.2003
RegE/JuMoG …………	Regierungsentwurf eines Gesetzes zur Modernisierung der Justiz vom 2.9.2003
RefE/ZPO-RG …………	Referentenentwurf eines Zivilprozessreformgesetzes vom 23.12.1999
RegE/ZPO-RG …………	Regierungsentwurf eines Zivilprozessreformgesetzes vom 6.9.2000
re. Sp. …………………	rechte Spalte
RG ………………………	Reichsgericht
RGBl. …………………	Reichsgesetzblatt (1871–1945)
RGZ ……………………	Entscheidungen des Reichsgerichts (1880–1945)
RhSchOG ……………	Rheinschiffahrtsobergericht
Rn. ……………………	Randnummer
Rpfleger ……………	Der Deutsche Rechtspfleger (1931 ff.)
r + s ……………………	Recht und Schaden (1974 ff.)
RVG ……………………	Rechtsanwaltsvergütungsgesetz
RzW ……………………	Rechtsprechung zum Wiedergutmachungsrecht (1949/50–1981)
S. ………………………	Seite; Satz
SAE ……………………	Sammlung arbeitsrechtlicher Entscheidungen (1948 ff.)
SchlHA ………………	Schleswig-Holsteinische Anzeigen (1750 ff.)
Sen. ……………………	Senat
Sp. ……………………	Spalte
St/J/Bearbeiter …………	Stein/Jonas, Kommentar zur ZPO
stRspr. …………………	ständige Rechtsprechung
URL ……………………	Uniform Resource Locator (= Internetadresse; wird in Anlehnung an ISO 690–2 zitiert)
Urt. ……………………	Urteil
VersR …………………	Versicherungsrecht (1950 ff.)
VGH …………………	Verwaltungsgerichthof
VRS ……………………	Verkehrsrechts-Sammlung (1949 ff.)
VV ……………………	Vergütungsverzeichnis zum RVG
VVG …………………	Versicherungsvertragsgesetz
VZS …………………	Vereinigte Zivilsenate (des RG)
Warn. …………………	Warneyer
WM ……………………	Wertpapiermitteilungen (1947 ff.)
WoM …………………	Wohnungswirtschaft und Mietrecht (1948 ff.)
WRP …………………	Wettbewerb in Recht und Praxis (1955 ff.)
ZAP ……………………	Zeitschrift für die Anwaltspraxis (1989 ff.)

ZErb .... Zeitschrift für die Steuer- und Erbrechtspraxis (1999 ff.)
zfs .... Zeitschrift für Schadensrecht (1980 ff.)
ZGS .... Zeitschrift für das gesamte Schuldrecht (2002 ff.)
ZIP .... Zeitschrift für Wirtschaftsrecht (1980 ff.)
zit. .... zitiert
ZMR .... Zeitschrift für Miet- und Raumrecht (1952 ff.)
ZPO .... Zivilprozeßordnung
ZPO-RG .... Gesetz zur Reform der Zivilprozessordnung vom 27.7.2001
ZRP .... Zeitschrift für Rechtspolitik (1968 ff.)
ZS .... Zivilsenat
ZTR .... Zeitschrift für Tarif-, Arbeits- und Sozialrecht des öffentlichen Dienstes (1987 ff.)
ZustRG .... Zustellungsreformgesetz
ZZP .... Zeitschrift für Zivilprozeß (1879 ff.)

Literaturverzeichnis

Abrahams, Präklusion und Fluchtwege im Zivilprozeß, AnwBl 1999, 168 ff.

Althammer, „Beschwer“ und „Beschwerdegegenstand“ im reformierten Berufungsrecht gemäß § 511 II Nr. 1, 2, IV ZPO – unter Einbeziehung der Entscheidung BGH NJW 2002, 2720, NJW 2003, 1079 ff.

Anders/Gehle, Antrag und Entscheidung im Zivilprozess, 3. Aufl. Düsseldorf 2000.

Ankermann/Wassermann (Hrsg.), Alternativkommentar zur ZPO, Neuwied 1987.

Anwaltsblattgespräch mit der Bundesjustizministerin vom 24.8.1999, AnwBl 1999, 586 ff.

Anwaltsverband Baden-Württemberg, Stellungnahme, AnwBl 2000, 45 ff.

Arndt, Der Prozeßvergleich, DRiZ 1965, 188 ff.

Ascheid/Preis/Schmidt, Kündigungsrecht, München 2004

Ascheid/Leinemann/Wenzel (Hrsg.), Gemeinschaftskommentar zum Arbeitsgerichtsgesetz, Neuwied (Stand) 2004

Ast/Bellgardt/Hintzen/Müller/Ruess, Luchterhand Prozeßformularsammlung, Neuwied (Stand) 2004 (zit. Luchterhand Prozeßformularsammlung).

Avenarius, Bestimmheitsanforderungen an den Berufungsantrag im Zivilprozeß, NJ 1993, 450 ff.

Backmeister/Trittin/Mayer, Kündigungsschutzgesetz, 3. Aufl. München 2004.

Ball, Die Berufung nach dem ZPO-Reformgesetz, ZGS 2002, 146 ff. (zit. *Ball*, Berufung).

Ball, Rechtsmittel im Mietprozess nach der ZPO-Reform, NZM 2002, 409 ff. (zit. *Ball*, Mietprozess).

Bamberger, Die Reform der Zivilprozessordnung – Eine Wirkungskontrolle, ZRP 2004, 137 ff.

Bauer, Die Kraftfahrtversicherung, 5. Aufl. München 2002.

Bauer/Hahn, Der Auflösungsantrag in zweiter Instanz, DB 1990, 2471 ff.

Baumbach/Hefermehl, Wettbewerbsrecht, 23. Aufl. von Helmut Köhler und Joachim Bornkamm München 2004.

Baumbach/Lauterbach/Albers/Hartmann, ZPO, 63. Aufl. München 2005.

Becht, Grundfragen des Berufungsverfahrens, JuS 1990, 829 ff., 1000 ff.; 1991, 59 ff., 134 ff. (zit. Becht I, II).

Becker, Spezialisierung und Fachanwaltschaften, Tätigkeits- und Interessenschwerpunkte, Fortbildung, in: DAV (Hrsg.), Ratgeber, 7. Aufl. Bonn 1997, S. 85 ff.

Becker/Hillebrecht/Etzel, Gemeinschaftskommentar zum Kündigungsschutzrecht und zu sonstigen kündigungsschutzrechtlichen Vorschriften, 7. Aufl. Neuwied 2004.

Bender/Nack, Tatsachenfeststellung vor Gericht, 2 Bde., 2. Aufl. München 1995.

Bender/Schwarz, Strukturierter Parteivortrag und elektronische Akte, in: CR 1994, 372 ff.

Berz/Burman (Hrsg.), Handbuch des Straßenverkehrsrechts, 13. Aufl. München (Stand) 2004.

Beschlußempfehlung und Bericht des Rechtsausschusses des Bundestags zum ZPO-RG vom 9.5.2001, BT-Drucks. 14/6036.

Beschlußempfehlung und Bericht des Rechtsausschusses des Bundestags zum JuMoG vom 30.6.2004, BT-Drucks. 15/3482.

Bettermann, Anfechtung und Kassation, ZZP 88 (1975) 365 ff. (zit. *Bettermann*, Anfechtung).

Bettermann, Die Beschwer als Rechtsmittelvoraussetzung im deutschen Zivilprozeß, ZZP 82 (1969) 24 ff. (zit. *Bettermann*, Beschwer).

Bischof, Schlanker Staat – Große oder Vernünftige Justizreform, ZRP 1999, 352 ff.

Böhme/Fleck/Bayerlein, Formularsammlung für Rechtsprechung und Verwaltung, 16. Aufl. unter Mitwirkung von *Ludwig Kroiß* München 2003.

Borgmann/Haug, Anwaltshaftung, 3. Aufl. München 1995.

Braunschneider, Zwei Falltüren auf dem Weg zur Berufung, ProzRB 2003, 302 ff. (*Braunschneider*, Falltüren).

Braunschneider, Landgericht, Oberlandesgericht oder Amtsgericht – Wohin mit der Berufung? ProzRB 2004, 18 ff. (*Braunschneider*, Wohin mit der Berufung?).

Braunschneider, Die Berufung – Gründe, Begründung, Begründetheit (I, II, III), ProzRB 2004, 72 ff., 102 ff., 133 ff. (*Braunschneider*, Begründung I, II, III).

Braunschneider, Die Berufung – Mehr, Weniger, Neues, Nichts (I, II), ProzRB 2004, 166 ff., 199 ff. (*Braunschneider*, Antragsänderung I, II).

Braunschneider, JuMoG – Fristenregelung zur Wiedereinsetzung bei der Berufungsbegründung, MDR 2004, 1045 ff. (zit. *Braunschneider*, JuMoG).

Braunschneider, Aktuelle Rechtsprechung zum neuen Berufungsrecht, OLG-Report BayObLG/München/Bamberg/Nürnberg 2004, K 37 ff. (zit. *Braunschneider*, Rechtsprechung).

Brehm, Verfahrenskontrolle und Entscheidung des Berufungsgerichts, ZZP 107 (1994) 463 ff.

Brütting/Eberlein, Elektronischer Rechtsverkehr in Österreich, BRAK-Magazin 01/2004, S. 8.

Büttner, Die Beschwerde gegen eine Prozesskostenhilfe-Entscheidung und Prozesskostenhilfe in der Rechtsmittelinstanz, FPR 2002, 498 ff.

Bull, Prozeßhilfen, 3. Aufl. München 1974.

Bundesjustizministerium, Bericht zur Rechtsmittelreform in Zivilsachen vom 7.6.1999, URL: http://www.brak.de/aktuelles/rreform3b.htm (eingesehen am 5.3.2000; zit. Bericht).

Bundesrechtsanwaltskammer, Änderungsvorschläge zum Zivilprozessreformgesetz, Berlin April 2003, URL: http://www.brak.de/seiten/pdf/Stellungnahmen/aenderungsvorschl_zporeformgesetz.pdf (eingesehen am 14.2.2004; zit. BRAK, Änderungsvorschläge).

Bundesrechtsanwaltskammer, Schreiben an das Bundesministerium der Justiz vom 21.5.2003 zum Referentenentwurf eines Gesetzes zur Modernisierung der Justiz, URL: http://www.brak.de/seiten/pdf/Stellungnahmen/PraesSJuMog.pdf (eingesehen am 3.8.2004; zit. BRAK, Stellungnahme zum RefE/JuMoG).

Bundesrechtsanwaltskammer, Stellungnahme zum Entwurf eines Gesetzes über die Rechtsbehelfe bei Verletzung des Anspruchs auf rechtliches Gehör (Anhörungsrügengesetz), Berlin 18.5.2004, URL: http://www.brak.de/seiten/pdf/Stellungnahmen/zporechtlichesgehoer.pdf (eingesehen am 3.8.2004; zit. BRAK, Stellungnahme zum Anhörungsrügengesetz).

Commichau, Die anwaltliche Praxis, 3. Aufl. Stuttgart 1988.

Crückeberg, Zivilprozeßrecht, 2. Aufl. Bonn 2002 (zit. *Crückeberg*, Zivilprozeßrecht).

Crückeberg, Tatsachenfeststellungen im Urteil der ersten Instanz, MDR 2003, 199 ff. (zit. *Crückeberg*, Tatsachenfeststellungen).

Crückeberg, Unstreitige neue Tatsachen in zweiter Instanz, MDR 2003, 10 f. (zit. *Crückeberg*, Neue Tatsachen).

v. Cube, Berufungsrücknahme per Zwischenruf? NJW 2002, 40.

DAV-Forum „Justizreform – Zivilprozess", AnwBl 2000, Sonderheft zu Heft 5, 1 ff. (zit. *DAV-Forum/Redner*).

Debusmann, Die Reform der ZPO – eine Wirkungskontrolle: Das neue Berufungsrecht, Verhandlungen des 65. Deutschen Juristentags 2004, Bd. I Gutachten – Berichte A, München 2004, S. 44 ff.

Dethloff, Zugang zur Revisionsinstanz, ZRP 2000, 428 ff. (zit. *Dethloff*, Zugang).

Dethloff, Verträge zur Prozessfinanzierung gegen Erfolgsbeteiligung NJW 2000, 2225 ff. (zit. *Dethloff*, Prozessfinanzierung).

Deubner, Über Maßnahmen zur Beschleunigung des Zivilprozesses – eine Stellungnahme zu den einschlägigen Vorschriften des Entwurfs eines Gesetzes zur Änderung der Zivilprozeßordnung, ZZP 82 (1969) 257 ff.

Dieterich/Müller-Glöge/Preis/Schaub (Hrsg.), Erfurter Kommentar zum Arbeitsrecht, 4. Aufl. 2004.

Dieterich/Neef/Schwab (Hrsg.), Arbeitsrechts-Blattei – Systematische Darstellungen, Heidelberg (Stand) 2000/2004.

Doms, Neue ZPO – Umsetzung in der anwaltlichen Praxis, NJW 2002, 777 ff. (zit. *Doms*, Neue ZPO).

Doms, Die Anschlussberufung – ein stumpfes Schwert, NJW 2004, 189 ff. (zit. *Doms*, Anschlussberufung).

Doukoff, Rechtsschutzgewährung bei Rechtsmittelbeschränkung, WoM Beilage zu 12/2000, 40 ff. (zit. *Verf.*).

Dunkl/Moeller/Baur/Feldmeier, Handbuch des vorläufigen Rechtsschutzes, 3. Aufl. München 1999.

Ebel, Die Berufung im Zivilprozessrechtsreformgesetz, ZRP 2001, 309 ff.

Ebmeier/Schöne, Der einstweilige Rechtsschutz, Düsseldorf 1997.

Edelmann/Hellmann, Vollstreckungsschutz in der Berufungsinstanz, AnwBl 1994, 384 ff.

Edenfeld, Anwaltshaftung – Beratungspflichten beim Vergleich, MDR 2001, 972 ff.

Eichele/Klinge, Das Beweisbuch für den Anwalt, Neuwied 1997.

Fellner, ZPO-Reform – Erste Erfahrungen im Berufungsverfahren, MDR 2003, 69 f. (zit. *Fellner*, Erste Erfahrungen).

Fellner, Berücksichtigung eines neuen Sachvortrags mit neuen Angriffs- und Verteidigungsmitteln und die Folgen in der Berufungsinstanz, MDR 2004, 241 ff. (zit. *Fellner*, Neuer Sachvortrag).

Fiebig/Gallner/Griebeling/Mestwerdt/Nägle/Pfeiffer, Kündigungsschutzgesetz, 2. Aufl. Baden-Baden 2004.

Fischer, Bezugnahmen in Tatbeständen und Schriftsätzen im Zivilprozeß, JuS 1995, 535 ff., 623 ff. (zit. *Fischer*, Bezugnahmen).

Fischer, Notwendigkeit des Angriffs gegen das erstinstanzliche Urteil im PKH-Verfahren für das Berufungsverfahren, MDR 2004, 1160 ff. (zit. *Fischer*, PKH).

Fölsch, ZPO-Änderungen durch das 1. Justizmodernisierungsgesetz 2004, MDR 2004, 1029 ff.

Franzki, Die neuen Vorschriften für das Sitzungsprotokoll, DRiZ 1975, 97 ff.

Furtner, Das Urteil im Zivilprozeß, 5. Aufl. München 1985.

Gaier, Klageänderung bei Berufungseinlegung, NJW 2001, 3289 ff. (zit. *Gaier*, Klageänderung).

Gaier, Das neue Berufungsverfahren in der Rechtsprechung des BGH, NJW 2004, 2041 ff. (zit. *Gaier*, Berufungsverfahren).

Ganter, Wiedereinsetzung in den vorigen Stand wegen Versäumung der Berufungsbegründungsfrist ohne Nachholung der Berufungsbegründung? NJW 1994, 164 ff.

Gehrlein, Zivilprozessrecht, 2. Aufl. München 2003 (zit. *Gehrlein*, ZPR).

Gehrlein, Arzthaftungsrecht nach der ZPO-Novelle, VersR 2002, 935 ff. (zit. *Gehrlein*, Arzthaftungsrecht).

Gehrlein, Erste Erfahrungen mit der reformierten ZPO – Erstinstanzliches Verfahren und Berufung, MDR 2003, 421 ff. (zit. *Gehrlein*, Erste Erfahrungen).

Gehrlein, Neue höchstrichterliche Rechtsprechung zur ZPO – Verfahren in der Berufung, MDR 2004, 661 ff. (zit. *Gehrlein*, Rechtsprechung zur Berufung).

Geimer, Internationales Zivilprozeßrecht, 5. Aufl. Köln 2004.

Gerken, Probleme der Anschlussberufung nach § 524 ZPO, NJW 2002, 1095 ff.

Germelmann/Matthes/Prütting/Müller-Glöge, ArbGG, 4. Aufl. München 2002.

Gerold/Schmidt/v. Eicken/Madert/Müller-Rabe, RVG, 16. Aufl. München 2004 (zit. *Gerold/Schmidt/Bearbeiter)*.

Gift/Baur, Das Urteilsverfahren vor den Gerichten für Arbeitssachen, München 1993, Teil G (zit. *Gift* Rn.).

Goebel, Berufungsverfahren: Statthaftigkeit und Zuständigkeit, Prozessrecht aktiv 2002, 33 ff.

Goll, Rechtsmittelreform – Umbau oder Abbau des Rechtsstaat? BRAK-Mitt. 2000, 4 ff.

Gottwald/Treuer, Vergleichspraxis, Stuttgart u.s.w. 1991.

Gottwald, Die Reform der ZPO – eine Wirkungskontrolle: Die Reform der ZPO aus der Sicht der Wissenschaft, Verhandlungen des 65. Deutschen Juristentags 2004, Bd. I Gutachten – Berichte A, München 2004, S. 107 ff.

Greger, Informationen zur Zivilprozessreform – Kurzkommentar mit Hinweisen für die Prozesspraxis, Erlangen 2002, URL: http://www.zr1.jura.uni-erlangen.de/justizreform/kurzkom.htm (erneut eingesehen am 10.10.2004, zit. *Greger*, Kurzkommentar).

Greger, Tatsachenfeststellung durch das Berufungsgericht – ein Menetekel aus Karlsruhe, NJW 2003, 2882 ff. (zit. *Greger*, Menetekel).

Greger, Die ZPO-Reform – 1000 Tage danach, JZ 2004, 805 ff. (zit. *Greger*, ZPO-Reform).

Greger, Zweifelsfragen und erste Entscheidungen zur neuen ZPO, NJW 2002, 3049 ff. (zit. *Greger*, Zweifelsfragen).

Grunsky, Neue Anforderungen an die Berufungsbegründung nach der ZPO-Reform, LMK 2003, 171 f. (zit. *Grunsky*, Anforderungen).

Grunsky, Taktik im Zivilprozeß, 2. Aufl. Köln 1996 (zit. *Grunsky*, Taktik).

Grunsky, Zum Tatsachenstoff im Berufungsverfahren nach der Reform der ZPO, NJW 2002, 800 ff. (zit. *Grunsky*, Tatsachenstoff).

Härting, Berufungseinlegung per E-Mail, K&R 1999, 16 ff. = URL: http://www.haerting.de/page/deutsch/anw02.htm (eingesehen am 15.2.2001).

Hahn, Die gesamten Materialien zur Civilprozeßordnung, Berlin 1880 = Die gesamten Materialien zu den Reichsjustizgesetzen, 2. Bd.

Hannich/Meyer-Seitz/Bearbeiter, ZPO-Reform 2002, München 2002.

Hansens, BRAGO, 8. Aufl. München 1995.

Hansens, Die Zivilprozessrechtsreform aus der Sicht eines Praktikers, ZRP 2000, 226 ff. (zit. *Hansens*, Reform).

Harbauer, Rechtsschutzversicherung, 7. Aufl. von *Günther Bauer, Karl Maier und Peter Stahl* München 2004.

Hartmann, Kostengesetze, 34. Aufl. München 2004.

Hartmann, Zivilprozess 2001/2002: Hunderte wichtiger Änderungen, NJW 2001, 2577 ff. (zit. *Hartmann*, Änderungen).

Hartung, Die neue Aufklärungspflicht des Rechtsanwalts nach § 49 b Abs. 5 BRAO – auch ein vergütungsrechtliches Problem? MDR 2004, 1092 ff.

Hauck/Helml, ArbGG, 2. Aufl. München 2003.

Hauf, Strukturelle Veränderungen in der Justiz des Landes Baden-Württemberg und erste Ansätze einer Effizienzsteigerung bei der Arbeit der Strafverfolgungsbehörden, in: DRiZ 1995, 293 ff.

Heidel/Pauly/Amend (Hrsg.), AnwaltFormulare, 2. Aufl. Bonn 2000.

Heidemann, Unklarheiten in § 119 I Nr. 1 b GVG n.F., NJW 2002, 494.

Heiderhoff, Zur Abschaffung der Anschlußberufung, NJW 2002, 1402 ff.

von Hein, Die Berufungszuständigkeit der Oberlandesgerichte bei amtsgerichtlichen Entscheidungen mit Auslandsberührung (§ 119 I Nr. 1 lit. b und c GVG), ZZP 116 (2003) 335 ff.

Henssler/Willemsen/Kalb, Arbeitsrecht – Kommentar, Köln 2004.

Hermisson, Die Rechtsprechung des BGH und des BVerfG zur Zurückweisung von verspätetem Vorbringen im Zivilprozeß (BGH, U. v. 2.12.1982 – VII ZR 71/82), NJW 1983, 2229 ff.

Herr, Der unwissende Hochschullehrer, DRiZ 1994, 417 ff.

Herrler, Wesentliche Änderungen der ZPO zum 1. Januar 2002, Nürnberg 9.8.2001, URL: http://www.justiz.bayern.de/olgn (eingesehen am 15.2.2001).

Heß/Burmann, Der Abfindungsvergleich, NJW-Spezial 2004, 207 f.

Hinz, Zulassungsberufung und Abhilfeverfahren nach der ZPO-Reform, WM 2002, 3 ff.

Hirtz, Reform des Zivilprozesses – Einführung der Beschlussverwerfung, MDR 2001, 1265 ff. (zit. *Hirtz*, Beschlussverwerfung).

Hirtz, Modernes Zivilverfahrensrecht? AnwBl 2004, 503 ff. (zit. *Hirtz*, Modernes Zivilverfahrensrecht)

Hirtz, Die Reform der ZPO – eine Wirkungskontrolle: Das neue Berufungsrecht, Verhandlungen des 65. Deutschen Juristentags 2004, Bd. I Gutachten – Berichte A, S. 53 ff. (zit. *Hirtz*, Wirkungskontrolle).

Höhne, Zum Vollstreckbarkeitsausspruch im Berufungsurteil, MDR 1987, 626 ff.

Holthaus/Koch, Auswirkungen der Reform des Zivilprozessrechts auf arbeitsgerichtliche Verfahren, RdA 2002, 140 ff.

v. Hoyningen-Huene/Linck, Kündigungsschutzgesetz, 13. Aufl. München 2002.
Huber, Das Zivilurteil, 2. Aufl. München 2003.
Huber, Erstes Gesetz zur Modernisierung der Justiz – Änderungen der ZPO, JuS 2004, 873 ff. (zit. *Huber*, JuMoG).
Hülk/Timme, Kosten der Anschlussberufung bei Zurückweisung der Berufung durch Beschluss, MDR 2004, 14 ff.
Hunke/Dübbers, Anregung zur konkreten Normenkontrolle des § 531 Abs. 2 Nr. 3 ZPO, NJ 2003, 184 ff.
Immenga/Mestmäcker/Bearbeiter, GWB, 3. Aufl. München 2001.
Jacoby, Das Anschlußrechtsmittel und seine Kosten nach dem Zivilprozeßreformgesetz, ZZP 115 (2002) 185 ff.
Jansen, Die Auswirkungen der ZPO-Reform auf den Bauprozess, NZBau 2004, 521 ff.
Jauernig, Zivilprozeßrecht, 28. Aufl. München 2003.
Jessnitzer/Ulrich, Der gerichtliche Sachverständige, 11. Aufl. Köln 2002.
Jungk, Neue Haftungsfallen nach der ZPO-Reform, AnwBl. 2001, 565 ff.
Kallweit, Die Prozeßförderungspflicht der Parteien und die Präklusion verspäteten Vorbringens im Zivilprozeß nach der Vereinfachungsnovelle vom 3.12.1976, Frankfurt a. M. 1983.
Kirschstein-Freund, Gewillkürter Beklagtenwechsel in der Berufungsinstanz, KTS 63 (2002) 655 ff.
Koch, Welche gesetzlichen Regelungen empfehlen sich für das Recht der rechtsberatenden Berufe, insbesondere im Hinblick auf die Entwicklung der Europäischen Gemeinschaft? AnwBl 1990, 577 ff.
Kramer, ZPO-Reform – Prozesskostenhilfe und Berufungsfristen nach neuem Recht, MDR 2003, 434 ff.
Kroiß, Änderungen im Berufungsrecht nach der ZPO-Novelle, ZErb 2002, 119 ff.
Künzl, Die Reform des Zivilprozesses (Teil II), ZTR 2001, 533 ff.
Lakies, Rechtsprobleme beim Schriftlichkeitserfordernis der Berufungsschrift, NJ 1999, 244 f.
Graf Lambsdorff, Neue Rechtsprechung zur Berufungsinstanz, AnwBl 1994, 339 ff.
Lange, Bezugnahme in Schriftsätzen, NJW 1989, 438 ff.
Lechner, Die Rechtsprechung des BGH zum neuen Berufungsrecht im Lichte der Intentionen des Gesetzgebers, NJW 2004, 3593 ff.
Leipold, Prozeßförderungspflicht der Parteien und richterliche Verantwortung, ZZP 93 (1980) 237 ff.
Lepke, Die Berufungsbeantwortungsfrist nach §§ 66 I 2 ArbGG, NZA 1986, 186 ff.
Lepp, Die Berufungsrüge in der Rechtsprechung des BGH, NJW 1984, 1944 ff.
Lipp, Beschwerden wegen „greifbarer Gesetzwidrigkeit" nach der ZPO-Reform 2002, NJW 2002, 1700 ff.
Liwinska, Übersendung von Schriftsätzen per Telefax – Zulässigkeit, Beweisbarkeit und Fristprobleme, MDR 2000, 500 ff.
Locher/Mes (Hrsg.), Beck'sches Prozessformularbuch, 9. Aufl. München 2003.
Löhnig, Der Prozessstoff des Berufungsverfahrens aus der Sicht der Revision, FamRZ 2004, 245 ff.
Ludwig, Kosten der Anschlussberufung bei Zurückweisung der Berufung nach § 522 Abs. 2 ZPO n.F., MDR 2003, 670 f.
Lüke/Wax (Hrsg.), Münchner Kommentar zur ZPO, 2. Aufl. München 2000/2001.

Maihold, Die Berufung im Zivilverfahren, JA 1993, 255 ff.; 1994, 22 ff., 44 ff., 70 ff. (zit. *Maihold* I, II).

Mayer, Die Kostenfolge bei Rücknahme der Berufung, AnwBl 1995, 187 ff.

Meller-Hannich, Anmerkung zu BGH vom 13.5.2003 – VI ZR 430/02 LMK 2003, 198 f.

Meyer, Versäumung der Berufungsfrist wegen der Beantragung von Prozeßkostenhilfe – wiederholte Antragstellung und Gegenvorstellung, NJW 1995, 2139 ff.

Meyer-Rahe, Anwaltstätigkeit im Falle des Obsiegens im Zivilprozess erster Instanz, Bonn 2004.

Michel/von der Seipen, Der Schriftsatz des Anwalts im Zivilprozess, 6. Aufl. München 2004.

Mittenzwei, Zum Umfang der Berufungsbegründungspflicht gemäß § 519 ZPO, MDR 1972, 468 ff.

Müller, Hans-Friedrich, Abhilfemöglichkeiten bei der Verletzung des Anspruchs auf rechtliches Gehör nach der ZPO-Reform, NJW 2002, 2743 ff. (zit. *H.-F. Müller*).

Müller/Schöppe-Fredenburg, Formularhandbuch Prozessrecht, Neuwied 2004.

Müller-Rabe, Beschränkter Prüfungsumfang im Berufungsverfahren, NJW 1990, 283 ff.

Münch, Die „neue" ZPO: bedeutende Änderungen im zivilgerichtlichen Verfahrensrecht (Teil II), DStR 2002, 133 ff.

Münch, Die Klageänderung im Berufungsverfahren, MDR 2004, 781 ff. (zit. *Münch*, Klageänderung).

Musielak, Reform des Zivilprozesses – Zum Entwurf eines Gesetzes zur Reform des Zivilprozesses (Zivilprozessreformgesetz – ZPO-RG), NJW 2000, 2769 ff. (zit. *Musielak*, Reform).

Musielak, Neue Fragen im Zivilverfahrensrecht, JuS 2002, 1203 ff. (zit. *Musielak*, Neue Fragen).

Musielak (Hrsg.), ZPO, 4. Aufl. München 2005.

Nassall, Die Grenzen des Ermessens des Berufungsgerichts bei der Anordnung der Wiederholung einer erstinstanzlichen Zeugenvernehmung, ZZP 98 (1985) 312 ff. (zit. *Nasall*, Zeugenvernehmung).

Nassall, Anhörungsrügegesetz – Nach der Reform ist vor der Reform, ZRP 2004, 164 ff. (zit. *Nassall*, Anhörungsrügegesetz).

Niedrig, Besprechung von Schmittmann, Telefaxübermittlung im Zivilrecht unter besonderer Berücksichtigung des Wettbewerbsrechts, BRAK-Mitt. 2000, 34 f.

Oberheim, Der Anwalt im Berufungsverfahren, Neuwied 2003.

Oehlers, Der Zweck der „Berufungsgründe" nach § 519 III Nr. 2 ZPO, MDR 1996, 447 ff.

Oelkers/Müller, Anwaltliche Strategien im Zivilprozeß, 4. Aufl. Neuwied 2001.

v. Olshausen, Wer zu spät kommt, den belohnt die neue ZPO – jedenfalls manchmal – Zur Abschaffung der selbständigen Anschlussberufung durch das Zivilprozessreformgesetz, NJW 2002, 802 ff.

Osterrieth, Prozeßtaktik und Prozeßbeschleunigung, AcP 152 (1952/53) 527 ff.

Ostrowicz/Künzl/Schäfer, Der Arbeitsgerichtsprozess, 2. Aufl. Berlin 2002.

Palandt/Bearbeiter, BGB, 64. Aufl. München 2005.

Pantle/Kreissl, Die Praxis des Zivilprozesses, 3. Aufl. Stuttgart 2002.

Pape, Kostenrisiko des Anschlussberufungsklägers bei einstimmiger Zurückweisung der Berufung, NJW 2003, 1150 ff.

Philippi, Das Rechtsmittelverfahren in Familiensachen nach der Zivilprozessreform, FPR 2002, 593 ff.

Piekenbrock, Die Neuregelung der Anschlussberufung, MDR 2002, 675 ff. (zit. *Piekenbrock*, Anschlußberufung).

Plote, Anwalt und Rechtsschutzversicherung, München 2000.

Prechtel, Erfolgreiche Taktik im Zivilprozess, 2. Aufl. Neuwied 2003.

Prölss/Martin/Bearbeiter, VVG, 27. Aufl. München 2004.

Pukall, Der Zivilprozess in der gerichtlichen Praxis, 5. Aufl. Neuwied 1989.

Referentenentwurf eines Gesetzes über die Rechtsbehelfe bei Verletzung des Anspruchs auf rechtliches Gehör (Anhörungsrügengesetz) vom 28.4.2004.

Referentenentwurf eines Gesetzes zur Anpassung der Formvorschriften des Privatrechts und anderer Vorschriften an den modernen Rechtsgeschäftsverkehr vom 5.6.2000, URL: http://www.juramail.de/news/gesetze/formtext.html (eingesehen 15.1.2002).

Regierungsentwurf eines Gesetzes zur Anpassung der Formvorschriften des Privatrechts und anderer Vorschriften an den modernen Rechtsgeschäftsverkehr vom 6.9.2000, BT-Drs. 14/4987.

Referentenentwurf eines Gesetzes zur Modernisierung der Justiz (Justizmodernisierungsgesetz – JuMoG) vom 28.4.2003, URL: http://www.bdr-online.de/anhoerungen/JumoG/JuMoG%20Entwurfstext.pdf (eingesehen am 20.3.2004).

Regierungsentwurf eines Gesetzes zur Modernisierung der Justiz (Justizmodernisierungsgesetz – JuMoG) vom 2.9.2003, BT-Drs. 15/1508.

Referentenentwurf eines Zivilprozessreformgesetzes vom 23.12.1999, URL: http:/www.brak. de/aktuelles/ZPO/jtO.htm (eingesehen am 10.3.2001)

Regierungsentwurf eines Zivilprozessreformgesetzes vom 6.9.2000, BT-Dr. 14/4722.

Regierungsentwurf eines Gesetzes über die Rechtsbehelfe bei Verletzung des Anspruchs auf rechtliches Gehör (Anhörungsrügengesetz) vom 25.8.2004, URL: http://www.bmj.bund.de/media/archive/742.pdf (eingesehen am 27.8.2004).

Regierungsentwurf eines Gesetzes über die Verwendung elektronischer Kommunikationsformen in der Justiz (Justizkommunikationsgesetz – JKomG) vom 28.7.2004 i.d.F. vom 28.10.2004, BT-Dr. 15/4067.

Reichling, Berufung gegen Amtsgerichtsurteil mit Auslandbezug bei Streitgenossenschaft, ProzRB 2003, 299 f.

Rimmelspacher, Die Berufungsgründe im reformierten Zivilprozess, NJW 2002, 1897 ff. (zit. *Rimmelspacher*, Berufungsgründe).

Rimmelspacher, Berufungsrichter: Tatrichter oder Revisionsrichter – Systematisierung der Praxisfragen aus der Sicht der Wissenschaft, NJW-Sonderheft 2. Hannoveraner ZPO-Symposion 2003, S. 11 ff. (zit. *Rimmelspacher*, Berufungsrichter).

Rimmelspacher, Die internationale Zuständigkeit in den zivilprozessualen Rechtsmittelinstanzen, JZ 2004, 894 ff. (zit. *Rimmelspacher*, Internationale Zuständigkeit).

Rimmelspacher, Die Rechtsmittel im Zivilprozess nach der Reform, Jura 2002, 11 ff. (zit. *Rimmelspacher*, Rechtsmittel).

Rimmelspacher, Tatsachen und Beweismittel in der Berufungsinstanz, ZZP 107 (1994) 421 ff. (zit. *Rimmelspacher*, Tatsachen).

Rimmelspacher, Rechtstatsächliche Untersuchung zur Funktion und Ausgestaltung des Berufungsverfahrens im Zivilprozess vom 25. Januar 2000, URL: http://www.bmj.bund.de/enid/kq.html (erneut eingesehen am 27.8.2004, zit. *Rimmelspacher*, Untersuchung).

Rinsche, Prozeßtaktik, 4. Aufl. Köln 1999.

Rinsche/Schlüter, Rechtsmittel im Zivilprozeß, in: *Büchting/Heussen* (Hrsg.), Beck' sches Rechtsanwalts-Handbuch 2001/2002, München 2001, S. 25 ff.

Rixecker, Fehlerquellen am Wege der Fehlerkontrolle – Rechtsprobleme des reformierten Berufungsrechts in Verkehrs- und Versicherungssachen, NJW 2004, 705 ff.

Rödel/Dahmen, Rechtsmittel in der anwaltlichen Praxis, Bonn 1997.

Römer/Langheid, VVG, 2. Aufl. München 2003.

Rosenberg/Schwab/Gottwald, Zivilprozessrecht, 16. Aufl. München 2004.

Sachs/Bearbeiter, GG, 3. Aufl. München 2003.

Sattelmacher/Sirp/Schuschke, Bericht, Gutachten und Urteil, 33. Aufl. München 2003.

Schafft/Schmidt, Verspätungsfolgen – Das System im zivil- und arbeitsrechtlichen Verfahren, MDR 2001, 436 ff.

Scharpenack, Der Vergleich mit Widerrufsvorbehalt, MDR 1996, 883 ff.

Schaub, Arbeitsrecht von A-Z, 16. Aufl. München 2001 (zit. *Schaub*, Arbeitsrecht).

Schaub, Arbeitsgerichtsverfahren, 7. Aufl. München 2001 (zit. *Schaub*, Arbeitsgerichtsverfahren).

Schaub/Neef/Schrader, Arbeitsrechtliche Formularsammlung, 8. Aufl. München 2004.

Schellhammer, Zivilprozess, 10. Aufl. Heidelberg 2003 (zit. *Schellhammer*, Zivilprozess).

Schellhammer, Zivilprozessreform und Berufung, MDR 2001, 1141 ff. (zit. *Schellhammer*, Berufung).

Schenkel, Rechtsmittelverfahren – Durchführung im Rahmen der Anwendung des Meistbegünstigungsprinzips, MDR 2003, 136 ff. (zit. *Schenkel*, Meistbegünstigungsprinzip).

Schenkel, Berufungsrecht – Erklärungspflicht des Prozessgegners über unzulässiges neues Vorbringen? MDR 2004, 121 ff. (zit. *Schenkel*, Erklärungspflicht).

Scheuerle, Vorweggenommene Beweiswürdigung durch richterliche Aussageformulierung, ZZP 66 (1953) 306 ff.

Schmidt, Bestimmende Schriftsätze und eingescannte Unterschrift – Wahrung der Schriftform, BB 1999, 1125 ff.

Schmidt, Abhilfeverfahren gem. § 321 a ZPO n.F. – Selbstkorrektur der Gerichte bei Verfahrensverletzungen, MDR 2002, 915 ff. (zit. *Schmidt*, Abhilfeverfahren).

Schmidt/Schwab/Wildschütz, Die Auswirkungen der Reform des Zivilprozesses auf das arbeitsgerichtliche Verfahren (Teil 2), NZA 2001, 1217 ff.

Schnauder, Berufung und Beschwerde nach dem Zivilprozessreformgesetz (ZPO-RG), JuS 2002, 68 ff., 162 ff.

Schneider, Egon, Ausnahmeberufung analog § 514 Abs. 2 ZPO? MDR 2004, 549 f. (zit. *Schneider*, Ausnahmeberufung).

Schneider, Egon, Beweis und Beweiswürdigung, 5. Aufl. München 1994 (zit. *Schneider*, Beweis).

Schneider, Egon, Die Pflicht des Berufungsgerichts zur erneuten Zeugenvernehmung, NJW 1974, 841 f. (zit. *Schneider*, Erneute Zeugenvernehmung).

Schneider, Egon, Förmlichkeiten der Einlegung und Begründung von Rechtsmitteln, MDR 1979, 1 ff. (zit. *Schneider*, Förmlichkeiten).

Schneider, Egon, Forum – Nochmals: Der Prozeßvergleich, JuS 1976, 145 f. (zit. *Schneider*, Prozeßvergleich).

Schneider, Egon, Das Fristende beim Widerrufsvergleich, MDR 1999, 595 ff. (zit. *Schneider*, Widerrufsvergleich).

Schneider, Egon, Die Klage im Zivilprozess, Herne – Berlin 2000 (zit. *Schneider*, Klage).

Schneider, Egon, Gesonderte Berufungsbegründung bei Kostenmischfällen? MDR 1997, 704 ff. (zit. *Schneider*, Kostenmischfälle).

Schneider, Egon, Das Nachschieben von Berufungsgründen nach Ablauf der Begründungsfrist, MDR 1985, 21 ff. (zit. *Schneider*, Nachschieben).

Schneider, Egon, Besonderheiten des Präklusionsrechts im zweiten Rechtszug, ZAP Fach 13, S. 331 ff. (zit. *Schneider*, Präklusionsrecht).

Schneider, Egon, Der Beginn der Rechtsmittelfrist bei Urteilsberichtigung, MDR 1986, 377 ff. (zit. *Schneider*, Rechtsmittelfrist).

Schneider, Egon, Richter und Rechtsanwalt, in: DAV (Hrsg.), Ratgeber, 7. Aufl. 1997, S. 42 ff. (zit. *Schneider*, Richter).

Schneider, Egon, Beweiskraft des Tatbestandes und Urteilsberichtigung, ZAP Fach 13, S. 65 ff. (zit. *Schneider*, Tatbestand).

Schneider, Egon, Die Rechtsprechung zum Telefax-Einsatz, ZAP Fach 13, S. 419 ff. (zit. *Schneider*, Telefaxeinsatz).

Schneider, Egon, Tendenzen und Kontroversen in der Rechtsprechung, MDR 1999, 1033 ff. (zit. *Schneider*, Tendenzen).

Schneider, Egon, Unbedingte Vollstreckbarkeit nach §§ 534, 560 ZPO, MDR 1979, 44 ff. (zit. *Schneider*, Unbedingte Vollstreckbarkeit).

Schneider, Egon, Der Zivilrechtsfall in Prüfung und Praxis, 7. Aufl. München 1988 (zit. *Schneider*, Zivilrechtsfall).

Schneider, Egon, ZPO-Reform, Recklinghausen 2002 (zit. *Schneider*, ZPO-Reform).

Schneider, Egon, ZPO-Reform 2002 – Ein kritisches Resümee, MDR 2003, 901 ff. (zit. *Schneider*, Resümee).

Schneider, Herbert, Der Übergang vom Urkundsprozeß ins ordentliche Verfahren im zweiten Rechtszug, JW 1934, 2829 f. (zit. *H. Schneider*, Übergang).

Schneider, Herbert, Zeugeneid und Aufklärungspflicht des Gerichts, NJW 1966, 333 f. (zit. *H. Schneider*, Zeugeneid).

Schneider, Norbert, Anwaltsvergütung – Gebühren für Abraten einer Berufungs- oder Revisionseinlegung, MDR 2001, 1032 ff. (zit. *N. Schneider*).

Schneider, Uwe, Die Vorbereitung der Revision durch den Anwalt der Berufungsinstanz, NJW 1972, 1304 ff. (zit. *U. Schneider*).

Schneider/Herget, Streitwert-Kommentar für den Zivilprozeß, 11. Aufl. Köln 1996.

Schollmeyer, Familiensachen nach der ZPO-Reform, FamRB 2002, 21 ff.

Schultz, Rechtsmittelbegründungsfrist und Prozesskostenhilfe, NJW 2004, 2329 ff.

Schulze, Verspätetes Vorbringen durch den Streithelfer, NJW 1981, 2663 ff.

Schumann, Zur Beweiskraft des Tatbestands im Rechtsmittelverfahren …, NJW 1993, 2786 ff.

Schumann/Kramer, Die Berufung in Zivilsachen, 6. Aufl. München 2002.

Schwab/Wildschütz/Heege, Disharmonien zwischen ZPO und ArbGG – Anmerkungen aus der Praxis, NZA 2003, 999 ff.

Schwarze, Außerordentliche Anfechtbarkeit zivilgerichtlicher Entscheidungen wegen offensichtlicher Gesetzwidrigkeit? ZZP 115 (2002) 25 ff.

Seitz/Büchel (Hrsg.), Beck'sches Richter-Handbuch, 2. Aufl. München 1999.

Siegel, Das Berufungsverfahren – Gerichtliche Praxis seit der ZPO-Reform, MDR 2003, 481 ff.

Soergel/Bearbeiter, BGB, 12. Aufl. Stuttgart 1988 ff.

Soyka, Probleme der Anschlussberufungsfrist bei – nach deren Ablauf entstandenen – Abänderungstatsachen, FuR 2002, 481 ff.

Späth, Nochmals: die schriftliche Abfassung bestimmender Schriftsätze, VersR 1974, 625 ff.

Stackmann, Die erfolgversprechende Berufungsschrift in Zivilsachen, NJW 2003, 169 ff. (zit. *Stackmann*, Berufungsschrift).

Stackmann, Fehlerkontrolle zu Beweisaufnahme und Beweiswürdigung nach ZPO-Berufungsrecht, JuS 2004, 878 ff. (zit. *Stackmann*, Fehlerkontrolle).

Stackmann, Die Neugestaltung des Berufungs- und Beschwerdeverfahrens in Zivilsachen durch das Zivilprozessreformgesetz, NJW 2002, 781 ff. (zit. *Stackmann*, Neugestaltung).

Stackmann, Anwaltliche Rügepflicht und berufungsgerichtliche Prüfungspflicht, NJW 2004, 1838 ff. (zit. *Stackmann*, Rügepflicht).

Staudinger, Wider den Federstrich des ZPO-Reformgesetzgebers: Die Nachprüfung der internationalen Zuständigkeit darf nicht ausgeschlossen werden! IPRax 2001, 298 ff.

Stein/Jonas, ZPO, 21. Aufl. von Grunsky u. a. Tübingen 1993 ff., z.T. 22. Aufl. 2002 ff.

Steinert/Theede, Zivilprozess, 8. Aufl. München 2004.

Stobbe, Die Kompetenz der Anwaltschaft, AnwBl 1991, 430 ff.

Strohn, Offene Fragen des neuen Berufungsrechts nach dem Zivilprozess-Reformgesetz, Festschrift für Herbert Wiedemann zum 70. Geburtstag, München 2002, S. 155 ff.

Stürner, Die Anfechtung von Zivilurteilen, München 2002.

Tempel/Theimer, Mustertexte zum Zivilprozess, Bd. II, 5. Aufl. München 2003.

Terbille (Hrsg.), Münchener Anwaltshandbuch Versicherungsrecht, 2004.

Thomas/Putzo/Bearbeiter, ZPO, 26. Aufl. München 2004.

Tilmann, Rechtliche und rechtspolitische Fragen der Singularzulassung, AnwBl 1990, 480 ff.

Timmer, Berufungsrecht seit der ZPO-Reform in der gerichtlichen Praxis, NJ 2003, 630 ff.

Traub, Verlust der Eilbedürftigkeit durch prozessuales Verhalten des Antragstellers, GRUR 1996, 707 ff.

Tschöpe (Hrsg.), Anwalts-Handbuch Arbeitsrecht, 3. Aufl. Köln 2003.

v. Velsen, Der Berufungsantrag, ZZP 49 (1925) 356 ff.

Volland, Die Nichtzulassung der Revision im Berufungsurteil, MDR 2004, 377 ff.

Vollkommer, Die lange Dauer der Zivilprozesse und ihre Ursachen, ZZP 81 (1968) 102 ff. (zit. *Vollkommer*, Dauer).

Vollkommer, Aufrechnung nach Abstandnahme vom Urkundsprozess in der Berufungsinstanz, NJW 2000, 1682 ff. (zit. *Vollkommer*, Abstandnahme).

Vollkommer, Erste praktische Erfahrungen mit der neuen Gehörsrüge gemäß § 321a ZPO, Festschrift für Musielak, München 2004, S. 619 ff. (zit. *Vollkommer*, Erfahrungen).
Vollmer, Nochmals: Bestimmende Schriftsätze und eingescannte Unterschrift – Wahrung der Schriftform, BB 1999, 1449 f.
Vorwerk, Das Prozessformularbuch, 7. Aufl. Köln 2002 (zit. *Vorwerk/Bearbeiter*).
Vorwerk, Berufungsrichter, Tatrichter oder Revisionsrichter – Die ungeklärten Fragen in der Praxis, NJW-Sonderheft 2. Hannoveraner ZPO-Symposion 2003, S. 4 ff.
Walchshöfer, Die Rechtsprechung des Bundesgerichtshofs zur Wiedereinsetzung in den vorigen Stand, JurBüro 1986, 321 ff. und 1989, 1481 ff.
Waltermann, Zum Antrag nach § 534 ZPO in der Berufungsinstanz, NJW 1992, 159 ff.
Weitzel, Grundzüge des Rechts der Rechtsmittel, JuS 1992, 625 ff.
Wieczorek/Schütze, ZPO, 3. Aufl. Berlin 1994 ff.
Wimmer-Leonhardt, Anmerkung zum Beschluß des Landgerichts Berlin vom 5.5.2000 – 18 O 205/00, JurPC Web-Dok. 35/2001, Abs. 1–2 (zit. *Wimmer-Leonhardt*, Anmerkung).
Wimmer-Leonhardt, Das Schriftformerfordernis bei bestimmenden Schriftsätzen auf dem Prüfstand des modernen Rechtsverkehrs, JurPC Web-Dok. 13/2001, Abs. 1–11 (zit. *Wimmer-Leonhardt*, Schriftformerfordernis).
Wolf, Die Berücksichtigung verspäteten Vorbringens in der Berufungsinstanz, ZZP 94 (1981) 310 ff.
Würfel, ZPO-Reform – Verspätetes aber unstreitiges Vorbringen in der Berufungsinstanz, MDR 2003, 1212 ff.
Zerbe, Die Einlassung des Beklagten auf die Klage aus anwaltlicher Sicht, Bonn 1998 (zugl. Diss. Bielefeld 1997).
Zimmermann, ZPO, 6. Aufl. Heidelberg 2002.
Zimmermann, Prozeßkostenhilfe in Familiensachen, Bielefeld 1997 (zit. *Zimmermann*, Prozeßkostenhilfe).
Zirnbauer (Hrsg.), Münchener Prozessformularbuch, Bd. 6: Arbeitsrecht, 2. Aufl. München 2004.
Zöller/Bearbeiter, ZPO, 24. Aufl. Köln 2004.
Zugehör/Bearbeiter, Handbuch der Anwaltshaftung, Herne-Berlin 1999.
Zwanziger/Heitmann, Erfolgreich als Anwalt praktizieren, 2. Aufl. Stuttgart 1998.

Einleitung

Die **ZPO des Jahres 1879** verfolgte für die Berufung folgende Konzeption: *„Das Berufungsrecht ist nicht, wie die gemeinrechtliche Befugnis der Appellation, ein Recht auf Kritik des Verfahrens erster Instanz oder auf Nachprüfung und Berichtigung des untergerichtlichen Urteils vom Gesichtspunkte der Frage aus, ob gerecht geurteilt, d.h. das dem Unterrichter vorgelegte Material richtig gewürdigt worden sei, vielmehr das Recht auf Gewährung eines neuen Judiziums, auf* ***Erneuerung und Wiederholung des Rechtsstreits vor einem anderen Richter****.“*[5] Mit dem am 1.1.2002 in Kraft getretenen **ZPO-RG** ist ein Paradigmenwechsel zurück zum Gemeinen Recht vollzogen worden, da die Berufung jetzt wieder im wesentlichen nur der **Fehlerkontrolle und -beseitigung** dienen soll. In der Begründung des Regierungsentwurfs zum ZPO-RG heißt es zur Funktion der Berufung nach neuem Recht: *„Das Berufungsverfahren wird durch die Reform grundlegend umgestaltet. Die unökonomische und rechtsstaatlich nicht gebotene Ausgestaltung der Berufung als volle zweite Tatsacheninstanz wird aufgegeben. Das Berufungsrecht wird den spezifischen Erfordernissen der Kontrolle erstinstanzlicher Verfahren und Entscheidungen angepasst. Der bisherige § 525 ZPO, der die Neuverhandlung des Rechtsstreits vor dem Berufungsgericht vorsieht, wird durch den neuen § 529 ZPO-E, der den Prüfungsumfang des Berufungsgerichts bestimmt, abgelöst. Funktion der Berufung wird es künftig sein, das erstinstanzliche Urteil auf die korrekte Anwendung des materiellen Rechts sowie auf Richtigkeit und Vollständigkeit der getroffenen Feststellungen hin zu überprüfen und etwaige Fehler zu beseitigen. Nur wenn das Berufungsgericht ernstliche Zweifel an der Richtigkeit oder Vollständigkeit der Feststellungen hat und eine neue Feststellung in zweiter Instanz geboten ist, darf das Gericht über erstinstanzlich festgestellte Tatsachen erneut verhandeln. Damit werden nicht nur die eigentliche Funktion der Berufung im Gesamtrechtsmittelsystem deutlicher als bislang hervorgehoben, sondern zugleich auch die Voraussetzungen für eine sachgerechtere und effektivere Ausgestaltung des Berufungsrechts geschaffen.“*[6] 1

Die von der juristischen Praxis und großen Teilen der Lehre als überflüssig und rechtsschutzverkürzend abgelehnte Neukonzeption der Berufung hat keine entscheidenden Verbesserungen,[7] dafür aber viele Schwierigkeiten gebracht[8]. Die Praxis seit

---

[5] § 12 der Allgemeinen Begründung zum Entwurf einer CPO, bei *Hahn* S. 139 f. (Schreibweise vom Verf. behutsam modernisiert).

[6] BegrRegE/ZPO-RG S. 64.

[7] Etwa *Timmer* S. 633 trotz einer sonst durchaus reformfreundlichen Grundhaltung; *Debusmann*, passim; *Hirtz*, Wirkungskontrolle, passim, insbesondere S. 59; *Jansen* S. 523 f. Auch *Greger*, ZPO-Reform S. 812 ff. muß auf der Grundlage von ihm gemachter statistischer Erhebungen, die allerdings schon wegen der zu kleinen Erhebungsbasis und der fehlenden Offenlegung des Erhebungsmaterials (z.T. werden sogar Quellen geheimgehalten, vgl. S. 814 Fn. 72) wissenschaftlichen Anforderungen nicht genügen, ein weitgehendes Verfehlen der mit der Reform angestrebten Ziele einräumen; was die Ursachen angeht, sieht er zwar auch, daß die Reform nicht aus der Praxis erwachsen, sondern dieser übergestülpt worden ist, hieraus werden aber keine Konsequenz gezogen, sondern sogleich die Hauptschuld zum einen dem Gesetzgeber zugewiesen, weil dieser nicht radikal genug gewesen sei, zum anderen der Justiz, weil sich diese den neuen Anforderungen nicht aufgeschlossen genug gezeigt habe.

[8] *Jauernig* S. V (Vorwort); *Löhnig* S. 248; *Debusmann*, passim; *Hirtz*, Wirksamkeitskontrolle, passim;

Inkrafttreten des ZPO-RG hinterläßt einen zwiespältigen Eindruck: Während der Bundesgerichtshof die neuen Regelungen jedenfalls im Ergebnis überwiegend erfreulich restriktiv handhabt, wofür er sich z.T. scharfe Kritik eingehandelt hat,[9] neigen einige Oberlandesgerichte zu einer radikalen Umsetzung der Reform, die nur von dem Gedanken der Arbeitsentlastung beherrscht wird. Auch das Schrifttum ist gespalten.[10]

Nach wie vor stellt sich deshalb Richtern und Anwälten die Aufgabe, durch konsequentes Ausschöpfen der zahlreichen vom Gesetz eröffneten Spielräume für ein faires, an der Wahrheitsfindung orientiertes Verfahren zu sorgen.[11]

Rixecker S. 710; *v. Oppeln-Bronikowski* NJW 2004, Heft 10, S. XVIII. Die gegenteilige Einschätzung von *Gottwald* S. 114 verwundert nicht nur im Hinblick auf den vorstehend nachgewiesenen Meinungsstand, sondern auch darauf, daß *Gottwald* selbst eine umfängliche Liste von Mängeln der Reform bringt.

[9] Vgl. etwa *Lechner*, passim; kritisch zur Rechtsprechung des BGH u.a. auch *Greger*, ZPO-Reform S. 812, 814, 816.

[10] Bemerkenswert ist die Bemerkung von *Bamberger* S. 140 im Zusammenhang mit § 529 I ZPO, die Praxis lasse sich *„von dem Blick auf das gerechte Ergebnis leiten … Sowohl die Prozessparteien als auch die Gerichte wissen die Vorschrift zu handhaben.“*

[11] Vgl. auch *Rixecker* S. 710.

1. Teil. Die Vorbereitung der Berufung

§ 1 Vorbereitende Maßnahmen in der ersten Instanz

A. Die Aufgaben des Rechtsanwalts in der ersten Instanz

Im Hinblick auf diesen Paradigmenwechsel im Recht der Berufung haben sich die Anforderungen an den erstinstanzlich tätigen Anwalt bei gleichzeitiger Verschärfung des Haftungsrisikos[12] deutlich erhöht, da bisher vorhandene Reparaturmöglichkeiten in zweiter Instanz in erheblichem Umfang entfallen sind.[13] 2

I. Agieren bei Klageerhebung und -erwiderung

1. Umfang des Parteivortrags

a) ZPO-Reform und Eventualmaxime. Im Gemeinen Zivilprozeß galt der Grundsatz, daß eine Partei zur Vermeidung der Präklusion bis zu einem bestimmten Zeitpunkt ihren gesamten Vortrag einschließlich der Tatsachen und Einreden, deren sie sich erst in zweiter Linie (eventuell) zu bedienen gedachte, in den Prozeß einzubringen hatte.[14] Die Zivilprozeßordnung des Jahres 1879 brach mit dieser Tradition (vgl. § 286 I 1 ZPO: „Inhalt der Verhandlung**en**").[15] Nach ersten Ansätzen in den Novellen von 1924 und 1933 brachte dann die sog. Vereinfachungsnovelle 1976 mit ihrer erheblichen Ausweitung der Präklusion – man betrachte nur § 282 III 1 ZPO – einen ersten Schritt zurück zur Eventualmaxime[16].[17] Bezeichnenderweise entbrannte sogleich eine heftige Diskussion darüber, ob noch Raum für den früher ganz überwiegend als zulässig angesehenen prozeßtaktisch abgeschichteten Sachvortrag[18] sei,[19] die erst durch die 3

---

[12] So der Anwaltsverband Baden-Württemberg S. 47 f.; *Doms*, Neue ZPO S. 777.

[13] *Verf.* S. 43; *Ball*, Mietprozess S. 410 (unter II pr.); *Prechtel* S. 7; *Stackmann*, Berufungsschrift S. 175; *Michel/von der Seipen* S. 260 und 264.

[14] Vgl. *Jauernig* § 28 III 1; *Rosenberg/Schwab/Gottwald* § 79 Rn. 46.

[15] *Jauernig* a.a.O.; *Rosenberg/Schwab/Gottwald* a.a.O.

[16] Vgl. zu dieser eingehend *Jauernig* § 28 III 1.

[17] Die Bewertung dieser Änderungen im vorliegenden Zusammenhang ist umstritten; der Meinungsstand ist bei *Jauernig* § 28 III 2 und *Rosenberg/Schwab/Gottwald* § 79 Rn. 48 nachgewiesen.

[18] Vgl. RG JW 1930, 549; 1936, 1778; *Vollkommer*, Dauer S. 109 f.; *Bull* S. 29 f.; zweifelnd dagegen *Osterrieth* S. 540 ff. und *Deubner* S. 268.

[19] **Bejahend:** *Zimmermann* § 282 Rn. 1; *Prechtel* S. 5 und 175; *Zöller/Greger* § 282 Rn. 3, § 296 Rn. 2 und 23 (allerdings mit zahlreichen Einschränkungen) und *Zöller/Gummer/Heßler* § 531 Rn. 32; *Jauernig* § 28 II 4 und III 3; *Rosenberg/Schwab/Gottwald* §§ 68 Rn. 41 (Ausnahme: Verjährungseinrede), 79 Rn. 48, 81 Rn. 15; *BL/Hartmann* § 282 Rn. 7, 8 (auch für Verjährungseinrede); eingehend *Musielak/Foerste* § 282 Rn. 3–6; **verneinend** OLG Oldenburg Nds.Rpfl. 2004, 104 und MDR 2004, 292 (selbe Sache) sowie OLG Frankfurt a.M. OLGR 2004, 249 jeweils für Verjährungseinrede; *Gehrlein*, ZPR § 14 Rn. 87; *Wieczorek/Schütze/Gerken* § 531 Rn. 17, 33 (dort zu wenigen, unbedeutenden Ausnahmen); **unentschieden** *Michel/von der Seipen* S. 14 einerseits (mit erheblichen Einschränkungen bejahend) und S. 260 andererseits (rundweg ablehnend).

bejahende Entscheidung des Bundesverfassungsgerichts vom 29.4.1980[20] einen gewissen Abschluß fand.

Auch in der Debatte um das ZPO-RG spielte die Frage eine wichtige Rolle, ob nicht die weitgehende Beschränkung der Berufung auf eine Fehlerkontrolle mit einer nun endgültigen Rückkehr zur reinen Eventualmaxime verbunden sei, welche die Parteien zu einem weit umfangreicheren Vortrag in erster Instanz als bisher nötigen könnte.[21] Diese Besorgnis war durchaus begründet, hatte doch das Bundesjustizministerium dieses Problem selbst thematisiert, als es im „Bericht zur Rechtsmittelreform" vom Juni 1999 – versteckt im Kapitel „Folgeänderungen" – die Übertragbarkeit der geplanten allgemeinen Regeln auf das familiengerichtliche Verfahren mit der Erwägung bezweifelte, daß andernfalls die *„Bemühungen um eine gütliche Einigung unnötig erschwert würden,* ***wenn die Parteien aus Furcht vor späterer Präklusion gezwungen wären, rein vorsorglich Tatsachen vorzutragen, die das Prozeßklima belasten könnten.***"[22] Auch in der Folgezeit wurde die Notwendigkeit neuer Anforderungen an den Parteivortrag immer wieder betont, so von der damaligen Bundesjustizministerin in einem Interview vom 24.8.1999: *„Im übrigen ist es auch durchaus zumutbar, die vorhandenen* [!] *Tatsachen gleich in der ersten Instanz vorzulegen.*"[23] Es war die erklärte Zielsetzung auch des Referentenentwurfs vom 23.12.1999, *„die Parteien durch eine grundlegende Änderung der Präklusionsvorschriften* [zu zwingen], *die Karten schon in der ersten Instanz vollständig* [!] *auf den Tisch zu legen*".[24] Auf der anderen Seite versuchte man in der Begründung des Referentenentwurfs wie auch später des Regierungsentwurfs, das Problem zu relativieren: *„Mit der Straffung der materiellen Prozessleitung des Gerichts kann darüber hinaus der denkbare Einwand entkräftet werden, die Parteien könnten künftig die erste Instanz mit Vorbringen überfrachten, selbst wenn es auch nur annähernd und bloß eventuell für die Entscheidung von Bedeutung sein könnte, weil sie befürchten müssten, im zweiten Rechtszug neue Tatsachen nicht mehr vorbringen zu können, womit das Verfahren unnötig belastet und die Verfahrensdauer in die Länge gezogen werden könnte.*"[25] Im selben Sinne heißt es in der Begründung zu § 531 II 1 Nr. 1 ZPO: *„Ohne diese Fallgruppe würde man die Parteien zwingen, in der ersten Instanz vorsorglich auch solche Angriffs- und Verteidigungsmittel vorzutragen, die vom Standpunkt des erstinstanzlichen Gerichts aus unerheblich sind.*"[26]

4 **b) Schlußfolgerungen.** Diese Rechtsentwicklung scheint Wasser auf die Mühlen derer zu sein, die immer schon empfohlen hatten, daß der *„Sachverhalt ... möglichst umfassend dargestellt*"[27] und im Hinblick auf die z.T. überspannten Substantiierungs-

---

[20] BVerfGE 54, 117 (126 f.); ähnlich BVerfG NJW 1991, 2275 (2276); der BGH nimmt in NJW 2003, 200 (202) unter Berufung auf *MüKo-ZPO/Prütting* § 282 Rn. 2, 10 und *Zöller/Greger* [23. Aufl.] § 282 Rn. 3 den gegenteiligen Standpunkt ein, ohne sich mit der Rechtsprechung des BVerfG auseinanderzusetzen.

[21] So vom DAV-Ausschuß Rechtsmittelreform S. s 30 (unter D II 2 c), ferner *DAV-Forum/Teubel* S. 35 f.; *DAV-Forum/Simon* S. 37; *Goll* S. 5 (unter 3); *Verf.* S. 42 f.; *Hansens*, Reform S. 226 II pr.; *Bischof* S. 354; *Stürner* S. 34.

[22] Bericht S. 10 f. unter A II 10.2 (Hervorhebung vom Verf.).

[23] *Anwaltsblattgespräch* S. 590; anders aber im familiengerichtlichen Verfahren, vgl. die damalige Bundesjustizministerin in FF 1999, 161.

[24] Staatssekretär *Geiger* auf dem DAV-Forum (S. 17).

[25] BegrRefE/ZPO-RG S. 70 f.; BegrRegE/ZPO-RG S. 62.

[26] BegrRegE/ZPO-RG S. 101.

[27] *Commichau* Rn. 89.

anforderungen der Gerichte *„lieber zuviel als zu wenig“*[28] geschrieben werden sollte. So finden sich denn auch jetzt wieder Empfehlungen, der Sachverhalt müsse *„umfänglich“*, *„umfassend“*, *„ausführlich“* vorgetragen werden und eine Beschränkung auf eine *„die notwendigen Voraussetzungen erfüllende schlüssige Klagebegründung“* (!) *„verbiete sich seit dem 1.1.2002“*.[29] Weiterhin sollte der *„Vortrag, soweit als möglich, nicht auf eine Behauptung beschränkt, sondern mit einer lebendigen Darstellung des Sachverhalts verbunden“* werden.[30]

Vor alledem muß **nachdrücklich gewarnt** werden. Eine solche Arbeitsweise führt – 5
wie die Erfahrung lehrt – häufig zu unkonzentrierter und langatmiger Anhäufung von zum Teil unzusammenhängenden, völlig irrelevanten oder gar schädlichen Fakten.[31] Richtigerweise hat sich der Sachvortrag streng an den Tatbestandsmerkmalen der jeweiligen (u.U. komplexen) Anspruchsgrundlage bzw. Einwendung oder Einrede zu orientieren.[32] Die hierfür maßgebliche Behauptungslast[33] ist jeweils an Hand des für jeden Rechtsanwalt unverzichtbaren „Handbuchs der Beweislast im Privatrecht“ von *Baumgärtel*[34] und von aktuellen Kommentaren zu klären. Beweisanträge sind wie bislang auch schon mit der jeweiligen Tatsachenbehauptung zu verbinden (sog. Beweisverbindung).[35] Dies alles wird dann sicher sehr trocken wirken, literarische Ambitionen sollten aber auch der Freizeit vorbehalten bleiben.

Mit einer solchen Arbeitsweise wird man der wenig durchdachten Idee der Verfas- 6
ser der neuen ZPO, die Parteien sollten die *„vorhandenen Tatsachen“* vortragen, durchaus gerecht. **Auch die neue ZPO zwingt nicht zu rein eventuellem Vortrag!**[36]

---

[28] *Rinsche* Rn. 102; zu Unrecht resignierend zustimmend *Schneider* MDR 1987, 725 f.

[29] *Doms*, Neue ZPO S. 777 ff.; ebenso *Pantle/Kreissl* Rn. 193 und *Michel/von der Seipen* S. 14, 260, alle ohne nähere Begründung (soweit *Pantle/Kreissl* a.a.O. weiter fordern, sich in der Klageschrift mit vorprozessualen Einwendungen des Gegners auseinanderzusetzen, ist hiervor dringend zu warnen, da dies im Widerspruch zur völlig herrschenden gegenteiligen Meinung [OLG Düsseldorf NJW 1991, 2089 f.; *Commichau* Rn. 97; *Rinsche* Rn. 94, 95; *Oelkers/Müller* S. 3; *Zwanziger/Heitmann* S. 79; *Schneider*, Richter S. 51 f.; *Prechtel* S. 95; a.A. nur *BProzFb/Büchel* S. 85 unter 21] steht und bei dem voraussehbaren Prozeßverlust zur Haftung des Anwalts führen kann).

[30] A.a.O. S. 779 und – ohne *Doms* zu zitieren – jetzt auch *Michel/von der Seipen* S. 14.

[31] Vgl. die kritischen Bemerkungen etwa von *Goldmann* JW 1930, 98; *Schneider*, Klage Rn. 930–934, 939; *HdbStraßenverkR/Born* Kap. 3 B Rn. 111 und zuletzt *BL/Hartmann* § 130 Rn. 31.

[32] *Michel/von der Seipen* S. 123 f.; ebenso *Pukall* Rn. 66 a; *Pantle/Kreissl* Rn. 707 (im nicht erkannten Widerspruch zu Rn. 193) und *BProzFb/Büchel* S. 84 Anm. 16, beide mit dem allerdings irreführenden Zusatz, die Tatsachen sollten *„historisch aufbereitet“* bzw. *„in historischer Reihenfolge“* gebracht werden; *Schneider*, Klage Rn. 851; *Prechtel* S. 94 f., 97; *BL/Hartmann* § 253 Rn. 32. *Jansen* S. 523 weist zurecht darauf hin, daß eine andere Arbeitsweise insbesondere in Bausachen zu einer unsinnigen Aufblähung der ohnehin umfangreichen Akten führen würde.

[33] Vgl. *Schneider*, Klage Rn. 942; *Prechtel* S. 96.

[34] So jetzt auch *Prechtel* S. 304.

[35] Entgegen *Doms*, Neue ZPO S. 775 hat dies nichts mit dem ZPO-RG zu tun, sondern entspricht seit jeher (guter) anwaltlicher Praxis (vgl. zur Beweisverbindung *Rosenberg/Schwab/Gottwald* § 79 Rn. 46; *Oelkers/Müller* S. 126, *Prechtel* S. 331 und eingehend *Michel/von der Seipen* S. 164).

[36] *Zimmermann* § 282 Rn. 1; *Jauernig* § 28 II 4; *Rosenberg/Schwab/Gottwald* § 79 Rn. 48; Thomas/Putzo/Reichold § 282 Rn. 1; *Schellhammer*, Zivilprozess Rn. 447, 449; *Musielak/Foerste* § 282 Rn. 4; *BL/Hartmann* § 282 Rn. 7, 8.

2. Beachtung der Präklusionsregeln

7 Angesichts der durch die sog. Vereinfachungsnovelle von 1976 erheblich verschärften Präklusionsregeln wurden in Rechtsprechung und Literatur die verschiedensten Umgehungsstrategien (‚Fluchtmöglichkeiten') erörtert: Flucht in die Klageänderung und -erweiterung, Klagerücknahme, Widerklage, Säumnis und Berufung.[37]

Hier ist nur auf die ‚Flucht in die Berufung', also das bewußte Zurückhalten oder Fallenlassen präklusionsbedrohten Vortrags in erster Instanz, einzugehen. Sie war bis zum Inkrafttreten des ZPO-RG grundsätzlich möglich, weil sich die Präklusion nach § 528 I, II ZPO a.F.[38] und nicht nach § 528 III ZPO a.F.[39] beurteilte. Sie war aber stets mit *„erheblichen Risiken"*[40], insbesondere den Kostennachteilen nach § 97 II ZPO verbunden, weshalb die praktische Bedeutung relativ gering war. Soweit das Bundesjustizministerium die ‚Flucht in die Berufung' zur Begründung der Notwendigkeit einer Änderung des Berufungsrechts bemühte,[41] erlag es, wie der DAV-Ausschuß „Justizreform" trefflich formulierte, einer *„Wahnvorstellung"*[42]. Die Umgestaltung des Berufungsrechts durch das ZPO-RG und das System der Präklusion in zweiter Instanz (siehe unten Rn. 157 ff.) lassen eine solche **‚Flucht in die Berufung' grundsätzlich nicht mehr** zu.[43]

Hierauf muß sich der Anwalt einstellen. Zur Vermeidung unnötiger Prozeßrisiken und Haftungsfälle ist es deshalb erforderlich, daß er die – zugegebenermaßen komplizierten – Regeln der Präklusion in erster Instanz, an welche die Bestimmungen der Präklusion in zweiter Instanz (siehe unten Rn. 159) anknüpfen, beherrscht.

---

[37] Neueste zusammenfassende Darstellungen der verschiedenen Umgehungsstrategien bei *Prechtel* S. 187–197, *Zöller/Greger* § 296 Rn. 39–43 und *Musielak/Huber* § 296 Rn. 40–47.

[38] Vgl. BGHZ 76, 133 (140).

[39] BGH NJW 1979, 2109 (2110); 1981, 1218.

[40] So ausdrücklich BGHZ 76, 133 (140).

[41] Vgl. Bericht S. 59 (unter B XII 1.4.1); Staatssekretär *Geiger* auf dem DAV-Forum (S. 17); *Hannich/Meyer-Seitz* Rn. 4 vor § 513.

[42] S. s 31 (unter D II 3).

[43] *Crückeberg* Rn. 262: *„... ist nicht mehr zu empfehlen"*; *Greger*, Kurzkommentar unter 4 d): *„... ein Aufsparen von Vorbringen für die 2. Instanz gefährlich. Ein Verzicht auf Beweismittel ‚für die 1. Instanz' ist nicht mehr vertretbar."*; *Rimmelspacher*, Rechtsmittel S. 15: *„die ‚Flucht in die Berufung' hat der Gesetzgeber jedoch in § 531 Abs. 2 S 1 Nr. 3 ZPO weitgehend versperrt"*; *Musielak/Huber* § 296 Rn. 47: *„von diesem Fluchtweg* [ist] *dringend abzuraten"*; *Prechtel* S. 192: *„Die bisherige Taktik ... ist jetzt nur noch in seltenen Ausnahmefällen Erfolg versprechend."*; *Huber* Rn. 660; *Zöller/Greger* § 296 Rn. 41: *„jetzt praktisch ausgeschlossen"*; *Jauernig* § 28 II 2; **a.A.** *Zimmermann* § 296 Rn. 25; *Schneider* MDR 2002, 684 (686 unter I 6); *HdbStraßenverkR/Born* Kap. 3 B Rn. 210; *BL/Albers* § 531 Rn. 1 (der unter Bezugnahme auf Schrifttum zum früheren Recht nur von einem *„beträchtlichen Risiko"* spricht), die alle der Gesetzesänderung nicht genügend Rechnung tragen.

Exkurs: Die Präklusion in erster Instanz

I. Die Präklusion fristwidrigen Vorbringens gemäß § 296 I ZPO

Voraussetzungen der **zwingenden** Zurückweisung (Ausnahme in Ehe-, anderen Familien- und Kindschaftssachen gemäß §§ 615 I; 621 d; 640 I ZPO) sind: 8

1. Vorliegen von Angriffs- und Verteidigungsmitteln

Angriffs- und Verteidigungsmittel sind ausweislich der Teildefinitionen der §§ 146, 282 I ZPO („insbesondere") alle zur Begründung des Sachantrags oder zur Verteidigung dagegen vorgebrachten tatsächlichen und rechtlichen Behauptungen, Einwendungen und Einreden, sämtliches Bestreiten, alle Beweisanträge sowie der Antrag einer Partei auf Anhörung eines Sachverständigen nach §§ 402, 397 ZPO.[44] 9

Keine Angriffs- und Verteidigungsmittel sind: 10

- verfahrensbestimmende Sachanträge wie Klage,[45] Klageänderung[46] (die Zulässigkeit beurteilt sich allein nach §§ 263 ff. ZPO); Klageerweiterung,[47] Parteierweiterung,[48] Widerklage und -erweiterung,[49] Stufenklage[50] und das Vorbringen zu ihrer Begründung[51];
- Aufgliederung des Klageantrags i.S.v. § 253 II Nr. 2 ZPO;[52]
- Vortrag der erst im Laufe des Verfahrens geschaffenen materiellrechtlichen Voraussetzungen des Anspruch (z.B. Vorlage einer neuen Schlußrechnung im Berufungsverfahren);[53]
- Geständnisse;[54]

---

[44] BGH NJW 2004, 2828 (2830); OLG Oldenburg Nds.Rpfl. 1979, 179; *Zimmermann* § 296 Rn. 1; *Thomas/Putzo/Reichold* § 146 Rn. 2; *Musielak/Huber* § 296 Rn. 4.

[45] BGH FamRZ 1996, 1071 (Sachanträge); OLG Celle VersR 1970, 352; *Zimmermann* § 296 Rn. 2; *Schellhammer*, Zivilprozess Rn. 357; *Thomas/Putzo/Reichold* § 146 Rn. 2; *BL/Hartmann* Einl. III Rn. 71, § 282 Rn. 6 und § 296 Rn. 29.

[46] BGH NJW 1955, 707 (die Entscheidung gilt auch nach der Vereinfachungsnovelle, vgl. BGH NJW 1986, 2257 [2258]); 1982, 1533 (1534 a.E.); OLG Karlsruhe NJW 1979, 879 (880); *Zimmermann* § 296 Rn. 2; *Schellhammer*, Zivilprozess Rn. 457; *Thomas/Putzo/Reichold* § 146 Rn. 2; *Musielak/Huber* § 296 Rn. 6; *BL/Hartmann* Einl. III Rn. 71, § 282 Rn. 6 und § 296 Rn. 29.

[47] BGHZ 83, 371 (377), stRspr., zuletzt NJW 2001, 1210; *Thomas/Putzo/Reichold* § 146 Rn. 2; *Musielak/Huber* § 296 Rn. 6; *BL/Hartmann* Einl. III Rn. 71 und § 296 Rn. 29.

[48] *Zimmermann* § 296 Rn. 2; *Thomas/Putzo/Reichold* § 146 Rn. 2.

[49] BGH NJW 1981, 1217; 1986, 2257 (2258); 1995, 1223; *Zimmermann* § 296 Rn. 2; *Zöller/Greger* § 282 Rn. 2 a; *Thomas/Putzo/Reichold* § 146 Rn. 2; *Musielak/Huber* § 296 Rn. 6; *BL/Hartmann* Einl. III Rn. 71, § 282 Rn. 6 und § 296 Rn. 29.

[50] OLG Karlsruhe NJW 1985, 1349.

[51] BGH NJW 1981, 1217; BGHZ 83, 371 (377); NJW 1985, 3079; WM 1986, 864.

[52] BGH NJW 1993, 1393 (für § 528 I ZPO a.F.); 1997, 870 (für § 528 II ZPO a.F.); *Thomas/Putzo/Reichold* § 146 Rn. 2.

[53] BGH NJW-RR 2004, 167 mit zust. Anm. *Reichold* LMK 2004, 54; *Thomas/Putzo/Reichold* § 296 Rn. 1.

[54] *MüKo-ZPO/Prütting* § 296 Rn. 43; *Sattelmacher/Sirp/Schuschke* Rn. 289.

- Rechtsausführungen,[55] soweit sie nicht mit Sachverhaltsveränderungen verbunden sind[56];
- Prozeßanträge[57] z.B. auf Vertagung gemäß § 227 ZPO, Fristverlängerung gemäß § 224 II ZPO oder Zurückverweisung gemäß § 538 II 1 ZPO[58].

2. Verspätung

11 Die Verspätung setzt dreierlei voraus: das Vorliegen einer präklusionsbegründenden Frist, eine ordnungsgemäße Fristsetzung und eine Fristversäumung.

12 **a) Präklusionsbegründende Fristen.** Das sind die in § 296 I 1 ZPO genannten Fristen, nämlich die
- Äußerungsfrist (§ 273 II Nr. 1 ZPO),
- Urkundenvorlagefrist (§ 273 II Nr. 5 ZPO),
- Klageerwiderungsfrist bei frühem ersten Termin (§§ 275 I 1, III, 277 III ZPO),
- Replikfrist bei frühem ersten Termin (§§ 275 IV, 277 IV ZPO),
- Klageerwiderungsfrist im schriftlichen Vorverfahren (§ 276 I 2, III ZPO),
- Replikfrist im schriftlichen Vorverfahren (§§ 276 III, 277 IV ZPO),

sowie Fristen, auf die das Gesetz (!) den § 296 I ZPO für entsprechend anwendbar erklärt, nämlich
- die Einspruchsfrist (§ 340 III 3 ZPO),
- die Frist zur Stellungnahme zu einem schriftlichen Sachverständigengutachten (§ 411 IV 2 Hs. 2 ZPO),
- die Fristen im Berufungsverfahren (§ 530 ZPO),
- die richterliche Anspruchsbegründungsfrist im Mahnverfahren (§ 697 III 2 Hs. 2 ZPO),
- die richterliche Anspruchsbegründungsfrist im Mahnverfahren nach Einspruch gegen einen Vollstreckungsbescheid (§ 700 V Hs. 2 ZPO).

13 In **Ehe- und Kindschaftssachen** ist nach §§ 611 II; 640 I ZPO nur die gemäß § 273 II Nr. 1 ZPO gesetzte Frist zur Ergänzung oder Präzisierung des eigenen Vortrags präklusionsbegründend (im übrigen gilt § 617 ZPO).

Im **Arbeitsgerichtsverfahren** gilt § 56 II ArbGG, der im Unterschied zu § 296 I ZPO nur die dem § 273 II Nr. 1 ZPO entsprechende Regelung des § 56 I 2 Nr. 1 ArbGG sanktioniert.

---

[55] BGH BGHReport 2003, 1103 m. zust. Anm. *Kramer* ProzRB 2003, 294; *Zimmermann* § 296 Rn. 2; *Sattelmacher/Sirp/Schuschke* Rn. 288; *Zöller/Greger* § 282 Rn. 2 b; *Thomas/Putzo/Reichold* § 146 Rn. 2; *BL/Hartmann* Einl. III Rn. 71 (and. aber § 282 Rn. 15); **a.A.** *Schneider* MDR 1986, 903 (904).

[56] BVerfG vom 13.6.1990 – 2 BvR 407/90, S. 2 (n.v.): *„Die Beschwerdeführerin beruft sich zunächst darauf, ihr (vom Bevollmächtigten verfaßter) Schriftsatz vom ... sei lediglich eine Präzisierung ihres Vorbringens vom ... Sie behauptet damit sinngemäß, ein (neues) Verteidigungsmittel, das gem. § 296 Abs. 1 ZPO als verspätet zurückgewiesen werden kann, hätte überhaupt nicht vorgelegen. Demgegenüber hat das Amtsgericht zutreffend darauf abgestellt, daß sich die beiden Vorbringen in rechtlicher Sicht unterschieden. Legt man den Vortrag der Beschwerdeführerin vom ... sach- und interessengerecht aus, so läuft er auf die Behauptung hinaus, sie habe an eine dritte Person mit befreiender Wirkung leisten können, weil entweder dieser die Forderung abgetreten wurde, oder die Voraussetzungen des § 362 Abs. 2 BGB (Leistung an einen Dritten zum Zwecke der Erfüllung) vorlagen. Demgegenüber beinhaltet der spätere Schriftsatz der Beschwerdeführerin die Behauptung, die Leistungsempfängerin sei als Beschäftigte der Gläubigerin für dies empfangsberechtigt gewesen. Deshalb habe die Gläubigerin später auch auf den nach der Zahlung erwirkten Vollstreckungsbescheid verzichtet."*

[57] *Zimmermann* § 296 Rn. 2; *MüKo-ZPO/Prütting* § 296 Rn. 44; *Musielak/Huber* § 296 Rn. 6.

[58] OLG Saarbrücken NJW-RR 2003, 573 (574); *Thomas/Putzo/Reichold* § 538 Rn. 5.

Eine **analoge Anwendung** auf andere Fristen ist **unzulässig**,[59] was sich zum einen aus der Natur der Präklusionsnormen als eng auszulegender Ausnahmevorschriften von Art. 103 I GG,[60] zum anderen im Umkehrschluß aus den gesetzlichen Verweisungen ergibt. Eine solche analoge Anwendung ist nicht möglich hinsichtlich 14

- § 132 ZPO;[61]
- § 283 S. 1 ZPO (insoweit gilt nur § 283 S. 2 ZPO);[62]
- § 356 S. 1 ZPO (insoweit gelten die §§ 230, 231 ZPO);[63]
- § 373 ZPO (bei unterbliebener Individualisierung eines Zeugen gilt § 356 ZPO)[64]
- § 379 S. 1 ZPO (Folge der nicht rechtzeitigen Einzahlung des Auslagenvorschusses ist gemäß §§ 379 S. 2, 230, 231 I ZPO die Nichtladung,[65] nicht etwa die Präklusion des Beweismittels, weshalb die Partei den Zeugen zum Termin stellen kann[66]; erscheint er nicht, wird aber der Beweisantrag aufrecht erhalten, kann dieser – ohne daß eine weitere Fristsetzung nach § 356 ZPO [analog] erforderlich wäre – gemäß § 296 II ZPO zurückgewiesen werden,[67] es sei denn, daß ohnehin ein weiterer Termin erforderlich ist und der Vorschuß noch rechtzeitig einbezahlt wird[68]);
- § 697 I ZPO[69] (ob § 296 II ZPO anwendbar ist, ist umstritten[70]).

---

[59] BGH NJW 1979, 2109 (2110 für § 528 II ZPO a.F.); 1981, 1217 (für § 528 I ZPO a.F.); *Zimmermann* § 296 Rn. 7; *Schellhammer*, Zivilprozess Rn. 461; *Thomas/Putzo/Reichold* § 296 Rn. 11, 25; *BL/Hartmann* § 296 Rn. 26, 32; *Musielak/Huber* § 296 Rn. 2.

[60] BVerfGE 69, 126 (136); 69, 145 (149), stRspr., zuletzt NJW 2001, 1565; BGHZ 76, 236 (239 f.); *Musielak/Huber* § 296 Rn. 2.

[61] BGH NJW 1989, 716; 1997, 2244; *Musielak/Huber* § 296 Rn. 10; *Thomas/Putzo/Reichold* § 296 Rn. 26.

[62] BVerfG NJW 1992, 679 (680); *Thomas/Putzo/Reichold* § 296 Rn. 26; *BL/Hartmann* § 296 Rn. 32; *Musielak/Huber* § 296 Rn. 10.

[63] BVerfG NJW 2000, 945 (946); BGH NJW 1981, 1319; 1993, 1926 (1927 f.); OLG Düsseldorf OLGR 2001, 466 (468); *Zöller/Greger* § 296 Rn. 4; *Thomas/Putzo/Reichold* § 296 Rn. 26; *Musielak/Huber* § 296 Rn. 10.

[64] BVerfG NJW 2000, 945.

[65] BVerfGE 69, 145 (150); NJW-RR 2004, 1150 (1151); BGH NJW 1980, 343 (344); 1982, 2559 (2560); 1998, 761; OLG Hamm NJW-RR 1995, 1152; *Zimmermann* § 296 Rn. 7; *Schellhammer*, Zivilprozess Rn. 461; *Zöller/Greger* § 379 Rn. 7; *Thomas/Putzo/Reichold* § 296 Rn. 26 und § 379 Rn. 6.

[66] BVerfG NJW-RR 2004, 1150 (1151); BGH NJW 1998, 761; *Zöller/Greger* § 379 Rn. 7; *Thomas/Putzo/Reichold* § 379 Rn. 6.

[67] BVerfGE 69, 145 (150); NJW 2000, 1327; NJW-RR 2004, 1150 (1151); BGH NJW 1980, 343 (344); 1982, 2559 (2560); 1998, 761; OLG Hamm NJW-RR 1995, 1151; *MüKo-ZPO/Damrau* § 379 Rn. 10; *Thomas/Putzo/Reichold* § 379 Rn. 6.

[68] *Weber* MDR 1979, 799 (801); *Thomas/Putzo/Reichold* § 379 Rn. 6.

[69] BGH NJW 1979, 376; 1982, 1533; OLG Hamburg NJW 1979, 376; OLG Hamm MDR 1980, 146 (147) und MDR 1983, 413; OLG Köln NJW 1981, 2265 und FamRZ 1986, 928; OLG Nürnberg NJW-RR 2000, 445; *Zimmermann* § 296 Rn. 7; *Schellhammer*, Zivilprozess Rn. 461; *Zöller/Greger* § 296 Rn. 6; *Thomas/Putzo/Reichold* § 296 Rn. 26; *Musielak/Huber* § 296 Rn. 10; *BL/Hartmann* § 296 Rn. 32 und § 697 Rn. 8.

[70] **Verneinend** BGH NJW 1982, 1533 (1534); OLG Nürnberg NJW-RR 2000, 445; *MüKo-ZPO/Holch* § 697 Rn. 13 m. umfassenden Nachw. in Fn. 28; *Zöller/Vollkommer* § 697 Rn. 4; inzident *Thomas/Putzo/Hüßtege* § 697 Rn. 8; **bejahend** *BL/Hartmann* § 296 Rn. 32 und § 697 Rn. 7; **unklar** *Thomas/Putzo/Reichold* § 296 Rn. 26.

b) Ordnungsgemäße Fristsetzung. Diese setzt viererlei voraus:

15 – Die Frist muß hinsichtlich Beginn und Ende **klar** und unmißverständlich[71] sowie **angemessen**[72] sein. Für die Klageerwiderungsfrist nach §§ 275 I 1, 277 III ZPO wird die Mindestdauer von **zwei Wochen im Anwaltsprozeß meist zu kurz** sein[73] – angemessen sind vielmehr wenigstens drei Wochen (bei vorprozessualer Befassung des Beklagtenvertreters mit dem Fall) oder vier Wochen (ohne diese)[74]; ähnliches gilt für die Fristen nach § 276 I 2 ZPO[75] und § 697 III 2 ZPO[76]. Eine zu kurze Frist setzt auch keine angemessene Frist in Lauf.[77]

16 – Die Fristsetzung muß **durch das zuständige Organ** erfolgen; das ist in den Fällen der §§ 273 II Nr. 1, 275 I 1 ZPO der Vorsitzende oder ein von ihm beauftragtes Mitglied des Prozeßgerichts (regelmäßig der Berichterstatter), das dann mit ‚i.A.' zeichnen muß[78], im Fall des § 275 III und IV 1 ZPO das Gericht und in den Fällen der §§ 275 IV 2, 276 I 2 ZPO grundsätzlich nur der Vorsitzende[79]. Die Fristsetzung muß **vom Richter unterzeichnet** sein, wobei eine Paraphe nicht genügt[80].

---

71 BVerfGE 60, 1 (6); BGHZ 76, 236 (240), stRspr., zuletzt NJW-RR 2001, 1431; OLG Oldenburg NJW 1980, 295 (irreführendes Ladungsformular); BayVerfGH NJW 1989, 215 (216); 1990, 502 (503); *Wieczorek/Schütze/Gerken* § 531 Rn. 9; *Thomas/Putzo/Reichold* § 296 Rn. 30; *BL/Hartmann* § 296 Rn. 20 „Fristbemessung"; *Musielak/Huber* § 296 Rn. 11.

72 BGHZ 124, 71 (74); *Pukall* Rn. 204; *St/J/Leipold* § 296 Rn. 38; *MüKo-ZPO/Prütting* § 296 Rn. 68; *Zimmermann* § 296 Rn. 15 c) für Klagerwiderungsfrist; *Wieczorek/Schütze/Gerken* § 531 Rn. 9; *Musielak/Huber* § 296 Rn. 11 und 15; nach *Zöller/Greger* § 296 Rn. 9 b und *BL/Hartmann* § 296 Rn. 55 „Fristbemessung" ist die Angemessenheit bei der Verschuldensfrage zu prüfen.

73 OLG München MDR 1980, 147; OLG Frankfurt a.M. NJW 1989, 722 (723 a.E.); OLG Dresden NJW-RR 1999, 214; OLG Jena Urt. 21.9.2000 – 1 U 52/00 (abrufbar unter http://www.thueringen.de/olg/urteil/infothek10.html für 3 Wochen in einer umfangreichen Bausache); OLG Brandenburg NJW-RR 2001, 63 (64); *Franzki* NJW 1979, 9 (10); *Deubner* NJW 1979, 337 (338); nach *Lange* NJW 1986, 1728 (1731), *Prechtel* S. 178 und *Thomas/Putzo/Reichold* § 275 Rn. 6 (mit einem ausführlichen Kriterienkatalog) sogar in der Regel; i. Erg. auch *BL/Hartmann* § 276 Rn. 10. Auch die Rechtsprechung des BGH geht in diese Richtung: Während der BGH in BGHZ 86, 31 (39) bei einfachem Sachverhalt und vorprozessualer Befassung des Beklagten mit der Sache noch zwei Wochen genügen ließ, vertritt er in BGHZ 124, 71 (74) den anwaltfreundlicheren Standpunkt.

74 *Lange* NJW 1986, 1728 (1732).

75 BGHZ 124, 71 (74).

76 OLG Köln NJW 1980, 2421.

77 BGHZ 124, 71 (74); OLG Hamm MDR 1983, 63 (verspätetes Vorbringen ist zuzulassen); *Wieczorek/Schütze/Gerken* § 531 Rn. 9.

78 Vgl. BGH NJW 1991, 2774 (2775); ob diese Entscheidung bei einer abstrakten Berichterstatterbestimmung durch den Mitwirkungsplan (spruchkörperinternen Geschäftsverteilungsplan) nach § 21 g GVG noch Geltung hat, erscheint zweifelhaft.

79 Die zu **§ 275 IV ZPO** a.F. bestehende h.M., wonach weder der Vorsitzende noch der Berichterstatter zuständig waren (OLG Frankfurt a.M. NJW-RR 1986, 1445 [1446]; OLG Köln NJW-RR 2000, 1086; a.A. hinsichtlich des Vorsitzenden OLG Frankfurt a.M. MDR 1990, 60) ist durch die Einführung von § 275 IV 2 ZPO gegenstandslos (ebenso *Musielak/Huber* § 296 Rn. 11). Ob auch im Fall des **§ 276 I 2 ZPO** ein von Vorsitzenden beauftragtes Mitglied des Prozeßgerichts die Fristsetzung vornehmen darf, ist strittig (verneinend OLG Oldenburg Nds.Rpfl. 1979, 179, OLG Köln NJW-RR 2000, 1086, *Zöller/Greger* § 296 Rn. 9 und *Musielak/Huber* § 296 Rn. 11; im Ergebnis bejahend *Thomas/Putzo/Reichold* § 276 Rn. 9 und *BL/Hartmann* § 276 Rn. 9 jeweils ohne Erwähnung der Gegenmeinung; von BGH NJW 1991, 2773 [2774] und 2774 [2775] offengelassen, was von *Zöller/Greger* § 296 Rn. 9 und *Thomas/Putzo/Reichold* § 276 Rn. 9 verkannt, richtig dagegen *Musielak/Huber* § 296 Rn. 11); nicht in Betracht kommen sonstige Richter (BGH NJW 1991, 2774 [2775]).

80 BGHZ 76, 236 (240); NJW 1980, 1960; 1981, 2255; VersR 1983, 33; NJW 1990, 2389; *Thomas/Putzo/Reichold* § 296 Rn. 30; *BL/Hartmann* § 296 Rn. 33.

– Die Fristsetzung muß mit der etwaig erforderlichen **Belehrung** verbunden werden. Die Belehrung ist in den Fällen der §§ 277 II, IV, 340 III 4 ZPO erforderlich, nicht aber im Fall des § 273 II Nr. 1 und nunmehr 5 ZPO[81]. Die Belehrungspflicht besteht auch dann, wenn der Beklagte – gerichtsbekannt – bereits anwaltlich vertreten ist.[82] Die Belehrung darf sich nicht in bloßer Wiederholung des Gesetzestextes erschöpfen,[83] es sei denn, sie erfolgt gegenüber einem Rechtsanwalt[84]. 17

– Die Fristsetzung muß, soweit sie nicht in der mündlichen Verhandlung erfolgt, gemäß § 329 II 2 ZPO unter Beifügung einer **beglaubigten Abschrift der richterlichen Verfügung**[85] zugestellt werden. 18

Es stellt sich die Frage, ob § 296 I ZPO anwendbar ist, wenn ein Formerfordernis nicht erfüllt ist. Während dies früher mit der Begründung verneint wurde, daß eine Heilung nach § 187 S. 1 ZPO a.F. wegen § 187 S. 2 ZPO a.F. analog[86] nicht in Betracht komme, ist jetzt § 189 ZPO zu beachten, der eine grundlegende Neugestaltung der Heilung von Zustellungsmängeln gebracht hat. Obwohl in der Gesetzesbegründung nur von der Heilung von Mängeln *„bei der Ausführung der Zustellung"* die Rede ist,[87] wird in der neuen Kommentarliteratur ohne weitere Diskussion die bisherige Rechtsprechung, wonach die Heilung auch bestimmte Mängel des zuzustellenden Schriftstücks selbst erfassen kann, als weiterhin anwendbar bezeichnet[88]. Für den praktisch häufigen Fall, daß die Fristsetzung mit „auf Anordnung [folgt Name einer Justizangestellten]" unterzeichnet ist, ist dies aber wie bisher[89] schon zu verneinen,[90] weil in diesem Fall eine richterliche Entscheidung nicht erkennbar ist, vielmehr nur eine Mitteilung der Geschäftsstelle vorliegt. Eine Heilung nach § 295 ZPO scheidet auf jeden Fall aus.[91] In Betracht kommt 19

81 BGHZ 88, 180 (183); OLG Düsseldorf MDR 1975, 417; *AK-ZPO/Deppe-Hilgenberg* § 296 Rn. 14; *Thomas/Putzo/Reichold* § 296 Rn. 31; vermittelnd *MüKo-ZPO/Prütting* § 296 Rn. 70 und *Musielak/Huber* § 296 Rn. 11 (Belehrung ratsam).

82 BGHZ 88, 180 (183); BGH NJW 1986, 133 m.w.N. (aber keine verfassungsrechtliche Pflicht, BVerfGE 75, 302 [318]).

83 BGHZ 86, 218 (225); 88, 180 (183); BGH NJW 1986, 133; 1991, 2773 (2774); OLG Oldenburg NJW 1980, 295; OLG Karlsruhe Justiz 1983, 409; OLG Düsseldorf NJW 1978, 2203; 1984, 1567; *Wieczorek/Schütze/Gerken* § 531 Rn. 9; *Musielak/Huber* § 296 Rn. 11; *Thomas/Putzo/Reichold* § 296 Rn. 31.

84 BGH NJW 1991, 493, wo der Beklagte selbst Rechtsanwalt war. Nach wohl h.M. gilt dies auch für die lediglich anwaltlich vertretene Partei (OLG Hamm NJW 1984, 1566; *MüKo-ZPO/Prütting* § 296 Rn. 70; *Pantle/Kreissl* Rn. 332; **a.A.** offenbar *Musielak/Huber* § 296 Rn. 11; *Steinert/Theede* Rn. 103 Fn. 93. *Thomas/Putzo/Reichold* § 296 Rn. 31 unterscheidet diese beiden Fallgestaltungen nicht.

85 BGHZ 76, 236 (241), stRspr., zuletzt NJW 1990, 2389; *Zimmermann* § 296 Rn. 8; *Wieczorek/Schütze/Gerken* § 531 Rn. 9; *Thomas/Putzo/Reichold* § 296 Rn. 30; *Musielak/Huber* § 296 Rn. 11.

86 BGHZ 76, 236 (238).

87 RegE/ZustRG S. 55.

88 Pauschal *Zimmermann* § 189 Rn. 2 und *Thomas/Putzo/Hüßtege* § 189 Rn. 6 (fehlende Beglaubigung); das OVG Rostock bejaht sogar die Heilung eines falschen Beschlußdatums (NordÖR 2003, 446; Volltext auch bei juris); der BFH dagegen erörtert eine Heilung von Mängeln nur im Zusammenhang mit der „Ausführung der Zustellung" (vgl. BFH/NV 2003, 788); differenziert *Zöller/Greger* § 189 Rn. 6 und *BL/Hartmann* § 189 Rn. 3, 6–9 (in Rn. 7 verneinend bzgl. fehlerhafter Ausfertigung oder Beglaubigung).

89 BGH NJW 1981, 2255.

90 So auch *Prechtel* S. 177; *BL/Hartmann* § 276 Rn. 9 und § 296 Rn. 33; wohl auch *Oberheim* Rn. 17.

91 BGH NJW 1990, 2389 (2390); 1991, 2773 und 2774 (2775); *Thomas/Putzo/Reichold* § 296 Rn. 32.

dann allenfalls eine Zurückweisung nach § 296 II ZPO,[92] die allerdings grobe Fahrlässigkeit voraussetzt und in der Berufungsinstanz nicht mehr nachgeholt werden kann[93].

20 **c) Fristversäumung**. Die Fristberechnung erfolgt nach den allgemeinen Regeln. Eine Wiedereinsetzung scheidet aus, da die präklusionsbegründenden Fristen in § 233 ZPO nicht genannt sind.[94] Eine Versäumung liegt nicht erst dann vor, wenn eine Partei gar nichts vorträgt, sondern schon dann, wenn sie unvollständig vorträgt und einzelne Angriffs- und Verteidigungsmittel zurückhält[95] oder ihrer Pflicht nur formal nachkommt, d.h. ohne Rücksicht auf die konkrete Prozeßsituation (nicht zu verwechseln mit bloßen Inhaltsmängeln!)[96]. Ist die Fristüberschreitung sehr geringfügig, so kann sie unerheblich sein.[97]

3. Verzögerung

21 Der Maßstab für die Beurteilung der Verzögerung ist umstritten. Die **h.M.** vertritt den **absoluten** oder realen **Verzögerungsbegriff**,[98] der verfassungsgemäß ist[99]. Entscheidend ist danach, ob der Rechtsstreit bei Zulassung des verspäteten Vorbringens länger dauern würde als bei Zurückweisung (sog. Restdauerbetrachtung). Zur Begründung wird auf den Wortlaut des § 296 I ZPO verwiesen. Die Gegenmeinung vertritt den relativen oder hypothetischen Verzögerungsbegriff,[100] wonach eine Verzögerung nur gegeben ist, wenn der Prozeß bei Zulassung des verspäteten Vorbringens länger dauern würde, als er bei rechtzeitigem Vorbringen gedauert hätte (sog. Gesamtdauerbetrachtung). Zur Begründung wird angeführt, daß die h.M. zu einer vom Gesetzgeber nicht gewollten ‚Überbeschleunigung' führe.

22 Die Bejahung einer Verzögerung setzt auf der Grundlage der h.M. folgendes voraus:

(1) Der Rechtsstreit als ganzes muß an sich entscheidungsreif sein.[101]

---

[92] BGH NJW 1981, 2255; *Hermisson* S. 2231; *Pukall* Rn. 204.

[93] BGH NJW 1981, 2255.

[94] OLG Karlsruhe NJOZ 2004, 298 (300).

[95] *Schellhammer*, Zivilprozess Rn. 460.

[96] *Zöller/Greger* § 296 Rn. 10; *Musielak/Huber* § 296 Rn. 12.

[97] OLG Nürnberg MDR 1975, 849 (zum Recht vor der Vereinfachungsnovelle); OLG Karlsruhe NJW 1984, 618 (619), das aber zehn Kalendertage als nicht mehr geringfügig ansieht; OLG Brandenburg NJW-RR 2001, 63 (64), das zwei Wochen als nicht erheblich ansieht; *Zöller/Greger* § 296 Rn. 18; *Thomas/Putzo/Reichold* § 296 Rn. 16; *BL/Hartmann* § 296 Rn. 43; **a.A.** OLG Stuttgart NJW 1984, 2538 (2539); OLG München NJW 1990, 1371 (für „*wenige Tage*"); *MüKo-ZPO/Prütting* § 296 Rn. 105 m.w.N.

[98] BGHZ 75, 138 (141), grdl., stRspr., z.B. BGHZ 98, 368 (371); OLG Oldenburg MDR 1978, 1028; OLG Celle NJW 1979, 377; OLG Hamm NJW 1979, 825; 1980, 294; 1987, 1207; OLG Karlsruhe NJW 1983, 403; OLG München OLGZ 1989, 479; LG Aachen MDR 1978, 851; LG Berlin MDR 1979, 347; *Zimmermann* § 296 Rn. 17; *Jauernig* § 28 III 2; *Rosenberg/Schwab/Gottwald* § 68 Rn. 31; *Thomas/Putzo/Reichold* § 296 Rn. 14; *BL/Hartmann* § 296 Rn. 40, 41; *Musielak/Huber* § 296 Rn. 13.

[99] BVerfGE 69, 126 (137) für § 296 II ZPO; 75, 302 (315) für § 296 I ZPO; BVerfG NJW 1989, 705; 1991, 2275.

[100] OLG Köln VersR 1979, 89; OLG Düsseldorf VersR 1979, 773; OLG Frankfurt a.M. NJW 1979, 375 und 1715; OLG Hamburg NJW 1979, 1717 (1718); OLG Hamm MDR 1979, 765; NJW 1979, 1717; OLG Karlsruhe NJW 1984, 618 (619); OLG Celle BauR 2000, 1900; LG München I NJW 1979, 376; *Leipold* S. 250; *AK-ZPO/Deppe-Hilgenberg* § 296 Rn. 18; im Ergebnis auch *Zöller/Greger* § 296 Rn. 21, 22.

[101] BGHZ 77, 306 (308), stRspr., zuletzt BGH NJW-RR 1999, 787; *Zimmermann* § 296 Rn. 17; *Thomas/Putzo/Reichold* § 296 Rn. 12; *BL/Hartmann* § 296 Rn. 46; *Musielak/Huber* § 296 Rn. 21.

(2) Der verspätete Vortrag muß entscheidungserheblich sein.[102]

(3) Der verspätete Vortrag muß vom Gegner wirksam bestritten sein:[103] Es gilt zunächst § 138 II, IV ZPO.[104] Erfolgt der verspätete Vortrag erst in der mündlichen Verhandlung und kann sich der Gegner nicht sogleich erklären, kann die Frage der Verzögerung nach h.M. erst nach Vorliegen einer schriftsätzlichen Stellungnahme, für die eine Schriftsatzfrist gemäß § 283 S. 1 ZPO zu gewähren ist, entschieden werden.[105] Die Gegenmeinung weist darauf hin, daß durch die Gewährung einer Schriftsatzfrist die an sich mögliche Sofortentscheidung (‚Stuhlurteil') verhindert und damit das Verfahren verzögert werde.[106]

(4) Die mündliche Verhandlung darf nicht im gleichen Termin geschlossen werden können.[107] Diese Voraussetzung ist aber nicht schon dann gegeben, wenn der Termin nur länger dauert (z.B. statt eine Stunde zwei Stunden).[108]

(5) Die Vertagung muß gerade wegen des verspäteten Vortrages erforderlich sein.[109]

- Dies ist zunächst nicht der Fall, wenn schon wegen der Klage ein neuer Termin erforderlich ist oder mit dem verspäteten Vortrag gleichzeitig Widerklage erhoben wird (ein Teilurteil gemäß § 301 ZPO hinsichtlich der Klage ist unzulässig![110]).
- Dies ist ferner nicht der Fall, wenn das Gericht die Verzögerung durch zumutbare 23
vorbereitende Maßnahmen hätte auffangen können (**Verzögerungsverhinderungspflicht**):

---

[102] OLG Brandenburg NJW-RR 1998, 498; OLG Schleswig OLGR 2004, 236 (238); *MüKo-ZPO/Prütting* § 296 Rn. 103; *Schneider*, Klage Rn. 648; *Schellhammer*, Zivilprozess Rn. 464; *BL/Hartmann* § 296 Rn. 35; *Musielak/Huber* § 296 Rn. 5 und 21.

[103] BAG DB 1961, 920; OLG Karlsruhe NJW 1984, 618 (619); OLG Stuttgart NJW 1984, 2538 (2539); OLG Naumburg OLG-NL 1994, 704; OLG Brandenburg NJW-RR 1998, 498; OLG Karlsruhe NJOZ 2004, 298; *Schneider*, Klage Rn. 649; *Schellhammer*, Zivilprozess Rn. 464; *Zöller/Greger* § 296 Rn. 13; *Wieczorek/Schütze/Gerken* § 531 Rn. 10; *Musielak/Huber* § 296 Rn. 5.

[104] BVerfGE 51, 188 (192); BGHZ 94, 195 (213 f.); KG NJW 1983, 580; *Schellhammer*, Zivilprozess Rn. 464.

[105] BVerfG NJW 1989, 705 (wenn ohnehin ein Verkündungstermin anberaumt werden muß; im übrigen wurde die Frage offengelassen); 1992, 2144; BGHZ 94, 195 (213); BGH NJW 1985, 1556 (1558); in NJW 1982, 1533 (1534) offengelassen; BAG NJW 1989, 148; OLG München OLGZ 1979, 479; KG NJW 1983, 580; OLG Karlsruhe NJW 1984, 618 (619); MDR 1987, 241; NJOZ 2004, 298; OLG Schleswig NJW 1986, 856; OLG Düsseldorf NJW 1987, 507 (508); OLG Frankfurt a.M. NJW 1987, 1089 (1090); NJW-RR 1992, 1405; OLG Hamm MDR 1992, 186; OLG Jena OLG-NL 1994, 119; OLG Naumburg OLG-NL 1994, 704; OLG Brandenburg NJW-RR 1998, 498; *Zöller/Greger* § 296 Rn. 16; *Wieczorek/Schütze/Gerken* § 531 Rn. 11; *Thomas/Putzo/Reichold* § 283 Rn. 1 und § 296 Rn. 20; *Musielak/Huber* § 296 Rn. 23; im Ergebnis auch *Schellhammer*, Zivilprozess Rn. 464.

[106] BayVerfGH NJW 1990, 502 (504), wonach die Nichtgewährung einer Schriftsatzfrist verfassungsrechtlich nicht zu beanstanden sei, wenn kein Verkündungstermin vorgesehen sei; 1990, 1653 (1654); OLG Schleswig SchlHA 1979, 22; OLG Stuttgart NJW 1984, 2538; *BL/Hartmann* § 283 Rn. 2 und § 296 Rn. 44.

[107] *St/J/Leipold* § 296 Rn. 51.

[108] *St/J/Leipold* § 296 Rn. 50.

[109] Unaufklärbarkeit wirkt sich zugunsten der betroffenen Partei aus (OLG Oldenburg Nds.Rpfl. 1979, 72; OLG Köln NJW 1980, 2421 [2422]).

[110] BGHZ 77, 306 (308); BGH NJW 1981, 1217; 1982, 1533 (1535); 1985, 3079 (3080); OLG Düsseldorf NJW 1993, 2543; **a.A.** LG Berlin MDR 1983, 63; LG Fulda NJW 1989, 3290; *Hermisson* S. 2232; *Prütting/Weth* S. 141; *St/J/Leipold* § 296 Rn. 53; *AK-ZPO/Deppe-Hilgenberg* § 296 Rn. 16; *BL/Hartmann* § 296 Rn. 49.

- Das Gericht muß durch Hinweise nach § 139 ZPO einer Partei Gelegenheit geben, die ggf. erforderlichen Angriffs- und Verteidigungsmittel vorzutragen.[111] Es muß aber, wie das Bundesverfassungsgericht mehrfach entschieden hat,[112] nicht die sog. Flucht in die Säumnis ermöglichen.
- Das Gericht hat verspätet benannte Zeugen gemäß § 273 II Nr. 4 ZPO zu laden, wenn – bei neuem Vortrag nach einer einzuholenden Äußerung der Gegenseite (!) – **noch** ausreichend **Zeit zur Ladung** bleibt, was für 6 Tage[113], 10 Tage[114] und 16 Tage[115] bejaht wurde (zu Eilmaßnahmen, etwa Ladung per Telefon oder Telefax ist das Gericht allerdings nach h.M. nicht verpflichtet,[116] es hat aber in einem solchen Fall die betreffende Partei über die Nichtladung zu informieren, damit diese den Zeugen ggf. stellen kann[117]) **und** wenn die etwaige **Erweiterung der Beweisaufnahme** durch die verspätet benannten Zeugen **zumutbar** ist. Das Gericht hat die Termine so zu bestimmen, daß eine zu diesem Zeitpunkt (!) erkennbare Beweisaufnahme möglich ist,[118] insbesondere bei einer langfristigen Terminierung eine entsprechend weiträumige Verhandlungszeit einzuplanen[119]. Das Gericht ist aber wegen §§ 216 II, 272 III ZPO nicht verpflichtet, den Termin so weit hinauszuschieben, daß der verspätete Vortrag voll berücksichtigt werden kann.[120] **Zumutbarkeit** wurde **bejaht** bei einer Beweisfrage und einem zusätzlichen Zeugen, bei einem engumgrenzten Beweisthema und 2[121], 3,[122] 4[123], 5[124] bzw. 6[125] zusätzlichen Zeu-

---

[111] BVerfG NJW 1990, 2373; BGH NJW 1989, 717; *Thomas/Putzo/Reichold* § 296 Rn. 9.

[112] BVerfGE 75, 183 m. Anm. *Schneider* EWiR 1987, 1247; Beschl. v. 13.6.1990 – 2 BvR 407/90, S. 4 (n.v.): *„Soweit die Beschwerdeführerin schließlich eine Verletzung der Hinweispflicht (§ 139 ZPO) rügt, läßt die Verfassungsbeschwerde schon nicht eindeutig erkennen, zu welchem Zeitpunkt das Gericht die Beschwerdeführerin auf welchen Umstand und mit welchen beachtlichen Folgen hätte hinweisen müssen. Das Vorbringen der Beschwerdeführerin, sie hätte bei einem Hinweis in der mündlichen Verhandlung „die Flucht in die Säumnis" angetreten, verkennt, daß eine Partei nach verfassungsrechtlich bedenkenfreier Auffassung in der Rechtsprechung und im Schrifttum … im Termin, nachdem sie bereits verhandelt hat, ihre Säumnis nicht dadurch herbeiführen kann, daß sie nicht mehr weiterverhandelt oder gar gestellte Anträge „zurücknimmt" … Es ist weder dargelegt noch ersichtlich, daß der erkennende Richter, dem im Termin erstmals der später als verspätet zurückgewiesene Vortrag offenbart wurde, aus beachtlichen rechtlichen Gründen hätte gehalten sein können, bereits vor der Stellung der Anträge und innerhalb von wenigen Minuten seine Überzeugung bezüglich der möglichen Verspätung gegenüber der anwaltlich vertretene Beschwerdeführerin mitzuteilen."* OLG München NJW 1994, 60; **a.A.** zu Unrecht *Deubner* JuS 1994, 234 (235) und *Schneider*, ZPO-Reform Rn. 119.

[113] BGH NJW-RR 1991, 728 (730).

[114] BGH NJW 1990, 1359; BAG NZA 1989, 484.

[115] OLG Hamm NJW-RR 1994, 958.

[116] So BGH NJW 1981, 286; 1989, 1102; *Zimmermann* § 296 Rn. 15; *MüKo-ZPO/Prütting* § 296 Rn. 119; *Thomas/Putzo/Reichold* § 296 Rn. 20; *BL/Hartmann* § 296 Rn. 19; **a.A.** BGH NJW-RR 1991, 728 (730 für die Ladung eines Zeugen); *Musielak/Huber* § 296 Rn. 15.

[117] BGH NJW 1980, 1848; 1990, 1358; *Zimmermann* § 296 Rn. 15; *Thomas/Putzo/Reichold* § 296 Rn. 9 und 20; *BL/Hartmann* § 296 Rn. 21; *Musielak/Huber* § 296 Rn. 15.

[118] BVerfG NJW 1989, 706; *Thomas/Putzo/Reichold* § 296 Rn. 9.

[119] BVerfGE 81, 264 (271); NJW 1992, 299 (300); NJW-RR 1999, 1079; BGH NJW 1991, 1181; *Thomas/Putzo/Reichold* § 296 Rn. 9.

[120] BGH NJW 1981, 286; 1999, 585; 2002, 290; *Zimmermann* § 296 Rn. 15; *MüKo-ZPO/Prütting* § 296 Rn. 119.

[121] BGH NJW 1990, 135.

[122] NJW 2001, 151; 2002, 290 (291).

gen[126] und schließlich bei der Ladung eines Sachverständigen zur Erstattung eines Gutachtens in einem erst in sieben bzw. fünf Monaten stattfindenden Termin zur Klärung einer inhaltlich begrenzten Frage[127]. **Zumutbarkeit** wurde **verneint** bei Vernehmung von 6 Zeugen und Einholung eines Sachverständigengutachten,[128] von mehr als 7 Zeugen[129], einer *„umfangreichen Beweisaufnahme zur Klärung eines vielschichtigen Streitstoffs"*[130], einer sog. zweistufigen Beweisaufnahme, bei der die weitere Beweisaufnahme nach ihrem Thema und Umfang vom Ergebnis der ersten Beweiserhebung abhängig ist[131] oder bei der Notwendigkeit der Anberaumung eines zusätzlichen Verhandlungstages[132].[133]

- Die Kausalität fehlt schließlich, wenn die Verzögerung auf dem **Verhalten Dritter** 24
  beruht. Hauptfall ist das Nichterscheinen des verspätet benannten, aber noch rechtzeitig geladenen Zeugen.[134] Konnte er dagegen nicht mehr rechtzeitig geladen werden, etwa weil die Anschrift falsch war und bleibt er aus (auch wenn er einer Partei sein Erscheinen zusagte), so ist eine Verzögerung gegeben.[135]

(6) Die Bejahung der Verzögerung darf schließlich nicht rechtsmißbräuchlich sein. Hier sind die folgenden beiden Fälle zu unterscheiden:

- Rechtsmißbrauch liegt zunächst bei der Zurückweisung von verspätetem Vorbrin- 25
  gen in einem sog. **Durchlauftermin** vor.[136] Das Gesetz kennt den Begriff nicht.[137] Indizien für den nach objektiven Gesichtspunkten zu ermittelnden Durchlauftermin[138] sind

---

[123] BGH BGHR § 528 ZPO Verzögerung 1; NJW 2002, 290 (291).
[124] BGH NJW 1991, 1182 (1184).
[125] BVerfG NJW 1989, 706; 1990, 2373; NJW-RR 1999, 1079; BGH NJW 2002, 290 (291).
[126] Ganz allgemein BVerfG NJW 1992, 299 (300).
[127] BGH NJW 1999, 585 und BB 2004, 576 = BGHReport 2004, 126 (jeweils für Berufungsverfahren).
[128] OLG Köln ZIP 1985, 436.
[129] BGH NJW 1999, 3272 (8 Zeugen und umfangreicher Prozeßstoff); OLG Koblenz AnwBl 1990, 218; *Thomas/Putzo/Reichold* § 296 Rn. 9.
[130] BGH NJW 1980, 1102 (1103); 1984, 1964 (1967); WM 1985, 819; OLG Düsseldorf WRP 1983, 412; *MüKo-ZPO/Prütting* § 296 Rn. 119; *Musielak/Huber* § 296 Rn. 15 (Beweisantritt mit mehrere Ordner umfassendem Sachvortrag).
[131] BVerfG NJW 1990, 2373; BGHZ 86, 198 (202); **a.A.** noch BGH MDR 1964, 47 zum Recht vor der Vereinfachungsnovelle 1976.
[132] OLG Celle NJW 1989, 3023; *MüKo-ZPO/Prütting* § 296 Rn. 119.
[133] Zurecht kritisch zu dieser konturlosen Rechtsprechung *Schneider* MDR 1985, 729.
[134] BGH NJW 1982, 2559 (2561); 1986, 2319 (2320); 1987, 502 (503) und 1949; *Prütting/Weth* S. 136; *St/J/Leipold* § 296 Rn. 77; *MüKo-ZPO/Prütting* § 296 Rn. 128; *Thomas/Putzo/Reichold* § 296 Rn. 12; **a.A.** OLG Köln MDR 1984, 674; OLG Düsseldorf MDR 1988, 975; LG Koblenz NJW 1982, 289; *Schneider* MDR 1986, 1018; *Hermisson* S. 2233.
[135] BGH NJW 1989, 719; *MüKo-ZPO/Prütting* § 296 Rn. 130; *Rosenberg/Schwab/Gottwald* § 68 Rn. 33.
[136] BVerfGE 69, 126 (139); BGHZ 86, 31 (39); 98, 368 (371); BayVerfGH NJW 1990, 502 (503); OLG Stuttgart NJW-RR 1986, 1062; OLG Frankfurt a.M. NJW 1987, 506 (507); OLG Hamm NJW 1987, 1207; KG MDR 1987, 504; *Zimmermann* § 296 Rn. 10; *Thomas/Putzo/Reichold* § 296 Rn. 8; *Musielak/Huber* § 296 Rn. 20.
[137] So zurecht LG München I Urt. v. 7.10.1987 – 31 O 3683/87, n.v.
[138] OLG Frankfurt a.M. NJW 1989, 722; *Borgmann* AnwBl. 1989, 284 (286); *Thomas/Putzo/Reichold* § 296 Rn. 8.

- eine **auffällige Terminierung**, welche bei der Anberaumung einer Vielzahl von Sachen auf dieselbe Terminsstunde (68 Sachen[139], 49 Sachen[140]) oder einer Terminsdauer von 30 Minuten für eine umfangreiche Sache vor dem Landgericht[141] oder einer Terminierung im Viertelstundentakt[142] bejaht wurde, wohingegen die bloße Bezeichnung des Termins als ‚Sammeltermin' unschädlich ist[143];
- eine so **kurze Zeitspanne** zwischen Ende der Klageerwiderungsfrist und frühem erstem Termin, daß vorbereitende Maßnahmen des Gerichts unmöglich sind.[144] Als zu kurz wurden in der Rechtsprechung 1–2 Tage[145] und 10 Tage über Weihnachten/Neujahr (= 4½ Arbeitstage)[146] angesehen, während 8 Tage[147], 3 Wochen[148], 2 Monate[149] und 3 Monate[150] als ausreichend erachtet wurden,
- und schließlich **Schwierigkeit und Umfang der Sache**, die von vornherein die vollständige Verhandlung im frühen ersten Termin ausschließen. Der Bundesgerichtshof hat – entgegen den Vorstellungen des Gesetzgebers über die Funktion des frühen ersten Termins[151] – in BGHZ 98, 368 (371) wie vorher schon das OLG Hamm[152] diese Umstände als weiteres Indiz gewertet. Er hat damit die u.a. von *Pukall*[153] vertretene und von ihm selbst[154] und der obergerichtlichen Rechtsprechung[155] abgelehnte These, der frühe erste Termin sei im Zweifel immer ein Durchlauftermin, übernommen. Dies hat zur Folge, daß eine Präklusion im frühen ersten Termin – jedenfalls vor dem Landgericht – praktisch kaum möglich ist.[156]

---

139 BVerfGE 69, 126 (137).
140 OLG Karlsruhe NJW 1984, 618 (619); *AK-ZPO/Deppe-Hilgenberg* § 296 Rn. 19.
141 BVerfG NJW 1992, 299 (300); *Musielak/Huber* § 296 Rn. 20 für 10-Minuten-Takt.
142 OLG Frankfurt a.M. NJW 1987, 506 (507); OLG Hamm MDR 1992, 186; *Prechtel* S. 179; **a.A.** BayVerfGH NJW 1990, 502 (503).
143 BVerfG (2. Senat, 1. Kammer) Beschl. v. 13.6.1990 – 2 BvR 407/90, n.v.; BayVerfGH NJW 1990, 1653 (1654); **a.A.** *Musielak/Huber* § 296 Rn. 20 und *Prechtel* S. 179, welche die Entscheidung des BVerfG nicht berücksichtigen; *Zöller/Greger* § 296 Rn. 5 verwendet den Begriff „Sammeltermin" ohne genaue Erläuterung; auch *Schneider* MDR 1982, 902 sieht im Anschluß an *Arndt* DRiZ 1979, 142 die Begriffe „Durchlauftermin" und „Sammeltermin" als identisch an.
144 *Pukall* Rn. 202; *Zimmermann* § 296 Rn. 12; *St/J/Leipold* § 296 Rn. 67 läßt bei Zweifeln über die Entwicklung des Verfahrens bei rechtzeitigem Vorbringen Präklusion eingreifen.
145 BGHZ 86, 31 (39); *MüKo-ZPO/Prütting* § 296 Rn. 100; *Prechtel* S. 179.
146 OLG Karlsruhe NJW 1984, 618 (619).
147 BGHZ 86, 31 (39); *MüKo-ZPO/Prütting* § 296 Rn. 100; *Zimmermann* § 296 Rn. 12.
148 OLG Stuttgart NJW 1984, 2538.
149 BayVerfGH NJW 1990, 502 (503).
150 OLG Hamm NJW 1987, 1207.
151 Vgl. BT-Dr. 7/2729, S. 35, 68, 129.
152 NJW 1983, 401.
153 Rn. 202.
154 Vgl. noch BGHZ 86, 31 (39); BGHZ 88, 180 (182).
155 Vgl. OLG Hamm NJW 1987, 1207; OLG München Urt. v. 11.11.1987 – 15 U 3570/87, abgedr. in: Mitteilungen des Münchner Anwaltvereins 1988, Nr. 2, S. 4.
156 **So kritisch** OLG Hamm NJW-RR 1989, 895; *Lange* NJW 1988, 1644 (1645); *MüKo-ZPO/Prütting* § 296 Rn. 97; *Jauernig* § 28 III 2; **zustimmend dagegen** OLG Frankfurt a.M. NJW 1989, 722 (723); *Zimmermann* § 296 Rn. 13; *Zöller/Greger* § 296 Rn. 5; *Thomas/Putzo/Reichold* § 296 Rn. 17.

- Rechtsmißbrauch liegt ferner vor, wenn dieselbe Verzögerung, die bei Berücksichtigung des verspäteten Vorbringens eintritt, auch bei rechtzeitigem Vorbringen eingetreten wäre **und** dies ohne eingehende Untersuchungen und größere Unsicherheiten für das erkennende Gericht klar erkennbar ist[157] (sog. kausaler Verzögerungsbegriff); dies gilt nicht, wenn nach schriftlichem Vorverfahren und fruchtlosem Ablauf der Klageerwiderungsfrist Haupttermin bestimmt worden ist[158]. 26

4. Verschulden

Es genügt **leichte** Fahrlässigkeit[159] (in Ehe-, anderen Familien- und Kindschaftssachen ist dagegen gemäß §§ 615 I; 621 d; 640 I ZPO grobe Nachlässigkeit erforderlich) der Partei, ihres Vertreters (§ 51 II ZPO) oder Prozeßbevollmächtigten (§ 85 II ZPO)[160], nicht aber eines Nebenintervenienten (§ 66 I ZPO)[161]. 27

Das **Verschulden** wird, wie sich aus dem Wortlaut der Vorschrift ergibt, bis zur erfolgreichen Entschuldigung **vermutet**.[162] Die Entschuldigung setzt einen substantiierten Vortrag und auf Verlangen des Gerichts Glaubhaftmachung (§ 296 IV ZPO) voraus, wozu gegebenenfalls gemäß § 139 IV 2 ZPO Gelegenheit zu geben ist,[163] und zwar wegen §§ 139 IV 1, 294 II ZPO möglichst durch entsprechenden Hinweis vor dem Termin[164]. Die Entschuldigung hat **spätestens im nächsten Termin** zu erfolgen,[165] in der Regel nicht erst in der Berufungsinstanz[166]. An die Entschuldigung sind strenge Maßstäbe anzulegen,[167] insbesondere bei Fehlverhalten eines Rechtsanwalts[168]. Es hat sich eine umfangreiche Kasuistik entwickelt, aus der nachfolgend einige Beispiele gebracht werden sollen.

- Eine ausreichende Entschuldigung wurde in folgenden Fällen bejaht:
  - Partei konnte den Beweis nicht früher beschaffen.[169]

[157] BVerfGE 75, 302; BVerfG NJW 1995, 1417; zust. *Zöller/Greger* § 296 Rn. 22; *Thomas/Putzo/Reichold* § 296 Rn. 12.

[158] OLG München NJW 1990, 1371 (Revision vom BGH mit Beschl. vom 15.6.1989 – VII ZR 270/88 nicht angenommen) m. abl. Anm. *Deubner* NJW 1990, 1371; **unentschieden** *Thomas/Putzo/Reichold* § 296 Rn. 14.

[159] BVerfG (2. Senat, 1. Kammer) Beschl. v. 13.6.1990 – 2 BvR 407/90, n.v.; BGHZ 86, 31 (39); OLG Köln NJW 1980, 2421; OLG Schleswig SchlHA 1980, 116; *MüKo-ZPO/Prütting* § 296 Rn. 131; *Rosenberg/Schwab/Gottwald* § 68 Rn. 38.

[160] BGH VersR 1972, 148; 1982, 346; OLG Köln VersR 1984, 1176; OLG Karlsruhe NJW 1984, 618 (619); *Rosenberg/Schwab/Gottwald* § 68 Rn. 38; *Schellhammer*, Zivilprozess Rn. 468; bzgl. § 85 II ZPO krit. *Leipold* S. 255 und *AK-ZPO/Deppe-Hilgenberg* § 296 Rn. 24.

[161] *Zöller/Vollkommer* § 67 Rn. 4; *Thomas/Putzo/Reichold* § 296 Rn. 28; *Schulze* S. 2664 f. für den Fall, daß die Hauptpartei die Prozeßführung dem Streithelfer überlassen hat.

[162] *AK-ZPO/Deppe-Hilgenberg* § 296 Rn. 24; *Pukall* Rn. 203; *Zimmermann* § 296 Rn. 22; *Musielak/Huber* § 296 Rn 24.

[163] BGH NJW 1986, 3193 (3194); *Rosenberg/Schwab/Gottwald* § 68 Rn. 38; *BL/Hartmann* § 296 Rn. 53.

[164] Vgl. BGH NJW 1986, 3193 (3194).

[165] OLG Karlsruhe Justiz 1979, 14 (15); *AK-ZPO/Deppe-Hilgenberg* § 296 Rn. 24; *Zimmermann* § 296 Rn. 22; *Musielak/Huber* § 296 Rn 24.

[166] BGH NJW 1980, 1102; *Zimmermann* § 296 Rn. 22; **a.A.** *Thomas/Putzo/Reichold* § 531 Rn. 8.

[167] BGH NJW 1985, 744; *Deubner* NJW 1977, 921 (924); *BL/Hartmann* § 296 Rn. 53; vgl. auch BVerfG (2. Senat, 1. Kammer) Beschl. v. 13.6.1990 – 2 BvR 407/90, n.v.

[168] BGH VersR 1972, 148; *Zöller/Greger* § 296 Rn. 23; *BL/Hartmann* § 296 Rn. 53.

[169] BGH NJW 1976, 1742; NJW 1988, 60 (62); *Borgmann* AnwBl. 1989, 284 (286); *Rosenberg/Schwab/Gottwald* § 68 Rn. 39; *Thomas/Putzo/Reichold* § 296 Rn. 28; *Musielak/Huber* § 296 Rn 25.

– Partei hält aus Rücksicht auf den Gegner peinliche Tatsachen zurück[170] oder befürchtet Unannehmlichkeiten mit Zeugen[171].
– Partei bietet nicht vorsorglich Zeugenbeweis für die Echtheit einer Urkunde an, da sie mit einem diesbezüglichen Bestreiten i.d.R. nicht rechnen muß.[172]
– Der mit der Sache vertraute Rechtsanwalt konnte nicht früher beauftragt werden, da er in Urlaub war.[173]
– Unterlassen einer sofortigen Beauftragung eines Rechtsanwaltes nach Einlegung eines Widerspruchs gegen einen Mahnbescheid.[174]
– Erkrankung der Partei oder ihrer Prozeßbevollmächtigten.[175]
– Ungewöhnliche Postlaufzeiten.

• Eine Entschuldigung wurde dagegen verneint bei
– unterlassenem Fristverlängerungsantrag;[176]
– Anwaltswechsel[177].

II. Die Präklusion verspäteten Vorbringens gemäß § 296 II ZPO

28 Voraussetzungen für die im Ermessen des Gerichts liegende Zurückweisung (ebenso in Ehe-, anderen Familien- und Kindschaftssachen §§ 615 I; 621 d; 640 I ZPO) sind:

(1) **Vortrag von Angriffs- und Verteidigungsmitteln**

(2) **Verstoß gegen § 282 I, II ZPO**

Nach **§ 282 I ZPO** sind Angriffs- oder Verteidigungsmittel *„in der mündlichen Verhandlung rechtzeitig vorzubringen"*. Die h.M. versteht die Vorschrift dahin, daß nur ein Vorbringen, das im zweiten oder einem späteren Termin erfolgt, verspätet sein kann, da der erste Termin der frühestmögliche Zeitpunkt ist.[178] Die Parteien haben konzentriert vorzutragen,[179] aber nur zum Gegenstand des Rechtsstreits und nicht etwa vorsorglich zu weiteren Sachverhalten[180].

§ 282 II ZPO und damit § 296 II ZPO gelten nur, wenn die mündliche Verhandlung durch Schriftsätze vorzubereiten ist, was im Anwaltsprozeß gemäß § 129 I ZPO immer der Fall ist, im Parteiprozeß nur dann, wenn es das Gericht nach § 129 II ZPO anordnet[181]. Der Schriftsatz muß so rechtzeitig eingehen, daß der Gegner noch

---

[170] RG JW 1930, 549; BGH JR 1962, 382; jew. zu § 279 I ZPO a.F.; *Rosenberg/Schwab/Gottwald* § 68 Rn. 41 (für § 296 II ZPO); *Wieczorek/Schütze/Gerken* § 531 Rn. 33.

[171] RG JW 1936, 1778.

[172] *Wieczorek/Schütze/Gerken* § 531 Rn. 33.

[173] OLG Köln NJW 1980, 2421; *Rosenberg/Schwab/Gottwald* § 68 Rn. 3; *BL/Hartmann* § 296 Rn. 56; *Musielak/Huber* § 296 Rn 25.

[174] BayVerfGH NJW 1989, 215 (216).

[175] OLG Hamm NJW-RR 1992, 122 (für Kuraufenthalt!); *Zöller/Greger* § 296 Rn. 23 (es kommt auf Einzellfall an); *BL/Hartmann* § 296 Rn. 56.

[176] BGH NJW 1979, 1988 (1989); *BL/Hartmann* § 296 Rn. 56.

[177] *BL/Hartmann* § 296 Rn. 54.

[178] BGH NJW 1992, 1965; *Rosenberg/Schwab/Gottwald* § 68 Rn. 43; *Thomas/Putzo/Reichold* § 282 Rn. 1; **a.A.** noch *Putzo* NJW 1977, 1 (4).

[179] *AK-ZPO/Deppe-Hilgenberg* § 282 Rn. 5; *Pukall* Rn. 205; *Thomas/Putzo/Reichold* § 282 Rn. 2; *BL/Hartmann* § 282 Rn. 9.

[180] BVerfGE 54, 117 (126 zu § 296 I ZPO); NJW 1984, 2203; 1991, 2275; BGHZ 12, 49 (52); *Thomas/Putzo/Reichold* § 282 Rn. 1.

[181] BVerfG NJW 1989, 706; 1993, 1319; *MüKo-ZPO/Prütting* § 296 Rn. 145; **a.A.** *BL/Hartmann* § 282 Rn. 15: § 282 II ZPO gilt nicht für § 129 II ZPO.

Erkundigungen einziehen kann. Dabei kommt es nicht alleine auf die Frist des § 132 I ZPO an: Die bloße Nichteinhaltung der Frist des § 132 I ZPO rechtfertigt nie die Zurückweisung als verspätet,[182] umgekehrt kann § 282 II ZPO auch bei Einhaltung der Frist des § 132 I ZPO verletzt sein, wenn z.B. die Einlassungsfrist des § 274 III 1 ZPO zu wahren war[183]. Die Frist des § 132 I ZPO hat also allenfalls Indizwirkung.[184]

(3) **Verzögerung**

(4) **Grobe Nachlässigkeit**

Grobe Nachlässigkeit ist eine **ausnehmende Sorglosigkeit**, die Nichtbeachtung dessen, was jedem einleuchten muß.[185] Nicht ausreichend ist normale Fahrlässigkeit, nicht erforderlich ist aber auf der anderen Seite Verschleppungsabsicht.[186]

Grobe Nachlässigkeit wurde u.a. in folgenden Fällen bejaht:

- Der Prozeßbevollmächtigter unterläßt es, einen Beweisbeschluß auf seine Richtigkeit hin zu überprüfen.
- Die Partei tritt während des Rechtsstreites eine längere Urlaubs- oder Auslandsreise an, ohne ihren Prozeßbevollmächtigten zu informieren.[187]
- Der Beklagte verzieht nach Klageerhebung ins Ausland, ohne seine Anschrift zu hinterlassen.[188]
- Es wird ein ahnungsloser Untervertreter (sog. Kartellanwalt) in die Verhandlung geschickt.[189]

Grobe Nachlässigkeit wurde dagegen in folgenden Fällen verneint:

- Die gütliche Einigung stand im Vordergrund des Prozesses, worüber der streitige Vortrag vergessen wurde.[190]
- Die Partei ging zulässigerweise davon aus, das Gericht würde die bezeichneten Vernehmungsprotokolle aus Beiakten als Beweis genügen lassen.[191]

Die im Verzug befindliche Partei trifft für die entlastenden Umstände die Darlegungslast[192]. Das Gericht muß die grobe Nachlässigkeit im Urteil positiv feststellen,[193] wobei es insoweit **keinen Ermessensspielraum**, sondern nur einen Beurteilungsspielraum hat[194]. Für das Vorliegen einer groben Nachlässigkeit gibt es

---

[182] BGH NJW 1989, 716 (717); 1997, 2244.

[183] BGH NJW 1982, 1533 (1534); *Zöller/Greger* § 282 Rn. 4; *Musielak/Foerste* § 282 Rn 9

[184] A.A. *Putzo* NJW 1977, 1 (4): Mindestfrist.

[185] BGH NJW 1987, 501 (502); 1997, 2244 (2245); 2003, 200 (202); *Zöller/Greger* § 296 Rn. 27; *Thomas/Putzo/Reichold* § 296 Rn. 37; *BL/Hartmann* § 296 Rn. 61; *Musielak/Huber* § 296 Rn. 31.

[186] BVerfGE 69, 126 (137); BGH NJW 1987, 501 (502).

[187] OLG Köln VersR 1972, 985; *Zimmermann* § 296 Rn. 33; *Thomas/Putzo/Reichold* § 296 Rn. 38; *Musielak/Huber* § 296 Rn. 31.

[188] BGH NJW 1986, 134; *Schellhammer*, Zivilprozess Rn. 472.

[189] OLG Düsseldorf NJW 1982, 1888; *Thomas/Putzo/Reichold* § 296 Rn. 38; *Schellhammer*, Zivilprozess Rn. 472.

[190] BGH NJW-RR 1991, 701; *Schneider*, Präklusionsrecht S. 332.

[191] BGH NJW 1983, 999; *Thomas/Putzo/Reichold* § 296 Rn. 38.

[192] BGH NJW 1986, 134 (135); *Pukall* Rn. 205; *Zöller/Greger* § 296 Rn. 30; *Rosenberg/Schwab/Gottwald* § 68 Rn. 45.

[193] BGH NJW 1991, 701; NJW-RR 1991, 767; NJW 2001, 151; 2003, 200 (202); BayVerfGH NJW-RR 1992, 895; *Schneider*, Präklusionsrecht S. 332; *Rosenberg/Schwab/Gottwald* § 68 Rn. 53.

[194] BGH NJW 1986, 134 (135); OLG Hamm NJW 1987, 1207; **a.A.** *BL/Hartmann* § 296 Rn. 62 unter irriger Berufung auf BGH NJW 1981, 928, wo das Zurückweisungsermessen gemeint ist.

keine Vermutung,[195] umgekehrt hat aber die richtige Sachentscheidung im Zweifel Vorrang vor der Beschleunigung[196].

III. Die Präklusion verspäteter Zulässigkeitsrügen gemäß § 296 III ZPO

29 Verspätete Zulässigkeitsrügen sind gemäß § 296 III ZPO unter folgenden Voraussetzungen präkludiert:

(1) Vorliegen einer **verzichtbaren Zulässigkeitsrüge**
Verzichtbare Zulässigkeitsrügen sind die Rüge der fehlenden Ausländersicherheit gemäß § 110 ZPO,[197] die Rüge der fehlenden Kostenerstattung nach Klagerücknahme gemäß § 269 VI ZPO[198] sowie die Rüge der funktionellen Unzuständigkeit der allgemeinen Zivilkammer (mit Antrag auf Verweisung an die Kammer für Handelssachen) gemäß §§ 98 I 1, 101 I 3 GVG[199]. **Nicht** zu den **verzichtbaren** Zulässigkeitsrügen zählen dagegen neben den in § 56 I ZPO genannten Prozeßvoraussetzungen[200] die Sonderregelungen unterliegende Unzuständigkeitsrüge gemäß §§ 39, 504 ZPO,[201] die Rüge der mangelnden Vollmacht gemäß § 88 I ZPO[202] und die Einrede des Schiedsvertrags gemäß § 1032 I ZPO[203].

---

[195] *Zöller/Greger* § 296 Rn. 30; *Fellner*, Neuer Sachvortrag S. 241.

[196] OLG München Urt. v. 2.10.2003 – 19 U 3181/03 (n.v.); *Zöller/Greger* § 296 Rn. 8 b; *Fellner*, Neuer Sachvortrag S. 241.

[197] BGH NJW 1981, 2646; *Zimmermann* § 296 Rn. 35; *Zöller/Greger* § 296 Rn. 8 a; *Oberheim* Rn. 380; *Rosenberg/Schwab/Gottwald* § 68 Rn. 51 und § 137 Rn. 64; *Thomas/Putzo/Reichold* § 296 Rn. 41; *Musielak/Foerste* § 282 Rn. 10 und *Musielak/Huber* § 296 Rn. 34.

[198] *Zimmermann* § 296 Rn. 35; *Oberheim* Rn. 380; *Rosenberg/Schwab/Gottwald* § 68 Rn. 51 und § 137 Rn. 64; *Thomas/Putzo/Reichold* § 296 Rn. 41; *Musielak/Foerste* § 282 Rn. 10 und *Musielak/Huber* § 296 Rn. 34.

[199] OLG Bremen MDR 1980, 410; *Thomas/Putzo/Reichold* § 296 Rn. 39 und *Thomas/Putzo/Hüßtege* § 101 GVG Rn. 4; **a.A.** LG Berlin NJW 1987, 139; *Zimmermann* § 282 Rn. 5; *Rosenberg/Schwab/Gottwald* § 68 Rn. 51.

[200] Vgl. zuletzt BGH WM 2004, 1404.

[201] OLG Frankfurt a.M. OLGZ 1983, 99; *Putzo* NJW 1977, 1 (5); *AK-ZPO/Deppe-Hilgenberg* § 296 Rn. 26 (a.A. aber § 282 Rn. 11); *Wieser* ZZP 100 (1987) 367 (368); *Pukall* Rn. 206; *St/J/Bork* § 39 Rn. 13 und wohl auch *St/J/Leipold* § 296 Rn. 117; *Zimmermann* § 296 Rn. 35; im Ergebnis *Oberheim* Rn. 380; *Zöller/Greger* § 282 Rn. 5 und § 296 Rn. 8 a; *Musielak/Huber* § 296 Rn. 34; *Thomas/Putzo/Reichold* § 296 Rn. 41; **a.A.** *Grunsky* JZ 1977, 205; *Bischof* NJW 1977, 1897 (1900); *MüKo-ZPO/Prütting* § 296 Rn. 154, 155; *Jauernig* § 33 VII 1 und *Schellhammer*, Zivilprozess Rn. 473 für § 39 ZPO; *Rosenberg/Schwab/Gottwald* § 69 Rn. 51; *BL/Hartmann* § 39 Rn. 1.

[202] BGH NJW 2002, 1957 (für § 529 II ZPO a.F.); OLG München OLGZ 1992, 217 (für § 529 I ZPO a.F.); *Putzo* NJW 1977, 1 (4); *AK-ZPO/Deppe-Hilgenberg* § 296 Rn. 26; *St/J/Bork* § 88 Rn. 2 und *St/J/Leipold* § 296 Rn. 119 unter Hinweis auf den Wortlaut des § 88 I ZPO; *MüKo-ZPO/Prütting* § 296 Rn. 156; *Zöller/Vollkommer* § 88 Rn. 3 und *Zöller/Gummer* § 532 Rn. 3; *Musielak/Weth* § 88 Rn. 4; im Ergebnis *Oberheim* Rn. 380; **a.A.** LG Münster MDR 1980, 853 (in analoger Anwendung des § 296 III ZPO!); *Zöller/Greger* § 296 Rn. 8 a, *Rosenberg/Schwab/Gottwald* § 68 Rn. 51, *Thomas/Putzo/Reichold* § 296 Rn. 41 jeweils ohne Hinweis auf die herrschende Gegenmeinung; *Schafft/Schmidt* S. 439 und *Musielak/Huber* § 296 Rn. 34 jeweils ohne jeden Nachweis; unentschieden *BL/Hartmann* § 88 Rn. 6 und 7.

[203] BGH NJW 2001, 2176; *Zimmermann* § 296 Rn. 35; *Zöller/Greger* § 296 Rn. 8 a; *Rosenberg/Schwab/Gottwald* § 176 Rn. 4 (and. aber § 68 Rn. 51 und § 137 Rn. 64!); *Thomas/Putzo/Reichold* § 1032 Rn. 2 (and. aber § 296 Rn. 41!); *Musielak/Huber* § 296 Rn. 34 und *Musielak/Voit* § 1032 Rn. 7; *BL/Albers* § 1032 Rn. 4 (unklar dagegen *BL/Hartmann* § 296 Rn. 71); **a.A.** heute noch *Oberheim* Rn. 380 und *Wieczorek/Schütze/Gerken* § 532 Rn. 3. Die zu § 1027 a ZPO a.F. ergangene gegenteilige Rechtsprechung – z.B. OLG München MDR 1994, 1244 – ist gegenstandslos.

(2) **Verspätung**
Eine Verspätung ist, falls eine Klageerwiderungsfrist gesetzt worden war, mit Ablauf derselben gegeben (§ 282 III 2 ZPO), im übrigen, wenn die Rügen nicht gleichzeitig (also nach Zweckmäßigkeitserwägungen gestaffelt![204]) und vor der Verhandlung zur Hauptsache i.S.d. § 137 I ZPO erhoben wurden (§ 282 III 1 ZPO).

(3) **Verschulden**
Es wird vermutet. Auf eine Verzögerung kommt es nicht an![205]

IV. Die Präklusion im Versäumnisverfahren gemäß § 340 III ZPO

Es sind die folgende beiden Fälle zu unterscheiden: 30

- **Anfänglich verspäteter Vortrag**
  Waren die Angriffs- und Verteidigungsmittel im Zeitpunkt der Terminssäumnis verspätet oder werden sie erstmals und vollständig im Einspruch vorgebracht, so bleiben sie zwar i.S.d. § 296 I ZPO verspätet (§ 340 III ZPO ist nicht lex specialis[206]),[207] es fehlt aber eine Verzögerung, soweit der verspätete Vortrag im turnusgemäß angesetzten Einspruchstermin gemäß § 341 a ZPO (zu weitergehendem Hinausschieben ist das Gericht wegen §§ 216 II, 272 III ZPO nicht verpflichtet[208]) noch verwertet werden kann, wobei das Gericht alles Zumutbare tun muß, um die Folgen der Verzögerung auszugleichen[209]. Dies ermöglicht die sog. Flucht in die Säumnis,[210] wenn auch nur in beschränktem Umfange. Strittig ist, ob dies auch im Fall der Präklusion verzichtbarer Zulässigkeitsrügen nach § 296 III ZPO gilt,[211] wofür die Systematik der §§ 296, 340 III ZPO spricht, oder ob die Präklusion endgültig ist[212].
- **Vortrag nach Ablauf der Einspruchsfrist**
  Werden die Angriffs- oder Verteidigungsmittel nach Ablauf der Einspruchsfrist vorgebracht, so sind sie gemäß §§ 340 III 3, 296 I ZPO präkludiert. Der Vortrag verzichtbarer Zulässigkeitsrügen nach Ablauf der Einspruchsfrist verfällt der Präklusion gemäß §§ 340 III 3, 296 III ZPO. Auch hier ist dem Einspruchsführer eine Schriftsatzfrist gemäß § 283 S. 1 ZPO zu gewähren.[213]

V. Die Präklusion durch den Verhandlungsschluß gemäß § 296 a ZPO

Ein Vortrag ist durch den Schluß der mündlichen Verhandlung unter folgenden Voraussetzungen präkludiert: 31

---

[204] *Schröder* ZZP 91 (1978) 302 (305).
[205] *Zöller/Greger* § 296 Rn. 28; *Thomas/Putzo/Reichold* § 296 Rn. 39.
[206] Vgl. ausführlich *St/J/Leipold* § 296 Rn. 78 m.w.N.
[207] BGHZ 76, 173 (177), stRspr., zuletzt NJW 2002, 290 (291).
[208] BGH NJW 1981, 286; 2002, 290 (291); LG Hannover MDR 1985, 240; *St/J/Leipold* § 296 Rn. 80; **a.A.** zu Unrecht OLG Hamm NJW 1980, 293; NJW-RR 1994, 958; *AK-ZPO/Pieper* § 341 a Rn. 7 – die Entscheidung BGHZ 76, 173 (178) kann die abweichend Meinung nicht stützen, da sich diese Entscheidung nicht mit der Frage befaßt, wie gem. § 341 a ZPO zu terminieren ist, sondern nur mit der Vorbereitung des Termins.
[209] BGHZ 76, 173 (178); BGH NJW 2002, 290 (291).
[210] BGHZ 75, 138 (142); 76, 173 (178); BGH NJW 1980, 1102 (1103); 1984, 1967; 2002, 290; ferner OLG München NJW 1979, 2619; OLG Oldenburg MDR 1979, 588; OLG Hamm NJW 1980, 293; OLG Karlsruhe Justiz 1980, 326; *Prechtel* S. 186 ff.; *Thomas/Putzo/Reichold* § 340 Rn. 9.
[211] *Thomas/Putzo/Reichold* § 340 Rn. 9; in dieser Richtung wohl auch OLG Dresden NJW-RR 1999, 214, das allerdings nicht einen Fall des § 296 III ZPO betrifft.
[212] So OLG München NJW-RR 1995, 127; *Zöller/Greger* § 296 Rn. 40; *Musielak/Foerste* § 282 Rn. 12.
[213] OLG Hamm NJW-RR 1994, 958.

(1) Es muß sich um den Vortrag von Angriffs- und Verteidigungsmittel handeln. Zu beachten ist hier, daß Klageerweiterung und Widerklage zwar keine der Präklusion unterliegenden Verteidigungsmittel sind, aber gleichwohl wegen §§ 256 II, 261 II, 297 ZPO nach ganz herrschender Meinung nur bis zum Schluß der mündlichen Verhandlung geltend gemacht bzw. erhoben werden können.[214]

(2) Vortrag **nach Schluß der mündlichen Verhandlung** gemäß § 136 IV ZPO

(3) Es darf **keine Pflicht** des Gerichts **zum Schriftsatznachlaß oder zur Wiedereröffnung** der mündlichen Verhandlung bestehen.

32 Ein **Schriftsatznachlaß** – zur Vermeidung von Mißverständnissen sollte zwischen nachgelassenen und nachgereichten (= nicht nachgelassenen) Schriftsätzen unterschieden werden[215] – ist gemäß § 283 ZPO bei nicht rechtzeitiger Mitteilung nach § 132 ZPO und Unmöglichkeit der sofortigen Erklärung durch den Gegner zu gewähren. Der Schriftsatznachlaß verlängert die mündliche Verhandlung nur für die Partei, der er bewilligt wurde,[216] aber auch nur insoweit, als sie sich mit ihrem Vortrag im Rahmen der Gestattung hält, darüberhinausgehendes Vorbringen ist gemäß § 296 a ZPO präkludiert[217]. Die **Wiedereröffnung** der mündlichen Verhandlung steht nach § 156 I ZPO grundsätzlich im Ermessen des Gerichts, § 156 II ZPO reduziert in bestimmten, nicht abschließend aufgeführten Fällen dieses Ermessen aber auf Null.[218]

VI. Wirkung der Zurückweisung

33 Verspäteter **Klägervortrag** führt nicht dazu, daß die Klage ohne Sachprüfung „wegen Verspätung“ abgewiesen wird. Die Sachprüfung ist vielmehr so vorzunehmen, als hätte die Partei das verspätete Vorbringen nicht vorgetragen, wobei sie nicht pauschal, sondern immer auf ein bestimmtes Angriffsmittel hin zu erfolgen hat.[219] Wird **Beklagtenvortrag** als verspätet zurückgewiesen, gilt der jeweilige Klägervortrag gemäß § 138 III ZPO als unstreitig.[220] Darüber hinaus wird das zurückgewiesene Vorbringen von der negativen Wirkung der materiellen Rechtskraft erfaßt.[221]

Die Zurückweisung ist **im Urteil** ausdrücklich auszusprechen, weil sie nur dann für die Berufungsinstanz nach § 531 I ZPO bindend ist[222] und sorgfältig zu **begründen**, andernfalls kann das Urteil schon deshalb mit der Verfassungsbeschwerde erfolgreich angegriffen werden.[223]

---

[214] Für **Klageerweiterung**: BGH NJW-RR 1997, 1486; *Thomas/Putzo/Reichold* § 296 a Rn. 1; a.A. *BL/Hartmann* § 296 a Rn. 6; für **Widerklage**: BGH NJW-RR 1992, 1085; NJW 2000, 2512 (2513); *Zöller/Greger* § 296 a Rn. 2 a; *Thomas/Putzo/Reichold* § 296 a Rn. 1; *BL/Hartmann* § 296 a Rn. 6.

[215] Vgl. *BRiHb/Dresenkamp* A V Rn. 9.

[216] *Thomas/Putzo/Reichold* § 283 Rn. 6.

[217] BGH FamRZ 1979, 573; *Prechtel* S. 261; *Zöller/Greger* § 283 Rn. 5; *Thomas/Putzo/Reichold* § 283 Rn. 4.

[218] RegE/ZPO-RG S. 79.

[219] BGH FamRZ 1996, 1071 (1072); *Zöller/Greger* § 296 Rn. 33; *Musielak/Huber* § 296 Rn. 37; vgl. auch *Zimmermann* § 296 Rn. 36.

[220] *Zimmermann* § 296 Rn. 37, *Zöller/Greger* § 296 Rn. 33; *Musielak/Huber* § 296 Rn. 37.

[221] BGH NJW 1961, 115 (117); *MüKo-ZPO/Prütting* § 296 Rn. 180 m.w.N.; *Zimmermann* § 296 Rn. 37; *Thomas/Putzo/Reichold* § 296 Rn. 43.

[222] BGH NJW 1985, 1539 (1543); zum **neuen Recht** *Löhnig* S. 246.

[223] BVerfG NJW 1987, 1621; *Musielak/Huber* § 296 Rn. 38 und 39; *Rosenberg/Schwab/Gottwald* § 68 Rn. 52, 55.

3. Rechtsausführungen

Nachdem das Einzelrichtersystem nunmehr auch beim Landgericht der Normalfall und damit eine eingehende rechtliche Aufarbeitung eines Falles im Spruchkörper nicht mehr möglich ist, müssen mehr denn je in der Klageschrift bzw. der Klageerwiderung – u.U. detaillierte – Rechtsausführungen gebracht werden,[224] und zwar gegliedert nach Haupt- und Nebenforderungen und innerhalb derselben nach Anspruchsgrundlage und -höhe[225]. Dabei sind (verifizierte!) Fundstellen anzugeben[226] und bei nicht allgemein zugänglichen Quellen Kopien beizufügen[227]. Nur so kann der Anwalt seiner Verpflichtung, Irrtümer des Gerichts zu verhindern,[228] gerecht werden. 34

4. Stellen eines Vollstreckungsschutzantrags

a) Notwendigkeit. Wird ein **möglicher** Vollstreckungsschutzantrag nach §§ 710, 35
712 ZPO entgegen § 714 I ZPO nicht vor Schluß der mündlichen Verhandlung gestellt, scheidet nach wohl h.M. eine einstweilige Einstellung der Zwangsvollstreckung in der Berufungsinstanz in der Regel gemäß §§ 719 I 1, 707 ZPO aus.[229] An das Erfordernis

---

[224] So zutreffend *Doms*, Neue ZPO S. 778; ferner *Prechtel* S. 105 f.; *Michel/von der Seipen* S. 121; *Rosenberg/Schwab/Gottwald* § 94 Rn. 23 (*„Rechtliche Ausführungen sind wesentlicher Teil von Klage und Klageerwiderung …“*); i. Erg. auch *BL/Hartmann* § 130 Rn. 19; dies entsprach schon bislang der h.M., vgl. etwa *Commichau* Rn. 104, 105; *Hauf* S. 295; *Rinsche* Rn. 94; *Zwanziger/Heitmann* S. 90 f.; *Zerbe* S. 95 (für die Klageerwiderung). Soweit *BProzFb/Büchel* S. 84 Anm. 16 für den Regelfall nur kurze Hinweise genügen läßt, kann dem heute aus den obengenannten Gründen nicht mehr beigetreten werden.

[225] *Bender/Schwarz* S. 375 f.

[226] *Commichau* Rn. 105; *Zwanziger/Heitmann* S. 92; *Schneider*, Richter S. 53; *Zerbe* S. 96 (für die Klageerwiderung); zum **neuen Recht** *Michel/von der Seipen* S. 124; *Prechtel* S. 107 ff.; zu Unrecht a.A. *BProzFb/Büchel* S. 84 Anm. 16: *„ggf.“*.

[227] *Commichau* Rn. 105; *Schneider*, Richter S. 53; *Zerbe* S. 96 (für die Klageerwiderung); *Prechtel* S. 108. Der Anwalt sollte stets bedenken, daß die Ausstattung der Gerichte mit Fachliteratur überwiegend schlecht ist und elektronische Datenbanken nur teilweise zur Verfügung stehen und im übrigen häufig nur Leitsätze bieten.

[228] BGH NJW 1974, 1865 (1866); vgl. auch BGH NJW 1996, 2648 (2650).

[229] **So** RGZ 55, 99 (101); OLG Hamburg OLGRspr. 17 (1908) 185; OLG Königsberg OLGRspr. 21 (1910) 88; OLG Hamm MDR 1967, 221 (6. ZS); OLG Frankfurt a.M. MDR 1971, 850; 1982, 415; NJW 1984, 2955; NJW-RR 1986, 486; OLGZ 1989, 384 (Antrag ist unzulässig); OLG Karlsruhe NJW-RR 1989, 1470 und Beschl. v. 17.8.1992 – 11 U 58/92 (n.v., bei *Schlee* AnwBl 1992, 537 [538] erwähnt); OLG Celle OLGZ 1993, 475; OLG Oldenburg Beschl. v. 24.7.1997 – 1 U 71/97 (abrufbar unter http://www.oberlandesgericht-oldenburg.niedersachsen.de/efundus/index.php4); OLG Köln OLGR 1997, 258; OLG Koblenz FamRZ 2000, 1165; KG MDR 2000, 478; OLG Zweibrücken NJW-RR 2003, 75 (anders aber, wenn der Beklagte einen Antrag nach § 718 ZPO gestellt hat); *Tempel/Theimer* S. 234; *Anders/Gehle* Teil C Rn. 85; *Schumann/Kramer* Rn. 596; *BL/Hartmann* § 719 Rn. 4; **a.A.** KG OLGRspr. 21 (1910) 88; 22 (1911) 358; OLG Hamburg MDR 1957, 171 (6. ZS); 1970, 244 (4. ZS); OLG Jena OLG-NL 1997, 240 und MDR 2002, 289; OLG Karlsruhe OLGZ 1975, 484; OLG Schleswig SchlHA 1985, 156 für den Antrag nach § 710 ZPO unter Aufgabe der entgegengesetzten Meinung in SchlHA 1979, 144; OLG Düsseldorf JW 1926, 1605; FamRZ 1985, 307 (308) – 2. ZS; NJW-RR 1987, 702 (1. ZS); OLG Hamm NJW-RR 1987, 252 (4. ZS); OLG Koblenz NJW-RR 1989, 1024 und OLGZ 1990, 229 für eine Entscheidung nach § 718 ZPO; OLG Bamberg FamRZ 1990, 185; OLG Stuttgart MDR 1998, 858 (859); KG MDR 2000, 1455; *HdB-VorlR/Moeller* Teil J Rn. 15; *Schlee* AnwBl 1992, 537 (538); *MüKo-ZPO/Krüger* § 719 Rn. 6; *Edelmann/Hellmann* S. 386; *Graf Lambsdorff* AnwBl 1995, 517 (524); *Rödel/Dahmen* Rn. 71; *BRiHb/Dresenkamp* A XVII Rn. 28; *Zimmermann* § 719 Rn. 3 unter ausschließlicher Erwähnung der erstgenannten Entscheidung des OLG Jena; *StJ/Münzberg* § 714 Rn. 3 und § 719 Rn. 1; *Zöl-*

der rechtzeitigen Antragstellung werden strenge Anforderungen gestellt. So darf der Antrag nicht etwa deshalb unterbleiben, weil die Partei ihre Erfolgsaussichten optimistisch einschätzt[230] oder eine vorläufige positive Einschätzung seitens des Gerichts vorliegt[231]. Entsteht der Einstellungsgrund erst nach Schluß der mündlichen Verhandlung oder wird er erst danach bekannt, muß ein Antrag auf Wiedereröffnung der mündlichen Verhandlung nach § 156 ZPO gestellt werden.[232]

36 **b) Form.** Der Vollstreckungsschutzantrag muß formgerecht sein, insbesondere ist § 714 II ZPO zu beachten. Hier finden sich in der Praxis nicht selten erhebliche Defizite. So versagte das OLG Karlsruhe in seinem – unveröffentlichten – Beschluß vom 17.8.1992 die einstweilige Einstellung der Zwangsvollstreckung, weil der erstinstanzliche hilfsweise Vollstreckungsschutzantrag *„nicht näher begründet und glaubhaft gemacht worden* [war], *insbesondere fehlen nähere Ausführungen dazu, daß dem Beklagten Ziffer 2 bei der Vollstreckung aus einem der Klägerin günstigen Urteil ein nicht zu ersetzender Nachteil entstehen würde. Es ist nichts dafür vorgetragen oder sonst ersichtlich, daß der Beklagte Ziffer 2 für den Fall eines ihm ungünstigen Urteils nicht schon vor Schluß der letzten mündlichen Verhandlung erster Instanz die von ihm erst jetzt als prekär geschilderte Situation hätte absehen und schon erstinstanzlich hätte geltend machen können.“*[233] Daß dies kein Einzelfall ist, zeigt ein Blick in das führende Handbuch für Zivilrichter von *Anders/Gehle*. Dort heißt es: *„Häufig werden insbesondere in Anwaltsschriftsätzen floskelhaft oder formularmäßig ‚Anträge‘ etwa folgenden Inhalts gestellt:*

... das Urteil ohne, notfalls gegen Sicherheitsleistung für vorläufig vollstreckbar zu erklären.

... dem Beklagten Vollstreckungsschutz, notfalls gegen Sicherheitsleistung, zu gewähren.

In solchen Fällen ist, zumindest gedanklich, zu prüfen, ob ein unter §§ 710, 712, 720 a III fallender Antrag vorliegt. Meist ist dies jedoch nicht der Fall. Vielmehr beruhen derartige ‚Anträge‘ auf einer überholten Gesetzeslage, oder sie dienen lediglich der Beruhigung des Mandanten. Als Anträge im Sinne der erwähnten Vorschriften sind sie nur dann zu verstehen, wenn sie unter Eingehen auf die Voraussetzungen der einschlägigen Norm näher begründet werden; dies ist nur selten der Fall. ***Allerweltsformulierungen****, die nicht eindeutig auf eine Anwendung der genannten Vorschriften abzielen, können selbst in Gutachten kommentarlos übergangen werden.“*[234]

37 **c) Maßnahmen bei Übergehen des Antrags.** Hat das Gericht den Antrag im Urteil übergangen, muß gemäß §§ 716, 321 ZPO ein **Ergänzungsurteil** beantragt werden;

---

ler/Herget § 719 Rn. 3, der zur Begründung den Fall anführt, daß der Einstellungsgrund erst nach Instanzende entstanden oder erkennbar geworden ist, was aber offensichtlich kein Gegenargument ist, weil ja dann der Antrag in erster Instanz eben nicht möglich war; *Thomas/Putzo* § 719 Rn. 3; *Musielak/Lackmann* § 719 Rn. 3; **offengelassen**, aber tendenziell der herrschende Rspr. zuneigend BGHZ 10, 88 (89).

[230] BGHR ZPO § 719 Abs. 2 Gläubigerinteressen 2.

[231] BGH Beschl. v. 29.7.2004 – III ZR 263/04 (abrufbar unter http://www.bundesgerichtshof.de) für § 719 II ZPO.

[232] BGH WoM 2004, 553 für § 719 II ZPO.

[233] 11 U 58/92, S. 3 (bei *Schlee* AnwBl 1992, 537 [538] erwähnt).

[234] Teil C Rn. 85; ebenso *Prechtel* S. 113 f.

wird dies verabsäumt, scheidet eine einstweilige Einstellung der Zwangsvollstreckung in der Berufungsinstanz ebenfalls aus.[235]

5. Antrag auf Zulassung der Berufung

a) Die Zulassungsberufung in der ZPO. Die Zulassungsberufung, deren Ein- **38**
führung im Zivilprozeß im wesentlichen ideologisch motiviert war, hat deshalb und wegen der – angesichts der erheblichen Arbeitsbelastung durchaus verständlichen – geringen Neigung der Amtsrichter, ihre Entscheidungen „ohne Not" einer Rechtsmittelkontrolle zu unterwerfen, keine größere Bedeutung erlangt.[236]

aa) Die Zulassungsgründe. Die Zulassungsgründe in § 511 IV 1 Nr. 1 ZPO (i.d.F. des 1. JuMoG) wurden teils aus dem Revisionsrecht, teils aus anderen Gesetzen übernommen,[237] der Gesetzgeber hat es aber verabsäumt, diese Zulassungsgründe dem Wesen der zivilprozessualen Berufung anzupassen, obwohl die Verfasser des ZPO-RG das Problem durchaus erkannt hatten, als sie betonten, daß die Erwägungen im Zusammenhang mit der Revision für die Berufung nur *„unter Berücksichtigung der unterschiedlichen Prozesssituationen"*[238] gelten könnten.[239]

Der Zulassungsgrund der **grundsätzlichen Bedeutung der Rechtssache** läßt sich **39**
nur schwer konkretisieren.[240] Dies zeigen die Ausführungen im Regierungsentwurf zu der revisionsrechtlichen Bestimmung des § 543 II Nr. 1 ZPO, die für § 511 IV 1 Nr. 1 ZPO sinngemäß gelten sollen[241]: *„Grundsätzliche Bedeutung hat eine Rechtssache im Sinne der Nummer 1 nach herkömmlicher Definition nur dann, wenn eine klärungsbedürftige Rechtsfrage zu entscheiden ist.., deren Auftreten in einer unbestimmten Vielzahl von Fällen denkbar ist. Daher werden von Nummer 1 vor allem Modell- oder Musterprozesse sowie solche Verfahren erfasst, in denen die Auslegung typischer Vertragsbestimmungen, Tarife, Formularverträge oder allgemeiner Geschäftsbedingungen erforderlich wird.. oder in denen die Entscheidung einer Einzelfrage (z.B. auf den Gebieten des Wettbewerbsrechts oder des Urheberrechts u.a.) die Rechtsentwicklung fördert. Desgleichen wird auch bei vorliegender Rechtsprechung eine klärungsbedürftige Rechtsfrage und damit die grundsätzliche Bedeutung der Rechtssache anzunehmen sein, wenn entweder die Instanzgerichte dem Bundesgerichtshof weitgehend nicht folgen oder im Schrifttum ernst zu nehmende Bedenken gegen die höchstrichterliche Rechtsprechung geäußert werden, um der Gefahr einer Rechtserstarrung entgegenzuwirken."*[242] Als **denkbare Anwendungsfälle** werden im Schrifttum Fragen im Zusammenhang mit Umlagemaßstäben bei Mietnebenkostenabrechnungen[243] und Ausle-

---

[235] BGH NJW-RR 2000, 746 m.w.N.; *Zöller/Herget* § 719 Rn. 7 jeweils für die Revision.

[236] *Schellhammer*, Berufung S. 1142; *Ebel* S. 310; *Schnauder* S. 72; *Prechtel* S. 402; *Jauernig* §§ 28 II 2, 72 III und 73 VI 1; **a.A.** *Gottwald* S. 115 ohne Begründung.

[237] BegrRegE/ZPO-RG S. 67.

[238] A.a.O. S. 93. Dieses Versäumnis schlägt sich auch in der Kommentarliteratur nieder, wenn in der Kommentierung zu § 511 IV ZPO pauschal auf die zu § 543 ZPO verwiesen wird (so etwa *Musielak/Ball* § 511 Rn. 41).

[239] Vgl. auch *Rosenberg/Schwab/Gottwald* § 135 Rn. 5, der darauf hinweist, daß die Berufung „früher" zuzulassen sei als die Revision.

[240] So auch *Schneider*, ZPO-Reform Rn. 325 mit zahlreichen Definitionsversuchen der Literatur.

[241] S. 93.

[242] S. 104 f.

[243] *Goebel* S. 34.

gungsfragen im Zusammenhang mit AGB einer örtlichen Bank[244] genannt. Bei Streitwerten unter 600,– € treten aber solche Grundsatzfragen nicht in nennenswerter Zahl auf.

40 Die Zulassungsgründe der **Fortbildung des Rechts** und der **Sicherung einer einheitlichen Rechtsprechung** sollen nach der Begründung des Regierungsentwurfs folgende Fälle erfassen:

- *„Ein Zulassungsgrund liegt ... auch dann vor, wenn das erstinstanzliche Urteil in einer Rechtsfrage, auf deren Entscheidung das Urteil beruht, von einer obergerichtlichen Entscheidung abweicht und Anlass besteht, die Rechtsfrage einer (abermaligen) Klärung zugänglich zu machen ...“.*[245]
- *„Zur Sicherung einer einheitlichen Rechtsprechung ist die Revision zuzulassen, wenn vermieden werden soll, dass schwer erträgliche Unterschiede in der Rechtsprechung entstehen oder fortbestehen, wobei es darauf ankommt, welche Bedeutung die angefochtene Entscheidung für die Rechtsprechung im Ganzen hat. Diese Voraussetzungen sind nicht schon dann gegeben, wenn ein Gericht in einem Einzelfall eine Fehlentscheidung getroffen hat, selbst wenn der Rechtsfehler offensichtlich ist, wohl aber, wenn es von der höchstrichterlichen Rechtsprechung „abweicht“, diese also nicht berücksichtigt und die Gefahr einer Wiederholung besteht ... Darüber hinaus ist anerkannt, dass materielle oder formelle Fehler bei der Auslegung oder Anwendung revisiblen Rechts auch dann über den Einzelfall hinaus allgemeine Interessen nachhaltig berühren, wenn sie von erheblichem Gewicht und geeignet sind, das Vertrauen in die Rechtsprechung zu beschädigen ... Hierher gehören vor allem die Fälle, in denen Verfahrensgrundrechte, namentlich die Grundrechte auf Gewährung des rechtlichen Gehörs und auf ein objektiv willkürfreies Verfahren, verletzt sind und deswegen Gegenvorstellung erhoben (BGH JZ 2000, 526) und Verfassungsbeschwerde eingelegt werden könnte. Dies zu vermeiden, muss mit der Zulassung der Revision – in diesen Fällen freilich regelmäßig erst aufgrund der Nichtzulassungsbeschwerde (§ 544 E) – ermöglicht werden ...“*[246]

41 Als **denkbare Anwendungsfälle** kommen neben den Fallgestaltungen, die bisher dem Rechtsentscheid in Mietsachen unterfielen,[247] solche in Betracht, wo das Gericht von der Rechtsprechung des übergeordneten Landgerichts oder Oberlandesgerichts abweichen will[248] oder innerhalb eines (größeren) Amtsgerichts zu einer bestimmten Rechtsfrage stark unterschiedliche Meinungen bestehen[249]. Die relativ häufigen Fälle der **Verletzung von Verfahrensgrundrechten** und **Willkür** (die Anhörungsrüge nach § 321 a ZPO deckt nur einen Teil dieser Fälle ab) würden von diesen Zulassungsgründen nur erfaßt werden, wenn es, wie das vorstehende Zitat unfreiwillig selbst offenbart, auch gegen eine negative Entscheidung nach § 511 IV ZPO eine Nichtzulas-

---

[244] *Gehrlein*, ZPR § 14 Rn. 33; *Goebel* S. 34; *Stackmann*, Neugestaltung S. 782 (generell AGB).
[245] S. 93.
[246] S. 104 f.
[247] *Hannich/Meyer-Seitz* § 511 Rn. 21.
[248] BVerfG NJW 2004, 2584; *Goebel* S. 34; *Wieczorek/Schütze/Gerken* § 511 Rn. 107; nach *Prechtel* S. 401 liegt insoweit ein Fall der „grundsätzlichen Bedeutung“ vor; zu Unrecht will *Thomas/Putzo/Reichold* § 511 Rn. 21 diesen Zulassungsgrund nur bei einer Abweichung des erstinstanzlichen Gerichts von der Rechtsprechung des BGH oder der Oberlandesgerichte annehmen.
[249] *Stackmann*, Neugestaltung S. 782; *Wieczorek/Schütze/Gerken* § 511 Rn. 107.

sungsbeschwerde gäbe.[250] Hier bewahrheitet sich die Erkenntnis, daß eine Regelung sinnlos ist, die dem iudex a quo die Letztentscheidungskompetenz über eine etwaige Kontrolle seiner Urteile zuweist[251].[252]

bb) Anwaltliche Vorgehensweise. Obwohl über die Zulassung der Berufung nach § 511 II Nr. 2, IV 1 ZPO von Amts wegen zu entscheiden ist („*das Gericht … lässt … zu*"), wird in der Literatur zurecht einhellig empfohlen, ggf. einen **eingehend begründeten ‚Zulassungsantrag'** (richtigerweise handelt es sich nur um eine Anregung[253]) zu stellen.[254] Grund hierfür ist zum einen, daß ohne einen solchen ‚Antrag' einer Partei eine ausdrückliche Entscheidung grundsätzlich nicht geboten ist,[255] zum anderen, daß der Anwalt entsprechend seiner Verpflichtung, Irrtümer des Gerichts zu verhindern,[256] dafür sorgen muß, daß das Gericht alle entscheidungserheblichen Gesichtspunkte in seine Erwägungen aufnehmen kann. Dies ist gerade im Hinblick auf eine u.U. notwendige Verfassungsbeschwerde (siehe unten Rn. 44) von erheblicher Bedeutung, wie der Fall BVerfG NJW 2004, 2584 zeigt, wo die Willkürlichkeit der Nichtzulassung der Berufung u.a. damit begründet wurde, daß sich das Amtsgericht nicht mit dem wohlbegründeten Zulassungsantrag auseinandergesetzt hatte.[257] 42

Formulierungsvorschlag:[258]

Vorsorglich wird für den Fall des Unterliegens beantragt, die Berufung nach § 511 II Nr. 2, IV 1 Nr. 1 ZPO zuzulassen.

b) Die Zulassungsberufung im Arbeitsgerichtsverfahren. Das arbeitsgerichtliche Verfahren kennt die Zulassungsberufung schon seit jeher. Die Bestimmung des § 64 II Buchst. a, III Nr. 1 und 3 ArbGG entspricht weitgehend der neuen Regelung in der ZPO. § 64 III Nr. 2 ArbGG bringt für Tarifvertragsstreitigkeiten eine Sonderregelung. 43

c) Die Anfechtung der Nichtzulassung. Sofern die Zulassung der Berufung im Urteil, was im Zivilprozeß nicht zwingend im Tenor erfolgen muß,[259] offensichtlich (!) 44

[250] So auch resignierend *Stackmann*, Neugestaltung S. 782. Deshalb hilft auch die Entscheidung des BVerfG NJW 2004, 3029 f., die Fälle der Verletzung von Verfahrensgrundrechten und Willkür durch das Berufungsgericht unter § 543 II 1 Nr. 1 ZPO (grundsätzliche Bedeutung) oder § 543 II 1 Nr. 2 Fall 2 ZPO (Sicherung einer einheitlichen Rechtsprechung) subsumiert, nicht weiter.

[251] *Dethloff*, Zugang S. 432.

[252] Eine bemerkenswerte Ausnahme bildet der der Entscheidung des LG München I NJW-RR 2004, 353 zugrundeliegende Fall.

[253] *Zöller/Gummer/Heßler* § 511 Rn. 39.

[254] *Greger*, Kurzkommentar unter 4 b) a.E.; *Schneider*, ZPO-Reform Rn. 341; *Goebel* S. 34; *Prechtel* S. 401; *Michel/von der Seipen* S. 262; *Zöller/Gummer/Heßler* § 511 Rn. 39; *Müller/Schöppe-Fredenburg* S. 217.

[255] *Hannich/Meyer-Seitz* § 511 Rn. 14; *Gehrlein*, ZPR § 14 Rn. 32; *Zöller/Gummer/Heßler* § 511 Rn. 39; *Thomas/Putzo/Reichold* § 511 Rn. 22.

[256] BGH NJW 1974, 1866; vgl. ferner 2002, 1048 (1049).

[257] Ähnlich BVerfGE 76, 93 (97) für den Fall der Nichteinholung des früheren Rechtsentscheids; BVerfG NJW 2001, 1125 für die Nichtzulassung der Revision; *Michel/von der Seipen* S. 262; grds. auch *Prechtel* S. 402; wenn *Wieczorek/Schütze/Gerken* § 511 Rn. 110, ohne die ständige Rechtsprechung des BVerfG zu erwähnen, behauptet, eine Ablehnung eines ‚Antrags' einer Partei müsse nicht begründet werden, ist dies nicht nachvollziehbar.

[258] Die von *Goebel* S. 34 vorgeschlagene Formulierung ist wegen ihrer Verbindung von Antrag und Begründung und der gleichzeitigen Anführung aller Zulassungsgründe weniger zweckmäßig.

[259] *Hannich/Meyer-Seitz* § 511 Rn. 14; *Wieczorek/Schütze/Gerken* § 511 Rn. 110; *Thomas/Putzo/Reichold* § 511 Rn. 22.

nur versehentlich unterblieben ist, kommt eine **Berichtigung** gemäß § 319 ZPO (nicht aber eine Ergänzung gem. § 321 ZPO) in Betracht[260] (an einer solchen offensichtlichen Unrichtigkeit fehlt es aber z.B., wenn das Erstgericht von §§ 313 a, 713 ZPO Gebrauch gemacht hat![261]). Ist in einem arbeitsgerichtlichen Urteil die Entscheidung über die Zulassung oder Nichtzulassung der Berufung, welche gemäß § 64 III ArbGG im Tenor erfolgen muß, versehentlich unterblieben, kann die Nachholung gemäß § 64 III a 2 ArbGG binnen 2 Wochen ab Verkündung (nicht Zustellung!) des Urteils auf Antrag der Parteien erfolgen.

Im übrigen unterliegt die Nichtzulassung der Berufung anders als die der Revision (vgl. §§ 544 ZPO, 72 a ArbGG) sowohl im Zivilprozeß als auch im Arbeitsgerichtsverfahren **nicht** der **Beschwerde**.[262] In Betracht kommt die nicht zu den Rechtsmitteln zählende[263] **Anhörungsrüge** nach § 321 a ZPO, wenn der ‚Zulassungsantrag' überhaupt nicht verbeschieden wurde oder die Nichtzulassung im Urteil mit Gesichtspunkten begründet wird, welche in der mündlichen Verhandlung nicht thematisiert worden waren, obwohl hierzu angesichts der Parteiausführungen Anlaß bestand,[264] ferner die **Verfassungsbeschwerde** wegen Verstoßes gegen das Willkürverbot (Art. 3 I GG) und u.U. Art. 101 I 2 GG[265].

6. ☛ Muster 1

45 Auch wenn Gegenstand dieses Buches das Berufungsverfahren ist, soll ein Muster einer Klage gebracht werden, um die vorstehend naturgemäß nur skizzierten Vorstellungen des Verfassers zu verdeutlichen.

II. Mitwirken in der Beweisaufnahme und Beweisverhandlung

46 Nachdem das Gesetz in § 529 I Nr. 1 ZPO von der offensichtlich falschen Annahme ausgeht, daß Beweisaufnahme und Beweiswürdigung erster Instanz im Normalfall richtig sind[266] und eine Wiederholung deshalb die Ausnahme sein soll, muß der erstin-

---

[260] BGH NJW 2004, 2389 m. Anm. *Geisler* jurisPR-BGHZivilR 27/2004 vom 9.7.2004; LG Mainz NJW-RR 2002, 1654; *Gehrlein*, ZPR § 14 Rn. 32; *Thomas/Putzo/Reichold* § 511 Rn. 22. Im Arbeitsrecht ist es strittig, ob neben § 64 III a 2 ArbGG eine amtswegige Korrektur nach § 319 ZPO möglich ist (vgl. etwa *Schwab/Wildschütz/Heege* S. 1003 [unter 3]).

[261] BGH a.a.O.; *Hannich/Meyer-Seitz* § 511 Rn. 14.

[262] *Greger*, Zweifelsfragen S. 3051 (unter VII 2) für den normalen Zivilprozeß.

[263] *Zöller/Vollkommer* § 321 a Rn. 2.

[264] *Goebel* S. 34; *Hinz* S. 8; *Prechtel* S. 402; *Zöller/Gummer/Heßler* § 511 Rn. 41; **a.A.** *Hannich/Meyer-Seitz* § 511 Rn. 14.

[265] BVerfG NJW 2004, 2584; zur Verfassungsbeschwerde bei Nichtzulassung der Berufung ferner *Schneider*; ZPO-Reform Rn. 341; *Gehrlein*, ZPR § 14 Rn. 36 und *Prechtel* S. 402.

[266] So zutreffend auch *Schneider*, ZPO-Reform Rn. 496. Ein abschreckendes Beispiel einer erstinstanzlichen „Beweiswürdigung" behandelt OLG Oldenburg OLGR 1997, 206 (erschütternd ist dabei, daß es sich nach den Ausführungen des Berufungsgerichts dabei um die Fortsetzung einer ständigen Übung der betreffenden Kammer handelte). Nach den Erfahrungen des Verfassers, der Berufungen gegen Urteile von acht verschiedenen Landgerichten zu bearbeiten hat, genügt nicht einmal die Hälfte der Beweisaufnahmen und -würdigungen den rechtlichen und aussagepsychologischen Anforderungen. Die Beweisaufnahmen sind durch zahlreiche Verfahrensfehler und häufig kaum brauchbare Vernehmungsniederschriften gekennzeichnet. Ein Großteil der Beweiswürdigungen erschöpft sich in Leerformeln wie *„Der langjährig gerichtserfahrene (!) Sachverständige hat in seinem überzeugenden Gutachten zur vollen (!) Überzeugung des Gerichts ...*" und haltlosen Alltagstheo-

stanzliche Anwalt in wesentlich größerem Umfang als bisher an der Beweisaufnahme und Beweisverhandlung mitwirken.

1. Mitwirken in der Beweisaufnahme (§§ 284, 355–357, 361–484 ZPO)

a) Ausübung des Fragerechts. Das sachgerechte **Befragen** der Zeugen und Sachverständigen gemäß §§ 397 I, II, 402 ZPO gehört zu den zentralen Aufgaben des Anwalts.[267] Neben einem gewissen Fingerspitzengefühl[268] und der Beherrschung der einschlägigen Rechtsfragen sind vor allem eingehende Kenntnisse der Vernehmungspsychologie und -technik erforderlich,[269] ebenso technische Spezialkenntnisse[270]. 47

Wird eine Frage nach §§ 397 III, 402, 451 ZPO (oder eine sonstige Erklärung) nicht zugelassen, ist unverzüglich, jedenfalls vor Schluß der mündlichen Verhandlung,[271] ein **Antrag** gemäß § 160 IV 1 ZPO **auf Protokollierung** (sog. Ergänzung des Protokolls) zu stellen. Wird ihm wie häufig mit stereotypen Floskeln nicht stattgegeben, stellt sich die Frage, wie der Anwalt die Rechte seines Mandanten wahren kann. Die in der „Anwaltsliteratur" zu findenden Empfehlungen sind wenig hilfreich, da sie explizit oder implizit davon ausgehen, daß ein Anspruch auf Protokollierung des Antragsinhalts und damit der abgelehnten Frage besteht[272]. Dies ist aber nach nahezu einhelliger Meinung im zivilprozessualen Schrifttum nicht der Fall.[273] Die Lösung besteht vielmehr darin, daß der Anwalt einen Schriftsatz zu den Akten reicht, der die nicht protokollierten Erklärungen aktenkundig macht.[274] 48

b) Kontrolle der Aussagenprotokollierung. Dadurch, daß anders als in anderen Rechtsordnungen im deutschen Zivilprozeß kein Wortprotokoll geführt wird, obwohl § 160 II Nr. 4 ZPO davon spricht, daß „die Aussagen der Zeugen …" zu protokollieren sind und ein Wortprotokoll technisch problemlos möglich wäre,[275] sind unzählige 49

---

rien wie etwa der sog. Beifahrerrechtsprechung, die allen Bemühungen des Bundesgerichtshofs zum Trotz in „verfeinerter" Form weiterexistiert (vgl. etwa jüngst OLG Hamm NJW-RR 2004, 1264 f.).

[267] So auch *Crückeberg* § 3 Rn. 345; *Prechtel* S. 338 f.

[268] *Rinsche* Rn. 165.

[269] Zu erwerben etwa anhand des für jeden forensisch tätigen Anwalt unverzichtbaren Standardwerks von *Bender/Nack*. Ergänzend sei auf die Abhandlungen von *Bull*, Von der Bequemlichkeit, einem Zeugen zu glauben (DRiZ 1972, 20 ff.); *Reinecke*, Die Krise der freien Beweiswürdigung im Zivilprozeß oder Über die Schwierigkeit, einem Zeugen nicht zu glauben (MDR 1986, 630 ff.); *Rüßmann*, Zeugenvernehmung im Zivilprozeß (DRiZ 1985, 41 ff.); *ders.*, Praktische Probleme des Zeugenbeweises im Zivilprozeß (KritV 72 [1989] 361 ff. = URL: http://ruessmann.jura.uni-sb.de/rw20/people/ruessmann/ZeugPra/ZeugPra.htm [eingesehen am 15.2.2001]); *Kirchhoff*, Der Verkehrsunfall im Zivilprozeß – Hinweise zur Verbesserung der Zeugenvernehmung (MDR 2000, 186 ff.); *Foerste*, Parteiische Zeugen im Zivilprozeß (NJW 2001, 321 ff.); *Einmahl*, Zeugenirrtum und Beweismaß im Zivilprozeß (NJW 2001, 469 ff.); *Menzel*, Zum Umgang mit dem Fremden im Gerichtssaal (Betrifft Justiz 6/2001, S. 76 ff.) hingewiesen.

[270] Z.B. zu Verkehrsunfallgutachten *Freyberger* MDR 2000, 1281 ff.

[271] OLG Frankfurt a.M. MDR 1989, 550; OLG Schleswig OLGR 2003, 258; BVerwG NJW 1963, 730.

[272] *Rinsche* Rn. 167; *Eichele/Klinge* S. 97; *Schneider*, ZPO-Reform Rn. 449; *Doms*, Neue ZPO S. 779; *Braunschneider*, Begründung II S. 106.

[273] *Prechtel* S. 257; *Zöller/Stöber* § 160 Rn. 15 und *Zöller/Greger* § 397 Rn. 5; *Thomas/Putzo/Reichold* § 160 Rn. 14; *BL/Hartmann* § 160 Rn. 20; *Musielak/Stadler* § 160 Rn. 14; **a.A.** *St/J/Roth* § 160 Rn. 33, wonach der Inhalt „*in groben Umrissen*" mitzuprotokollieren sei.

[274] *Prechtel* S. 258; *Zöller/Stöber* § 160 Rn. 15; *BL/Hartmann* § 160 Rn. 21; *Musielak/Stadler* § 160 Rn. 14.

[275] *MüKo-ZPO/Peters* § 160 Rn. 8, *Prechtel* S. 348 und *BL/Hartmann* § 160 a Rn. 2, 4, 7 plädieren – mit

Fehlerquellen eröffnet, über die sich der Anwalt anhand der einschlägigen Abhandlungen von *Scheuerle* und *Bender/Nack*[276] Kenntnisse verschaffen muß. Der Anwalt muß die korrekte Protokollierung der Aussagen sorgfältig überwachen.[277]

50 c) **Antrag auf Vereidigung eines Zeugen.** In geeigneten (!) Fällen ist ein Antrag auf Vereidigung eines Zeugen gemäß § 391 ZPO zu stellen, da nach herrschender Meinung das Gericht dann die Nichtvereidigung im Urteil begründen muß[278] und dadurch zu einer genaueren Prüfung der Glaubwürdigkeitsfrage gezwungen wird. Eine Beanstandung in der Berufung scheidet aber gemäß §§ 295, 534 ZPO aus, wenn die Nichtbeeidigung nicht schon in der erstinstanzlichen Verhandlung beanstandet worden ist.[279]

2. Mitwirken in der Beweisverhandlung (§§ 279 III, 285 I ZPO)

51 a) **Regelungssystematik.** § 279 III ZPO verpflichtet das Gericht zum einen, nach der Beweisaufnahme – erneut – den Sach- und Streitstand zu erörtern, zum anderen das **Ergebnis der Beweisaufnahme** mit den Parteien zu erörtern.[280] § 285 I ZPO statuiert eine entsprechende Pflicht der Parteien; die h.M. versteht diese Vorschrift allerdings dahin, daß das Gericht die Verhandlung der Parteien nur ermöglichen muß, die Parteien aber nicht verpflichtet seien, hiervon Gebrauch zu machen[281] (diese Verzichtsmöglichkeit gilt aber nicht für § 279 III ZPO![282]). Die Möglichkeit nicht zu nutzen, ist aber, von einfachen, völlig problemlosen Fällen abgesehen, **grob fahrlässig**.

Das Unterlassen der Beweisverhandlung stellt eine Verletzung des Anspruchs auf rechtliches Gehör aus Art. 103 I GG und damit einen Verfahrensfehler dar,[283] was die Möglichkeit einer Anhörungsrüge nach § 321 a ZPO oder einer Verfahrensrüge in der Berufung eröffnet[284].

52 b) **Inhalt und Form.** In der Beweisverhandlung kann eine Partei folgendes tun:

- **Beweiseinreden**, d.h. Tatsachenbehauptungen für die Unzulässigkeit oder Wertlosigkeit eines Beweismittels (vgl. § 282 I ZPO), erheben.[285]

---

unterschiedlicher Betonung – zu Recht für wörtliche Protokollierung, Tonbandaufzeichnung oder den Einsatz von Spracherkennungssystemen.

[276] Bd. II, Rn. 821–834; ferner *Rinsche* Rn 168; *Crückeberg* § 3 Rn. 350; *Prechtel* S. 348; vgl. ferner die nützlichen Hinweise zur Protokollierungstechnik für Richter bei *Schneider*, Richterliche Arbeitstechnik, 2. Aufl. München 1975, S. 78.

[277] *Rinsche* Rn. 168; *Prechtel* S. 347 f.

[278] BGH DRiZ 1967, 361 im Anschluß an BGHZ 43, 368 (371, 378); MDR 1964, 490 für die Parteibeeidigung nach § 452 ZPO; BVerwG NJW 1998, 3369; *H. Schneider* S. 334; *Zöller/Greger* § 391 Rn. 6; *Thomas/Putzo/Reichold* § 391 Rn. 10; *Musielak/Huber* § 391 Rn. 4; *BL/Hartmann* § 391 Rn. 9; **a.A.** BGH NJW 1952, 384.

[279] BVerwG NJW 1998, 3369; *Zöller/Greger* § 391 Rn. 6; *Thomas/Putzo/Reichold* § 391 Rn. 10.

[280] Vgl. eingehend *Zöller/Greger* § 279 Rn. 5; *Gehrlein*, ZPR § 3 Rn. 19; *Thomas/Putzo/Reichold* § 279 Rn. 3 und § 285 Rn. 1; *Musielak/Foerste* § 279 Rn. 7; *BL/Hartmann* § 285 Rn. 2. *Stackmann*, Berufungsschrift S. 173 ignoriert die Gesetzesänderung, wenn er eine Pflicht des Gerichts zu einer wenigstens andeutungsweisen vorläufigen Würdigung des Beweisergebnisses verneint.

[281] BGHZ 63 (95); *Thomas/Putzo/Reichold* § 285 Rn. 1; *BL/Hartmann* § 285 Rn. 2; *Musielak/Foerste* § 285 Rn. 3; **a.A.** BAG NJW 1971, 1332.

[282] *Zöller/Greger* § 279 Rn. 7.

[283] BGH MDR 2001, 830; *Prechtel* S. 346; *Zöller/Greger* § 279 Rn. 6; *Rosenberg/Schwab/Gottwald* § 115 Rn. 41; *Thomas/Putzo/Reichold* § 285 Rn. 1; *Musielak/Foerste* § 285 Rn. 3.

[284] *Greger*, Zweifelsfragen S. 3050 (unter V); *Gehrlein*, ZPR § 3 Rn. 19; *Zöller/Greger* § 279 Rn. 6; *Rosenberg/Schwab/Gottwald* § 115 Rn. 41.

[285] *BL/Hartmann* § 285 Rn. 2; vgl. dazu auch BGH MDR 1958, 501.

- Sog. **unechte Beweiseinreden** vorbringen, d.h. substantiierte beweiswürdigende Ausführungen (§ 411 IV ZPO!), mit denen sich das Gericht auseinandersetzen muß.[286] Dies kann gegebenenfalls in einem nachgereichten Schriftsatz erfolgen; auch wenn die Ablehnung eines entsprechenden Schriftsatznachlasses in der Regel keinen Verstoß gegen Art. 103 I GG darstellt,[287] ist ein solcher Schriftsatz sinnvoll,[288] weil er die Verpflichtung zur Wiedereröffnung nach § 156 ZPO begründen kann[289].
- **Neuen Beweis** oder **Gegenbeweis** antreten[290]. Dies ist unter dem Gesichtspunkt des sichersten Wegs grundsätzlich der letztmögliche Zeitpunkt.[291] In einer unveröffentlichten Entscheidung des Bundesverfassungsgerichts heißt es insoweit: *„In Anbetracht des streitigen Ausgangssachverhalts hätte eine sorgfältige und auf Förderung des Verfahrens bedachte Partei schon vor der erstinstanzlichen Beweisaufnahme, spätestens jedoch nach dem negativ verlaufenden Beweisaufnahmetermin alle weiteren und möglicherweise in Betracht kommenden Beweismittel angeboten; die Annahme des Oberlandesgerichts, die erstinstanzliche Beschränkung des Beschwerdeführers auf nur einige Zeugen sei nachlässig gewesen und habe gegen die Prozeßförderungspflicht des § 282 Abs. 1 ZPO verstoßen, ist verfassungsrechtlich nicht zu beanstanden.“*[292] Aber auch diese Obliegenheit hat ihre Grenzen. So muß eine Partei, die ein Sachverständigengutachten angreifen will, nicht zur weiteren Substantiierung ihres Vortrags ein Privatgutachten einholen.[293]

c) **Nachweis.** Es ist ein wesentlicher Vorgang i.S.d. § 160 II ZPO und somit proto- 53
kollierungsbedürftig, daß den Parteien **Gelegenheit** zur Beweisverhandlung gegeben worden ist.[294] Fehlt ein Protokollvermerk, ist nach § 165 S. 1 ZPO davon auszugehen, daß den Parteien eine solche Gelegenheit nicht gegeben worden ist.[295]

B. Überprüfung des Protokolls und des Urteilstatbestands

I. Überprüfung des Protokolls

Dem Protokoll kommt nach § 139 IV 2 ZPO gerade für die gemäß § 531 II Nr. 2 54
ZPO berufungsrechtlich außerordentlich relevante Frage, ob eine Partei durch unterlassene oder fehlerhafte gerichtliche Hinweise nach § 139 ZPO an richtigem oder wei-

[286] BGH NJW 1991, 3284 (II 1 c); ausführlich *Pukall* Rn. 323 b; *Sattelmacher/Sirp/Schuschke* Rn. 386 (allerdings ohne Unterscheidung zwischen echten und unechten Beweiseinreden); *Zöller/Greger* § 286 Rn. 21 (unter Bezugnahme u.a. auf BGH NJW 1991, 3284).

[287] BGH NJW 1991, 1547 (1548); *Crückeberg* § 3 Rn. 358; *Thomas/Putzo/Reichold* § 279 Rn. 3; *BL/Hartmann* § 285 Rn. 4; **a.A.** Schneider MDR 1992, 927.

[288] So auch *Crückeberg* § 3 Rn. 340, 358 und *Prechtel* S. 346.

[289] Vgl. BGH NJW 1988, 2302.

[290] *Rinsche* Rn. 163; *Zöller/Greger* § 279 Rn. 5; *Musielak/Foerste* § 285 Rn. 3; *BL/Hartmann* § 285 Rn. 2 m.w.N.; **a.A.** nur *Stackmann*, Berufungsschrift S. 173 ohne Auseinandersetzung mit den Vorgenannten und der oben zitierten Entscheidung des BVerfG.

[291] BVerfG Beschl. vom 7.8.1986 (1 BvR 1004/85), zit. nach *Schneider* MDR 1986, 896; OLG Hamm MDR 2003, 892 (893).

[292] A.a.O.

[293] BGH NJW 2003, 1400.

[294] BGH NJW 1990, 121 (122); 2001, 830; *Zöller/Greger* § 279 Rn. 8; *Prechtel* S. 346; *Thomas/Putzo/Reichold* § 279 Rn. 3; *Musielak/Foerste* § 279 Rn. 7; **a.A.** *BL/Hartmann* § 279 Rn. 13 und § 285 Rn. 4.

[295] BGH NJW 1990, 121 (122); 2001, 830; zum **neuen Recht** *Greger*, Zweifelsfragen S. 3050 (unter V); *Gehrlein*, ZPR § 3 Rn. 19; *Prechtel* S. 346; *Musielak/Foerste* § 279 Rn. 7.

terem Sachvortrag oder Beweisantritt gehindert war, eine zentrale Bedeutung zu.[296] Der Anwalt muß deshalb im Rahmen der Prüfung, ob eine – nicht fristgebundene und damit theoretisch auch in der Berufungsinstanz mögliche[297] – Protokollberichtigung gemäß § 164 ZPO[298] erforderlich ist, besondere Sorgfalt walten lassen.

55 Die Ablehnung einer Protokollberichtigung kann nur dann mit einer sofortigen Beschwerde angefochten werden, wenn der Antrag als **unzulässig** abgelehnt wurde[299] oder das Berichtigungsverfahren fehlerhaft war (wenn z.B. über den Antrag nicht die hierzu berufenen Personen entschieden haben, etwa ein Richter, der an der mündlichen Verhandlung nicht teilgenommen hat oder der Vorsitzende statt des Einzelrichters).[300] Die Ablehnung der Protokollberichtigung aus **sachlichen** Gründen ist dagegen nicht anfechtbar[301]. Diese Unzulässigkeit der Protokollberichtigung steht aber einer Beweisaufnahme in der Berufungsinstanz etwa über den Inhalt einer protokollierten Zeugenaussage durch Erholung von dienstlichen Äußerungen nicht im Wege, weil insoweit die absolute Beweiskraft des Protokolls nach § 165 S. 2 ZPO nicht eingreift.[302] Im übrigen kann auch ein abgelehnter Berichtigungsantrag für das Berufungsverfahren insofern von Bedeutung sein, als durch ihn u.U. Zweifel an der Richtigkeit und Vollständigkeit der Tatsachenfeststellung geweckt werden können.[303]

II. Überprüfung des Urteilstatbestands

1. Die Beweiskraft des Tatbestands

56 Gemäß § 314 S. 1 ZPO liefert der Tatbestand des Urteils positiv wie negativ[304] Beweis für das **mündliche Parteivorbringen** (nicht aber etwa für bloßes Prozeßgeschehen[305]); als Tatbestand gelten **auch tatsächliche Feststellungen in den Entscheidungsgründen!**[306] Der Tatbestand kann gemäß § 314 S. 2 ZPO nur durch ein anderslautendes Sitzungsprotokoll entkräftet werden.

---

[296] *Ernst*, passim und DAV-Forum S. 71; *Greger*, Zweifelsfragen S. 3049 (unter I 2 a.E.); *Prechtel* S. 269.

[297] *Meyer-Rahe* S. 42 m.w.N.

[298] Antragsmuster z.B. bei *Müller/Schöppe-Fredenburg* S. 115.

[299] RGZ 149, 312 (318 f.); OLG München OLGZ 1980, 465 (466 m.w.N.); OLG Hamm MDR 1983, 410; OLG Düsseldorf NJW-RR 2002, 863; LAG Hamm MDR 1988, 172; *S/J/Roth* § 164 Rn. 18; *Meyer-Rahe* S. 43; *Thomas/Putzo/Reichold* § 164 Rn. 5; **a.A.** OLG Hamm NJW 1979, 1720; Rpfleger 1984, 193; **offengelassen** von OLG Celle OLGR 2003, 405 (406).

[300] OLG Koblenz Rpfleger 1969, 137; OLG München OLGZ 1980, 465 (467); LAG Hamm MDR 1988, 172; *Franzki* S. 101; *Meyer-Rahe* S. 70; *Thomas/Putzo/Reichold* § 164 Rn. 5; **offengelassen** von OLG Celle OLGR 2003, 405 (406).

[301] OLG Nürnberg MDR 1963, 603; OLG Frankfurt a.M. OLGZ 1974, 301 (302); OLG Hamm Rpfleger 1979, 29 (31) und NJW 1989, 160; OLG München OLGZ 1980, 465 (466) und OLGR 1993, 123; OLG Celle NJOZ 2003, 2469; OLG Schleswig OLGR 2003, 258; BAG NJW 1965, 931; BVerwG DÖV 1981, 180; BFH Beschl. vom 4.8.1983 – III B 7/83 (veröffentlicht bei juris) und BFH/NV 2003, 1079; *Thomas/Putzo/Reichold* § 164 Rn. 5; **a.A.** nur OLG Koblenz MDR 1986, 593.

[302] OLG München OLGZ 1980, 465 (468).

[303] Anders aber OLG Köln NJW 2004, 619 (620).

[304] BGH NJW 1983, 885 (886); 1990, 1269; *Zöller/Vollkommer* § 314 Rn. 1; *Thomas/Putzo/Reichold* § 314 Rn. 1; *Musielak* § 314 Rn. 3; *BL/Hartmann* § 314 Rn. 4; **a.A.** *Musielak/Ball* § 529 Rn. 7 und § 559 Rn. 17 m.w.N; *Ball*, Mietprozess S. 412 (unter II 5 d); *Wieczorek/Schütze/Gerken* § 529 Rn. 8 *„jedenfalls im Rahmen von § 529 Abs. 1“*.

[305] BGH NJW 1983, 2031; OLG Koblenz OLGR 2000, 369; *Zöller/Vollkommer* § 314 Rn. 1.

[306] BGH VersR 1974, 1021, stRspr., zuletzt NJW 1997, 1931; BAG VersR 1979, 93; OLG München

Der Tatbestand ist im Hinblick auf die §§ 529, 531 ZPO für das Berufungsverfahren in dreierlei Hinsicht von Bedeutung:

(1) Zunächst bestimmt der Tatbestand den für das Berufungsgericht nach § 529 I Nr. 1 ZPO **grundsätzlich maßgeblichen Sachverhalt**. Der VI. Zivilsenat des Bundesgerichtshofs hat in seiner Entscheidung vom 2.2.1999[307] in Bestätigung seiner jahrzehntelangen Rechtsprechung[308] ausgeführt: „*Hierbei hat es* [das OLG Hamm] *die Klageschrift zugrunde gelegt, in der der Kl. zwar einen Mindestbetrag von 40000 DM genannt, zugleich aber zum Ausdruck gebracht hat, daß sein Anspruch „tatsächlich ... ein Vielfaches davon" betragen dürfte. Dies ist im Ansatz rechtsfehlerhaft, denn nach dem den Zivilprozeß im Rahmen der §§ 128 I, 137 II, III ZPO beherrschenden Grundsatz der Mündlichkeit ist nicht das schriftliche, sondern das mündliche Parteivorbringen maßgebend. Den Beweis für das mündliche Vorbringen einer Partei liefert nach § 314 ZPO der Urteilstatbestand ... Dieser Beweis kann nur durch das Sitzungsprotokoll, nicht aber durch den Inhalt der Schriftsätze entkräftet werden. Vorher eingereichte Schriftsätze sind durch den Tatbestand, der für das Vorbringen am Schluß der mündlichen Verhandlung Beweis erbringt, überholt ... Ob auch ohne ausdrückliche Bezugnahme auf die Schriftsätze, an der es hier im landgerichtlichen Urteil fehlt, der gesamte Akteninhalt zum Gegenstand der mündlichen Verhandlung gemacht worden und damit als vorgetragen anzusehen ist, bedarf hier keiner Entscheidung, denn auch in einem solchen Fall könnte das schriftsätzlich Vorgetragene allenfalls dann beachtlich sein, wenn sich aus dem Tatbestand oder dem Sitzungsprotokoll nichts Gegenteiliges ergibt ... Bei einem Widerspruch zwischen dem Inhalt der vorbereitenden Schriftsätze und der Wiedergabe des Parteivorbringens im Urteilstatbestand, wie er hier nach der Auslegung des Klagevorbringens durch das Berufungsgericht vorläge, sind jedenfalls die Ausführungen im Tatbestand maßgeblich. Die Beweiskraft des Tatbestandes könnte nur dann entfallen, wenn er in sich widersprüchlich wäre.*"[309] 57

Dies ist auch der Standpunkt des I. Zivilsenats in seiner Entscheidung vom 13.7.2000, wenn er feststellt: „*Wird im Tatbestand des erstinstanzlichen Urteils ein Tatsachenvortrag der Parteien als unstreitig bezeichnet, so hat das Berufungsgericht davon auszugehen, daß das entsprechende Vorbringen in erster Instanz nicht bestritten wurde.*"[310] Auch der IV. und der VIII. Zivilsenat vertreten diese Auffassung,[311] ebenso die anderen obersten Gerichte des Bundes[312].

Hiervon ist nun der V. Zivilsenat des Bundesgerichtshofs in zwei Urteilen vom 12. und 19.3.2004[313] abgerückt und hat die These aufgestellt: Es „*gelangt mit einem*

BauR 1984, 637; *Oberheim* Rn. 176; *Zöller/Vollkommer* § 314 Rn. 1; *Thomas/Putzo/Reichold* § 320 Rn. 1; *Musielak* § 320 Rn. 3.

307 BGHZ 140, 335 (339).

308 Vgl. etwa VersR 1959, 853.

309 Ebenso *Schumann/Kramer* Rn. 483–486; *Crückeberg*, Tatsachenfeststellungen S. 199; *Wieczorek/Schütze/Gerken* § 529 Rn. 6; *Braunschneider*, Begründung II S. 104 und *BL/Hartmann* § 314 Rn. 4 zum Widerspruch von Tatbestand und schriftsätzlichem Vorbringen; **a.A.** *Oehlers* NJW 1994, 712.

310 NJW 2001, 448.

311 NJW-RR 2002, 1386 (1388) – IV. ZS und NJW 2003, 1244 (1245) – VIII. ZS, jeweils für den Tatbestand des Berufungsurteils; **a.A.** nur der XI. ZS NJW 1992, 2148.

312 BAG NJW 1960, 166; BFH BFH/NV 1999, 1609.

313 BGH NJW 2004, 1876 und 2152.

zulässigen Rechtsmittel grundsätzlich der gesamte – ... aus den Akten ersichtliche – Prozessstoff der ersten Instanz ohne weiteres in die Berufungsinstanz", dem Urteilstatbestand komme hinsichtlich schriftsätzlich angekündigten Vorbringens keine negative Beweiskraft zu. Dieser Standpunkt, der beide Male ausdrücklich als nicht entscheidungserheblich bezeichnet wurde, weshalb eine Vorlage an den Großen Senat für Zivilsachen nicht geboten gewesen sei, ist im Schrifttum auf ein sehr unterschiedliches Echo gestoßen[314]. Ihm kann aus zwei Gründen nicht beigetreten werden:

- Für die Richtigkeit der herrschenden Meinung spricht zum einen, daß es gerade nach der Neukonzeption des Berufungsrechts durch das ZPO-RG nicht zu einer Erneuerung und Wiederholung des Rechtsstreits vor einem anderen Richter kommt, sondern nur zu einer Überprüfung des **Urteils** (vgl. oben Rn. 1).
- Zum anderen geht das Gesetz von der grundsätzlichen Vollständigkeit des Tatbestands aus, Auslassungen sind ein Mangel, dessen Behebung gerade der vom V. Zivilsenat nicht erörterte, in seiner Anwendung durch das 1. Justizmodernisierungsgesetz soeben vereinfachte § 320 I ZPO dient[315]. Dieser Feststellung stehen auch nicht in der Praxis häufig anzutreffende pauschale Formulierungen wie *„Im übrigen wird auf die zwischen den Parteien gewechselten Schriftsätze Bezug genommen"* oder gar *„Im übrigen wird auf den Akteninhalt Bezug genommen"* entgegen. Die Möglichkeit der Bezugnahme in § 313 II 2 ZPO ermächtigt nicht zu solchen sog. salvatorischen Klauseln, wie der Wortlaut der Vorschrift und die Beschränkung des Tatbestands auf den in der letzten mündlichen Verhandlung noch aktuellen Streitstoff zeigen.[316] Nach alledem ist die Behauptung von *Rixecker* unzutreffend, daß im Tatbestand nicht erwähnter Vortrag vom Erstgericht *„für unerheblich gehalten oder übersehen ... oder unter Verletzung des § 286 ZPO und des Anspruchs auf rechtliches Gehör verfahrensfehlerhaft mißachtet"* worden sei,[317] – vielmehr ist insoweit schlicht nichts vorgetragen worden. Wie wenig sich der anwaltliche Praktiker insoweit auf eine etwaige neue, ihm günstigere Praxis verlassen kann, zeigt das Urteil des VI. Zivilsenats vom 30.3.2004, wo es lapidar und ohne jede Erwähnung der beiden Urteile des V. Zivilsenats heißt: *„Erfolglos macht die Revision geltend, der Bekl. sei bereits im Verlauf des Verfahrens erkennbar von der ursprünglichen Größenvorstellung*

---

[314] Zustimmend *Stackmann*, Rügepflicht S. 1839 f. und *Fölsch* S. 1031 ohne jede Auseinandersetzung mit der übrigen Rechtsprechung des BGH; scharf ablehnend *Lechner*, passim.

[315] So zurecht *Rimmelspacher*, Berufungsrichter S. 13.

[316] BGH LM § 295 ZPO Nr. 9; NJW 1995, 1841; BVerwGE 7, 12; OLG Hamburg NJW 1988, 2678; OLG Oldenburg NJW 1989, 1165 (wenn auch mit unzutreffender Begründung); LG München I NJW 1990, 1488 (im Erg.); *AK/Wassermann* § 313 Rn. 29; *Baur* JA 1980, 685 (687); *Berg* JuS 1984, 363 (364); *Furtner* S. 389, 393; *Schwöbbermeyer* NJW 1990, 1451 (1453); *Oehlers* NJW 1994, 712 (713); *S/J/Leipold* § 313 Rn. 49; *Schumann/Kramer* Rn. 488; *Sattelmacher/Sirp/Schuschke* Rn. 113; *Zöller/Vollkommer* § 313 Rn. 11; *Rosenberg/Schwab/Gottwald* § 60 Rn. 20; *Thomas/Putzo/Reichold* § 313 Rn. 25; *Musielak* § 313 Rn. 8; **a.A.** wohl BGH NJW 1990, 2755; OLG Düsseldorf Urt. v. 2.5.2002 – 10 U 170/00 (insoweit in OLGR 2002, 301 nicht abgedruckt); *Commichau* Rn. 199; *Balzer* NJW 1995, 2452; *Huber* Rn. 347; *Crückeberg* MDR 2003, 199 (200); *BL/Hartmann* § 313 Rn. 16. Zu welch überflüssigen Fehlern eine solche Pauschalverweisung führt, zeigt der Fall BGH NJW 1995, 1841.

[317] S. 708.

des Schmerzensgeldes abgewichen. Zum einen entspricht dies nicht dem Tatbestand des erstinstanzlichen Urteils, dessen Berichtigung der Bekl. nicht beantragt hat …".[318]

(2) Weiter bestimmt sich nach dem Tatbestand (und dem Protokoll), ob ein Vortrag in der Berufungsinstanz **neu i.S.v. § 531 II ZPO** ist oder nicht.[319] Soweit dem entgegengehalten wird, daß sich die Zulassung neuen Vorbringens in der Berufungsinstanz nach § 531 ZPO richte und der erstinstanzliche Tatbestand neuen Vortrag nicht hindere,[320] daß dem *„Verfahren der Tatbestandsberichtigung [keine] Sperrwirkung gegenüber dem Verfahren der Berufungsangriffe, vor allem jenem der Rüge nach § 529 II ZPO, zukommt"*[321], ist dies unzutreffend[322]: Anhand des Tatbestands des Ersturteils bestimmt sich, was neu ist; ob der neue Vortrag dann zuzulassen ist, bestimmt sich nach § 531 II ZPO; ein – auch nicht im Wege der Bezugnahme – im Tatbestand nicht erwähnter Vortrag ist also durch einen Tatbestandsberichtigungsantrag einzuführen, andernfalls ist die Hürde des § 531 II ZPO zu überwinden.[323] Eine Sperrwirkung gegenüber der *„Rüge nach § 529 II ZPO"*, welche es ohnehin nicht gibt, kann schon deshalb nicht bestehen, weil § 529 II ZPO ja den rechtlichen (!) Prüfungsumfang des Berufungsverfahrens betrifft[324]. 58

(3) Bedeutsam ist der Tatbestand schließlich für die Frage, ob ein **Hinweis nach § 139 I–III ZPO** erteilt worden ist oder nicht, da die nach § 139 IV 1 ZPO erforderliche Dokumentation auch noch im Urteil erfolgen kann[325] – die Dokumentation eines in Wirklichkeit nicht erteilten Hinweises muß ebenfalls durch einen Tatbestandsberichtigungsantrag bekämpft werden[326]. 59

2. Die Tatbestandsberichtigung

Der Grundsatz, daß durch eine Tatbestandsberichtigung, wie Vollkommer trefflich bemerkt, *„die Grundlage für den Erfolg einer Berufung oder Revision geschaffen werden"*[327] kann, gilt nach Inkrafttreten des ZPO-RG also mehr denn je.[328] Zurecht wird 60

[318] NZV 2004, 347; ebenso OLG Karlsruhe NJW-RR 2003, 778 (779) und 891 (892); OLG Rostock OLGR 2004, 61; offengelassen von OLG Karlsruhe OLGR 2004, 405 (408).

[319] BAG NJW 1960, 166; *Rinsche/Schlüter* Rn. 4; für das **neue Recht**: OLG Rostock OLGR 2004, 61; OLG Köln Urt. v. 3.3.2004 – 2 U 118/03, n.v.; *Schellhammer*, Berufung S. 1144; *Ball*, Berufung S. 147 und Mietprozess S. 411 (unter II 5 a); *Huber* Rn 333; *Oberheim* Rn. 175 und 181; *Prechtel* S. 255; *Rimmelspacher*, Berufungsrichter S. 13 f.; *Braunschneider*, Begründung III S. 134, 137; *Thomas/Putzo/Reichold* § 531 Rn. 13; *Zöller/Vollkommer* § 314 Rn. 1; *BL/Hartmann* § 314 Rn. 4.

[320] So OLG Saarbrücken OLGR 2003, 142; OLG Köln OLGR 2004, 124; *Gehrlein*, Erste Erfahrungen S. 427 (unter II 5 b).

[321] *Rixecker* S. 708.

[322] Die logische Brüchigkeit der Argumentation wird auch von *Braunschneider*, Falltüren S. 305 f. im Zusammenhang mit der Entscheidung des OLG Saarbrücken hervorgehoben.

[323] OLG Karlsruhe NJW-RR 2003, 778; *Rimmelspacher*, Berufungsrichter S. 14.

[324] *Hannich/Meyer-Seitz* § 529 Rn. 2.

[325] Rechtsausschuß S. 120 li. Sp.

[326] *Greger*, Zweifelsfragen S. 3049 (unter I 2 a.E.).

[327] *Zöller/Vollkommer* § 314 Rn. 2 und § 320 Rn. 3; ebenso *Commichau* Rn. 248; *BRiHb/Büchel* A XIX Rn. 14; *AF/Krumscheid* Kap. 49 Rn. 173.

[328] *Doms*, Neue ZPO S. 779; *Grunsky*, Tatsachenstoff S. 801; *Rimmelspacher*, Berufungsgründe S. 2001; *Huber* Rn. 333; *Schellhammer*, Zivilprozess Rn. 1008 und 1038; *Würfel* S. 1214; *Braunschneider*, Falltüren S. 306 und Begründung II S. 104; ferner *Schumann/Kramer* Rn. 487; **a.A.** *Stackmann*, Be-

auch betont, daß auch ein zurückgewiesener Tatbestandsberichtigungsantrag geeignet sein kann, die Richtigkeit und Vollständigkeit der entscheidungserheblichen Feststellungen in Zweifel zu ziehen.[329]

61 a) **Formalien ☛ Muster 3.** Weist nun der Tatbestand Fehler, d.h. unrichtige Angaben oder Auslassungen, auf, so ist gemäß § 320 I, II 1 ZPO **binnen zwei Wochen ab Zustellung** des vollständigen Urteils an die Parteien (für den Nebenintervenienten läuft keine eigene Frist[330]), gemäß § 320 II 3 ZPO spätestens aber binnen drei Monaten ab Urteilsverkündung die Berichtigung des Tatbestandes zu beantragen, andernfalls ist der fehlerhafte Tatbestand für das Berufungsgericht verbindlich.[331] **Wiedereinsetzung** ist **nicht möglich**, da es sich weder um eine Notfrist noch um eine andere der in § 233 ZPO aufgeführten Fristen handelt.[332] Diese Fristen sind nicht gemäß § 224 II ZPO verlängerbar.[333] Das KG will in Fällen, wo das Urteil nicht innerhalb der 3-Monats-Frist zugestellt worden ist, mit einer Fristverlängerung unter dem Gesichtspunkt des fairen Verfahrens helfen.[334]

Die 2-Wochen-Frist und die 3-Monats-Frist sind im Fristenkalender jeweils mit einer Vorfrist zu notieren.[335]

Inhaltlich ist der übergangene Parteivortrag oder Beweisantritt konkret und möglichst wörtlich vorzutragen; bloße Bezugnahmen oder die Rüge einer „Aktenwidrigkeit" genügen nicht.[336]

Über den Tatbestandsberichtigungsantrag wird nach § 320 I 1 ZPO i.d.F. des 1. JuMoG nur noch auf Antrag mündlich verhandelt.

62 b) **Haftungsrechtlicher Hinweis.** Die Nichtbeachtung der Pflicht, den Tatbestand sorgfältig auf seine Richtigkeit hin zu überprüfen, stellt eine anwaltliche Pflichtverletzung dar.[337] Diese Pflicht trifft im übrigen auch den Anwalt der in erster Instanz obsie-

---

rufungsschrift S. 172 Fn. 19; *Hirtz*, Wirksamkeitskontrolle S. 63 und *Fölsch* S. 1031, der die erforderliche vertiefte Auseinandersetzung mit der Problematik durch apodiktische Behauptungen ersetzt; aus den obengenannten Gründen kann auch nicht der nicht näher belegten Behauptung von *BProzFb/Büchel* S. 295 Anm. 1, die Bedeutung des § 320 ZPO sei seit der Neufassung des § 313 II ZPO geringer geworden, beigetreten werden.

[329] *Doms*, Neue ZPO S. 779 f; ähnlich *Huber* Rn 716, der allerdings eine Rechtsverletzung annimmt (Verstoß gegen § 286 ZPO).

[330] BGH NJW 1963, 1251 (1252); *Zöller/Vollkommer* § 67 Rn. 7; *Thomas/Putzo/Reichold* § 320 Rn. 4; *BL/Hartmann* § 320 Rn. 8.

[331] *Becht* II S. 60; *Rinsche* Rn. 173, 175; *Rinsche/Schlüter* Rn. 4, 5; *Grunsky*, Taktik Rn. 468, 482; *Born* NZV 1999, 205 und *HdbStraßenverkR/Born* Kap. 3 B Rn. 222; *Ball*, Berufung S. 148; *Rimmelspacher*, Berufungsgründe S. 1902.

[332] BGHZ 32, 17 (27) für die 3-Monats-Frist (von BGH LM § 320 ZPO Nr. 1 insoweit noch offengelassen); OLG Frankfurt a.M. OLGR 2002, 28; *Schneider*, Tatbestand S. 75; *Zöller/Vollkommer* § 320 Rn. 7; *Meyer-Rahe* S. 52; *Oberheim* Rn. 178; *Thomas/Putzo/Reichold* § 320 Rn. 4; *Musielak* § 320 Rn. 5.

[333] *Zöller/Vollkommer* § 320 Rn. 8; *Thomas/Putzo/Reichold* § 320 Rn. 4; *Musielak* § 320 Rn. 5; *BL/Hartmann* § 320 Rn. 7, 8; **a.A.** *Schneider*, Tatbestand S. 75.

[334] KG NJW-RR 2001, 1296; abl. *Musielak* § 320 Rn. 5.

[335] *Schumann* S. 2787; *Rinsche/Schlüter* Rn. 4; *Meyer-Rahe* S. 52; von *Müller/Schöppe-Fredenburg* S. 117 übersehen.

[336] So zurecht *Huber* Rn. 715.

[337] *Rinsche* Rn. 176; *Rinsche/Schlüter* Rn. 4; zum **neuen Recht**: *Ball*, Berufung S. 148; *Oberheim*

genden Partei, muß er doch mit einer Berufung des unterlegenen Gegners rechnen, wo dann etwaige Unrichtigkeiten des Tatbestandes zum Nachteil seiner Partei wirken können.[338]

c) **Gebührenrechtlicher Hinweis.** Der Antrag auf Tatbestandsberichtigung gehört nach § 19 Nr. 6 RVG (bisher § 37 Nr. 6 BRAGO) zum (Gebühren-)Rechtszug und kann deshalb vom erstinstanzlichen Prozeßbevollmächtigten nicht gesondert abgerechnet werden. **63**

Wird ein Anwalt dagegen ausschließlich für das Berichtigungsverfahren beauftragt, kann er gemäß Nr. 3403 VV eine Gebühr in Höhe von 0,8 (bisher nach § 56 I Nr. 1 BRAGO eine halbe Gebühr) verlangen.[339]

C. Verschiebung der Urteilszustellung ☛ Muster 2

Eine weitere Gestaltungsmöglichkeit besteht in der ersten Instanz in der einvernehmlichen Beantragung der Verschiebung der Urteilszustellung nach § 317 I 3 ZPO um maximal fünf Monate (beachte die **Ausnahmen** in §§ 618, 621 c, 640 I Hs. 2 ZPO; 50 I 2 ArbGG). **64**

Ob man von dieser Möglichkeit Gebrauch machen soll, hängt von den Umständen des Einzelfalls ab (Verfahrensbeschleunigung einerseits, Zeitgewinn für Vergleichsgespräche oder Vorbereitung der Berufung anderseits).[340]

§ 2 Prüfung der Zulässigkeit

In § 511 ZPO wird unter der irreführenden Überschrift „Statthaftigkeit" die Zulässigkeit einer Berufung von ihrer Statthaftigkeit im eigentlichen Sinn (Abs. 1) sowie vom Überschreiten eines bestimmten Werts des Beschwerdegegenstandes (Abs. 2 Nr. 1) oder der Zulassung der Berufung (Abs. 2 Nr. 2) abhängig gemacht. Eine entsprechende, wenn auch im einzelnen modifizierte Regelung findet sich in § 64 I, II ArbGG unter der wenig aussagekräftigen Überschrift „Grundsatz". **65**

A. Statthaftigkeit

Ein Rechtsmittel ist statthaft, wenn es gegen das angefochtene Urteil nach dessen Art überhaupt vorgesehen ist.[341] **66**

Rn. 175; *Braunschneider*, Falltüren S. 306; vgl. auch *Schumann/Kramer* Rn. 487, *HdbStraßenverkR/Born* Kap. 3 B Rn. 222 und *BL/Hartmann* § 320 Rn. 7.

[338] *Commichau* Rn. 249; *Rinsche* Rn. 176; *Rinsche/Schlüter* Rn. 5; *Zwanziger/Heitmann* S. 176; *BRiHb/Büchel* A XIX Rn. 15; zum **neuen Recht**: *Schumann/Kramer* Rn. 487; *Oberheim* Rn. 175; *Stackmann*, Rügepflicht S. 1840, soweit die Dokumentation nach § 139 IV ZPO in mitten steht; *Meyer-Rahe* S. 51.

[339] Vgl. *Gerold/Schmidt/v. Eicken* § 19 Rn. 31, der allerdings nicht zwischen Tatbestandsberichtigung und Urteilsergänzung unterscheidet und die Nr. 3401, 3402 VV heranzieht.

[340] Vgl. eingehend *Meyer-Rahe* S. 88 ff.

[341] Vgl. statt aller *Thomas/Putzo/Reichold* Rn. 15 vor § 511.

I. Die Hauptsacheentscheidung eines Endurteils

67 Gem. § 511 I ZPO ist die Berufung gegen *„im ersten Rechtszug erlassene Endurteile“* statthaft; entsprechendes gilt im arbeitsgerichtlichen Verfahren, § 64 I ArbGG. Das Gesetz hat den dadurch – in Verbindung mit § 300 ZPO – beschriebenen Kreis der berufungsfähigen Urteile durch eine Vielzahl von Sonderregeln teils erweitert, teils eingeengt.

1. (Teil-)Anerkenntnisurteile

68 Gegen solche Urteile kann grundsätzlich Berufung eingelegt werden.[342] Die Notwendigkeit hierzu zeigt sich z.B. für den Beklagten, wenn ein Anerkenntnis abgegeben und dabei übersehen wurde, daß eine aufrechnungsfähige Gegenforderung besteht (die wegen § 767 II ZPO im Zwangsvollstreckungsverfahren nicht mehr geltend gemacht werden könnte)[343].

2. Verbundurteile in FGG-Scheidungsfolgesachen

69 Gegen Verbundurteile in FGG-Scheidungsfolgesachen (§ 621 I Nr. 1–3, 6, 7, 9 ZPO) ist, wenn der Scheidungsausspruch nicht angefochten werden soll, gemäß §§ 629 a II 1, 621 e I, III, 517 ZPO **nur die befristete Beschwerde** („Berufungsbeschwerde“[344]) statthaft.

3. Versäumnisurteile

Hier ist scharf zwischen erstem und zweitem Versäumnisurteil zu unterscheiden.

70 a) **Das erste Versäumnisurteil**. Obwohl es sich beim ersten Versäumnisurteil um ein Endurteil handelt, ist gemäß **§ 514 I ZPO** nicht die Berufung, sondern gemäß §§ 338 ZPO, 59 ArbGG nur der Einspruch statthaft.

Gegen ein sog. **unechtes Versäumnisurteil**, das gegen den Kläger unabhängig davon, daß er nicht erschienenen ist, ergeht, wenn die Klage an nicht behebbaren Zulässigkeitsmängeln leidet[345] oder das Klägervorbringen unschlüssig ist[346], ist dagegen nur die Berufung statthaft, da es sich insoweit um ein streitiges Endurteil handelt.[347]

---

[342] BGH NJW 1955, 545 (546); FPR 2004, 114 (115); OLG Koblenz NJW-RR 1993, 462; *Pantle/Kreissl* Rn. 562 (mit der allerdings gewagten Behauptung, man sei sich über die Zulässigkeit der Berufung gegen ein Anerkenntnisurteil *„einig“*); *Zöller/Gummer/Heßler* Rn. 19 a; *Wieczorek/Schütze/Gerken* Rn. 29 vor § 511; *Thomas/Putzo/Reichold* Rn. 19 vor § 511; **a.A.** BGHZ 22, 43 (46); BAG BB 1966, 1190 (für die Revision, wobei das Problem unter dem Gesichtspunkt des Werts des Beschwerdegegenstands erörtert wird und dabei auch noch der Wert der Beschwer mit dem des Beschwerdegegenstands [vgl. dazu unter Rn. 85] verwechselt wurde); LAG Berlin LAGE § 64 ArbGG 1979 Nr. 4; *AR-Blattei SD/Spilger* Kap. 160.10.2 Rn. 40; *Gehrlein*, ZPR § 14 Rn. 8 ohne Erwähnung der gegenteiligen h.M.; *Jauernig* § 72 V.

[343] *Sattelmacher/Sirp/Schuschke* Rn. 498.

[344] Vgl. *Schumann/Kramer* Rn. 60.

[345] BGH JR 1987, 26; GRUR-RR 2001, 48; OLG München MDR 1988, 973 (Unzulässigkeit wegen Fehlens der Anspruchsbegründung nach § 697 I ZPO); *Schellhammer*, Zivilprozess Rn. 1543; *Gehrlein*, ZPR § 12 Rn. 8 und 13; *Thomas/Putzo/Reichold* Rn. 12 vor § 330; *Musielak/Stadler* Rn. 12 vor § 330; **a.A.** z.B. *BL/Hartmann* § 330 Rn. 5.

[346] OLG Düsseldorf NJW 1991, 2091 (selbst vorgetragene Verjährung!); *Thomas/Putzo/Reichold* Rn. 12 vor § 330; *Musielak/Stadler* Rn. 12 vor § 330.

[347] OLG München OLGZ 1988, 488 (489); *Thomas/Putzo/Reichold* Rn. 12 vor § 330 und § 514 Rn. 1; *Musielak/Stadler* Rn. 13 vor § 330; **a.A.** nur *MüKo-ZPO/Rimmelspacher* § 513 Rn. 4 unter Berufung auf die ältere Rechtsprechung.

Häufig verwechseln Instanzgerichte Verwerfungsurteile nach § 341 II ZPO, echtes und unechtes sowie erstes und zweites Versäumnisurteil. In solchen Fällen muß wie folgt differenziert werden:[348]

- Ist z.B. ein erstes Versäumnisurteil gesetzwidrig ergangen, weil die betroffene Partei gar nicht säumig war, kommt nur ein Einspruch und nicht etwa die Berufung in Betracht; das sog. Meistbegünstigungsprinzip greift nicht ein, weil es voraussetzt, „*daß das Gericht eine der Form nach inkorrekte Entscheidung gefällt hat. Im vorliegenden Fall geht es aber um ein inhaltlich falsches Urteil (fehlende Säumnis)*"[349]. Auslegung und Umdeutung helfen hier nicht weiter: Die Auslegung scheidet wegen der gesetzeskonformen (!) Einlegung beim Berufungsgericht aus, die Umdeutung wegen der Unmöglichkeit der Einspruchseinlegung beim Rechtsmittelgericht.[350]
- Dagegen können nach dem Meistbegünstigungsprinzip Einspruch oder Berufung eingelegt werden, wenn
  - statt eines zweiten Versäumnisurteils ein „weiteres" erstes Versäumnisurteil[351] oder umgekehrt statt eines ersten ein zweites Versäumnisurteil[352] erlassen wurde (im letzteren Fall hat die Berufung nach h.M. gleichzeitig die Wirkung eines Einspruchs beim iudex a quo[353]),
  - ein erstes Versäumnisurteil als zweites Versäumnisurteil bezeichnet wird,[354]
  - ein nach seinem Inhalt kontradiktorisches Urteil als Versäumnisurteil bezeichnet wird[355].
- Erläßt ein Gericht statt eines (kontradiktorischen) Verwerfungsurteils nach § 341 II ZPO ein zweites Versäumnisurteil, so ist der Berufungsführer nach dem Meistbegünstigungsprinzip nicht auf die Geltendmachung der fehlenden Säumnis nach § 514 II 1 ZPO beschränkt.[356]
- Erläßt ein Gericht statt eines Verwerfungsurteils nach § 341 II ZPO einen Verwerfungsbeschluß, ist dagegen die sofortige Beschwerde statthaft.[357]

b) Das zweite Versäumnisurteil. Gem. **§§ 514 II 1 ZPO, 64 II Buchst. d ArbGG** ist 71
eine Berufung gegen solche Versäumnisurteile statthaft, gegen welche ein Einspruch nicht gegeben ist – also solche nach § 238 II 2 ZPO und vor allem solche nach § 345 ZPO. Die Berufungsmöglichkeit ist aber insoweit eingeschränkt, als nur geltend gemacht werden kann, „*daß ein Fall der schuldhaften Versäumung nicht vorgelegen habe*". Eine solche unverschuldete Versäumung ist in folgenden Fällen gegeben:

---

[348] Vgl. auch *Zöller/Gummer* Rn. 33 vor § 511; *Thomas/Putzo/Reichold* Rn. 7 vor § 511; *Musielak/Ball* Rn. 32 vor § 511.

[349] BGH NJW 1994, 665.

[350] BGH a.a.O.

[351] Offengelassen von BGH NJW 1997, 1448.

[352] OLG Frankfurt a.M. NJW-RR 1992, 1468 (1469) und Urt. v. 6.4.2000 – 6 UF 333/99 (URL: http://www.hefam.de/urteile/6UF33399.html [eingesehen am 3.4.2002]).

[353] OLG Schleswig SchlHA 1987, 171; OLG Frankfurt a.M. NJW-RR 1992, 1468 (1469); **a.A.** OLG Nürnberg OLGZ 1982, 447, wonach gesonderter Einspruch erforderlich ist.

[354] BGH VersR 1984, 287 (288); OLG Frankfurt a.M. NJW-RR 1992, 1468 (1469); *Gehrlein*, ZPR § 14 Rn. 17.

[355] BGH NJW 1999, 291 und 583.

[356] OLG Düsseldorf OLGR 2001, 280.

[357] OLG Celle NJW-RR 2003, 647.

(1) Nichtvorliegen einer Säumnis
Säumnis einer Partei ist nur bei kumulativem Vorliegen folgender Voraussetzungen gegeben:
- Nichterscheinen (§§ 330, 331 I 1; 78 ZPO) oder Nichtverhandeln (§§ 333,[358] 334, 220 II ZPO), wobei insbesondere § 62 I ZPO zu beachten ist;
- im ordnungsgemäß bestimmten Termin zur mündlichen Verhandlung, §§ 216, 272 II ZPO (beachte: kein Versäumnisurteil im Gütetermin [vgl. § 279 I ZPO], Beweistermin vor vollständiger Erledigung der Beweisaufnahme [vgl. §§ 367 I, 370 I ZPO][359] und im Verkündungstermin [vgl. § 311 I 2 ZPO]);
- nach ordnungsgemäßer (§§ 274 I, 214, 168 ff. [172 I 1!]; 218; 329 II 2, 497 I 1 sowie 71 III ZPO), insbesondere rechtzeitiger Ladung (gemäß § 217 ZPO und § 274 III 1 ZPO [Einlassungsfrist = erste Ladungsfrist für den Beklagten])
- und ordnungsgemäßem Aufruf der Sache (§§ 136 I, 220 I ZPO)[360].

(2) Unverschuldete Terminsversäumung i.S.d. § 337 S. 1 Fall 2 ZPO[361]
(3) Fehlender Prozeßantrag auf Erlaß eines Versäumnisurteils[362]
(4) Fehlende Gesetzmäßigkeit der vorausgegangenen Entscheidung
Hier müssen die folgenden beiden Fälle unterschieden werden:
- Ging ein **erstes Versäumnisurteil** voraus, so kann nach h.M. nur gerügt werden, daß im Einspruchstermin keine Säumnis vorlag, nicht aber, daß bei Erlaß des erstes Versäumnisurteils keine Säumnis gegeben war[363] oder die Klage unzulässig oder unschlüssig ist[364].
- Ging dagegen ein **Vollstreckungsbescheid** voraus, so kann sich in direkter oder analoger Anwendung des § 514 II 1 ZPO das Nichtvorliegen einer Versäumung auch daraus ergeben, daß der Vollstreckungsbescheid nicht verfahrensordnungsgemäß zustande gekommen[365] oder die Klage unzulässig oder unschlüssig ist[366].

---

[358] Ein „Verhandeln" i.S.d. § 333 ZPO setzt auf Klägerseite einen Sachantrag voraus (BAG MDR 2003, 520), nicht dagegen auf Beklagtenseite (BGH NJW 1965, 397; 1972, 1373 [1374]; OLG Bamberg FamRZ 1996, 495 [496 m.w.N.]). Ablehnungsgesuche und Anträge auf Aussetzung des Verfahrens stellen kein Verhandeln i.S.d. § 333 ZPO dar (BGH NJW-RR 1986, 1252), wohl aber ein Verhandeln über die örtliche Zuständigkeit (BGH NJW 1967, 728).

[359] *Gehrlein*, ZPR § 12 Rn. 2, *Thomas/Putzo/Reichold* § 370 Rn. 2.

[360] BVerfGE 42, 364 (370).

[361] BGH NJW 1999, 2121; *Rosenberg/Schwab/Gottwald* § 133 Rn. 3; *Thomas/Putzo/Reichold* § 514 Rn. 4; *BL/Albers* § 514 Rn. 4.

[362] BGHZ 112, 367 (371); *Thomas/Putzo/Reichold* § 514 Rn. 4.

[363] BGHZ 97, 341 (345); BAG AP Nr. 6 zu § 513 ZPO; BAGE 75, 343 (346); *Schellhammer*, Zivilprozess Rn. 984; *Gehrlein*, ZPR § 12 Rn. 18; *Rosenberg/Schwab/Gottwald* § 133 Rn. 3; **a.A.** OLG Stuttgart MDR 1976, 51; *Pantle/Kreissl* Rn. 552.

[364] BGHZ 141, 351 (353 f.); BAG AP Nr. 6 zu § 513 ZPO; BAGE 75, 343 (347); KG MDR 2000, 293; *Gehrlein*, ZPR § 12 Rn. 19; *Jauernig* § 67 III 3; *Zöller/Gummer* § 514 Rn. 8 b; *Rosenberg/Schwab/Gottwald* § 133 Rn. 3; *Thomas/Putzo/Reichold* § 514 Rn. 4; *BL/Albers* § 514 Rn. 6; **a.A.** LAG Hamm BB 1975, 745 und NJW 1981, 887; *AK-ZPO/Ankermann* § 513 Rn. 6; *Pantle/Kreissl* Rn. 552.

[365] BGHZ 73, 87 (90).

[366] BGHZ 73, 87 (90); stRspr., zuletzt BGHZ 141, 351; BAGE 75, 343 (347); OLG Hamm OLGR 2002, 38; *Gehrlein*, ZPR § 12 Rn. 20; *Zöller/Gummer* § 514 Rn. 8 a; *Thomas/Putzo/Reichold* § 514 Rn. 4; *Musielak/Ball* § 514 Rn. 10.

4. Zwischenurteile

Folgende, vom Gesetz den Endurteilen gleichgestellte Zwischenurteile sind berufungsfähig:

(1) **verfahrensbezogene Zwischenurteile**, soweit sie Prozeßvoraussetzungen (einschließlich der Ablehnung [!] der Anordnung einer Prozeßkostensicherheit[367] und des Zwischenurteils über die Fortdauer der Verfahrensunterberechnung[368]) betreffen (§ 280 II 1 ZPO); hierzu zählen **nicht** Zwischenurteile 72
   - über die Zulassung oder Zurückweisung einer Nebenintervention nach § 71 I ZPO (gemäß § 71 II ZPO ist insoweit die sofortige Beschwerde gegeben),
   - über die Verurteilung des gegnerischen Prozeßbevollmächtigten zur Rückgabe einer ihm überlassenen Urkunde nach § 135 II ZPO (gemäß § 135 III ZPO ist insoweit die sofortige Beschwerde gegeben),
   - in denen das erstinstanzliche Gericht seine örtliche Zuständigkeit bejaht (§ 513 II ZPO[369], im arbeitsgerichtlichen Verfahren gemäß § 64 VI 1 ArbGG[370] anwendbar),
   - nach § 303 ZPO, wozu auch die Anordnung einer Prozeßkostensicherheit gehört[371] (diese werden nur im Rahmen der Berufung gegen das Endurteil geprüft[372]) und
   - über die Rechtmäßigkeit einer Zeugnis- oder Gutachtensverweigerung (gemäß §§ 387 III, 402 ZPO; 64 I, 78 ArbGG ist insoweit die sofortige Beschwerde gegeben);

(2) **Grundurteile** (§ 304 II Hs. 1 ZPO), nicht jedoch im arbeitsgerichtlichen Verfahren, § 61 III ArbGG; 73

(3) **Vorbehaltsurteile** (§§ 302 III, 599 III ZPO). 74

5. Schlußurteile

Nicht berufungsfähig ist ein Schlußurteil lediglich über die Zinsen und/oder die Kosten des Rechtsstreits.[373] Etwas anderes gilt hinsichtlich der Kostenentscheidung, wenn sie sich auf ein vorausgegangenes, bereits mit der Berufung angefochtenes Teilurteil bezieht.[374] 75

---

[367] BGHZ 102, 232 (234); OLG Saarbrücken NJW-RR 1998, 1771; *Wieczorek/Schütze/Gerken* § 511 Rn. 9; *Musielak/Foerste* § 110 Rn. 9.

[368] BGH NJW 2004, 2983.

[369] So zuletzt BGH MDR 1998, 177 m. zahlr. Nachw.; *Thomas/Putzo/Reichold* § 513 Rn. 5; nach a.A. ist die Berufung unbegründet, so KG JR 1966, 349; *St/J/Grunsky* § 512 a Rn. 5.

[370] BegrRegE/ZPO-RG S. 352 nennt hier irrig „*§ 64 Abs. 2*".

[371] BGHZ 102, 232 (234 ff.); OLG Saarbrücken NJW-RR 1998, 1771; *Wieczorek/Schütze/Gerken* § 511 Rn. 9; *Musielak/Foerste* § 110 Rn. 9 m.w.N. in Fn. 57 (auch zur Gegenmeinung).

[372] BGHZ 3, 244 (246); BGH NJW 1988, 1733; *Zöller/Vollkommer* § 303 Rn. 11; *Thomas/Putzo/Reichold* § 303 Rn. 7.

[373] BGHZ 29, 126 (127); WM 1982, 1336.

[374] BGHZ 19, 172 (174); 20, 253; 29, 126 (127); BGH JurBüro 1983, 378; NJW 1984, 495; OLG Frankfurt a.M. NJW 1971, 518; OLG Karlsruhe Justiz 1984, 360; KG OLGR 2002, 79 (80).

II. Die Kostenentscheidung

76 Gemäß **§ 99 I ZPO** ist die Kostenentscheidung **nicht isoliert anfechtbar.** Naturgemäß wird immer wieder versucht, dieses Verbot durch Anfechtung der Hauptsache zu umgehen.[375] Eine Umgehung des Verbots des § 99 I ZPO macht die Berufung unzulässig.[376] Eine solche Umgehung ist anzunehmen, wenn bei den Hauptsacheanträgen kein schutzwürdiges Interesse des Berufungsführers erkennbar ist[377] oder erklärtermaßen nur die Kostenentscheidung angefochten werden soll[378]. Ein bloßer Verdacht einer Umgehungsabsicht genügt aber nicht; eine Motivforschung findet nicht statt.[379]

Im Falle des **Teilurteils** nach § 301 I ZPO ist dieses und die gemeinsame Kostenentscheidung des Schlußurteils mit der Berufung anzufechten.[380] Eine Anfechtbarkeit scheidet nach h.M. aber aus, wenn gegen das Teilurteil kein Rechtsmittel mehr anhängig ist.[381]

Gegen die Kostenentscheidung eines **Anerkenntnisurteils** ist gemäß § 99 II ZPO die **sofortige Beschwerde** gegeben, wenn der Wert des Beschwerdegegenstands (das Gesetz spricht vom „Streitwert der Hauptsache") in der Hauptsache wenigstens 600,01 € beträgt und die Beschwerdesumme von 100,– € gemäß § 567 II 1 ZPO überschritten ist.

III. Die vorläufige Vollstreckbarkeit

77 Ein Urteil kann allein mit dem Ziel, den Ausspruch über die vorläufige Vollstreckbarkeit abzuändern, angefochten werden.[382]

IV. Sonderfälle

1. Nichtige Urteile

78 Eine Berufung ist ferner statthaft gegen sog. nichtige[383] Urteile, obwohl sie keine materielle Rechtskraft, Vollstreckbarkeit und Gestaltungswirkung entfalten[384].[385] Ein Urteil ist nichtig, wenn es an schwersten Mängeln leidet, z.B.

---

[375] Vgl. RGZ 102, 290; BGH MDR 1968, 407; NJW 1976, 1267; OLG Düsseldorf NJW 1991, 447; *Schellhammer*, Zivilprozess Rn. 1029.

[376] *Thomas/Putzo/Hüßtege* § 99 Rn. 4 und *Thomas/Putzo/Reichold* § 511 Rn. 5.

[377] BGH NJW 1976, 1267; *Thomas/Putzo/Hüßtege* § 99 Rn. 4.

[378] OLG Düsseldorf NJW 1991, 447; *Thomas/Putzo/Hüßtege* § 99 Rn. 4; *Musielak/Wolst* § 99 Rn. 5.

[379] BGH NJW 1976, 1267; OLG Schleswig MDR 2003, 51 (52); *Zöller/Herget* § 99 Rn. 4; *Wieczorek/Schütze/Gerken* § 511 Rn. 15; *Schellhammer*, Zivilprozess Rn. 1029; *Musielak/Wolst* § 99 Rn. 5.

[380] BGHZ 20, 252; *Tempel/Theimer* S. 216; *Schellhammer*, Zivilprozess Rn. 1030; *Zöller/Herget* § 99 Rn. 10; *Thomas/Putzo/Hüßtege* § 99 Rn. 8; *Musielak/Wolst* § 99 Rn. 11.

[381] BGH WM 1977, 1428; OLG Frankfurt a.M. MDR 1977, 143; *Zöller/Herget* § 99 Rn. 10; *Schellhammer*, Zivilprozess Rn. 1030; *Musielak/Wolst* § 99 Rn. 11; **a.A.** *St/J/Bork* § 99 Rn. 10; *Thomas/Putzo* § 99 Rn. 8.

[382] RG Gruchot 56 (1912) 1050 (1052); OLG Nürnberg NJW 1989, 842; *Höhne* S. 628 m. Nachw. aus dem älteren Schrifttum; *Oberheim* Rn. 72; *Wieczorek/Schütze/Gerken* § 511 Rn. 16; *Thomas/Putzo* Rn. 16 vor § 708.

[383] *Rosenberg/Schwab/Gottwald* § 62 Rn. 20 sprechen hier von „wirkungslosen" Urteilen.

[384] OLG Koblenz MDR 1979, 587 für die Rechtskraft; BGH NJW 1994, 460 für die Vollstreckbarkeit; *Oberheim* Rn. 123; *Jauernig* § 60 III.

[385] *Oberheim* Rn. 124.

- gegen eine nicht der deutschen Gerichtsbarkeit unterliegende Partei ergeht;[386]
- gegen eine nicht (mehr) existente Partei ergeht;[387]
- außerhalb eines anhängigen Verfahrens, z.B. nach Klagerücknahme[388] oder Instanzbeendigung[389] ergeht;[390]
- eine nicht (mehr) bestehende Ehe scheidet;[391]
- dessen Ausspruch gegen das Gesetz oder die guten Sitten verstößt;[392]
- eine der Rechtsordnung nicht bekannte Folge ausspricht[393].

2. Nicht- und Scheinurteile

Schließlich ist eine Berufung statthaft gegen Nicht- und Scheinurteile (entgegen einer verbreiteten Meinung[394] sollte zwischen Nichturteilen und Scheinurteilen unterscheiden werden[395]):

(1) Ein **Nichturteil** liegt vor, wenn ein Nichtgericht entschieden hat, z.B. eine Verwal- 79
tungsbehörde[396], ein Beamter der Justizverwaltung[397], ein Rechtsreferendar[398], der Leiter einer Referendararbeitsgemeinschaft[399] oder ein Amtsrichter beim Stammtisch[400].[401]
Diese Fälle haben heute sicher keine größere praktische Bedeutung.[402] Wenn eine solche „Entscheidung" aber den äußeren Anschein eines echten Urteils hat, muß sie angefochten werden können.[403]

(2) Ein **Scheinurteil** ist dagegen dann gegeben, wenn eine in Form eines Urteils zu er- 80
gehende gerichtliche Entscheidung

---

[386] RGZ 157, 391 (393); BayObLGZ 1971, 303; OLG München FamRZ 1972, 210 (211); *Grundmann* ZZP 100 (1987) 33 (54); *Jauernig* § 60 III; *Rosenberg/Schwab/Gottwald* § 62 Rn. 22; *Thomas/Putzo/Reichold* Rn. 15 vor § 300.

[387] *Jauernig* § 60 III; *Rosenberg/Schwab/Gottwald* § 62 Rn. 25; *Thomas/Putzo/Reichold* Rn. 17 vor § 300.

[388] *Jauernig* a.a.O.; *Rosenberg/Schwab/Gottwald* § 62 Rn. 27; *Thomas/Putzo/Reichold* Rn. 18 vor § 300.

[389] BayObLGZ 1978, 18 für Beschwerdeentscheidung im FGG-Verfahren; *Jauernig* a.a.O.

[390] Vgl. ferner LG Tübingen JZ 1982, 474 (Versäumnisurteil in einem nicht rechtshängigen Rechtsstreit).

[391] OLG Oldenburg NdsRpfl. 1984, 213; *Jauernig* § 60 III; *Rosenberg/Schwab/Gottwald* § 62 Rn. 25.

[392] *Oberheim* Rn. 123; *Jauernig* § 60 III.

[393] BGHZ 124, 170; *Rosenberg/Schwab/Gottwald* § 62 Rn. 23; *Thomas/Putzo/Reichold* Rn. 16 vor § 300; **a.A.** *Jauernig* § 60 III.

[394] *Oberheim* Rn. 123; *Rosenberg/Schwab/Gottwald* § 62 Rn. 12; *Jauernig* § 60 II; *Thomas/Putzo/Reichold* Rn. 11 vor § 300; *BL/Albers* Rn. 26 vor § 511.

[395] So zutreffend *Schumann/Kramer* Rn. 49 Fn. 2.

[396] *Schumann/Kramer* Rn. 49; *Rosenberg/Schwab/Gottwald* § 62 Rn. 13; *Jauernig* § 60 II.

[397] Beispiel von *Wieczorek/Schütze/Gerken* Rn. 74 vor § 511.

[398] Beispiel von *Oberheim* Rn. 123.

[399] Beispiel von *Musielak* § 300 Rn. 4.

[400] Beispiel von *Rosenberg/Schwab/Gottwald* § 62 Rn. 13.

[401] Ebenso *Thomas/Putzo/Reichold* Rn. 11 vor § 300; *Wieczorek/Schütze/Gerken* Rn. 74 vor § 511 und *Musielak* § 300 Rn. 4 (krit. insoweit *Musielak/Ball* § 511 Rn. 8) sprechen dagegen hier von „Scheinurteilen".

[402] *Schumann/Kramer* Rn. 49.

[403] *Oberheim* Rn. 124; *Rosenberg/Schwab/Gottwald* § 62 Rn. 18; *Wieczorek/Schütze/Gerken* Rn. 74 vor § 511; *Thomas/Putzo/Reichold* Rn. 14 vor § 300; **a.A.** *Schumann/Kramer* Rn. 49.

- nicht verkündet, aber formlos mitgeteilt[404] oder zugestellt wird[405].[406] Dagegen handelt es sich nicht um ein Scheinurteil, wenn das Urteil nach ordnungsgemäßem Schluß der mündlichen Verhandlung in einem nicht ordnungsgemäß bekanntgegebene Verkündungstermin verkündet worden[407] oder ausdrücklich an Verkündungs Statt gemäß § 310 III ZPO an beide Parteien formal korrekt[408] zugestellt worden ist – insoweit liegt nur ein fehlerhaftes Urteil vor[409].
- als Versäumnis- oder Anerkenntnisurteil ohne mündliche Verhandlung nicht gemäß § 310 III ZPO beiden Parteien zugestellt wird;[410]
- mit einem vom verkündeten Wortlaut abweichenden Inhalt zugestellt wird[411].

In diesen Fällen läuft mangels ordnungsgemäßer Zustellung die normale Berufungsfrist nicht,[412] wohl aber die fünfmonatige Ausschlußfrist nach § 517 Hs. 2 ZPO[413].

3. Noch-nicht-Urteile

81 Nicht statthaft dagegen ist die vorsorgliche Berufung gegen ein sog. Noch-nicht-Urteil, also gegen ein mit einem bestimmten Inhalt nur erwartetes oder auch angekündigtes, aber **noch nicht erlassenes** Urteil.[414]

B. Überschreiten des Werts des Beschwerdegegenstands oder Zulassung

I. Überschreiten des erforderlichen Werts des Beschwerdegegenstands (Wertberufung)

1. Die Begriffe „Beschwer", „Wert der Beschwer", „Wert des Beschwerdegegenstands" und „Rechtsmittelstreitwert"

82 **a) Beschwer.** Die Beschwer – ein im Gesetz in §§ 2, 511 IV 1 Nr. 2[415] ZPO, 26 Nr. 8 EGZPO erwähntes, im übrigen von der Rechtsprechung entwickeltes Zulässigkeits-

---

404 BGH NJW 1964, 248; VersR 1984, 1192 (1193); OLG Frankfurt a.M. MDR 1991, 63; von *Vorwerk/Teubel* Kap. 65 Rn. 28 übersehen.

405 BGHZ 10, 346 (349); NJW 1995, 404; MDR 1996, 735; OLG Frankfurt a.M. NJW-RR 1995, 511; OLG Zweibrücken OLGZ 1987, 371 (372 f.) und Urt. v. 19.9.1995 – 5 U 62/93 (veröffentlicht bei juris); OLG Brandenburg OLGR 1999, 161 (162); NJW-RR 2002, 356; FamRZ 2004, 384; OLG Saarbrücken OLGR 2001, 301; OLG Braunschweig OLGR 2001, 130 (132); LAG Hamm LAGE § 60 KO Nr. 3 = ZIP 1998, 163; *Tempel/Theimer* S. 216; *Thomas/Putzo/Reichold* Rn. 121 vor § 300; *Musielak/Ball* § 511 Rn. 8; unklar *Vorwerk/Teubel* Kap. 65 Rn. 28.

406 *Zöller/Gummer/Heßler* § 516 Rn. 2 zählen diese Fälle ohne Begründung nicht zu den Scheinurteilen, sondern zu den *„wirkungslosen Urteilen"* – letztere sind aber der Oberbegriff für nichtige Urteile sowie Nicht- und Scheinurteile.

407 BGH(GSZ) 14, 39 gegen BGHZ 10, 346.

408 OLG Brandenburg OLGR 1996, 34 (35).

409 BGH NJW 2004, 2019; OLG Frankfurt a.M. MDR 1980, 320; NJW-RR 1995, 511; OLGR 1995, 153 (154); OLG Brandenburg FamRZ 2004, 384.

410 BGH NJW 1996, 1969 (1970); OLG Brandenburg OLGR 1996, 34 (35); KG KGR 2004, 414; von *Vorwerk/Teubel* Kap. 65 Rn. 28 übersehen.

411 BGH NJW 1999, 1192; *Zöller/Gummer/Heßler* Rn. 36 vor § 511.

412 BGH VersR 1984, 1192; *Oberheim* Rn. 124.

413 BGH FamRZ 2004, 1478 m. krit. Anm. *Nassall* jurisPR-BGHZivilR 34/2004 vom 27.8.2004; zust. dagegen *Braunschneider*, Rechtsprechung S. 39.

414 *Oberheim* Rn. 124; *Wieczorek/Schütze/Gerken* § 511 Rn. 20 und § 517 Rn. 24.

415 I.d.F. von Art. 1 Nr. 16 des 1. JuMoG.

merkmal[416] – ist der **rechtliche Nachteil**, den eine Partei durch ein Urteil erfahren hat.[417] Der Kläger ist durch jede nachteilige Abweichung von seinen Anträgen erster Instanz beschwert (sog. formelle Beschwer),[418] der Beklagte durch jeden nachteiligen Entscheidungsinhalt (sog. materielle Beschwer)[419].[420] Bei einer Berufung eines Streithelfers kommt es nicht auf seine Beschwer, sondern auf die der unterstützten Partei an.[421]

Maßgeblich ist der sich aus Tenor, Tatbestand und Entscheidungsgründen ergebende **rechtskraftfähige Inhalt** der angefochtenen Entscheidung.[422] Die Entscheidungsgründe alleine vermögen in der Regel keine Beschwer zu begründen,[423] weshalb ein Urteil nicht lediglich mit dem Ziel einer anderen Begründung angegriffen werden kann[424].

Einige Beispiele aus der Rechtsprechung mögen das Ganze veranschaulichen:

- Im Hinblick auf das öffentliche Interesse an der Aufrechterhaltung der Ehe bedarf der erfolgreiche Scheidungsantragsteller ausnahmsweise keiner Beschwer, wenn er Berufung mit dem ausdrücklichen Ziel der Aufrechterhaltung der Ehe einlegen will.[425]
- Der Kläger darf ein Urteil mit dem Ziel einer Klageabweisung als unzulässig statt als unbegründet anfechten, weil letztere Klageabweisung zum endgültigen Anspruchsverlust führt;[426] umgekehrt kann der Beklagte eine Klageabweisung als unbegründet statt der Abweisung als unzulässig anstreben[427].

---

[416] Grdl. RGZ 13, 390 (392); ferner RGZ 29, 375 (377); BGH stRspr., zuletzt NJW-RR 2004, 1365; heute allg. M., vgl. die umfassenden Nachw. bei *St/J/Grunsky* Einl. V Rn. 70 Fn. 102–104; die Auffassung von *Schumann/Kramer* Rn. 253, *Wieczorek/Schütze/Gerken* Rn. 23 und *Musielak/Ball* Rn. 16 jeweils vor § 511, das Erfordernis der Beschwer sei im Gesetz nicht ausdrücklich erwähnt, ist unzutreffend.

[417] *Hannich/Meyer-Seitz* § 511 Rn. 6; *Schellhammer*, Zivilprozess Rn. 966; *Thomas/Putzo/Reichold* Rn. 17 vor § 511.

[418] BGH stRspr., zuletzt NJW 2004, 2019 (2020); *Gehrlein*, ZPR § 14 Rn. 6; *Jauernig* § 72 V; *Zöller/Gummer/Heßler* Rn. 13 vor § 511; *Thomas/Putzo/Reichold* Rn. 18 vor § 511.

[419] BGH NJW 1955, 545; 1992, 1513 (1514); NJW-RR 2002, 1075; OLG Karlsruhe MDR 1982, 417; OLG Koblenz NJW-RR 1993, 462; *Schellhammer*, Zivilprozess Rn. 971; *Zöller/Gummer/Heßler* Rn. 19, 19 a, 19 b vor § 511; *Wieczorek/Schütze/Gerken* Rn. 29 vor § 511; *Thomas/Putzo/Reichold* Rn. 19 vor § 511; *BL/Albers* Rn. 19 vor § 511; **a.A.** BGH NJW 1991, 704; *St/J/Grunsky* Rn. 84 vor § 511; *MüKo-ZPO-Aktualisierungsband/Rimmelspacher* Rn. 17 vor § 511; *Gehrlein*, ZPR § 14 Rn. 8; *Jauernig* § 72 V; wohl auch *Rosenberg/Schwab/Gottwald*. § 134 Rn. 20.

[420] *Hannich/Meyer-Seitz* § 511 Rn. 6 definiert die Beschwer des Berufungsklägers fälschlich als *„Differenz zwischen seinem Antrag und der* (!) *Erkenntnis im erstinstanzlichen Urteil"*.

[421] BGH NJW 1975, 2108; 1986, 257; 1997, 2385; *Thomas/Putzo/Reichold* Rn. 20 vor § 511; für den streitgenössischen Nebenintervenienten offengelassen von BGH NJW 2001, 2638.

[422] Grdl. RGZ 93, 156 (158), stRspr., zuletzt BGH NJW 1997, 3246; *Zöller/Gummer/Heßler* Rn. 10 vor § 511; *Thomas/Putzo/Reichold* Rn. 21 vor § 511; *Schellhammer*, Zivilprozess Rn. 966.

[423] BGH NJW 1993, 2052 [2053]; 2002, 212 [213]; OLG München RzW 1977, 200; *Jauernig* § 72 V; *Thomas/Putzo/Reichold* Rn. 21 vor § 511.

[424] BGH NJW 1982, 578 (579 f.); 1994, 2697; *Wieczorek/Schütze/Gerken* Rn. 24 vor § 511; *Thomas/Putzo/Reichold* Rn. 30 vor § 511.

[425] RGZ 36, 351 (354); ebenso BGHZ 89, 325 (328) zu § 630 II 1 ZPO n.F.; NJW-RR 1987, 387; NJW 1994, 2697; *Schellhammer*, Zivilprozess Rn. 965; *Wieczorek/Schütze/Gerken* Rn. 46 vor § 511; *BL/Albers* Rn. 5 vor § 606; nach *Bettermann*, Beschwer S. 39 ist hier eine Beschwer des Klägers in Form der materiellen Beschwer gegeben. Vgl. in diesem Zusammenhang auch die einen historischen Sonderfall betreffende Entscheidung BGH NJW 1979, 428.

[426] BGH LM § 511 ZPO Nr. 8; NJW-RR 2001, 929; OLG Zweibrücken FamRZ 2000, 238; *Zöller/Gummer/Heßler* Rn. 10 vor § 511; *Wieczorek/Schütze/Gerken* Rn. 37 vor § 511; *Thomas/Putzo/Reichold* Rn. 22 vor § 511.

[427] BGHZ 28, 349; *Wieczorek/Schütze/Gerken* Rn. 38 vor § 511 m.w.N.

- Bei einer aus mehreren Teilforderungen bestehenden Ersatzforderung, die in einer vom Kläger vorgegebenen Reihenfolge zu prüfen waren, ist eine Beschwer zu bejahen, wenn zwar dem Antrag in vollem Umfang entsprochen worden ist, in den Entscheidungsgründen aber einzelne Schadenspositionen für nicht begründet erklärt worden sind.[428]
- Der Kläger kann ein Urteil mit dem Ziel anfechten, daß die Klage nicht z.B. wegen Verjährung endgültig, sondern wegen fehlender Fälligkeit nur als vorläufig unbegründet abgewiesen wird.[429]
- Es fehlt an einer Beschwer, wenn dem Kläger, der ein angemessenes Schmerzensgeld unter Angabe eines Mindestbetrags oder einer Betragsvorstellung verlangt hatte, genau dieser Betrag zugesprochen wird[430] (dasselbe gilt, wenn der Kläger einer Streitwertfestsetzung nicht widersprochen hat[431]), und zwar auch dann, wenn ein Mitverschulden bejaht wird[432].
- Hatte der Arbeitnehmer Kündigungsschutzklage erhoben und hilfsweise einen Auflösungsantrag gestellt und obsiegt er, kann er mangels Beschwer keine Berufung mit dem Ziel einlegen, den Auflösungsantrag zurückzunehmen.[433]
- Hat der Arbeitnehmer Kündigungsschutzklage erhoben und hilfsweise Auflösung des Arbeitsverhältnisses gegen Zahlung einer angemessenen Abfindung verlangt, ohne einen Mindestbetrag zu nennen, so kann er die vom Gericht festgesetzte Abfindung nicht als zu niedrig anfechten.[434]
- Hatte der Arbeitnehmer keinen Auflösungsantrag gestellt und war seiner Kündigungsschutzklage stattgegeben worden, kann er mangels Beschwer keine Berufung mit dem Ziel, einen Auflösungsantrag zu stellen, einlegen.[435] Erst wenn der Arbeitgeber gegen das Urteil Berufung einlegt, kann der Arbeitnehmer den Antrag nachholen[436] (siehe dazu unten Rn. 336).
- An einem rechtlichen Nachteil fehlt es auch, wenn der Kläger nur geltend macht, das Verfahren sei bereits durch einen – wirtschaftlich gleichwertigen – Vergleich beendet gewesen.[437]
- An einer Beschwer fehlt es hingegen einem Kläger grundsätzlich nicht, wenn er gegen die Abweisung seiner Erledigtfeststellungsklage Berufung mit dem Ziel der Erledigterklärung einlegt.[438]

---

[428] BGH NJW 1999, 3564.

[429] BGH NJW 2000, 590.

[430] StRspr. seit BGH VersR 1970, 83, zuletzt BGH NJW-RR 2004, 863; *Thomas/Putzo/Reichold* Rn. 30 vor § 511.

[431] *Sattelmacher/Sirp/Schuschke* Rn. 498; *Thomas/Putzo/Reichold* Rn. 22 vor § 511.

[432] BGH NJW 2002, 212; *HdbStraßenverkR/Born* Kap. 3 B Rn. 223; *Thomas/Putzo/Reichold* Rn. 30 vor § 511; **a.A.** noch OLG Köln VersR 1993, 616.

[433] BAG NZA 1994, 264.

[434] BAG EzA § 626 BGB n.F. Nr. 155.

[435] BAG EzA § 64 ArbGG 1979 Nr. 39; *Ascheid/Preis/Schmidt/Biebl* § 9 KSchG Rn. 25; *ErfKoArbR/Ascheid* § 9 KSchG Rn. 39; *KR/Spilger* § 9 Rn. 20 und 97.

[436] *ErfKoArbR/Ascheid* § 9 KSchG Rn. 40; *KR/Spilger* § 9 Rn. 20.

[437] OLG München OLGR 1994, 142.

[438] BGHZ 57, 224; *Thomas/Putzo/Reichold* Rn. 22 vor § 511; die gegenteilige Entscheidung BGH NJW 1958, 995 betrifft dem V. ZS (a.a.O. 228) zufolge einen atypischen Sonderfall, obwohl dies aus jener Entscheidung selbst nicht hervorgeht (der Widerspruch der beiden Entscheidungen wird von *Wieczorek/Schütze/Gerken* Rn. 49 und 50 vor § 511 übersehen).

Einwendungen, etwa ein Zurückbehaltungsrecht, bleiben bei der Bestimmung der Beschwer des Beklagten außer Betracht.[439] Einzige Ausnahme bildet wegen § 322 II ZPO die Aufrechnung, wenn das Bestehen der Gegenforderung verneint worden ist[440] (nicht aber, wenn die Aufrechnung nur als unzulässig zurückgewiesen worden ist[441]). 83

Maßgeblicher Zeitpunkt für das Vorliegen der Beschwer ist zum einen der der Berufungseinlegung, zum anderen der der Entscheidung über die Berufung (so daß ihr Wegfall die Berufung unzulässig macht)[442]. Eine Klageerweiterung in zweiter Instanz erhöht nur deren Kostenstreitwert (§ 47 II 2 GKG = § 14 II 2 GKG a.F.), nicht aber die Beschwer.[443] 84

b) Wert des Beschwer, Wert des Beschwerdegegenstands und Rechtsmittelstreitwert. Diese Begriffe sind scharf zu unterscheiden[444]: Der **Wert der Beschwer** (irreführend wird insoweit auch vom „Beschwerdewert" gesprochen[445]) als Betrag des Unterliegens kann in der Regel nicht höher sein als der Streitwert erster Instanz[446] und stellt grundsätzlich die Obergrenze für den Wert des Beschwerdegegenstands dar[447]. Der **Wert des Beschwerdegegenstands** (in der Praxis überflüssigerweise häufig Berufungssumme[448] oder Erwachsenheitssumme[449] genannt) ist der Wert, um den sich der Berufungsführer nach seinem Rechtsmittelantrag verbessern will.[450] Wert der Beschwer und Wert des Beschwerdegegenstands decken sich nur im Fall der unbeschränkten Berufung der erstinstanzlich voll unterlegenen Partei.[451] Der **Rechtsmittelstreitwert** (= Kostenstreitwert zweiter Instanz) bestimmt sich nach dem Wert des Beschwerdegegenstands (§ 47 I 1 GKG = § 14 I 1 GKG a.F.) und ist grundsätzlich durch den Streitwert der ersten Instanz begrenzt (§ 47 II 1 GKG = § 14 II 1 GKG a.F.), außer im Falle der Klageerweiterung in zweiter Instanz (§ 47 II 2 GKG = § 14 II 2 GKG a.F.). 85

---

[439] BGH NJW-RR 1996, 828.

[440] BGH NJW 1994, 1538; BGHR ZPO § 546 Abs. 2 Beschwer 15; NJW 2001, 3616.

[441] BGH NJW 2001, 3616.

[442] BGH NJW-RR 2004, 1365 für Rechtsmittel ganz allgemein.

[443] BGH VersR 1983, 1160; *Rödel/Dahmen* Rn. 14; *Rosenberg/Schwab/Gottwald* § 134 Rn. 28.

[444] *Jauernig* § 72 V und § 73 IV; weitere Beispiele für Verwechslungen: *Thomas/Putzo* § 2 Rn. 14: *„Rechtsmittelstreitwert (auch Beschwer oder Beschwerdewert genannt) ...“* und *Thomas/Putzo/Reichold* § 511 Rn. 11: *„sog Beschwerdewert (BerStreitwert)“* (richtig dagegen Rn. 12); ferner *Oberheim* Rn. 133 (*„Für die Berufung nach § 511 II Nr. 1 ist nicht nur das Vorliegen einer Beschwer erforderlich, diese muß zudem 600,– € übersteigen. Dieser (auch Rechtsmittelstreitwert) genannte Wert ...“*; entgegen *Oberheim* a.a.O. ist im übrigen der Streitwert keineswegs ein „Oberbegriff“ für die verschiedenen Werte).

[445] So z.B. von *Gehrlein*, ZPR § 14 Rn. 30.

[446] BGH WM 1983, 60; *Schellhammer*, Zivilprozess Rn. 985; *Thomas/Putzo/Reichold* § 511 Rn. 12; *Rosenberg/Schwab/Gottwald* § 134 Rn. 28.

[447] *Hannich/Meyer-Seitz* § 511 Rn. 6; *Schellhammer*, Zivilprozess Rn. 985; *Steinert/Theede* Kap. 12 Rn. 5; *Jauernig* § 72 V; *Rosenberg/Schwab/Gottwald* § 134 Rn. 37; **a.A.** *Wieczorek/Schütze/Gerken* § 511 Rn. 47 unter Berufung auf die einen Sonderfall betreffende Entscheidung BGHZ 124, 313.

[448] Vgl. z.B. *Philippi* S. 593 (unter I); *Gehrlein*, ZPR § 14 Rn. 28; *Thomas/Putzo/Reichold* § 511 Rn. 11; *Musielak/Ball* § 511 Rn. 16, 18.

[449] Vgl. z.B. *Gehrlein*, ZPR § 14 Rn. 28; *Zöller/Gummer/Heßler* § 511 Rn. 10; *Thomas/Putzo/Reichold* Rn. 33 vor § 511.

[450] *Weitzel* S. 629; *St/J/Grunsky* § 511 a Rn. 8; *Jauernig* § 73 IV; *Rosenberg/Schwab/Gottwald* § 134 Rn. 37; entgegen *Wieczorek/Schütze/Gerken* § 511 Rn. 47 und *Thomas/Putzo/Reichold* § 511 Rn. 12 wird für die Berechnung des Werts des Beschwerdegegenstands die Beschwer nicht benötigt.

[451] *Rosenberg/Schwab/Gottwald* § 134 Rn. 37; *Schellhammer*, Zivilprozess Rn. 985.

Das Ganze sei an folgendem **Beispiel** veranschaulicht: Der Kläger macht in der ersten Instanz einen Zahlungsanspruch von 20.000,– € geltend und obsiegt in Höhe von 13.000,– €. Er legt Berufung bezüglich eines Betrags von 5.000,– € ein und erweitert seine Klage um 16.000,– €. Die verschiedenen vorgenannten Werte lauten dann wie folgt:

- Streitwert erster Instanz: 20.000,– €
- Wert der Beschwer: 7.000,– €
- Wert des Beschwerdegegenstands: 5.000,– €
- Rechtsmittelstreitwert: 21.000,– € (5.000,– € + 16.000,– €).

2. Der erforderliche Wert des Beschwerdegegenstands

86 § 511 ZPO i.d.F. des ZPO-RG kannte nur den Wert des Beschwerdegegenstands. Das führte zu dem unsinnigen Ergebnis, daß der Erstrichter bei der Entscheidung über die Berufungszulassung nach § 511 IV ZPO (die sich vernünftigerweise nur stellte, wenn die Berufung nicht ohnehin als Wertberufung zulässig war[452]) den ihm denknotwendig unbekannten Wert des Beschwerdegegenstands zugrundezulegen hatte. Den Verfassern des ZPO-RG war hier wie an vielen anderen Stellen die Zivilprozeßrechtsdogmatik nicht geläufig – man hatte § 511 a I 1 ZPO a.F., der bei der Frage der Zulässigkeit der Berufung richtigerweise auf den Wert des Beschwerdegegenstands abstellte, schlicht mißverstanden[453] (die Verfasser des ZPO-RG sprechen beschönigend davon, daß *„die Terminologie des Gesetzes unscharf“*[454] war).

Auf die vielfältige Kritik[455] hin hat der Gesetzgeber den § 511 ZPO durch das 1. Justizmodernisierungsgesetz korrigiert. Das Gesetz stellt nun bei der Frage der Zulässigkeit der Wertberufung wieder auf den Wert des Beschwerdegegenstands und bei der Zulassungsberufung auf die Beschwer ab.

87 a) **Grundsatz**. Der Wert des Beschwerdegegenstands muß 600,– € **übersteigen** (ebenso im arbeitsgerichtlichen Verfahren gemäß § 64 II Buchst. b ArbGG). Gem. § 2 ZPO erfolgt die **Wertberechnung** nach §§ 3–4 ZPO. Berufungsrechtliche Besonderheiten gibt es insbesondere in folgenden Fällen:

- Der zur **Auskunft** oder Gewährung von **Einsicht in Unterlagen** verurteilte Beklagte ist in der Regel nur in Höhe des mit der Auskunftserteilung bzw. Einsichtsgewährung voraussichtlich verbundenen Aufwands an Zeit und Kosten beschwert (ein Geheimhaltungsinteresse ist nur ganz ausnahmsweise zu berücksichtigen).[456]
- Wird der Beklagte zur **Beseitigung** verurteilt, kann ausnahmsweise der Wert des Beschwerdegegenstands den erstinstanzlichen Streitwert überschreiten.[457]

---

[452] *Hannich/Meyer-Seitz* § 511 Rn. 15.

[453] Vgl. im einzelnen *Musielak*, Neue Fragen S. 1207.

[454] *Hannich/Meyer-Seitz* § 511 Rn. 7.

[455] Die eine, von *Jauernig* (§ 73 IV) begründete Ansicht (zustimmend *Greger*, Kurzkommentar unter 4 b; *Schnauder* S. 72 Fn. 30; *Stackmann*, Neugestaltung S. 782; *Musielak*, Neue Fragen S. 1206 f.; hier die 2. Auflage) legte § 511 II Nr. 1 ZPO korrigierend dahin aus, daß dort der Wert der Beschwer anzusetzen ist; die Gegenmeinung (u.a. *Greger*, Zweifelsfragen S. 3051; *Hannich/Meyer-Seitz* § 511 Rn. 7; *Jacoby* S. 196 f.; *Schmidt*, Abhilfeverfahren S. 915 f.; *Gehrlein*, ZPR § 14 Rn. 31; *Althammer* passim und *Oberheim* Rn. 139) suchte das perplexe Ergebnis dadurch vermeiden, daß sie § 511 IV 1 ZPO dahin auslegte, daß dort die Beschwer zugrundezulegen sei.

[456] BVerfG NJW 1997, 2229; BGH(GS)Z 128, 85 (87 f.); zuletzt FPR 2004, 114 (115); *Zöller/Herget* § 3 Rn. 16 „Auskunft“; *Thomas/Putzo* § 3 Rn. 21 a „Auskunftsanspruch“.

[457] BGHZ 124, 313.

- Der mit seiner **Hilfsaufrechnung** unterlegene Beklagte ist in Höhe der Klageforderung und seiner verbrauchten Gegenforderung beschwert.[458]
- Der mit seiner Klage gescheiterte und auf **Widerklage** verurteilte Kläger ist abweichend von § 5 Hs. 2 ZPO in Höhe des Wertes beider Klagen beschwert, es sei denn, es liegt ein Fall wirtschaftlicher Identität vor.[459]

b) Ausnahmen. In folgenden Fällen muß der vom Gesetz geforderte Wert des Be- 88
schwerdegegenstands nicht erreicht werden:

- Berufung gegen ein **zweites Versäumnisurteil**, §§ 514 II 2 ZPO, 64 II Buchst. d) ArbGG (das vom BAG[460] aufgestellte Zusatzerfordernis eines Mindestbeschwerdegegenstandswerts oder der Zulassung ist damit weggefallen[461]).
- **Anschlußberufung**, § 524 ZPO (vgl. unten Rn. 332)
- Berufung gegen Urteile der **Arbeitsgerichte** betreffend das Bestehen oder Nichtbestehen oder die Kündigung eines Arbeitsverhältnisses, § 64 II Buchst. c ArbGG.
- Berufung gegen Urteile der **Schiffahrtsgerichte**, § 9 I BinnSchVerfG

c) Zeitpunkt der Berechnung. Nach § 4 I ZPO kommt es für die Statthaftigkeit der 89
Berufung grundsätzlich auf den Wert des Beschwerdegegenstands bei ihrer Einlegung an. Spätere Minderungen des Werts des Beschwerdegegenstands sind grundsätzlich unschädlich.[462] Etwas anderes gilt nur dann, wenn der Berufungsführer im Laufe des Berufungsverfahrens aus freien Stücken („willkürlich") den Wert des Beschwerdegegenstands auf einen unterhalb von 600,– € liegenden Betrag reduziert.[463] Eine solche willkürliche Antragsbeschränkung liegt z.B. auch dann vor, wenn sie auf den Hinweis des Berufungsgerichts erfolgt[464], der weitergehende Antrag habe keine Erfolgsaussicht. Keine willkürliche Antragsbeschränkung ist dagegen im Fall einer teilweisen außergerichtlichen Einigung mit anschließender Teilerledigterklärung des Berufungsführers oder bei Abschluß eines Teilvergleichs gegeben.[465] Maßgeblich für die Beurteilung der Frage ist nicht der angekündigte, sondern der in der mündlichen Verhandlung gestellte Berufungsantrag, weil er bis dahin ja wieder erweitert werden kann.[466]

---

[458] BGHZ 48, 212 (213); *Thomas/Putzo/Reichold* § 511 Rn. 16.

[459] RGZ 7, 383 (385) – Urt. v. 29.9.1882, grdl.; RG DR 1940, 2013 (2014); BGH NJW 1994, 3292; OLG Brandenburg OLGR 2004, 63 = VRS 106 (2004) 18; *Gehrlein*, ZPR § 14 Rn. 28; *Zöller/Herget* § 5 Rn. 2 und *Zöller/Gummer/Heßler* § 511 Rn. 22; *Wieczorek/Schütze/Gerken* § 511 Rn. 96; *Thomas/Putzo* § 5 Rn. 2. Die vom LG Gießen in NJW 1975, 2206 begründete, in NJW 1985, 870 fortgeführte und in NJW 1992, 2709 wieder aufgegebene Gegenmeinung, der sich die LGe Aachen (NJW-RR 1990, 959), Tübingen (NJW-RR 1992, 119), Memmingen (NJW 1992, 2710), Berlin (NJW 1992, 2710), Siegen (MDR 1992, 807) sowie das OLG Düsseldorf (NJW 1992, 3246) und im Schrifttum *Glaremin* (NJW 1992, 1146) sowie *Maihold* JA 1993, 255 (264) angeschlossen hatten, wird seit der Entscheidung des BGH nicht mehr vertreten.

[460] BAG NJW 1989, 2644.

[461] *Schmidt/Schwab/Wildschütz* S. 1217 (unter I 1); *ErfKoArbR/Koch* § 64 ArbGG Rn. 18; von *Schumann/Kramer* Rn. 250 übersehen.

[462] BGHZ 1, 29; BGH NJW 1967, 564; BAG NJOZ 2004, 3758 (3761).

[463] RG(GS)Z 168, 355; BGHZ 1, 29, stRspr., zuletzt NJW 1983, 1063; BAG AP Nr. 9 zu ZPO § 91 a, stRspr., zuletzt NZA 2004, 344 und NJOZ 2004, 2604 = NZA 2004, 808 (nur red. Ls.).

[464] BAG NJOZ 2004, 2604 = NZA 2004, 808 (nur red. Ls.); OLG Hamburg NJW-RR 1998, 356.

[465] BAG NJOZ 2004, 3758 (3761).

[466] BGH NJW 1983, 1063.

II. Zulassung der Berufung (Zulassungsberufung)

90 Gem. § 511 II Nr. 2 ZPO ist die Berufung auch zulässig, wenn das Gericht sie zuläßt, was es unter den in § 511 IV ZPO genannten Umständen von Amts wegen tun muß. Zu den Einzelheiten siehe oben Rn. 38 ff.

C. Die sog. Ausnahmeberufung

91 Bei der **Ausnahmeberufung** handelt es sich um ein von Rechtsprechung und Lehre unter dem Druck des Bundesverfassungsgerichts in Analogie zu § 513 II ZPO a.F. (= § 514 II ZPO) entwickeltes Rechtsinstitut, mit dem neben der **Gehörsverletzung** Fälle der sog. **greifbaren Gesetzwidrigkeit** gelöst werden sollen, wenn eine Berufung sonst nicht statthaft ist.[467] Eine solche greifbare Gesetzwidrigkeit ist nach der früheren höchstrichterlichen Rechtsprechung gegeben, wenn eine Entscheidung mit der geltenden Rechtsordnung schlechthin unvereinbar ist, weil sie jeder Grundlage entbehrt und inhaltlich dem Gesetz fremd ist.[468]

Nachdem der Fall der Gehörsverletzung von der Gehörsrüge nach § 321 a ZPO abgedeckt ist,[469] ist nachfolgend nur noch die Ausnahmeberufung wegen greifbarer Gesetzwidrigkeit zu erörtern.

I. Rechtsentwicklung

1. Rechtslage vor dem 1.1.2002

92 Eine Berufung wegen greifbarer Gesetzwidrigkeit war von der instanzgerichtlichen Rechtsprechung in folgenden Fällen zugelassen worden:

- Urteil trotz Klagerücknahme;[470]
- Verurteilung zur Zahlung einer nicht rechtshängigen Forderung;[471]
- Berücksichtigung eines Teils der Klagerwiderung trotz ihrer Zurückweisung als verspätet;[472]
- willkürliche Bejahung der örtlichen Zuständigkeit;[473]
- Kostenentscheidung eines unzulässigen Teilurteils (isolierte Berufung trotz § 99 I ZPO)[474].[475]

---

[467] *Rosenberg/Schwab/Gottwald* § 135 Rn. 7 reduziert zu Unrecht die Ausnahmeberufung auf die Gehörsverletzung.

[468] Zuletzt BGH NJW 1998, 1715; BAG NJW 2002, 1142.

[469] Zur Rechtswirklichkeit vgl. die erste umfassende Untersuchung von *Vollkommer*, Erfahrungen.

[470] LG Itzehoe NJW-RR 1994, 1216.

[471] LG Stuttgart NJW-RR 1998, 934 (das allerdings dogmatisch bedenklich von einer „außerordentlichen Beschwerde" spricht).

[472] LG Bochum NJW-RR 1995, 1342 f.

[473] OLG Oldenburg NJW-RR 1999, 865.

[474] OLG Dresden FamRZ 2000, 34.

[475] Das **Schrifttum** war gespalten (**befürwortend** *Schneider*, ZPO-Reform Rn. 203; *Börstinghaus* ZAP Fach 13, S. 485; *BL/Albers* § 567 Rn. 6 ff.; **ablehnend** *Lotz* S. 2132; *Rosenberg/Schwab/Gottwald* (15. Aufl. 1993) § 136 II 1; *Schwarze* S. 47 ff. mit lückenhafter Auswertung der einschlägigen Rechtsprechung in Fn. 15; *Wieczorek/Schütze/Gerken* Rn. 92 vor § 511 und § 514 Rn. 25; **zurückhaltend** *Vorwerk/Teubel* Kap. 65 Rn. 4).

Für den Bereich der Beschwerde gab es das entsprechende Rechtsinstitut der **außerordentlichen Beschwerde.**[476]

2. Lage nach Inkrafttreten des ZPO-RG

Der Fall der greifbaren Gesetzwidrigkeit ist durch das ZPO-RG **nicht geregelt** 93
worden, wie sich aus der Begründung des Regierungsentwurfs zu § 514 ZPO n.F. ergibt.[477] Dort heißt es: *„Nach ganz überwiegender Meinung in Rechtsprechung und Literatur ... ist bei Verletzung des Anspruchs auf rechtliches Gehör im Rahmen des schriftlichen Verfahrens gemäß § 128 Abs. 2, 3 und § 495 a die außerordentliche Berufung in analoger Anwendung des bisherigen § 513 Abs. 2 ... zuzulassen. Eine Ausweitung auf jedwede Verletzung des Anspruchs auf rechtliches Gehör wird kontrovers diskutiert.. Der neu eingeführte § 321a E bietet den Gerichten nunmehr für diese Verfahren eine gesetzlich vorgesehene Abhilfemöglichkeit und macht die bisherige Rechtsprechung zur ausdehnenden Auslegung des bisherigen § 513 Abs. 2 insoweit künftig entbehrlich.“*[478]

Während bei schwerwiegenden Verfahrensfehlern für den Bereich der **Beschwerde** die bisherige Möglichkeit der außerordentlichen Beschwerde von der h.M. verneint und der Rechtssuchende auf die Möglichkeit einer fristgebundenen Gegenvorstellung analog § 321 a ZPO verwiesen wurde[479], bejahte die herrschende Meinung im Schrifttum für den Bereich der **Berufung** in Fällen der greifbaren Gesetzwidrigkeit weiterhin die Statthaftigkeit einer Ausnahmeberufung.[480] Eine Mindermeinung sah dagegen die Frage implizit dadurch – negativ – geregelt, daß der Gesetzgeber die Fälle der Verletzung von Verfahrensgrundrechten und Willkür im Zusammenhang mit der Zulassungsberufung nach § 511 II Nr. 2, IV 1 Nr. 1 ZPO erörtert hat (siehe oben Rn. 40, 41).[481] Diese Ansicht verkennt aber zum einen, daß die Nichtzulassung der Berufung nicht anfechtbar und damit für einen effektiven Rechtsschutz wertlos ist, zum anderen die Bedeutung der generellen Subsidiarität der Verfassungsbeschwerde, auf die das Bundesverfassungsgericht immer wieder hingewiesen hat[482]. So heißt es in der Ent-

---

[476] Grdl. BGHZ 119, 372; zuletzt BGH ZIP 2002, 403.

[477] *Prechtel* S. 389 und *Schwarze* S. 26.

[478] S. 242.

[479] Für den **Zivilprozeß** grdl. BGHZ 150, 133 m. zust. Anm. *Prütting* EWiR 2002, 835 und *Lipp* NJW 2002, 1700, abl. Anm. *Schneider* ZAP Fach 13, 1141; OLG Celle NJW 2002, 3715; für das **arbeitsgerichtliche Verfahren** BAG NZA 2003, 1356 (1358); für den **Verwaltungsgerichtsprozeß** BVerwG NJW 2002, 2657; für den **Finanzgerichtsprozeß** BFH BStBl. 2003, 269 = BFHE 200, 42, hiervon ist der Bundesfinanzhof aber für den Fall, daß nicht das Verfahren, sondern die Entscheidung selbst greifbar gesetzwidrig ist (im konkreten Fall eine isoliert nicht anfechtbare Kostenentscheidung), in seinem Grundsatzbeschluß vom 13.5.2004 (NJW 2004, 2854) wieder abgerückt und hat die Zulässigkeit einer außerordentlichen Beschwerde wieder bejaht.

[480] *Hannich/Meyer-Seitz* § 511 Rn. 14 und 22 sowie § 514 Rn. 6; *Schumann/Kramer* Rn. 300; *Pantle/Kreissl* Rn. 26, 554; *Sachs/Degenhart* Art. 103 Rn. 43; *Zöller/Vollkommer* [23. Aufl.] Einl. Rn. 103 (in der 24. Aufl. aufgegeben); *BL/Hartmann* § 495 a Rn. 30; wohl auch *Prechtel* S. 399 f.; unentschieden *Musielak/Ball* Rn. 35 vor § 511 ZPO; weitergehend auch für den Fall der Verletzung des rechtlichen Gehörs *Schneider*, ZPO-Reform Rn. 203 und Ausnahmeberufung S. 550 sowie *Pantle/Kreissl* Rn. 26, 554.

[481] So i. Erg. *Gehrlein*, ZPR § 14 Rn. 36; ablehnend auch *Zimmermann* § 514 Rn. 5, *Wieczorek/Schütze/Gerken* § 511 Rn. 4 (unter Berufung auf die nicht einschlägige Entscheidung OLG Oldenburg NJW 2003, 149) und § 514 Rn. 25 sowie *Thomas/Putzo/Reichold* § 514 Rn. 7 jeweils ohne Differenzierung zwischen Gehörsverletzung und greifbarer Gesetzwidrigkeit.

[482] Vgl. etwa BVerfGE 60, 96 (99); 73, 322 (327).

scheidung des Bundesverfassungsgericht vom 8.7.1986: *„Es obliegt zunächst den Fachgerichten, die Grundrechte zu wahren und durchzusetzen sowie einen etwa eingetretenen **Grundrechtsverstoß** selbst zu beseitigen. Dazu haben sie das anwendbare Verfahrensrecht darauf zu prüfen, ob und ggf. welche Möglichkeiten der Abhilfe es bei Vorliegen eines solchen Verstoßes gibt ... In solchen Fällen gebietet schon die Prozeßökonomie die Selbstkorrektur des Gerichts.“*[483]

3. Der Plenarbeschluß des Bundesverfassungsgerichts vom 30. April 2003

94 Das Bundesverfassungsgericht hat in seinem Plenarbeschluß vom 30.4.2003[484], ergänzt durch den Beschluß vom 7.10.2003,[485] zunächst festgestellt, daß die bisher entwickelten außerordentlichen Rechtsbehelfe den verfassungsrechtlichen Anforderungen an die Rechtsmittelklarheit nicht genügen.

Weiter hat es dem Gesetzgeber aufgegeben, bis zum 31.12.2004 eine fachgerichtliche Abhilfemöglichkeit für den Fall zu schaffen, daß ein Gericht in entscheidungserheblicher Weise den Anspruch auf rechtliches Gehör verletzt. Bis zum Ablauf der Frist soll es bei der *„bisherigen Rechtslage unter Einschluss der von der Rechtsprechung entwickelten außerordentlichen Rechtsbehelfe“* verbleiben. Für den Fall, daß der Gesetzgeber nicht rechtzeitig eine Neuregelung treffen sollte, ordnete es an, daß das Verfahren auf Antrag einer beschwerten Partei, der binnen 14 Tagen seit Zustellung der Entscheidung zu stellen ist, von dem Gericht fortzusetzen ist, dessen Entscheidung wegen der behaupteten Verletzung des Anspruchs auf rechtliches Gehör angegriffen wird.

4. Das Anhörungsrügengesetz

95 Zur Umsetzung dieses Gesetzgebungsauftrags legte das Bundesjustizministerium am 28.4.2004 einen Referentenentwurf eines Anhörungsrügengesetzes vor. Er sah eine Ausdehnung der Anhörungsrüge nach § 321 a ZPO auf alle nicht anfechtbaren und nicht anderweitig überprüfbaren Entscheidungen (nach der Legaldefinition des § 160 III Nr. 6 ZPO sind das Urteile, Beschlüsse und Verfügungen) in allen Instanzen vor. Die Frage, *„wie die Gerichte künftig mit Verletzungen anderer Verfahrensgrundrechte oder etwa des Willkürverbots umgehen sollen“*, wurde ausdrücklich offengelassen (Abschnitt A II 4 der Entwurfsbegründung).

Diese Beschränkung auf eine Minimalumsetzung des Plenarbeschlusses des Bundesverfassungsgerichts wurde von der Bundesrechtsanwaltskammer[486] und vom Schrifttum[487] deutlich kritisiert. Auch der II. Zivilsenat des Bundesgerichtshofs verstand die Entscheidung des Bundesverfassungsgerichts dahin, daß sie ganz allgemein *„nicht rechtsmittelfähige, gegen Verfahrensgrundrechte verstoßende Entscheidungen“* betreffe,[488] wozu aber auch Verstöße gegen das Willkürverbot zählen würden.

Der Regierungsentwurf vom 25.8.2004 griff diese Kritik aber nicht auf und sah ebenfalls nur eine Erweiterung der Anhörungsrüge auf Entscheidungen in allen Instanzen vor. In der Begründung heißt es dazu: *„Eine Erstreckung dieses Rechtsbehelfs auf die Verletzung anderer Verfahrensgrundrechte ist nicht Gegenstand des vom Bun-*

---

[483] BVerfGE 73, 322 (327) – Hervorhebungen vom Verf.
[484] BVerfGE 107, 395.
[485] NJW 2003, 3687.
[486] Stellungnahme zum Anhörungsrügegesetz S. 2 f.
[487] *Nassall*, Anhörungsrügegesetz S. 168 (unter IV 1 c aa).
[488] FamRZ 2004, 699.

desverfassungsgericht erteilten Gesetzgebungsauftrages. Im Übrigen kann ein Verstoß gegen Artikel 101 Abs. 1 Satz 2 GG (Gebot des gesetzlichen Richters) im Wiederaufnahmeverfahren geltend gemacht werden. Damit trifft der Entwurf keine Aussage zu der Frage, wie die Gerichte künftig mit Verletzungen etwa des Willkürverbots umgehen sollen; insbesondere die bisher in diesen Fällen zur Anwendung gekommenen außerordentliche Rechtsbehelfe wie die außerordentliche Beschwerde oder die Gegenvorstellung sollen durch die Beschränkung dieses Entwurfs auf eine Erweiterung der Rügemöglichkeiten bei Anhörungsverstößen nicht ausgeschlossen werden."[489]

Das vom Bundestag am 28.10.2004 einstimmig verabschiedete Gesetz,[490] das am 1.1.2005 in Kraft treten wird, übernahm den Regierungsentwurf mit einigen unbedeutenden redaktionellen Änderungen seitens des Bundestagsrechtsausschusses[491].

II. Empfehlung für die Praxis

Der Weg über diese Ausnahmeberufung erscheint angesichts der Plenarentscheidung des Bundesverfassungsgerichts nicht mehr gangbar. Es empfiehlt sich vielmehr, die oben wiedergegebene Bemerkung im Gesetzentwurf zum Anhörungsrügengesetz aufzugreifen und bei Verletzung von Verfahrensgrundrechten, insbesondere in Fällen der Willkür, in nicht berufungsfähigen Sachen innerhalb von zwei Wochen ab Zustellung des Urteils beim Ausgangsgericht eine Gegenvorstellung zu erheben, die sich inhaltlich an den Vorgaben des § 321 a ZPO orientiert. Mit der Einlegung eines solchen Rechtsbehelfs wird man auch dem Erfordernis der Rechtswegerschöpfung vor einer Verfassungsbeschwerde genügen. **96**

§ 3 Berufungsfrist und Berufungsgericht

A. Die Berufungsfrist

I. Dauer

Die Berufungsfrist beträgt gemäß § 517 Hs. 1 ZPO einen Monat (nicht etwa vier Wochen[492]). Auch im arbeitsgerichtlichen Verfahren beträgt die Berufungsfrist einen Monat, § 66 I 1 ArbGG. **97**

II. Beginn

1. Normalfall

a) Zivilprozeß. Die Berufungsfrist beginnt gemäß § 517 Hs. 2 ZPO **mit** der ersten **98**
wirksamen Zustellung[493] einer Ausfertigung oder beglaubigten Abschrift[494] des ver-

[489] RegE/AnhörungsrügeG S. 36.
[490] Plenarprotokoll 15/135 S. 12425 ff.
[491] Beschlußempfehlung und Bericht vom 27.10.2004, BT-Dr. 15/4061.
[492] *Becht* I S. 1002 Fn. 34.
[493] BGH VersR 2000, 1038; *Thomas/Putzo/Reichold* § 517 Rn. 2.
[494] BGH VersR 1994, 1496.

kündeten[495] vollständigen Urteils an die **Parteien** (bzw. ihre Prozeßbevollmächtigten).[496] Die Berufungsfrist kann für die Parteien bei unterschiedlicher Zustellung an verschiedenen Tagen zu laufen beginnen.[497] Für den einfachen Nebenintervenienten läuft keine eigene Berufungsfrist,[498] anders dagegen für den beigetretenen streitgenössischen Nebenintervenienten[499].

Für die Wirksamkeit der Zustellung kommt es allein auf die zugestellte Ausfertigung und nicht die Urteilsurschrift an[500]. Der Zustellungszeitpunkt bestimmt sich nicht nach dem durch den Einlaufstempel dokumentierten Eingang in der Kanzlei des Prozeßbevollmächtigten, sondern nach dem gemäß § 174 I, IV 1 ZPO durch Unterzeichnung des Empfangsbekenntnisses dokumentierten Zeitpunkt der willentlichen Entgegennahme durch den Rechtsanwalt.[501] Auch die Angabe des Zustelldatums in der Berufungsschrift stellt ein Empfangsbekenntnis dar (vgl. eingehend unten Rn. 228). Der Berufungsführer kann den Gegenbeweis der Unrichtigkeit des ausgewiesenen Datums führen.[502]

99 **b) Arbeitsgerichtsverfahren.** Auch nach § 66 I 2 ArbGG beginnt die Berufungsfrist mit der Zustellung des in vollständiger Form abgefaßten Urteils.

Die Neufassung des Gesetzes durch das ZPO-RG hat einen Normkonflikt mit dem unverändert gebliebenen § 9 V ArbGG hervorgerufen: Vor der Reform begann die Berufungsfrist gemäß § 9 V 3 ArbGG nur zu laufen, wenn eine schriftliche Rechtsmittelbelehrung nach § 9 V 1 ArbGG erteilt worden war, ansonsten nach Ablauf der Fünfmonatsfrist und der daran anschließenden Jahresfrist nach § 9 V 4 Hs. 1 ArbGG, also erst nach 17 Monaten[503]. Hinsichtlich der Berufungsbegründungsfrist gab es insoweit keine Schwierigkeiten, als diese ja nach § 519 II 2 Hs. 2 ZPO a.F. mit Einlegung der Berufung begann. Nunmehr bestimmt § 66 I 2 ArbGG aber, daß die Berufungsbegründungsfrist *„mit der Zustellung des in vollständiger Form abgefassten Urteils, spätestens aber mit Ablauf von fünf Monaten nach der Verkündung"* beginnt. Im Gesetzgebungsverfahren war von Länderseite hinsichtlich dieses Normkonflikts ausdrücklich eine Klarstellung angeregt worden, der Reformgesetzgeber griff diese Initiative aber nicht auf.[504]

Zur Lösung haben sich inzwischen zwei Meinungen herausgebildet: Ein Teil der Instanzgerichte und des Schrifttums löst das Problem durch Abschaffung der 17-Monatsfrist,[505] wobei die Argumente vielfältig, aber allesamt methodisch nicht tragfähig

---

[495] BGH NJW 1985, 1783; *Thomas/Putzo/Reichold* § 517 Rn. 2.

[496] BGH VersR 1987, 680.

[497] So etwa *Pantle/Kreissl* Rn. 558.

[498] BGH NJW 1985, 2480; 1986, 257; 1990, 190; NJW-RR 1997, 919; *Wieczorek/Schütze/Gerken* § 517 Rn. 20; *Thomas/Putzo* § 67 Rn. 4.

[499] BGHZ 89, 121 (125); BGH NJW-RR 1997, 919; *Wieczorek/Schütze/Gerken* § 517 Rn. 21; *Thomas/Putzo* § 69 Rn. 3; von *Schumann/Kramer* Rn. 97 und *Prechtel* S. 203 übersehen.

[500] RG(VZS)Z 82, 422; BGHZ 67, 284 (288).

[501] BAG NJW 1995, 2125 zu § 212 a ZPO a.F.; zum **neuen Recht** *Thomas/Putzo/Hüßtege* § 174 Rn. 8.

[502] BGH BGHReport 2002, 951.

[503] BAG stRspr., zuletzt NZA 2001, 343; *ErfKoArbR/Koch* § 9 ArbGG Rn. 17.

[504] Vgl. *Holthaus/Koch* S. 151.

[505] LAG Nürnberg LAGE § 9 ArbGG 1979 Nr. 6/§ 66 n.F. ArbGG 1979 Nr. 18 = LAGR 2003, 86; LAG Thüringen NZA-RR 2004, 43; im Schrifttum ebenso die Richter *Schmidt/Schwab/Wildschütz* S. 1218 (unter I 3); *Schwab/Wildschütz/Heege* S. 1004 (Fn. 53), die allerdings eine Klarstellung durch den Gesetzgeber für zweckmäßig erachten; *GMP/Germelmann* § 66 Rn. 15 a; *Ostrowicz/*

sind (so soll z.B. § 66 I 2 ArbGG einmal als späteres Gesetz vorgehen,[506] dann soll er wieder eine Spezialregelung sein[507]).[508] Die gegenteilige Ansicht geht weiterhin von einer Kumulierung der Fristen aus[509] und wendet § 66 I 2 ArbGG nur bei zugestellten Urteilen an[510]. Das Bundesarbeitsgericht hat in seinem Urteil vom 28.10.2004 (8 AZR 492/03) die Entscheidung des LAG Thüringen (siehe Fn. 505) bestätigt und sich für die Abschaffung der 17-Monatsfrist ausgesprochen.

2. Sonderfälle

a) **Berichtigungsbeschluß**. Ein Berichtigungsbeschluß nach § 319 ZPO hat grundsätzlich **keinen Einfluß** auf den Beginn der Berufungsfrist,[511] es sei denn, eine Partei wird hierdurch erstmals beschwert oder dadurch erst der richtige Rechtsmittelgegner erkennbar[512] oder die Partei erlangt erst durch die Berichtigung davon Kenntnis, daß die Berufung ausdrücklich zugelassen worden ist[513]. 100

b) Ergänzungsurteil. Im Fall des Ergänzungsurteils nach § 321 ZPO beginnt dagegen die Berufungsfrist gemäß § 518 S. 1 ZPO neu zu laufen. 101

c) **Fehlende oder unwirksame Zustellung.** Bei fehlender oder unwirksamer Zustellung – wobei § 189 ZPO zu beachten ist – gilt folgendes: 102

- Im allgemeinen **Zivilprozeß** beginnt die einmonatige Berufungsfrist nach § 517 Hs. 2 ZPO fünf Monate nach Verkündung des Urteils, es sei denn, die Partei ist nicht ordnungsgemäß zum Termin geladen worden und hat auch nicht auf anderem Wege als durch Zustellung von dem Urteil Kenntnisse erlangt[514]; die sog. absolute Berufungsfrist endet somit sechs Monate nach der Verkündung. Gleiches gilt nach der Neuregelung des § 66 I 2 ArbGG im **Arbeitsgerichtsprozeß** sowie gemäß §§ 48 II 2, 21 II 3 LwVG in **Landwirtschaftssachen**[515].
- Die Fünfmonatsfrist ist **keine Rechtsmittelfrist**, sondern eine sog. uneigentliche Frist, die die Zustellung ersetzt.[516] § 222 II ZPO findet deshalb auf sie keine Anwen

---

Künzl/Schäfer Rn. 189 a; *MüProzFb-ArbR/Kasper* Kap. 3 G I 1.2 a (§ 66 I 2 ArbGG ist lex specialis zu § 9 V ArbGG).

[506] So LAG Nürnberg LAGE § 9 ArbGG 1979 Nr. 6/§ 66 n.F. ArbGG 1979 Nr. 18 = LAGR 2003, 86.

[507] So *Ostrowicz/Künzl/Schäfer* Rn. 189 a.

[508] Vgl. eingehend LAG Köln NZA-RR 2004, 608.

[509] LAG Köln NZA-RR 2003, 602; 2004, 608 m. eingehender Begr.; *Holthaus/Koch* S. 150 f.; *Künzl* S. 53; *AnwHdb-ArbR/Tschöpe* Teil 5 D Rn. 24–27; *ErfKoArbR/Koch* § 9 ArbGG Rn. 18; *HWK/Kalb* § 66 ArbGG Rn. 10.

[510] *Holthaus/Koch* S. 150 f.

[511] BGH NJW 2004, 2389; BAG NZA 2002, 112; *Zimmermann* § 517 Rn. 2; *Wieczorek/Schütze/Gerken* § 517 Rn. 16; *Thomas/Putzo/Reichold* § 319 Rn. 7; *ErfKoArbR/Koch* § 66 ArbGG Rn. 10; **a.A.** *Schneider*, Rechtsmittelfrist, passim; *Pantle/Kreissl* Rn. 559.

[512] BGHZ 17, 149 (152), stRspr., zuletzt BGH NJW 1999, 646; *Braunschneider*, Rechtsprechung S. 39; *Rosenberg/Schwab/Gottwald* § 135 Rn. 21; *Wieczorek/Schütze/Gerken* § 517 Rn. 16; *Thomas/Putzo/Reichold* § 319 Rn. 7.

[513] BGH NJW 2004, 2389.

[514] BGH MDR 2004, 406.

[515] Vgl. BGH MDR 2004, 406.

[516] RGZ 122, 51 (54); *Wieczorek/Schütze/Gerken* § 517 Rn. 3; es ist deshalb in jeder Hinsicht unzutreffend, wenn von einer *„fünfmonatigen (!) Berufungsfrist"* gesprochen wird (etwa von *Nassall* juris-PR-BGHZivilR 34/2004 vom 27.8.2004).

dung,[517] wohl aber auf die anschließende Monatsfrist[518]. Auch die Vorschriften über Hemmung, Unterbrechung und Ruhen von Fristen gelten für sie nicht,[519] wohl aber für die anschließende Monatsfrist[520]. Schließlich gibt es keine Wiedereinsetzung in die Fünfmonatsfrist,[521] wohl aber in die anschließende Monatsfrist[522], etwa, wenn vom Berufungsführer nicht geklärt werden kann, ob und wann ein Urteil verkündet wurde[523]. Die Jahresfrist des § 234 III ZPO gilt nicht, wenn die zugestellte Urteilsausfertigung einen für den Berufungskläger günstigeren Inhalt hat als das verkündete Urteil.[524]

Praxishinweis:
- Die Fünfmonatsfrist ist im Fristenkalender mit einer Vorfrist zu notieren.[525]
- Die Fristüberwachung muß, weil es sich nicht um einen Routinefall handelt, durch den Anwalt persönlich erfolgen.[526]

Fehlt nicht nur die Zustellung, sondern auch die Verkündung, gilt das oben Rn. 80 Gesagte.

III. Ende

103 Die Berechnung der Berufungsfrist erfolgt gemäß § 222 I ZPO nach §§ 187 I; 188 II Fall 1, III BGB **unter Beachtung des § 222 II ZPO**. Dabei gelten folgende Besonderheiten:

- Gem. § 188 III BGB endet eine Frist, falls die Zustellung am Monatsende erfolgt und der Folgemonat 30 oder weniger Tage hat, mit dem Ablauf des letzten Tages dieses Folgemonats.
- Im Zusammenhang mit § 222 II ZPO[527] kommt es bei regionalen Feiertagen darauf an, ob diese gerade am Sitz des Berufungsgericht bestehen[528] (so ist z.B. bei Beru-

[517] BGH NJW 1997, 107; BAG NJW 2000, 2835; *BL/Hartmann* § 222 Rn. 1; *Zöller/Gummer/Heßler* § 517 Rn. 18; *Wieczorek/Schütze/Gerken* § 517 Rn. 3; *Thomas/Putzo/Reichold* § 517 Rn. 4; *Musielak/Stadler* § 222 Rn. 1 und *Musielak/Ball* § 517 Rn. 9; unklar *BL/Albers* § 517 Rn. 12 einerseits und Rn. 13 andererseits.

[518] OLG Frankfurt a.M. NJW 1972, 2313; *BL/Albers* § 517 Rn. 12.

[519] RGZ 122, 51 (54); BGH NJW 1990, 1854 (1855); OLG Celle Rpfleger 1957, 85 (86); *Wieczorek/Schütze/Gerken* § 517 Rn. 3.

[520] BGH NJW 1990, 1854 (1855); *BL/Albers* § 517 Rn. 12; für die absolute Berufungsbegründungsfrist (siehe Rn. 247) ebenso OLG, Schleswig MDR 2004, 1256.

[521] *Zöller/Gummer/Heßler* § 517 Rn. 18.

[522] BGH MDR 2004, 406; BGH FamRZ 2004, 1478 m. krit. Anm. *Nassall* jurisPR-BGHZivilR 34/2004 vom 27.8.2004; OLG Stuttgart MDR 2003, 517; *Zöller/Gummer/Heßler* § 517 Rn. 18.

[523] So im Fall BGH MDR 2004, 406.

[524] BGH FamRZ 2004, 1478 m. krit. Anm. *Nassall* jurisPR-BGHZivilR 34/2004 vom 27.8.2004.

[525] Vgl. zu den Anwaltspflichten im Zusammenhang mit der Fünfmonatsfrist auch BGH MDR 1989, 345; NJW 1994, 459; *Michel/von der Seipen* S. 263; *Zöller/Gummer/Heßler* § 517 Rn. 18; *Wieczorek/Schütze/Gerken* § 517 Rn. 3.

[526] BGH MDR 1989, 345; OLG Stuttgart MDR 2003, 517.

[527] Diese zwingende Norm geht dem gleichlautenden § 193 BGB vor, der gem. § 186 BGB nur eine Auslegungsregel ist und nur Willenserklärungen und Leistungen betrifft, vgl. RGZ 83, 336 (338) und eingehend *Ziegltrum* JuS 1986, 705 (706); BAGE 84, 140; ferner *Palandt/Heinrichs* § 193 Rn. 2 und 4; *Soergel/Walter* § 193 Rn. 16; *Wieczorek/Schütze/Gerken* § 517 Rn. 22; *Musielak/Stadler* § 222 Rn. 1; **a.A.** BAG NJW 1995, 2742 für die Berufungsbegründungsfrist nach § 66 I 1, 4 ArbGG a.F.; *Tempel/Theimer* S. 219; *Oberheim* Rn. 190; *Zöller/Gummer* § 517 Rn. 4 a.E. (alle ohne Begründung).

[528] BAGE 84, 140; BAG NJW 1989, 1181; *Musielak/Stadler* § 222 Rn. 8; *Oberheim* Rn. 190 stellt zu Unrecht auf das Bundesland, in dem das Berufungsgericht seinen Sitz hat, ab.

fungen gegen Urteile des ArbG Augsburg der in Bayern in Gemeinden mit überwiegend katholischer Bevölkerung geltende Feiertag „Mariä Himmelfahrt" [15. 8.] beachtlich, da er am Sitz des zuständige LAG München gilt, der in Augsburg geltende Feiertag „Friedensfest" [8.8.] dagegen nicht); bei einer auswärtigen Kammer oder einem auswärtigen Senat ist entscheidend, ob die Feiertage gerade dort bestehen[529].

Die Lösung der verschiedenen in Betracht kommenden Fallkonstellationen kann der folgenden Tabelle entnommen werden:

Normalfall	Zustellung z.B. **14.4.**	Fristende **14.5.** (24.00 Uhr)
Sonderfälle	Zustellung 29./30./31.1.	Fristende 28.2. (24.00 Uhr) oder im Schaltjahr 29.2. (24.00 Uhr)
	Zustellung 28.2.	Fristende 28.3. (24.00 Uhr)[530]
	Zustellung z.B. 31.3.	Fristende 30.4. (24.00 Uhr)
	Verkündung z.B. 19.3. keine Zustellung	Fristende 19.9. (24.00 Uhr)

IV. Verlängerung

Die Berufungsfrist kann mangels gesetzlicher Anordnung gemäß § 224 II ZPO **nicht** verlängert werden. **104**

V. Die Wiedereinsetzung

Insoweit ist zunächst auf die Kommentare sowie das einschlägige Spezialschrifttum[531] zu verweisen. Im folgenden werden alphabetisch einige berufungsspezifische Aspekte mit Rechtsprechungshinweisen abgehandelt. **105**

- **Ausschöpfung** der Rechtsmittelfrist
  Der Anwalt darf grundsätzlich eine Rechtsmittelfrist ausschöpfen,[532] es besteht in einem solchen Fall aber eine erhöhte Sorgfaltspflicht[533]. Zurecht weist *Oberheim* darauf hin, daß es heutzutage angesichts der Abkopplung der Berufungsbegründungsfrist von der Berufungsfrist keinen stichhaltigen Grund für die stets riskante Ausschöpfung der Berufungsfrist gibt.[534]

---

[529] BAG AP Nr. 1 zu § 222 ZPO.

[530] BGH NJW 1984, 1358; heute allg. M.

[531] Zunächst die grundlegende Monographie von *Büttner*, Wiedereinsetzung in den vorigen Stand, 2. Aufl. Bonn 1999 (Deutscher Anwaltverlag, Reihe „Anwaltspraxis"), ferner *Borgmann/Haug* Kapitel XIII und die Aufsätze *Ganter* und *Meyer* sowie die Rechtsprechungsübersichten von *Müller* NJW 1993, 681; 1995, 3224, 1998, 497, 2000, 322; *Greger* MDR 2001, 486; *v. Pentz* NJW 2003, 858.

[532] BVerfGE 69, 381 (385); 74, 220 (224); BVerfG NJW 1983, 1479; BGHZ 9, 118 (119), stRspr., zuletzt NJOZ 2004, 290 (292).

[533] BVerfG NJW 1995, 249 (250); BGH stRspr., zuletzt NJOZ 2004, 290 (292); OLG Brandenburg NJOZ 2004, 1585 für die Berufungsbegründungsfrist.

[534] Rn. 192.

106 • falsche **Adressierung**

- Adressierung einer Berufungsschrift an das Erstgericht
  Das Bundesverfassungsgericht hat hier zugunsten des Berufungsführers eine Erleichterung eingeführt: „*Ein Gericht, bei dem das Verfahren anhängig gewesen ist, ist verpflichtet, fristgebundene Schriftsätze für das Rechtsmittelverfahren, die bei ihm eingereicht werden, an das zuständige Rechtsmittelgericht weiterzuleiten. Ist ein solcher Schriftsatz so rechtzeitig eingereicht worden, daß die fristgerechte Weiterleitung an das Rechtsmittelgericht* ***im ordentlichen Geschäftsgang*** *ohne weiteres erwartet werden kann, ist der Partei Wiedereinsetzung in den vorigen Stand zu gewähren, wenn der Schriftsatz nicht rechtzeitig an das Rechtsmittelgericht gelangt.*“[535] Diese sog. nachwirkende Fürsorgepflicht, die regelmäßig nur das Gericht trifft, das im vorangegangenen Rechtszug mit der Sache befaßt gewesen ist,[536] verpflichtet nicht zu weitergehenden Aktivitäten, etwa telefonischer Unterrichtung des Anwalts,[537] obwohl dies wünschenswert und angesichts der relativ geringen Zahl fehladressierter Berufungen den Gerichten auch zumutbar wäre. Der „ordentliche Geschäftsgang“ ist naturgemäß sehr unbestimmt und damit aus anwaltlicher Sicht haftungsanfällig. Das OLG Dresden hat vier Tage für nicht ausreichend angesehen,[538] woraus *Braunschneider* errechnete, daß sieben Tage genügen müßten,[539] was im Normalfall zutreffen mag, aber z.B. in der Zeit zwischen Weihnachten und Neujahr zweifelhaft ist, wo die Gerichte regelmäßig nur mit reduziertem Personal tätig sind, was einem Anwalt bekannt sein und von ihm einkalkuliert werden muß.
- Adressierung an das Landgericht statt an das Oberlandesgericht
  Wird im Fall des § 119 I Nr. 1 Buchst. b GVG fälschlicherweise Berufung beim Landgericht eingelegt, kommt eine Wiedereinsetzung nicht in Betracht.[540] Gleiches muß grundsätzlich auch im Fall des § 119 I Nr. 1 Buchst. c GVG gelten;[541] nur für den Fall, daß man neben der Anwendung ausländischen Rechts auch die

---

[535] BVerfGE 93, 99 (112) – Hervorhebung vom Verf.; ebenso BGH NJW 1998, 908; 2004, 516; BAG BB 1998, 594.

[536] BGH MDR 2003, 707; 2004, 1311; OLG Jena OLGR 2004, 197; OLG Düsseldorf MDR 2004, 830 für den Fall des § 119 I Nr. 1 Buchst. b) GVG; OLG Naumburg NJOZ 2004, 3441 für § 2 I 3 LwVG; OLG Zweibrücken NJOZ 2004, 3559.

[537] BAG NJW 1998, 923; **a.A.** *ErfKoArbR/Koch* § 66 ArbGG Rn. 2.

[538] OLGR 1998, 110.

[539] *Braunschneider*, Wohin mit der Berufung? S. 23. Daß ein Tag selbst dann nicht genügt, wenn Erst- und Berufungsgericht in einem Gebäude untergebracht sind und die Gerichte immer dienstliche Vorkehrungen getroffen haben, möglichen Pannen zu begegnen, zeigt der Fall LAG Berlin Urt. v. 11.6. 2004 – 13 Sa 754/04 (veröffentlicht bei juris).

[540] OLG Köln NJW-RR 2003, 864; OLG Düsseldorf MDR 2004, 830; OLG Celle Nds.Rpfl. 2004, 128; *Braunschneider*, Rechtsprechung S. 38; zweifelnd auch *Heidemann* S. 495.

[541] *Greger*, Kurzkommentar unter 4 a); *Braunschneider*, Rechtsprechung S. 38. Nur für eine allerdings kurz zu bemessende und mittlerweile sicher abgelaufene Übergangszeit konnte man unter Zugrundelegung der Rechtsprechung des BGH zu vergleichbar abrupten Änderungen eines Rechtszugs (NJW 1967, 105 für Revision in Baulandsachen; VersR 1978, 825 für weitere Beschwerde in Familiensachen) mit aller Vorsicht (vgl. die zurückhaltende Entscheidung BGH NJW 2000, 1574; ferner *Wieczorek/Schütze/Gerken* § 519 Rn. 3) im Hinblick auf Art. 19 IV GG davon absehen, eine beim LG statt beim OLG eingelegte Berufung als unzulässig zu verwerfen (vgl. *Borgmann/Haug* Rn. IV 35, 36; **a.A.** ohne Auseinandersetzung mit der vorstehend zitierten Rechtsprechung und Literatur *Schumann/Kramer* Rn. 36).

ausdrückliche Feststellung dieser Anwendung verlangt (siehe unten Rn. 123), wird, wenn letztere fehlt, das Meistbegünstigungsprinzip eingreifen[542].

- Fehler eines **angestellten** oder sonst **eingeschalteten Rechtsanwalts oder juristischen Mitarbeiters** 107
  - Eine Partei muß sich ein schuldhaftes Versagen eines beim Prozeßbevollmächtigten **angestellten** oder für diesen **als freier Mitarbeiter tätigen Rechtsanwalts** oder **Assessors** bei der Eintragung der Berufungsbegründungsfrist oder sonstigen Arbeiten zurechnen lassen, sofern er nicht bloß „Hilfsarbeiter" ist;[543] dies gilt insbesondere, wenn der angestellte Rechtsanwalt ausweislich des Briefkopfs uneingeschränktes Sozietätsmitglied ist[544].
  - Der erstinstanzliche Rechtsanwalt genügt seiner Überwachungspflicht bei der Erteilung eines Auftrags an den zweitinstanzlichen Rechtsanwalt, wenn er der ihm zur Ausbildung zugewiesenen **Rechtsreferendarin** die Erledigung des Auftragsschreiben und die Kontrolle der Berufungseinlegung mit konkreten Einzelanweisungen überträgt.[545]
  - Das Verschulden eines nach Mandatserteilung **in die Sozietät eingetretenen** Rechtsanwalts ist den ursprünglich Mandatierten zuzurechnen.[546]
  - Auch ein Verschulden eines **Unterbevollmächtigten** wird der Partei über § 85 II ZPO zugerechnet.[547]
  - Schließlich wird auch ein Verschulden eines **Verkehrsanwalts** der Partei über § 85 II ZPO zugerechnet.[548] Ein Verschulden ist z.B. bei fehlerhaftem Rechtsmittelauftrag gegeben,[549] nicht aber, wenn der Verkehrsanwalt ohne Vorliegen besonderer Umstände nicht nach dem Verbleib des erstinstanzlichen Urteils forscht, weil es vielmehr Aufgabe des Prozeßbevollmächtigten ist, den Verkehrsanwalt über einen Verkündungstermin und einen etwaigen Fristlauf zu informieren[550].
- Fehler bei der **Beauftragung des erstinstanzlichen Anwalts** durch den Mandanten 108 mittels E-Mail bei fehlerhafter E-Mail-Adresse und/oder fehlender Kontrolle des Empfangs durch Anforderung einer automatischen Empfangsbestätigung.[551]
- Fehler bei der **Beauftragung eines Berufungsanwalts** durch den erstinstanzlichen An- 109 walt (eine solche wird es auch nach Wegfall der Singularzulassung aus Einsicht in die Vernünftigkeit des Vier-Augen-Prinzips[552] oder aus rein technischen Gründen geben)
  - Es gehört zu den in eigener Verantwortung wahrzunehmenden Sorgfaltspflichten des erstinstanzlichen Prozeßbevollmächtigten, dem Rechtsanwalt, der mit der

[542] *Zöller/Gummer* § 119 GVG Rn. 13 und 16; auch *Thomas/Putzo/Hüßtege* § 119 GVG Rn. 11 spricht sich bei – allerdings nicht näher erläuterten – „Zweifeln" für die Anwendung des Meistbegünstigungsprinzips aus.

[543] BGH VersR 1974, 1000, stRspr., zuletzt NJW 2004, 2901; BAG NJW 1987, 1355; OLG Schleswig MDR 2003, 1023.

[544] BGH NJW 2003, 995.

[545] BGH VersR 1979, 619.

[546] BGHZ 124, 47.

[547] BGH VersR 1984, 239.

[548] BGH MDR 1998, 866 m.w.N.

[549] BGH a.a.O.

[550] BGH NJW-RR 1988, 508.

[551] OLG Düsseldorf OLGR 2002, 32.

[552] So zurecht schon bisher *Vorwerk/Teubel* Kap. 65 Rn. 5 sowie für die jetzige Gesetzeslage *Hirtz*, Beschlussverwerfung S. 1268; *Stackmann*, Berufungsschrift S. 173 Fn. 26 und Fehlerkontrolle S. 879; *Oberheim* Rn. 11; *Meyer-Rahe* S. 96.

Einlegung der Berufung beauftragt werden soll, den **Rechtsmittelkläger** unzweideutig zu benennen[553] und das **Zustellungsdatum** des anzufechtenden Urteils richtig anzugeben[554]. Beides ist im **Auftragsschreiben** anhand der Handakte vom Rechtsanwalt selbst zu kontrollieren und kann nicht auf sein Büropersonal übertragen werden.[555] Der diktierte Text einschließlich der Anschrift ist auf Diktat- oder Übertragungsfehler zu überprüfen.[556] Für die **telefonische Erteilung** von Rechtsmittelaufträgen gilt folgendes: *„Da es bei Ferngesprächen erfahrungsgemäß leicht zu Mißverständnissen kommt, hat der Bundesgerichtshof bei der fernmündlichen Erteilung von Rechtsmittelaufträgen stets besondere Sorgfalt und Vorsichtsmaßnahmen verlangt. So muß beispielsweise ein Rechtsanwalt, der die Übermittlung oder Entgegennahme eines Rechtsmittelauftrags seinem Kanzleiangestellten überträgt, Anweisungen geben, wie dabei zu verfahren ist, um Mißverständnisse möglichst zu vermeiden. Dazu gehört mindestens die Wiederholung des durchgegebenen Auftrages mit dem wesentlichen Inhalt der Rechtsmittelschrift und den einzelnen Daten durch denjenigen, der das Gespräch entgegennimmt, sowie, falls dieser den Inhalt des Anrufs nicht von sich aus wiederholt, die Aufforderung dazu durch den Anrufer ... Entsprechend strengen Anforderungen unterliegt aber auch der von einer Partei eingeschaltete Anwalt selbst, wenn er fernmündlich Rechtsmittelaufträge erteilt oder entgegennimmt. Insbesondere bedarf es auch hier unbedingt des besonderen Bemühens der Gesprächspartner um Klarstellung des Gesprächsinhalts."*[557] Darüber hinaus muß der erstinstanzliche Rechtsanwalt in der Regel den Berufungsauftrag unter nochmaliger Angabe des Zustellungsdatums schriftlich bestätigen, wobei die bloße Übersendung der Urteilsausfertigung per Telefax nicht genügt.[558] Nach Übermittlung des Berufungsauftrags muß sich der erstinstanzliche Prozeßbevollmächtigte nicht stets zusätzlich, etwa telefonisch, erkundigen, ob der Auftrag vollständig eingegangen ist.[559]

- Der erstinstanzliche Prozeßbevollmächtigte muß darauf achten, daß der zweitinstanzliche Prozeßbevollmächtigte den Auftrag innerhalb der Rechtsmittelfrist bestätigt,[560] es sei denn, es besteht mit dem Berufungsanwalt eine Rahmenvereinbarung[561]. Dies gilt auch, wenn die Partei selbst den Berufungsauftrag erteilt hat.[562] Es besteht aber keine Verpflichtung, die im Mandatsbestätigungsschreiben genannte Rechtsmittelfrist anhand der Eintragungen im Fristenkalender zu überprüfen.[563]
- Der zweitinstanzliche Rechtsanwalt muß das Zustellungsdatum in eigener Verantwortung prüfen.[564]

---

553 BGH NJW-RR 2004, 1148 (für den Berufungsanwalt im Verhältnis zum Revisionsanwalt).

554 BGH NJW 1985, 1709 unter Aufgabe von NJW 1959, 46, stRspr., zuletzt NJW 2000, 3071; abl. *Borgmann* AnwBl 1985, 636 (638).

555 BGH NJW-RR 2004, 1148.

556 BGH NJW 1996, 393.

557 BGH EzFamR § 233 ZPO Nr. 9; ferner NJW 2000, 3071.

558 BGH NJW-RR 1991, 91; MDR 1998, 866.

559 BGH NJW 1991, 3035; a.A. OLG Köln NJW 1989, 594 (595) bei Übermittlung durch Telefax. Die Entscheidung des BGH wird von *Borgmann* BRAK-Mitt. 1999, 75 (76 unter 7) nicht erwähnt.

560 BGHZ 50, 82 (84), stRspr., zuletzt NJW 2001, 3195.

561 BGHZ 105, 116 (119), stRspr., zuletzt BGH NJW 2001, 3195.

562 BGH VersR 1993, 770 (771).

563 BGH NJW 1985, 1709 (1710); VersR 1997, 896.

564 Zuletzt NJW 2000, 3071.

- Der Berufungskläger muß bei einer Änderung seines Aufenthaltsortes dafür sorgen, daß er für seinen Prozeßbevollmächtigten erreichbar ist; unter Umständen genügt die Sicherstellung der Nachsendung der Anwaltspost.[565]

• mangelhafte **Kommunikation** zwischen der Partei und dem erstinstanzlichen Rechtsanwalt 110
  - Partei, eine GmbH, hatte am Geschäftssitz keinen mit dem Firmennamen versehenen Briefkasten, weshalb Post nicht zuging – keine Wiedereinsetzung[566].
  - Partei zieht um und ist weder postalisch (ggf. über einen gültigen Nachsendeauftrag[567]) noch telefonisch (Mobiltelefon genügt)[568] für ihren Prozeßbevollmächtigten erreichbar.
  - Ehefrau des Klägers verlegt Urteilsübersendungsschreiben des Prozeßbevollmächtigten[569].
  - Längere Auslandsreise der Partei nach Bestimmung eines Verkündungstermins ohne Rücksprache mit dem Prozeßbevollmächtigten schließt Wiedereinsetzung aus[570].

• mangelhafter **Prozeßkostenhilfeantrag** 111
  Zu den Voraussetzungen eines ordnungsgemäßen Prozeßkostenhilfeantrags siehe unten Rn. 195.

• Untätigkeit nach **Mandatsniederlegung** 112
  Zu den Verhaltenspflichten bei Mandatsniederlegung siehe unten Rn. 215.

• **Wahrung** der Rechtsmittelfrist 113
  - Bei der Klärung der Frage, ob die Einlegungs- oder Begründungsfrist bei Übermittlung durch Telefax gewahrt worden ist, kommt den Zeitangaben in der Kundenabrechnung der Telekom wegen des regelmäßigen Abgleichs mit dem amtlichen Zeitnormal eine ausschlaggebende Bedeutung zu.[571]
  - Für die Richtigkeit der verwendeten Telefaxnummer trägt der Anwalt die persönliche Verantwortung.[572]

VI. Umdeutung einer verfristeten Berufung

Hat auch der Gegner Berufung eingelegt, ist eine verfristete Berufung regelmäßig in 114
eine **Anschlußberufung** umzudeuten,[573] und zwar auch nach Verwerfung[574]. Der Berufungsführer kann selbst erklären, daß er hilfsweise Anschlußberufung für den Fall einlegt, daß seine selbständige Berufung unzulässig sein sollte.[575] Allerdings ist dabei die Anschlußberufungsfrist des § 524 II 2 ZPO zu beachten.

---

[565] BGH NJW 1988, 2672; VersR 1992, 1373.
[566] BGH NJW 1991, 109.
[567] BGH MDR 1988, 946; 2003, 408.
[568] BGH MDR 2003, 408.
[569] OLG München OLGR 1992, 45.
[570] BGH NJW 2000, 3143.
[571] BGH NJW 2003, 3487.
[572] OLG Frankfurt a.M. OLGR 2004, 235.
[573] BGH NJW 1954, 109, stRspr., zuletzt BGH FamRZ 2004, 1481; OLG Brandenburg OLGR 1998, 421 (423); *Pantle/Kreissl* Rn. 573; *Jacoby* S. 187; *Rosenberg/Schwab/Gottwald* § 136 Rn. 1; *Wieczorek/Schütze/Gerken* § 519 Rn. 28; *Thomas/Putzo/Reichold* § 517 Rn. 9; *Musielak/Ball* § 524 Rn. 15.
[574] *Musielak/Ball* § 524 Rn. 15.
[575] BGH FamRZ 2004, 1481 m. zust. Anm. *Osterloh* jurisPR-BGHZivilR 43/2004 vom 29.10.2004.

Im **arbeitsgerichtlichen Verfahren** kam bislang eine Umdeutung einer mit einem Wiedereinsetzungsantrag verbundenen Berufungsbegründung in eine Berufungseinlegung in Betracht, wenn die Jahresfrist des § 9 V 4 ArbGG noch nicht abgelaufen war.[576] Nachdem aber dem Bundesarbeitsgericht zufolge § 9 V ArbGG im Berufungsrecht keine Anwendung mehr findet (siehe oben Rn. 99), kann diese Rechtsprechung nicht mehr aufrecht erhalten werden.

B. Feststellung des zuständiges Berufungsgerichts

115 Die Berufung ist im Zivilprozeß gemäß § 519 I ZPO beim Berufungsgericht (iudex ad quem) einzulegen (anders im Strafprozeß, vgl. § 314 StPO!).

I. Die Berufungsgerichte im allgemeinen

116 Berufungsgerichte sind in allgemeinen Zivilsachen auch weiterhin grundsätzlich das Landgericht und das Oberlandesgericht, in Arbeitsrechtsstreitigkeiten das Landesarbeitsgericht; auch der Bundesgerichtshof ist ausnahmsweise Berufungsgericht, und zwar gemäß § 110 I BPatG gegen Nichtigkeitsurteile des Bundespatentgerichts. Von der lediglich aus Gründen des politischen Kompromisses in das Gesetz aufgenommenen befristeten Experimentierklausel des § 119 III GVG[577] wird nach dem jetzigen Stand kein Bundesland Gebrauch machen (auch Hamburg und Sachsen-Anhalt haben von einer Umsetzung dieser Vorschrift Abstand genommen)[578].

1. Berufungen gegen amtsgerichtliche Urteile.

117 Berufungsgericht ist gemäß § 72 GVG grundsätzlich das **Landgericht**, in einer Reihe von Fällen aber **ausnahmsweise das Oberlandesgericht**:

118 **a) Familiengerichtsentscheidungen**. Das Oberlandesgericht ist Berufungsgericht in den von den Familiengerichten entschiedenen Sachen (§ 119 I Nr. 1 Buchst. a GVG). Es gilt der Grundsatz der formalen Anknüpfung. Dies bedeutet:

- Hat das Familiengericht entschieden, ist stets das Oberlandesgericht Berufungsgericht, gleichgültig, ob es sich um eine Familiensache oder eine versehentlich von ihm entschiedene allgemeine Zivilsache handelt.[579]
- Hat die Prozeßabteilung des Amtsgerichts (Streitgericht) in einer Familiensache entscheiden, ist die Berufung zum Landgericht einzulegen.[580]

Wegen § 513 II ZPO n.F. hat sich in der Literatur die Meinung durchgesetzt, daß die frühere Rechtsprechung des Bundesgerichtshofs, daß die formale Anknüpfung nichts über die Frage aussage, welcher Spruchkörper beim Oberlandegericht zuständig sei,[581] ebensowenig weitergelten könne[582] wie die, daß sie in Fällen der erstinstanzlichen Ver-

---

[576] LAG Bremen NZA-RR 2003, 265 (266).
[577] Vgl. etwa *Zöller/Gummer* § 119 GVG Rn. 1.
[578] Die Behauptung von *Michel/von der Seipen* S. 261 Fn. 1, daß Bayern von dieser Ermächtigung Gebrauch gemacht habe, ist unzutreffend.
[579] BGH NJW 1993, 1399 (1400); *Thomas/Putzo/Hüßtege* § 119 GVG Rn. 4.
[580] BGH NJW 1991, 231; *Thomas/Putzo/Hüßtege* § 119 GVG Rn. 4.
[581] BGH NJW-RR 1993, 1282 (1283).
[582] *Zöller/Gummer* § 119 GVG Rn. 8; *Musielak/Wittschier* § 119 GVG Rn. 10.

weisung dann nicht maßgeblich sei, wenn dort eine Zuständigkeitsrüge erhoben worden ist[583].

Es fragt sich, wie Zweifelsfälle zu behandeln sind. Während der Bundesgerichtshof insoweit zunächst mit dem sog. Meistbegünstigungsprinzip operierte,[584] erklärte er nach Einführung der formalen Anknüpfung durch das Unterhaltsänderungsgesetz vom 20.2.1986 diese Rechtsprechung für grundsätzlich nicht mehr anwendbar[585]. Später nahm er dann diese Aussage in einem Fall zurück, wo das Aktenzeichen auf die Prozeßabteilung, der Urteilseingang aber auf das Familiengericht hindeuteten.[586]

b) Auslandsgerichtsstand einer Partei. Das Oberlandesgericht ist gem. § 119 I Nr. 1 Buchst. b GVG Berufungsgericht bei einem allgemeinen Auslandsgerichtsstand einer Partei im Zeitpunkt des Eintritts der Rechtshängigkeit[587], also gemäß §§ 261 I, 253 I ZPO bei Klagezustellung[588] (eine Wohnsitzverlegung ins Ausland nach Klageerhebung ist unbeachtlich[589]). 119

aa) Voraussetzungen. § 119 I Nr. 1 Buchst. b GVG setzt voraus, daß eine Partei (Kläger oder Beklagter!) nach deutschem Recht – §§ 13 ff. ZPO (insbesondere §§ 13, 17 ZPO) – einen **allgemeinen Gerichtsstand** im Ausland hat. Unerheblich ist dabei, ob sich im Einzelfall tatsächlich internationalprivatrechtliche Fragen stellen, da die Anknüpfung an den Auslandgerichtsstand rein formal ist.[590] Unerheblich ist die Staatsangehörigkeit der Partei,[591] so daß die Vorschrift auch dann zur Anwendung kommt, wenn ein Deutscher mit Auslandswohnsitz am Rechtsstreit beteiligt ist. 120

Im Bereich der EuGVVO bestimmt sich der allgemeine Auslandsgerichtsstand nach Art. 2 I, 59, 60 EuGVVO; das Heimatrecht der „ausländischen" Partei ist grundsätzlich irrelevant[592]. Ein vorübergehender Aufenthalt im Inland ist unerheblich.[593] Bei Zweifeln ist dies im Freibeweisverfahren zu klären.[594] Dabei ist die positive Feststellung eines ausländischen Wohnsitzes erforderlich.[595] Bei Beteiligung einer Niederlassung eines ausländischen Unternehmens ist vor Berufungseinlegung sorgfältig zu klären, ob es sich um eine inländische juristische Person (Berufungsgericht: Landgericht) oder um eine Zweigniederlassung/unselbständige Agentur des ausländischen

---

583 *Zöller/Gummer* § 119 GVG Rn. 8; *Thomas/Putzo/Hüßtege* § 119 GVG Rn. 5; *Musielak/Wittschier* § 119 GVG Rn. 8 gegen BGH NJW-RR 1993, 1282 (1283).

584 BGHZ 72, 182 (188).

585 NJW 1991, 231.

586 BGH NJW-RR 1995, 379 (380); vgl. auch *Braunschneider*, Wohin mit der Berufung? S. 19; *Schenkel*, Meistbegünstigungsprinzip S. 138; *Musielak/Wittschier* § 119 GVG Rn. 8.

587 Einen „Zeitpunkt der Rechtshängigkeit" gibt es entgegen der Meinung des Gesetzes schon begrifflich nicht (*Heidemann* S. 494; *v. Hein* S. 354 f.; *Zöller/Gummer* § 119 GVG Rn. 14; *Meller-Hannich* S. 199).

588 BGH NJW-RR 2004, 1073; NZM 2004, 654 (655).

589 *v. Hein* S. 354 f.

590 BGH NJW 2003, 1672 (unter II 3 b); 2003, 3278 (unter II 2 a); MDR 2004, 828; OLG Köln OLGR 2004, 274; *Gehrlein*, ZPR § 14 Rn. 53; *Zöller/Gummer* § 119 GVG Rn. 15; *BL/Albers* § 119 GVG Rn. 9.

591 *v. Hein* S. 343 f. m.w.N.

592 *Zöller/Gummer* § 119 GVG Rn. 14; *Meller-Hannich* S. 199; weitere Nachw. bei *v. Hein* S. 342 ff. mit eingehender Erörterung verschiedener anderer Standpunkte.

593 OLG Köln NJW-RR 2003, 864; *Hirtz*, Wirkungskontrolle S. 54.

594 OLG Karlsruhe OLGR 2003, 520; *Thomas/Putzo/Hüßtege* § 119 GVG Rn. 8 a.

595 *v. Hein* S. 352.

Unternehmens handelt (Berufungsgericht: Oberlandesgericht)[596]; § 21 ZPO ist insoweit nicht maßgeblich[597]. Hat eine Partei mehrere allgemeine Gerichtsstände, genügt es, daß einer davon ein Auslandsgerichtsstand ist;[598] ob dies auch im Anwendungsbereich der EuGVVO gilt, ist wegen Art. 59 II EuGVVO noch nicht abschließend geklärt[599]. Der Auslandsgerichtsstand eines Streitgenossen genügt.[600]

Eine Veränderung nach Ablauf der Rechtsmittelfrist, etwa eine Berufungsrücknahme hinsichtlich des im Ausland wohnhaften Streitgenossen, ändert an der einmal begründeten Zuständigkeit des Oberlandesgerichts nichts;[601] ob dies auch bei einer Rücknahme vor Ablauf der Rechtsmittelfrist gilt, ist bislang ungeklärt[602]. Umgekehrt kann der ausländische Gerichtsstand und damit die Zuständigkeit des Oberlandesgerichts nicht wirksam erst im Rechtsmittelverfahren behauptet werden[603]; auch kann die Zuständigkeit des Oberlandesgerichts nicht durch nachträgliche Berufungseinlegung gegen einen Streitgenossen mit ausländischem Gerichtsstand begründet werden;[604] ungeklärt ist, wie zu verfahren ist, wenn der Beklagte mit ausländischem Wohnsitz ebenfalls Berufung einlegt[605].

121 *bb) Anwendungsfälle.* Diese Vorschrift erlangt insbesondere bei Verkehrsunfällen mit Beteiligung von Ausländern/ausländischen Haftpflichtversicherungen[605a] und Streitigkeiten in Grenzgebieten der Bundesrepublik, wo häufig Ausländer mit Auslandswohnsitz am Rechtsverkehr teilnehmen, Bedeutung.[606] Da es aber keinerlei Beschränkung für diesen neuen Rechtszug gibt, gilt § 119 I Nr. 1 Buchst. b GVG z.B. auch in Miet- und Pachtstreitigkeiten über inländische Grundstücke/Wohnungen,[607] obwohl nach Art. 28 III EGBGB grundsätzlich deutsches Recht anzuwenden ist; Folge dieser wenig durchdachten Vorschrift ist damit, daß in Wohnraummietstreitigkeiten z.T. das Landgericht, z.T. das Oberlandesgericht Berufungsgericht ist.[608]

---

[596] BGH NJW 2003, 1672 und OLG Köln OLGR 2004, 274 für inländische Niederlassung einer ausländischen Versicherung; OLG Celle NJW RR 2004, 1411 für inländische Niederlassung einer US-amerikanischen Gesellschaft; OLG Frankfurt a.M. DGVZ 2004, 92 für das Beschwerdeverfahren; *Zöller/Gummer* § 119 GVG Rn. 14; *Hirtz*, Wirkungskontrolle S. 54.

[597] *Zöller/Gummer* § 119 GVG Rn. 15.

[598] OLG Karlsruhe OLGR 2003, 520; *v. Hein* S. 350 f.; *Thomas/Putzo/Hüßtege* § 119 GVG Rn. 8 a.

[599] Vgl. eingehend und bejahend *v. Hein* S. 351.

[600] BGH NJW 2003, 2686; OLG Köln NJW-RR 2003, 283; *Gehrlein*, ZPR § 14 Rn. 53; *Zöller/Gummer* § 119 GVG Rn. 14; *Meller-Hannich* S. 198 ff.; *Thomas/Putzo/Hüßtege* § 119 GVG Rn. 8 a; zu Unrecht a.A. *Heidemann* S. 494.

[601] BGH NJW 2003, 2686 (2087); OLG Köln NJW-RR 2003, 283; *Meller-Hannich* S. 199.

[602] Bejahend *Meller-Hannich* S. 199 und *Reichling* ProzRB 2003, 299.

[603] BGH MDR 2004, 828; *Meller-Hannich* S. 199.

[604] *Meller-Hannich* S. 199.

[605] Für unterschiedliche Zuständigkeiten *MüKo-ZPO-Aktualisierungsband/Wolf* § 119 GVG Rn. 6; zweifelnd *Hirtz*, Wirkungskontrolle S. 55.

[605a] Ein bekanntes Beispiel ist die „Helvetia Schweizerische Versicherungsgesellschaft“, die eine Aktiengesellschaft nach Schweizer Recht mit Hauptsitz in St. Gallen/Schweiz ist und in Deutschland nur eine Direktion mit einem Hauptbevollmächtigten an der Spitze hat.

[606] *Goebel* S. 35; so auch im Fall BGH NJW 2003, 2686.

[607] BGH NJW 2003, 3278; 2004, 1049; NZM 2004, 654; OLG Düsseldorf WoM 2003, 621 = ZMR 2003, 421; *Thomas/Putzo/Hüßtege* § 119 GVG Rn. 10.

[608] *Heidemann* S. 495; abl. auch *Schumann/Kramer* Rn. 35; *v. Hein* S. 368; *Zöller/Gummer* § 119 GVG Rn. 13; *Hirtz*, Wirkungskontrolle S. 54 und *Gottwald* S. 115.

cc) Haftungsfragen. Für den Anwalt ergibt sich insoweit ein **erhöhtes Haftungspotential.**[609] Nachdem die Behebung anwaltlicher Fehler nach Inkrafttreten des ZPO-RG erheblich eingeschränkt ist, ist auch im vorliegenden Zusammenhang genaues Arbeiten wichtig. Es empfiehlt sich folgende **Vorgehensweise:** 122

- Mittel der Wahl zur Schadensvermeidung ist **zunächst**, schon in erster Instanz in allen auch nur ansatzweise in Betracht kommenden Fällen den behaupteten ausländischen Gerichtsstand der Gegenseite zu bestreiten, da andernfalls nach Ansicht des Bundesgerichtshofs eine Überprüfung in der Rechtsmittelinstanz ausscheidet[610].[611]
- **Weiterhin** muß vor Berufungseinlegung sorgfältig geprüft werden, ob die im Urteilsrubrum aufgeführte Anschrift des Berufungsbeklagten mit der z.Z. der Klageerhebung bestehenden (ausländischen) noch identisch ist, da ja nur letztere maßgeblich ist. Der Hintergrund dieser Empfehlung ist folgender: Neuerdings wird empfohlen, eine etwaig nach Klageerhebung erfolgte Wohnsitzrückverlegung nach Deutschland dem erstinstanzlichen Gericht möglichst so neutral mitzuteilen, daß einerseits dort der Stammdatensatz berichtigt und die neue Anschrift auch in das Rubrum Eingang findet, andererseits der ursprüngliche Wohnsitz darüber insbesondere beim Gegner in Vergessenheit gerät[612]. Unabhängig davon, ob ein solches Vorgehen rechtsmißbräuchlich ist oder nicht[613] und unabhängig davon, daß es vorzüglich geeignet ist, den angeschlagenen Ruf des Anwaltsstandes weiter zu beschädigen, muß einer solchen Gefahrenlage Rechnung getragen werden. Wird für die zweite Instanz ein anderer Anwalt eingeschaltet, muß er im Rechtsmittelauftrag auf eine etwaige Divergenz hingewiesen werden.
- **In nicht behebbaren Zweifelsfällen** wird dem Anwalt nichts anderes übrig bleiben, als
  - möglichst frühzeitig Berufung einzulegen[614] und mit dem angerufenen Gericht hinsichtlich der Zuständigkeitsfrage Kontakt aufzunehmen, auch wenn es zweifelhaft ist, ob das angerufene Gericht schon in diesem Verfahrensstadium seine Zuständigkeit prüfen muß[614a] (der Senat, dem der Verfasser angehört, prüft in solchen Fällen sofort eingehend seine Zuständigkeit und gibt dem Anwalt des Berufungsführers sodann formlos Bescheid, welcher nach dem Meistbegünstigungsprinzip verbindlich ist[615]),
  - oder nach dem Grundsatz des sichersten Weges vorsorglich beim Landgericht und beim Oberlandesgericht Berufung einzulegen[616], da eine Verweisung an das funktionell zuständige Gericht nach Ansicht des Bundesgerichtshofs nicht

---

[609] OLG Köln NJW-RR 2003, 864; *Jungk* S. 565; *Nassall* jurisPR-BGHZivilR 43/2004 vom 29.10.2004: *„Haftungsfalle für die Anwaltschaft"*.

[610] BGH NJW 2004, 1073; NZM 2004, 654 (655); ebenso *Thomas/Putzo/Hüßtege* § 119 GVG Rn. 8 a; *BL/Albers* § 119 GVG Rn. 9; **a.A.** noch *MüKo/ZPO-Aktualisierungsband-Wolf* § 119 GVG Rn. 7.

[611] *Heidemann* S. 495 weist zurecht darauf hin, daß die Frage eines etwaigen Auslandswohnsitzes schon in erster Instanz sorgfältig zu klären ist.

[612] So die „Empfehlung" von *Braunschneider*, Falltüren S. 303 f.

[613] Verneinend *Braunschneider*, Falltüren a.a.O.; sehr zweifelhaft.

[614] *Meller-Hannich* S. 199; *Reichling* ProzRB 2003, 299; *Zöller/Gummer* § 119 GVG Rn. 13.

[614a] Verneinend wohl BGH MDR 2004, 1311 (1312).

[615] BGH NJW 2004, 1049; die Behauptung von *Thomas/Putzo/Hüßtege* § 119 GVG Rn. 8, eine Anwendung der Meistbegünstigungsklausel scheide aus, ist in dieser Allgemeinheit deshalb unzutreffend.

[616] OLG Köln NJW-RR 2003, 864; *Heidemann* S. 495; *Reichling* ProzRB 2003, 299 (300); *Thomas/Putzo/Hüßtege* § 119 GVG Rn. 8; vgl. auch BGH NJW 2004, 1049.

möglich ist[617] (ob eine formlose Weiterleitung möglich ist, ist noch nicht abschließend entschieden[618]; eine andere Frage ist, ob die Gerichte dies mangels expliziter Verpflichtung tun[619]); ein solches Vorgehen hat aber – außer Kostenfolgen – den Nachteil, daß in diesem Fall das unzuständige Gericht nicht analog § 17 a GVG verweisen kann, so daß nur eine Verwerfung als unzulässig gemäß § 522 I ZPO erfolgen kann,[620]
- oder bewußt beim auf jeden Fall unzuständigen Ausgangsgericht Berufung einzulegen, weil dieses zur Weiterleitung verpflichtet und widrigenfalls Wiedereinsetzung zu gewähren ist (siehe oben Rn. 106),[621] ein Vorgehen, das für den Anwalt mit einem erheblichen Ansehensverlust (auch im Verhältnis zu seinem Mandanten!) verbunden ist (leider unterschätzen viele Anwälte den für eine erfolgreiche Arbeit nicht unerheblichen Aspekt des Ansehens bei Gericht ebenso wie die Intelligenz ihre Mandanten),
- oder schließlich, das Amtsgericht um eine Auskunft zu bitten, welches Gericht nach seiner Auffassung für die Berufung zuständig sei,[622] wofür als Rechtsgrundlage nur ein Satz in einer Entscheidung des Bundesverfassungsgerichts vom 20.6.1995 herangezogen werden kann[623] und wofür der Einwand des damit verbundenen Ansehensverlusts erst recht gilt.

123 **c) Explizite Anwendung ausländischen Rechts.** Das Oberlandesgericht ist ferner Berufungsgericht bei expliziter Anwendung ausländischen Rechts im angefochtenen Urteil (§ 119 I Nr. 1 Buchst. c GVG), und sei es nur auf einen von mehreren streitgegenständlichen Ansprüchen[624].

Ausländisches Recht meint nach dem Willen des Gesetzgebers nicht etwa ‚nichtdeutsches' Recht schlechthin, sondern nur das Recht eines fremden Staates, so daß internationales Recht wie etwa das CISG und das Recht der EU nicht hierunter fallen.[625] Ein typischer Anwendungsfall ist gegeben, wenn das deutsche internationale Privatrecht auf ausländisches Recht verweist;[626] ob dies auch umgekehrt gilt, wenn aufgrund einer fremden Rückverweisungsnorm deutsches materielles Recht angewandt

---

[617] BGH MDR 2004, 828; in NJW 2003, 1672 noch offen gelassen; *Meller-Hannich* S. 199; *Thomas/Putzo/Hüßtege* § 119 GVG Rn. 8 („*dürfte ausscheiden*"); *Braunschneider*, Rechtsprechung S. 38; **a.A.** *MüKo/ZPO-Aktualisierungsband-Wolf* § 119 GVG Rn. 7 (analog Anwendung § 17 a II GVG).

[618] Zurecht bejahend OLG Düsseldorf MDR 2004, 830; wohl auch OLG Köln NJW-RR 2003, 864.

[619] Im Ergebnis verneinend OLG Düsseldorf OLGR 2003, 91; zweifelnd auch *Reichling* ProzRB 2003, 299.

[620] OLG Karlsruhe NJOZ 2004, 161 (166) = IPRax 2004, 433. Das weitere, von *Braunschneider*, Wohin mit der Berufung? S. 21 erörterte Problem einer Verneinung der Zuständigkeit durch beide angerufenen Berufungsgerichte ist bei vernünftiger Fassung der Berufungsschrift rein theoretisch.

[621] So *Reichling* ProzRB 2003, 299; *Braunschneider*, Rechtsprechung S. 39.

[622] So *Braunschneider*, Wohin mit der Berufung? S. 22 und Rechtsprechung S. 39.

[623] NJW 1995, 3173 (3175): „*So ist ein Gericht, das im vorangegangenen Rechtszug mit der Sache befaßt gewesen ist, regelmäßig verpflichtet, einer Partei, die sich über die Rechtsmittelmöglichkeiten und -erfordernisse nicht im klaren ist, auf Anfrage darüber Auskunft zu erteilen.*" Die von *Braunschneider,* Rechtsprechung S. 39 bemühte Entscheidung BVerfG MDR 2002, 1339 befaßt sich dagegen nicht mit der Auskunftserteilung durch ein Gericht außerhalb eines anhängigen Verfahrens.

[624] *v. Hein* S. 367.

[625] *Gehrlein*, ZPR § 14 Rn. 52; *Zöller/Gummer* § 119 GVG Rn. 16; *Thomas/Putzo/Hüßtege* § 119 GVG Rn. 12; *BL/Albers* § 119 GVG Rn. 10; krit. *Strohn* S. 164 f. hinsichtlich des CISG; *Gottwald* S. 115.

[626] *Thomas/Putzo/Hüßtege* § 119 GVG Rn. 13.

wurde (Art. 4 I 2 EGBGB), ist noch ungeklärt;[627] umstritten ist auch, ob die Zuständigkeit des Oberlandesgerichts schon dann begründet ist, wenn das ausländische Recht nur Vorfrage ist, die Entscheidung selbst aber auf der Anwendung deutschen Rechts beruht[628]. Wendet das Amtsgericht das ausländische Recht fehlerhaft nicht an, scheidet nach der Gesetzesfassung eine Zuständigkeit des Oberlandesgerichts aus.[629]

Die Vorschrift ist im übrigen ungenau formuliert:[630] Ungeklärt ist zunächst, ob das Amtsgericht etwa neben der Feststellung, daß der Anspruch sich aus Art. XY des C.C. ergebe, noch ausdrücklich hinzufügen: „Bei dieser Entscheidung wurde ausländisches Recht angewandt" oder ob Formulierungen wie „*beruht auf …*" genügen.[631] In dem umgekehrten, allerdings eher theoretischen Fall, daß das Amtsgericht die Anwendung ausländischen Rechts ausdrücklich feststellt, ohne es angewandt zu haben, gilt wohl der Grundsatz der formalen Anknüpfung.[632] Auch hier ergibt sich für den Rechtsanwalt ein **erhöhtes Haftungspotential.**[633]

d) Binnenschiffahrtssachen. Das Oberlandesgericht ist ferner Berufungsgericht in Binnenschiffahrtssachen gemäß § 11 BinnSchVerfG. **124**

e) Landwirtschaftssachen. Das Oberlandesgericht ist schließlich Berufungsgericht in Landwirtschaftssachen gemäß § 2 I 3 LwVG. **125**

2. Berufungen gegen erstinstanzliche landgerichtliche Urteile

Berufungsgericht ist gemäß § 119 I Nr. 2 GVG das Oberlandgericht. **126**

3. Berufungen gegen Urteile der Arbeitsgerichte.

Berufungsgericht ist gemäß § 64 I ArbGG das Landesarbeitsgericht. **127**

II. Auswärtige Spruchkörper

Soweit ein Oberlandesgericht gemäß § 116 II GVG auswärtige Senate hat (z.Z. das OLG Frankfurt a.M. in Darmstadt und Kassel, das OLG Karlsruhe in Freiburg und das OLG München in Augsburg), kann die Berufung beim Stammgericht[634] oder dem **128**

[627] **Bejahend** *Goebel* S. 35; *Kroiß* S. 120; **stark zweifelnd** *Thomas/Putzo/Hüßtege* § 119 GVG Rn. 15.

[628] **Verneinend** OLG Hamm OLGR 2002, 426; *Thomas/Putzo/Hüßtege* § 119 GVG Rn. 16; **bejahend** *Zöller/Gummer* § 119 GVG Rn. 16; *Braunschneider*, Wohin mit der Berufung? S. 20.

[629] Kritisch *Gottwald* S. 115.

[630] *Schneider*, ZPO-Reform 2002 S. 905 (unter 16); *Zöller/Gummer* § 119 GVG Rn. 16.

[631] **Verneinend** *Zöller/Gummer* a.a.O., der aber eine solche Feststellung in den Entscheidungsgründen empfiehlt; *Thomas/Putzo/Hüßtege* § 119 GVG Rn. 17; **bejahend** *Braunschneider*, Rechtsprechung S. 39 (in Wohin mit der Berufung? S. 19 noch offengelassen); **offengelassen** von OLG Hamm OLGR 2002, 426 (427).

[632] *Braunschneider*, Wohin mit der Berufung? S. 19.

[633] *Greger*, Kurzkommentar unter 4 a); vgl. zu den Risiken ferner *Zöller/Gummer* § 119 GVG Rn. 13.

[634] BGH NJW 1967, 107; VersR 1978, 562; BAG AP Nr. 20 zu § 64 ArbGG 1953; *Zöller/Gummer/Heßler* § 519 Rn. 7; *Wieczorek/Schütze/Gerken* § 519 Rn. 4; *Thomas/Putzo/Reichold* § 519 Rn. 5; *BL/Albers* § 519 Rn. 6; unklar *BProzFb/Goll* S. 302 Anm. 2, wonach „*die Berufung am Sitz des auswärtigen Senats des OLG ein*[zu]*legen* [sei]. *Zur Wahrung der Berufungsfrist … genügt der Eingang der Berufungsschrift beim Stammgericht …*".

auswärtigen Senat[635] eingelegt werden. Gleiches gilt im arbeitsgerichtlichen Berufungsverfahren.[636]

III. Besonderheiten bei Zuständigkeitskonzentrationen

In verschiedenen zivilrechtlichen Spezialgebieten ist die Möglichkeit der berufungsgerichtlichen Zuständigkeitskonzentration bei einem bestimmtem Oberlandesgericht vorgesehen, woraus sich z.T. komplizierte Fragen der Bestimmung des richtigen Berufungsgerichts ergeben:

129 • Für **Kartellsachen** sieht § 93 i.V.m. § 92 I GWB die Möglichkeit einer solchen Zuständigkeitskonzentration vor. Hiervon haben Bayern (OLG München), Nordrhein-Westfalen (OLG Düsseldorf) und Niedersachsen (über die Zuständigkeitskonzentration beim LG Hannover das OLG Celle) Gebrauch gemacht. Die Berufung kann bei diesen Oberlandesgerichten oder dem Oberlandesgericht, das dem Landgericht, dessen Urteil angefochten wird, allgemein übergeordnet ist, eingelegt werden.[637] Das allgemein zuständige Oberlandesgericht verweist die Sache dann entsprechend § 281 ZPO auf Antrag an den Kartellsenat. Dieser Antrag sollte zweckmäßigerweise schon bei Berufungseinlegung hilfsweise gestellt werden;[638] ist dies nicht geschehen, hat das allgemein zuständige Oberlandesgericht gemäß § 139 I 2 ZPO auf die Stellung des Antrags hinzuwirken[639].

130 • Für **Baulandsachen** sieht § 229 II BauBG eine solche Zuständigkeitskonzentration vor. Hier kann die Berufung nur bei dem zuständigen Oberlandesgericht – Senat für Baulandsachen (§ 229 I 1 BBauG) – eingelegt werden.[640]

131 • Für **Entschädigungssachen** sieht § 208 II BEG eine solche Zuständigkeitskonzentration vor.

132 • Für **Binnenschiffahrtssachen** sieht § 4 BinnSchVerfG eine solche Zuständigkeitskonzentration vor. Hier kann die Berufung nur bei dem zuständigen Schifffahrtsobergericht (nicht aber bei dem allgemein zuständigen Oberlandesgericht!) eingelegt werden.[641]

---

[635] BAG NJW 1982, 1119; BFH BB 1981, 1759; OLG Karlsruhe NJW 1984, 744; *Oberheim* Rn. 192; *Wieczorek/Schütze/Gerken* § 519 Rn. 4; *BL/Albers* § 519 Rn. 6.

[636] BAG AP Nr. 26 zu § 64 ArbGG 1953 für Berufungseinlegung beim Stammgericht; AP Nr. 2 zu § 64 ArbGG 1979 für Berufungseinlegung bei der Außenkammer; *AR-Blattei SD/Spilger* Kap. 160.10.2 Rn. 131.

[637] BGHZ 71, 367 (374); *Wieczorek/Schütze/Gerken* § 519 Rn. 4; *Thomas/Putzo/Reichold* § 519 Rn. 5; *BL/Albers* § 519 Rn. 7.

[638] *Immenga/Mestmäcker/K. Schmidt* § 93 GWB Rn. 8 m.w.N.

[639] A.a.O. Rn. 7 m.w.N.

[640] BGH NJW 2000, 1574: In Nordrhein-Westfalen nur beim OLG Hamm, ebenso *Zöller/Gummer/Heßler* § 519 Rn. 7; *Wieczorek/Schütze/Gerken* § 519 Rn. 4.

[641] BGH MDR 1979, 475: für die Binnenschiffahrtsgerichte Bremen, Emden und Hamburg beim Schifffahrtsobergericht Hamburg; *Wieczorek/Schütze/Gerken* § 519 Rn. 6; *Thomas/Putzo/Reichold* § 519 Rn. 8; **abl.** *Zöller/Gummer/Heßler* § 519 Rn. 13, der diese Rechtsprechung für verfassungswidrig hält.

§ 4 Klärung der Berufungsziele, der Berufungsgründe und des Berufungsumfangs

Voraussetzung für die Beurteilung der Erfolgsaussichten einer Berufung wie für eine gute Berufungsbegründung ist ein umfassendes Durcharbeiten der Gerichtsakte, also **stets Akteneinsicht** gemäß § 299 ZPO (was aber leider, insbesondere in den Bundesländern, in denen es schon bisher die Simultanzulassung gab, nur in 5 %–20 % aller Fälle geschieht[642]).[643] Dies gilt, worauf die Bundesrechtsanwaltskammer in ihren „Änderungsvorschlägen zum Zivilprozessreformgesetz" zurecht hingewiesen hat,[644] insbesondere für Verfahrensfragen wie **133**

- den Zeitpunkt der Anhängigkeit der Klage im Hinblick auf einen Verjährungseintritt oder eine Verfristung (z.B. nach § 12 III VVG[645]),
- die Ordnungsgemäßheit der Klageerhebung (Unterzeichnung der Klageschrift) und einer etwaigen Streitverkündung,
- die Dokumentation rechtlicher Hinweise gemäß § 139 IV 1 ZPO[646]
- und die Ordnungsgemäßheit präklusionsbegründender Fristsetzungen (siehe dazu im einzelnen oben Rn. 15 ff.)[647].

Die große Bedeutung der Akteneinsicht durch den Anwalt erhellt auch aus der Tatsache, daß das 1. Justizmodernisierungsgesetz den § 541 I ZPO um einen Satz 2 erweitert hat, der dem Erstgericht die unverzügliche Übersendung der Akten an das Berufungsgericht zur Pflicht macht, um dem Berufungsanwalt die sachgerechte Vorbereitung der Berufung zu ermöglichen[648].

Die Akteneinsicht auf der Geschäftsstelle ist kostenfrei; für die Versendung fallen gemäß § 3 II GKG, Nr. 9003 KV-GKG Auslagen in Höhe von 12,– € an, die gemäß § 28 II GKG der Antragsteller schuldet und für die gemäß § 17 II GKG ein Vorschuß verlangt werden kann. Das geplante Justizkommunikationsgesetz wird hier eine deutliche finanzielle Entlastung herbeiführen: Gemäß Nr. 9003 Nr. 2 KV-GKG i.d.F. des

---

[642] Vgl. die eindrucksvolle Untersuchung von *Vorwerk* AnwBl 1990, 474 (477).

[643] *Lange* AnwBl 1990, 241 (244); *Vorwerk* AnwBl 1990, 474 (477); *Steinert/Theede* Kap. 12 Rn. 48; *Prechtel* S. 189, 269; *Oberheim* Rn. 20; unzutreffend *Lechner* AnwBl 1991, 301, soweit er die Akteneinsicht nur als eine Frage des *„sorgfältigeren"* Arbeitens ansieht und *Schaub/Neef/Schrader* § 86 I Rn. 1 Fn. 5, soweit sie eine Akteneinsicht nur bei einem Anwaltswechsel in zweiter Instanz für notwendig erachten.

[644] BRAK, Änderungsvorschläge S. 4 (unter 5 b); vgl. auch den Fall BSG Urt. v. 20.11.2003 – B 13 RJ 41/03 R (in NZA 2004, 648 referiert; Volltext bei juris).

[645] Vgl. zum Zweck und zu den Besonderheiten dieser Ausschlußfrist grdl. BGH NJW 1959, 241 und zur Notwendigkeit einer ordnungsgemäß unterzeichneten Klageschrift für eine Fristunterbrechung zuletzt BGH NJW-RR 2004, 755.

[646] So auch *Prechtel* S. 269; *Braunschneider*, Begründung III S. 136.

[647] So auch *Prechtel* S. 189.

[648] Vgl. RegE/JuMoG S. 21 zu der entsprechenden revisionsrechtlichen Vorschrift des § 565 i.V.m. § 541 I 2 ZPO und der im Revisionsrecht eröffneten Möglichkeit der Verlängerung der Begründungsfrist bei verzögerter Akteneinsicht (§ 551 II 6 Hs. 2 ZPO). Leider hat der Gesetzgeber ohne nachvollziehbaren Grund (*Nassall* jurisPR-BGHZivilR 41/2004 vom 15.10.2004) und entgegen der Anregung aus der Praxis (vgl. *Hirtz*, Modernes Zivilverfahrensrecht S. 505) für das Berufungsverfahren keine entsprechende Regelung vorgesehen.

Art. 14 Nr. 10 Buchst. c) RegE/JKomG wird die elektronische Übermittlung der elektronischen Gerichtsakte nur noch 5,– € kosten.

A. Klärung der Berufungsziele

134 **Ziel** einer Berufung ist grundsätzlich die **Abänderung des Ersturteils zugunsten des Berufungsführers.** Dies ist etwas anderes als die mehr oder weniger begründete Feststellung, daß das Ersturteil falsch ist:[649]

- So erweist es sich als Pyrrhussieg, wenn das Berufungsgericht ohne gegen das Verbot der reformatio in peius zu verstoßen, die in erster Instanz als unzulässig oder als zur Zeit unbegründet abgewiesene Klage nunmehr als unbegründet[650] bzw. endgültig unbegründet[651] oder umgekehrt die in erster Instanz als unbegründet abgewiesene Klage nunmehr als unzulässig[652] abweist, statt Fahrlässigkeit Vorsatz annimmt[653] oder ein prozeßordnungswidriges zweites Versäumnisurteil mit einer sachlichen Begründung aufrecht erhält[654]. Da dies alles nach h.M. auch im Beschlußverfahren nach § 522 II ZPO möglich ist,[655] wird eine Berufung in den vorgenannten Fällen schon diese Hürde nicht überspringen.
- Nicht zielführend ist eine Berufung auch, wenn damit gerechnet werden muß, daß der Gegner in der Berufungsinstanz eine neue durchgreifende Einrede erheben[656] oder eine Antragsüberschreitung im Ersturteil (Verstoß gegen § 308 I ZPO) durch einen Berufungszurückweisungsantrag genehmigen wird[657].

135 Darüber hinaus können mit der Berufung **Ziele** verfolgt werden, die teilweise **jenseits des erstinstanzlichen Streitstoffs** liegen, nämlich:

- Nachholen einer in erster Instanz unterlassenen Streitverkündung, die ja gemäß § 72 I ZPO *„bis zur rechtskräftigen Entscheidung des Rechtsstreits"* erfolgen kann;[658]
- einseitige Erledigterklärung wegen nach Schluß der mündlichen Verhandlung eingetretener Umstände (vgl. unten Rn. 362)
- Abwehr des Einwands des Mitverschuldens durch nicht hinreichende Rechtsverfolgung;[659]
- Erschöpfung des Rechtswegs nach § 90 II 1 BVerfGG oder im Hinblick auf § 839 I 2 BGB.

136 Schließlich gibt es noch die von *Oberheim* treffend „apokryph" genannten Ziele[660] – etwa der Wunsch des Mandanten, bestimmte ihm abträglich erscheinende Formulie-

[649] So treffend *Grunsky*, Taktik Rn. 340, 341; dies übersieht *Rinsche* Rn. 178.

[650] BGHZ 12, 308 (316), stRspr., zuletzt BGH WoM 2004, 345; OLG Rostock MDR 2003, 828; *Gehrlein*, ZPR § 14 Rn. 9; *Rosenberg/Schwab/Gottwald* § 138 Rn. 9.

[651] Vgl. BGHZ 104, 212 (214); *Gehrlein*, ZPR § 14 Rn. 9; *Rosenberg/Schwab/Gottwald* § 138 Rn. 12 m.w.N.

[652] BGH NJW-RR 2004, 640.

[653] Vgl. BGH LM § 322 ZPO Nr. 2.

[654] OLG Rostock OLGR 2004, 85.

[655] OLG Celle Beschl. v. 17.7.2002 – 7 U 133/02 (abrufbar unter http://www.oberlandesgericht-oldenburg.niedersachsen.de/efundus/index.php4); OLG Rostock MDR 2003, 828 und 1073; *BL/Albers* § 522 Rn. 16; **a.A.** *Zöller/Gummer/Heßler* § 522 Rn. 36.

[656] *Grunsky*, Taktik Rn. 341.

[657] Vgl. OLG Rostock OLGR 2003, 119.

[658] *Grunsky*, Taktik Rn. 343; *Oelkers/Müller* S. 147; *Schneider*, Klage Rn. 485; *Prechtel* S. 202.

[659] *Grunsky*, Taktik Rn. 342; *Oelkers/Müller* S. 147.

[660] Rn. 78.

rungen im Urteil aus der Welt zu schaffen oder schlicht Zeit zu gewinnen. Hier muß der Anwalt dem Mandanten (schriftlich!) klar machen, daß ein solches Rechtsmittel, selbst wenn es die formalen Hürden überspringt, im Ergebnis nur zusätzliche Kosten bringen wird (siehe auch unten Rn. 210).

B. Klärung der Berufungsgründe

Nach der Neufassung des Gesetzes hängt die Frage der Erfolgsaussichten entschei- 137
dend davon ab, ob einer der drei im Gesetz **enumerativ aufgeführten Berufungsgründe** vorliegt und dieser nach der konkreten Prozeßsituation vorgetragen werden kann.

Die Neuregelung mit ihren zahlreichen vagen Begriffen („konkrete Anhaltspunkt", „Zweifel", „gebieten") hat eine Vielzahl schwieriger, bislang allenfalls ansatzweise gelöster Interpretationsfragen aufgeworfen. Symptomatisch sind die bereits mehrfach zitierten Entscheidungen des V. Zivilsenats des Bundesgerichtshofs vom 12. und 19.3.2004[661], wo das vom ZPO-RG geschaffene System der Berufungsgründe gesprengt wurde: Bereits eine zulässige Berufungsrüge soll ausreichen, das Berufungsgericht zu einer umfassenden Prüfung der angefochtenen Entscheidung unter Auswertung des gesamten Akteninhalts zu verpflichten. Dieses Ergebnis mag aus der Sicht der materiellen Gerechtigkeit zu begrüßen sein, es fehlt aber eine am Gesetz orientierte, tragfähige Begründung.

Im folgenden wird das System der Berufungsgründe in der vom Gesetzgeber gewollten und Gesetz gewordenen Form unter Aufzeigen der zwischenzeitlich von der Rechtsprechung entwickelten Spielräume dargestellt. So soll dem Anwalt für neue, bislang noch nicht erörterte oder entschiedene Fragen eine sichere Argumentationsbasis geboten werden.

I. Der Berufungsgrund der fehlerhaften Rechtsanwendung, § 513 I Fall 1 i.V.m. §§ 546, 529 II ZPO 138

Der Berufungsgrund der fehlerhaften Rechtsanwendung ist gemäß § 546 ZPO gegeben, wenn eine materielle oder prozessuale Rechtsnorm nicht oder nicht richtig angewendet worden ist, sei es in Form von Anwendungs-, Interpretations- oder Subsumtionsfehlern[662].

Im Bereich der **verfahrensrechtlichen** Überprüfung des erstinstanzlichen Urteils kommt es nach § 529 II 1 ZPO darauf an, ob es sich um von Amts wegen zu beachtende Verfahrensvorschriften handelt oder nicht – im letzteren Fall bedarf es einer ausdrücklichen Berufungsrüge. Im Bereich der **materiellrechtlichen** Überprüfung des erstinstanzlichen Urteils ist das Berufungsgericht gemäß § 529 II 2 ZPO nicht an die geltend gemachten Berufungsgründe gebunden.

1. Verletzung des materiellen Rechts

Bei der Umsetzung der Verweisung des § 513 I Fall 1 ZPO auf § 546 ZPO muß man 139
beachten, daß die Berufung keine „*Unterrevision*"[663] ist und zwischen Berufung und Revision nur eine „*eingeschränkte*" Ähnlichkeit besteht[664]. Das Berufungsgericht ist, nach-

---

661 NJW 2004, 1876 und 2154.
662 *Oberheim* Rn. 334; *Kroiß* S. 121 unterscheidet nur zwischen Interpretations- und Subsumtionsfehlern.
663 *Gaier*, Berufungsverfahren S. 2041.
664 BGH NJW 2003, 2532 (2533).

dem nach wie vor neue Tatsachen vorgetragen werden können, weiterhin Tatsacheninstanz.[665] Daraus folgt für die besonders praxisrelevante Frage der Auslegung von Willenserklärungen und Urkunden sowie der Überprüfung von Ermessensentscheidungen:

140 Nach der Grundsatzentscheidung des Bundesgerichtshofs vom 14.7.2004[666] ist die Ermittlung der tatsächlichen Grundlagen eines Vertrags, insbesondere des Parteiwillens, Tatfrage, die **Auslegung eines Vertrages** Rechtsfrage,[667] die vom Berufungsgericht in vollem Umfang zu prüfen ist[668]. Damit ist die von den Oberlandesgerichten[669] und der h.L.[670] schon bald nach Inkrafttreten des ZPO-RG vertretene Ansicht, daß das Berufungsgericht wie ein Revisionsgericht die erstinstanzliche Auslegung von Willenserklärungen und Urkunden, weil Tatfrage, nur darauf überprüfen könne, ob die gesetzlichen Auslegungsregeln, Denk- und Erfahrungsgesetze sowie die Verfahrensregeln beachtet worden sind, und mithin nicht berechtigt sei, seine Auslegung an die Stelle der erstinstanzlichen zu setzen, hoffentlich überholt[671].

141 Hinsichtlich der Überprüfung eines gerichtlichen **Ermessens** im Zusammenhang mit der Bestimmung von Haftungsquoten nach § 17 StVG und der Höhe des Schmerzensgelds nach § 253 BGB kann das Berufungsgericht nach h.M. im Rahmen der ihm nunmehr in erster Line obliegenden Rechtskontrolle nur noch nachprüfen, ob der Erstrichter alle maßgeblichen Umstände vollständig und richtig berücksichtigt und nicht gegen Denk- und Erfahrungssätze verstoßen hat, da es grundsätzlich Sache des Tatrichters ist, alle maßgeblichen Umstände zu erfassen und zu bewerten.[672] Diese Ansicht könnte nun im Hinblick auf die Grundsatzentscheidung des Bundesgerichtshofs zweifelhaft sein;[673] für sie spricht aber der Unterschied zwischen Ermessensentscheidung und gebundener Entscheidung, wie sie bei der Auslegung von Willenserklärungen und Urkunden gegeben ist[674].

---

[665] *Hartmann*, Änderungen S. 2590 (unter XXVI 3): *„keine volle zweite Tatsacheninstanz"*; *Herrler*, passim; *Gehrlein*, ZPR § 14 Rn. 26: *„keine vollständige zweite Tatsacheninstanz"*, *Jauernig* § 72 III: *„Die Berufung eröffnet keine volle Tatsacheninstanz mehr ..."*, *Zöller/Gummer/Heßler* § 529 Rn. 1: *„nicht mehr Wiederholung der Tatsacheninstanz ... bleibt ... aber Tatsacheninstanz, weil sowohl Noven ... eingeführt werden können, als auch eine Neubewertung der Tatsachengrundlage nach Wiederholung der Beweisaufnahme ... gestattet ist."*; *Gaier*, Klageänderung S. 3291 (unter V); *Schnauder* S. 162; *Michel/von der Seipen* S. 260; *Vorwerk* S. 5; *Bamberger* S. 140; **a.A.** zu Unrecht *Schellhammer*, Zivilprozess Rn. 980 und *Crückeberg* § 3 Rn. 362.

[666] NJW 2004, 2751; dem BGH folgend jetzt *Musielak/Ball* § 513 Rn. 4 a und *Deubner* JuS 2004, 1063 (1065 ff.); **abl.** *Burgermeister* ProzRB 2004, 297 unter Hinweis auf nicht näher ausgeführte *„dogmatischen Bedenken"* und *Lechner* S. 3596 f.

[667] So schon *Hannich/Meyer-Seitz* § 513 Rn. 9; *Hirtz*, Wirkungskontrolle S. 60 f.

[668] So schon *Gaier*, Berufungsverfahren S. 2041 f.; *Hirtz*, Wirkungskontrolle S. 60 f.

[669] OLG Celle OLGR 2002, 238; OLG Oldenburg OLGR 2003, 423; OLG Karlsruhe OLGR 2003, 507; OLG München MDR 2003, 952; 2004, 112; KG MDR 2004, 647 und 988.

[670] *Rimmelspacher*, Berufungsgründe S. 1899; *Pantle/Kreissl* Rn. 580; *MüKo-ZPO-Aktualisierungsband/Rimmelspacher* § 513 Rn. 12; *Gehrlein*, Erste Erfahrungen S. 426 (unter II 2 e), der diesen Standpunkt sogar soweit verwirklicht wissen will, daß auch eine Auslegung einer Urkunde gegen ihren Wortlaut nicht überprüfbar sei, wenn die Auslegung nur *„möglich"* sei; *Holthaus/Koch* S. 154 und *ErfKoArbR/Koch* § 66 ArbGG Rn. 28; *Oberheim* Rn. 332; *Zöller/Gummer/Heßler* § 513 Rn. 2; *Bamberger* S. 139; *Wieczorek/Schütze/Gerken* § 513 Rn. 6; *Thomas/Putzo/Reichold* § 513 Rn. 2.

[671] *Burgermeister* ProzRB 2004, 297 zweifelt, ob die Praxis dem BGH uneingeschränkt folgen wird.

[672] OLG Hamm MDR 2003, 1249; OLG München Urt. vom 5.3.2004 – 10 U 4794/03 (n.v.); NJW 2004, 959; OLG Braunschweig VersR 2004, 924; *Oberheim* Rn. 334 (alle zu Schmerzensgeldbemessungen); *Wieczorek/Schütze/Gerken* § 513 Rn. 7 (auch zur Haftungsquote); *Thomas/Putzo/Reichold* § 513 Rn. 2 (auch zur Haftungsquote); *Musielak/Ball* § 513 Rn. 4 a; **a.A.** *Schumann/Kramer* Rn. 453.

[673] So *Hirtz*, Wirkungskontrolle S. 60; *Geisler* jurisPR-BGHZivilR 33/2004 vom 20.8.2004.

[674] Dies übersieht *Geisler* a.a.O.

2. Verfahrensfehler

Bei den **Verfahrensfehlern** unterscheidet das Gesetz zum einen in § 529 II 1 ZPO zwischen Vorschriften, deren Einhaltung von Amts wegen zu beachten und solchen, wo dies nicht der Fall ist, zum anderen in §§ 532, 534, 295 ZPO zwischen Vorschriften, deren Einhaltung unverzichtbar bzw. verzichtbar ist. Die Begriffspaare decken sich insofern, als die Beachtung von Vorschriften unverzichtbar ist, die im öffentlichen Interesse liegen und deshalb von Amts wegen zu beachten sind.[675] 142

a) Von Amts wegen zu beachtende Verfahrensvorschriften. Hier sind zwei Untergruppen zu unterscheiden:

aa) Generell von Amts wegen zu beachtende Verfahrensvorschriften. Hierzu zählen die in § 56 I ZPO genannten Prozeßvoraussetzungen,[676] ferner[677] das Rechtsschutzbedürfnis, die anderweitige Rechtshängigkeit, die Bindung des Gerichts an die Parteianträge, das Fehlen eines brauchbaren Tatbestands, die Unzulässigkeit eines Teilurteils sowie die Durchführung des Schlichtungsverfahrens nach § 15 a EGZPO[678] (das aber noch in der Berufungsinstanz nachgeholt werden kann[679]). 143

bb) Verstöße gegen Rechtsweg- und Zuständigkeitsnormen. Diese sind zwar grundsätzlich von Amts wegen zu prüfen, das Gesetz hat aber im Interesse der Verfahrensbeschleunigung Sonderregelungen getroffen:

- Hinsichtlich des **Rechtswegs** gibt es schon seit langem das spezielle Vorschaltverfahren nach § 17 a GVG, dessen Unterlassen (!) unbeschadet des § 513 II ZPO gerügt werden kann.[680] 144
- Soweit § 513 II ZPO ganz generell von „**Zuständigkeit**" spricht, muß im Wege der Auslegung die Reichweite dieser Vorschrift geklärt werden, da Gesetz und Zivilprozeßrechtsdogmatik zwischen verschiedenen Arten von Zuständigkeiten (sachliche, örtliche, funktionelle und internationale) und gesetzlicher Geschäftsverteilung (Verhältnis der allgemeinen Prozeßabteilung des Amtsgerichts zum Familiengericht[681] und Verhältnis der allgemeinen Zivilkammer zur Kammer für Handelssachen[682]) unterscheiden. § 513 II ZPO erfaßt 145
  - die **sachliche** und **örtliche** Zuständigkeit[683] (einschließlich der Zuständigkeit der Rheinschiffahrtsgerichte,[684] bei der es sich um eine „*besonders geartete sachliche Zuständigkeit*"[685] handelt);

---

[675] *Jauernig* § 30 IX 3; *Thomas/Putzo/Reichold* § 295 Rn. 3.
[676] Vgl. zuletzt BGH WM 2004, 1404.
[677] Vgl. *Hannich/Meyer-Seitz* § 529 Rn. 44.
[678] LG Essen NJOZ 2004, 1728 (1729).
[679] OLG Hamm MDR 2003, 387; LG Essen a.a.O.
[680] BGH NJW 1999, 651; BAG NZA 1992, 954; *Wieczorek/Schütze/Gerken* § 513 Rn. 28, 29; *Thomas/Putzo/Reichold* § 513 Rn. 4; diese Fallkonstellation wird von *Hannich/Meyer-Seitz* § 513 Rn. 16 übersehen.
[681] Vgl. BGHZ 97, 82.
[682] OLG Nürnberg MDR 1976, 228; *Bergerfurth* NJW 1974, 221; *Rosenberg/Schwab/Gottwald* § 33 Rn. 15; *St/J/Schumann* § 1 Rn. 131; *Schellhammer*, Zivilprozess Rn. 1515; nach a.A. – etwa *Thomas/Putzo* Rn. 2 vor § 1 – handelt es sich um eine Frage der funktionellen Zuständigkeit.
[683] Vgl. BegrRegE/ZPO-RG S. 94: „*Absatz 2 übernimmt die Regelungen der bisherigen §§ 10, 512 a und bestimmt darüber hinaus, dass die Berufung nicht darauf gestützt werden kann, das erstinstanzliche Gericht habe seine Zuständigkeit zu Unrecht angenommen.*"; *Hannich/Meyer-Seitz* § 513 Rn. 14 und 15.
[684] OLG – RhSchOG – Karlsruhe NZV 2003, 186.
[685] BGH VersR 1966, 650 (651).

- die **funktionelle** Zuständigkeit (vgl. für die Revision und die befristete Beschwerde §§ 545 II, 621 e III 2 ZPO);[686]
- die **gesetzliche Geschäftsverteilung**, wie sich aus der Begründung des Regierungsentwurfs zu § 532 ZPO[687] und § 545 II ZPO[688] ergibt;[689]
- **nicht** aber die **internationale** Zuständigkeit.[690] Sie hat nämlich, wie *Jauernig* treffend formuliert hat, *„nichts mit den Vorschriften über die innerstaatliche Gerichtszuständigkeit zu tun"*[691]. Im Anwendungsbereich der **Art. 25 EuGVVO**, 19 EuGVÜ/LugÜ gilt § 513 II ZPO wegen der Pflicht zur amtswegigen Prüfung der Zuständigkeit in allen Instanzen ohnehin nicht.[692]

Noch nicht abschließend geklärt ist, ob die bisher von der Rechtsprechung eröffnete Möglichkeit, die grundsätzlich unanfechtbare Zuständigkeitsbejahung bei Verletzung des Anspruchs auf rechtliches Gehör oder Willkür gleichwohl anfechten zu können,[693] jedenfalls hinsichtlich des letzteren Umstandes weiter gegeben ist.[694]

b) Nicht von Amts wegen zu beachtende und verzichtbare Verfahrensvorschriften. Bei Verstößen gegen solche Verfahrensvorschriften gilt folgendes:

146 • **In erster Instanz nach § 295 ZPO geheilte Verstöße** bleiben auch in der zweiten Instanz geheilt (§ 534 ZPO, vgl. dazu auch unten Rn. 165).

147 • **Im übrigen** werden solche Verstöße nur auf **ausdrückliche Rüge** geprüft, § 529 II 1 ZPO.

148 • Bei **verzichtbaren Zulässigkeitsrügen** (siehe oben Rn. 29), die erst in zweiter Instanz geltend gemacht werden sollen, ist außerdem die Verspätung zu entschuldigen, § 532 S. 2 ZPO. Die Vorschrift gilt natürlich nicht für solche Rügen, die erst

---

[686] *Strohn* S. 160; *Philippi* S. 594; *Gehrlein*, Erste Erfahrungen S. 426 (unter II 2 e); *Thomas/Putzo/Reichold* § 513 Rn. 3; *Musielak/Ball* § 513 Rn. 7.

[687] S. 102.

[688] S. 106.

[689] *Hannich/Meyer-Seitz* § 513 Rn. 17; *Strohn* S. 160; *Schellhammer*, Zivilprozess Rn. 998; *Philippi* S. 594; *Wieczorek/Schütze/Gerken* § 513 Rn. 22; *Musielak/Ball* § 513 Rn. 7; *BL/Albers* § 513 Rn. 2.

[690] BGH NJW 2004, 1456; OLG Celle ZIP 2002, 2168 (2170); OLG Düsseldorf OLGR 2003, 298 (299); OLG Naumburg NJOZ 2004, 14; OLG Karlsruhe NJOZ 2004, 161 (162); *Geimer* Rn. 1009, 1855, *Staudinger*, passim; *Strohn* S. 159 f.; *Schack* Rn. 385 Fn. 1; *Leible* LMK 2004, 14 (15); *Jauernig* § 6 II 1 a.E.; *Holthaus/Koch* S. 150 (unter II) für das Arbeitsgerichtsverfahren; *Zöller/Gummer/Heßler* § 513 Rn. 8; *Wieczorek/Schütze/Gerken* § 513 Rn. 27; *Thomas/Putzo/Reichold* § 513 Rn. 3; *Musielak/Ball* § 513 Rn. 7; *BL/Albers* § 513 Rn. 5; **a.A.** OLG Köln Urt. v. 7.3.2003 – 6 U 134/02 (http://www.justiz.nrw.de/RB/nrwe/olgs/koeln/j2003/6_U_134_02urteil20030307.html [eingesehen am 14.2.2004]) ohne Begründung; OLG Stuttgart MDR 2003, 350; *Philippi* S. 593; *Hannich/Meyer-Seitz* § 513 Rn. 17 und 18; *Münch* S. 137; *Schumann/Kramer* Rn. 41 *und Michel/von der Seipen* S. 268 jeweils ohne Begründung; *Emde* EWiR 2003, 495 zu BGHZ 153, 82; *Rimmelspacher*, Internationale Zuständigkeit, passim von seiner grundsätzlichen radikalen Forderung nach „Verfahrensbeschleunigung" aus und u.a. mit der auf dem Hintergrund der oben zitierten Erläuterung von *Jauernig* unrichtigen These, unter „Zuständigkeit" sei ohne weiteres auch die internationale Zuständigkeit zu verstehen; **offengelassen** von OLG Saarbrücken OLGR 2004, 285.

[691] ZPR, § 6 II 1.

[692] Zum **bisherigen Recht** BGHZ 109, 29 (31); zum **neuen Recht** OLG Saarbrücken OLGR 2003, 80 [81]; 2004, 285; *Hannich/Meyer-Seitz* § 513 Rn. 17 und 19; *Zöller/Gummer/Heßler* § 513 Rn. 8; *Thomas/Putzo/Hüßtege* Art. 25 EuGVVO Rn. 1; insoweit auch *Rimmelspacher*, Internationale Zuständigkeit S. 894.

[693] KG NJW-RR 1987, 1203; OLG Oldenburg NJW-RR 1999, 865.

[694] Bejahend *Hannich/Meyer-Seitz* § 513 Rn. 14; *Schneider*, ZPO-RG Rn. 372, 816.

nach Schluß der erstinstanzlichen mündlichen Verhandlung, also „zwischen den Instanzen“ entstanden sind.[695]

2. Kausalität

Gemäß § 513 I Fall 1 ZPO ist dieser Berufungsgrund nur gegeben, wenn *„die Entscheidung auf einem Rechtsfehler (§ 546 ZPO)* ***beruht***“. Wie § 561 ZPO zeigt, genügt es dabei nicht, daß dem Gericht ein Rechtsfehler unterlaufen ist.[696] Bei materiellrechtlichen Fehlern ist dieser Berufungsgrund vielmehr nur gegeben, wenn das Urteil ohne den beanstandeten Fehler für den Berufungsführer günstiger ausgefallen wäre.[697] Bei Verfahrensfehlern ist es – entsprechend der Rechtsprechung des Bundesgerichtshofs zum Revisionsrecht[698] – erforderlich, daß das Gericht ohne den Verfahrensfehler zu einem anderen Ergebnis gelangt wäre.[699] Bei absoluten Revisionsgründen i.S.d. § 547 ZPO wird man auch im Bereich der Berufung von der unwiderleglichen Vermutung der Ursächlichkeit auszugehen haben.[700] **149**

II. Der Berufungsgrund der unrichtigen Tatsachenfeststellung, § 513 I Fall 2 i.V.m. § 529 I Nr. 1 ZPO **150**

Dieser Berufungsgrund ist gegeben, wenn **kumulativ**

- konkrete Anhaltspunkte gegeben sind,
- die Zweifel an der Richtigkeit oder Vollständigkeit der Tatsachenfeststellungen erster Instanz begründen
- und deshalb erneute Feststellungen geboten sind.

Die daraus folgende grundsätzliche Bindung des Berufungsgerichts an die erstinstanzlichen Tatsachenfeststellungen wird durch § 535 ZPO hinsichtlich erstinstanzlicher Geständnisse ergänzt.[701]

1. Konkrete Anhaltspunkte für die Unrichtigkeit

Konkreter Anhaltspunkt in diesem Sinn ist jeder objektivierbare und intersubjektiv **151**
vermittelbare rechtliche oder tatsächliche Einwand gegen die erstinstanzlichen Feststellungen;[702] bloß subjektive Zweifel, lediglich abstrakte Erwägungen oder Vermutungen der Unrichtigkeit ohne **greifbare Anhaltspunkte** genügen nicht[703] (so z.B.

[695] *MüKo-ZPO/Rimmelspacher* § 529 Rn. 11.

[696] Für die Anwendung des Gedankens des § 561 ZPO auch *Rimmelspacher*, Berufungsgründe S. 1897; *Hannich/Meyer-Seitz* § 513 Rn. 10; *Wieczorek/Schütze/Gerken* § 513 Rn. 10.

[697] OLG Celle Beschl. v. 17.7.2002 – 7 U 133/02 (abrufbar unter http://www.oberlandesgericht-oldenburg.niedersachsen.de/efundus/index.php4); OLG Rostock NJW 2003, 1676 (1677); *Schellhammer*, Berufung S. 1143; *Zöller/Gummer/Heßler* § 513 Rn. 5; *Ball*, Berufung S. 147; *Wieczorek/Schütze/Gerken* § 513 Rn. 10.

[698] Vgl. etwa BGH NJW 1995, 1841 (1842).

[699] *Pantle/Kreissl* Rn. 581; *Ball*, Berufung S. 147; *Wieczorek/Schütze/Gerken* § 513 Rn. 10.

[700] So auch *Hannich/Meyer-Seitz* § 513 Rn. 10; *Ball*, Berufung S. 147; *Wieczorek/Schütze/Gerken* § 513 Rn. 10.

[701] *Hannich/Meyer-Seitz* § 535 Rn. 1.

[702] So zuletzt BGH NJW 2004, 2828 (2829); ferner BGH NJW 2004, 1876; WM 2004, 1147; OLG Saarbrücken OLGR 2003, 196; OLG Rostock OLGR 2003, 119 (120); OLG Koblenz NJOZ 2004, 416; Regierungsentwurf S. 100; Rechtsausschuß S. 123.

[703] BGH NJW 2004, 2828 (2829).

nicht, daß der Berufungsführer das gerichtlich erholte Gutachten nur für nicht überzeugend hält[704]).

Greifbare Anhaltspunkte können sich aus folgenden Umständen ergeben:

- Verkennung der Beweislast[705] (da es sich aber bei der Beweislast um eine materiellrechtliche Frage handelt, unterfällt ihre Verkennung richtigerweise dem Berufungsgrund der fehlerhaften Rechtsanwendung, § 513 I Fall 1 i.V.m. § 546 ZPO[706]),
- Übergehen von Beweisanträgen,[707]
- Unvollständigkeit eines dem Ersturteil zugrundeliegenden Sachverständigengutachtens,[708]
- Unvereinbarkeit mit *„lediglich bei ihm* [dem Berufungsgericht] *gerichtskundigen Tatsachen"* [709](was auch immer das sein mag[710])
- Fehlerhaftigkeit der Beweiswürdigung, worunter Widersprüche zwischen der protokollierten Aussage und den Urteilsgründen, Lückenhaftigkeit, Verstoß gegen Denkgesetze oder allgemeine Erfahrungssätze zu verstehen sind[711] (nach einer Mindermeinung in Rechtsprechung und Literatur handelt es sich insoweit um einen Rechtsfehler i.S.v. § 513 I Fall 1 i.V.m. § 546 ZPO[712] mit der Folge, daß es im Hinblick auf § 529 II 1 ZPO einer ausdrücklichen und formgerechten Verfahrensrüge bedarf).

„Entscheidend ist letztlich" – so der Bundestagsrechtsausschuß – *„dass sich der innere Vorgang des Zweifels auf äußere Tatsachen stützen kann, die bei objektiver Bewertung die Eignung besitzen, die Richtigkeit oder die Vollständigkeit der Urteilsfeststellungen in Zweifel zu ziehen. Die Benennung neuer Beweismittel wird deshalb nur dann Anlass zum Eintritt in eine erneute Beweisaufnahme geben, wenn ihnen ausschlaggebender Beweiswert in Bezug auf entscheidungserhebliche Punkte zukommen kann. Insoweit hat das Berufungsgericht zu prüfen, ob neue Erkenntnisse zu erwarten sind, die – auch mit Rücksicht auf den bisherigen Verfahrensablauf, insbesondere auf die in der ersten Instanz erhobenen Beweise – die Urteilsfeststellungen in Frage stellen können. Greift die Berufung eine Beweislastentscheidung an, so wird das Berufungsgericht eine erneute Prüfung nur dann in Betracht ziehen, wenn es von der naheliegenden und nicht nur theoretischen Möglichkeit ausgehen kann, es werde sich nach der Erhebung des beantragten Beweises eine entsprechende Überzeugung bilden können."*[713]

Der Rechtsanwalt tut bei diesem Berufungsgrund gut daran, wenn er neben den Kommentaren Spezialwerke wie z.B. *Egon Schneiders* „Beweis und Beweiswürdigung" (5. Aufl. München 1994) heranzieht, um eine sichere Beurteilungsgrundlage zu gewinnen.

---

[704] BGH NJW 2003, 3480; *Gehrlein*, Rechtsprechung zur Berufung S. 664 f.

[705] Regierungsentwurf und Rechtsausschuß jeweils a.a.O.; *Hannich/Meyer-Seitz* § 529 Rn. 42.

[706] *Gehrlein*, ZPR § 14 Rn. 75; *Zöller/Greger* Rn. 15 vor § 284; *Wieczorek/Schütze/Gerken* § 513 Rn. 9.

[707] Regierungsentwurf und Rechtsausschuß jeweils a.a.O.

[708] BGH NJW 2003, 3480 (3481); 2004, 2828 (2829).

[709] Regierungsentwurf S. 100; Rechtsausschuß S. 123.

[710] Kritisch auch *Musielak*, Reform S. 2774.

[711] Regierungsentwurf und Rechtsausschuß jeweils a.a.O.

[712] KG KGR 2004, 38 (39); OLG Saarbrücken OLGR 2004, 205; *Rosenberg/Schwab/Gottwald* § 137 Rn. 44 und *Rixecker* S. 709.

[713] Rechtsausschuß S. 123.

Hinsichtlich der mit der Feststellungsrüge angestrebten Erneuerung der Beweisaufnahme ist folgendes zu bedenken: Nach ständiger Rechtsprechung und h.M. in der Literatur folgt aus § 525 S. 1 ZPO i.V.m. §§ 398 I, 451 ZPO, daß die Wiederholung der Beweisaufnahme in der Berufung im pflichtgemäßen Ermessen des Gerichts liegt.[714] Der Bundesgerichtshof hat – ansatzweise schon in den 1960er Jahren – durch eine Vielzahl von Entscheidungen eine deutliche Konkretisierung und Einengung dieses Ermessens herbeigeführt. Diese Rechtsprechung gilt auch nach Inkrafttreten des ZPO-RG.[715] Insbesondere in folgenden Fällen schrumpft es auf Null: 152

- Wenn das Berufungsgericht die Glaubwürdigkeit eines Zeugen (also nicht die Ergiebigkeit seiner Aussage für die Beweisfrage[716]) abweichend von der Vorinstanz würdigen will,[717] es sei denn, der Zeuge war in der 1. Instanz im Rechtshilfewege vernommen worden[718] und das Berufungsgericht sich auf Anhaltspunkte im Protokoll selbst stützen will und kann[719];
- wenn das Berufungsgericht eine Aussage anders verstehen will und dabei vom erstinstanzlich festgestellten Erklärungstatbestand (etwa vom protokollierten Wortlaut) abweichen will;[720]
- wenn das Berufungsgericht von der erstinstanzlichen Gesamtwürdigung der Beweisaufnahme abweichen will;[721]
- wenn das Berufungsgericht anders als das Erstgericht das Ergebnis der Beweisaufnahme für entscheidungserheblich hält und es dabei nicht nur auf den Wortlaut einer Aussage ankommt;[722]
- wenn das Berufungsgericht das protokollierte Ergebnis eines Augenscheins abweichend von der Vorinstanz würdigen will;[723]
- wenn die Aussage des Sachverständigen entgegen § 160 III Nr. 4 ZPO in der ersten Instanz nicht protokolliert oder sonst irgendwie aktenkundig gemacht worden ist;[724]

---

[714] Grdl. RG JW 1884, 111; aus neuerer Zeit etwa BGH NJW 2000, 3720; weitere Rechtsprechungsnachweise etwa bei *Grunsky*, Taktik Rn. 455, der selbst diese h.M. ablehnt (a.a.O. Rn. 463) und *StJ/Grunsky* § 526 Rn. 6; *Thomas/Putzo/Reichold* § 398 Rn. 1; eingehende Begründung der h.M. bei *Nassall*, Zeugenvernehmung S. 315.

[715] So ausdrücklich BGH NJW 2004, 1876; ferner *Zöller/Gummer/Heßler* § 529 Rn. 6 ff.; *Wieczorek/Schütze/Gerken* § 529 Rn. 22 ff.; *Müller* VersR 2004, 1073 (1080); der gegenteiligen Behauptung von *Oberheim* Rn. 417 kann nicht gefolgt werden.

[716] *Becht* JuS 1991, 134 (136).

[717] Grdl. BGH NJW 1964, 2414, stRspr., zuletzt jeweils zum neuen Recht BGHReport 2003, 1109 und NJW 2004, 1876 (1877); BAG NZA 2002, 731 (733); *Schneider*, Beweis Rn. 31; *Thomas/Putzo/Reichold* § 398 Rn. 4.

[718] BGH NJW 1982, 580; OLG Karlsruhe NJW 1990, 1054; *Schneider*, Erneute Zeugenvernehmung S. 842 und Beweis Rn. 42; **a.A.** *Nassall*, Zeugenvernehmung S. 319 Fn. 29.

[719] BGH NJW 1990, 3088; *Schneider*, Beweis Rn. 42; *Thomas/Putzo/Reichold* § 398 Rn. 6.

[720] Grdl. BGH NJW 1968, 1138, stRspr., zuletzt BGHReport 2003, 1109; *Schneider*, Beweis Rn. 35; *Thomas/Putzo/Reichold* § 398 Rn. 4.

[721] BGH NJW 1996, 663; 2000, 1199 und 3720; BGHReport 2003, 1109; *Schneider*, Beweis Rn. 38; *Grunsky*, Taktik Rn. 457 m.w.N.

[722] BGH NJW 1982, 108 (109); 1986, 2885; *Schneider*, Beweis Rn. 40; *Grunsky*, Taktik Rn. 458; **a.A.** noch *Schneider*, Erneute Zeugenvernehmung S. 842.

[723] BGH VersR 1985, 839 (841); KG NJW-RR 1994, 599 (601); *Schneider*, Beweis Rn. 44; *Thomas/Putzo/Reichold* § 398 Rn. 5.

[724] BGH NJW 2001, 3269.

– wenn das Berufungsgericht die Ausführungen eines Sachverständigen anders würdigen will.[725]

Der Zwang zur Wiederholung der Beweisaufnahme in diesen Fällen führte schon in der Vergangenheit dazu, daß Berufungsgerichte nur bei sehr gewichtigen Anhaltspunkten die erstinstanzliche Beweiswürdigung in Zweifel zogen;[726] diese Zurückhaltung verstärkt sich angesichts der neuen Gesetzeslage eher noch, wie erste oberlandesgerichtliche Entscheidungen zeigen[727].

2. Zweifel

Dieses Tatbestandsmerkmal hat eine wechselvolle Entstehungsgeschichte, die sich auch in der praktischen Handhabung widerspiegelt.

153 **a) Die Vorstellungen des Reformgesetzgebers.** In § 529 I Nr. 1 des **Regierungsentwurfs** war von *„**ernstlichen Zweifel**"* die Rede. Diese setzten, so der Entwurf, voraus, *„dass im Ergebnis die Unrichtigkeit oder Unvollständigkeit der erstinstanzlichen Tatsachenfeststellungen mindestens ebenso wahrscheinlich ist wie deren Richtigkeit oder Vollständigkeit. Dies ist auch der Fall, wenn sich die tragenden Ausführungen im erstinstanzlichen Urteil als unzutreffend oder unvollständig erweisen und die Frage, ob das Ergebnis der Feststellungen gleichwohl richtig ist, erst auf Grund einer weiteren Durcharbeitung und Durchdringung des Streitstoffes und/oder gar einer Beweisaufnahme entschieden werden kann."*[728] Der **Bundestagsrechtsausschuß** strich das Merkmal „ernstlich". Zur Begründung hierfür führt er u.a. aus: *„Im Interesse einer zutreffenden Tatsachenfeststellung und damit an einer „richtigen", der materiellen Gerechtigkeit entsprechenden Entscheidung dürfen die Anforderungen an die Annahme eines begründeten Zweifels allerdings nicht Überspannt werden. Zu weit ginge es etwa, wollte man verlangen, dass der Berufungskläger einen anderen, von den Feststellungen des Erstrichters abweichenden Sachverhalt glaubhaft macht. Es muss vielmehr **genügen, wenn das Berufungsgericht aufgrund aussagekräftiger Tatsachen in einer rational nachvollziehbaren Weise zu „vernünftigen" Zweifeln an der Richtigkeit oder Vollständigkeit entscheidungserheblicher Feststellungen gelangt, d.h. zu Bedenken, die so gewichtig sind, dass sie nicht ohne weiteres von der Hand gewiesen werden können** ... Anders als der Regierungsentwurf ... lässt die vom Ausschuss gefundene Fassung bereits vernünftige Zweifel genügen, um die Pflicht zu neuen Tatsachenfeststellungen zu begründen. Damit kommt zum Ausdruck, dass die Bindung an die in der ersten Instanz festgestellten Tatsachen erst, aber auch schon dann entfällt, wenn aus der Sicht des Berufungsgerichts eine gewisse – nicht notwendig überwiegende – Wahrscheinlichkeit dafür besteht, dass im Falle der Beweiserhebung die erstinstanzliche Feststellung keinen Bestand haben wird. Nach der Rechtsprechung des Bundesverfassungsgerichts ist im Verwaltungsprozess die Berufung nach § 124 Abs. 2 Nr. 1 VwGO zuzulassen, wenn ein tragender Rechtssatz oder eine erhebliche Tatsachenfeststellung mit schlüssigen Gegenargumenten in Frage gestellt werden kann (vgl. Beschl. v. 23. Juni 2000 – 1 BvR 830/00). Anhand dieses Maßstabs wird auch die neue Vorschrift auszulegen sein ..."*[729]

[725] BGH NJW 1994, 803; *Schneider*, Beweis Rn. 45; *Thomas/Putzo/Reichold* § 398 Rn. 5.

[726] Zutreffend *Gehrlein*, ZPR § 14 Rn. 74; die Beweisaufnahme wurde nur in 10,7 % (LG) und 14,2 % (OLG) aller Verfahren wiederholt oder ergänzt (*Prechtel* S. 389).

[727] OLG Dresden MDR 2003, 289; KG MDR 2004, 533; vgl. auch *Gehrlein*, ZPR § 14 Rn. 74.

[728] S. 100 (Hervorhebung vom Verf.).

[729] S. 124 (Hervorhebung vom Verf.). Die zitierte Entscheidung des BVerfG ist in NJW 2000, 3776 abgedruckt.

b) Die Praxis. Es lassen sich bislang drei grundsätzliche Standpunkte feststellen: **154**

- Der Bundesgerichtshof[730], die Obergerichte[731] und ein Teil des Schrifttums[732] haben die Definition des Bundestagsrechtsausschusses weitgehend wörtlich übernommen.
- Geringere Anforderungen hat das Bundesverfassungsgericht in einer Kammerentscheidung vom 12.6.2003 gestellt – danach könnten sich Zweifel an der Richtigkeit und Vollständigkeit entscheidungserheblicher Feststellungen *„schon aus der Möglichkeit einer unterschiedlichen Wertung ergeben“*[733]. Auch *Rimmelspacher*, einer der geistigen Ahnherren der ZPO-Reform, hält den Standpunkt des Bundestagsrechtsausschusses für zu wenig weitgehend und läßt es genügen, *„wenn die Unrichtigkeit oder Lückenhaftigkeit der vorinstanzlichen Feststellungen als Folge der konkreten Anhaltspunkte nicht ausgeschlossen werden können“*[734]. *Münch* schließlich vertritt die Ansicht, daß nur ein *„plausibler Verdacht“* für die Unrichtigkeit oder Unvollständigkeit der erstinstanzlichen Tatsachenfeststellung vorliegen müsse.[735]
- Es gibt aber auch die Forderung nach einer strengeren Handhabung: *Greger* hat die Entscheidung des Bundesverfassungsgerichts scharf kritisiert.[736] Ganz im Sinne *Gregers* hat das OLG Rostock[737] die Entscheidung des Bundesverfassungsgerichts in ihr Gegenteil uminterpretiert. Beide verkennen aber, daß Prozeßrecht im modernen Zivilprozeß nicht Selbstzweck ist, sondern der Verwirklichung des materiellen Rechts dient,[738] Beschleunigung um jeden Preis also mit dem Rechtsstaatsprinzip des Grundgesetzes unvereinbar ist.[739]

3. Gebotensein neuer Feststellungen

Neue Feststellungen durch das Berufungsgericht sind „geboten“, wenn *„eine konkretisierbare Möglichkeit eines anderen Beweisergebnisses“* besteht.[740] **155**

III. Der Berufungsgrund der neuen Angriffs- und Verteidigungsmittel, § 513 I Fall 2 i.V.m. §§ 529 I Nr. 2, 531 II 1 ZPO **156**

Das Problem dieses Berufungsgrunds besteht im Gegensatz zu den bislang erörterten regelmäßig nicht darin, sein Vorliegen erst herauszuarbeiten, sondern darin, ob er im Einzelfall geltend gemacht werden kann.

Die Bewältigung dieses Problems setzt eine sichere Beherrschung des Systems der **Präklusion in zweiter Instanz** voraus. Grundlegend hierfür ist die Unterscheidung **157**

730 BGH NJW 2003, 3480 (3481); 2004, 2825 und 2828 (2829).
731 OLG Koblenz NJOZ 2004, 416.
732 *Gehrlein*, ZPR § 14 Rn. 76; *Gaier*, Berufungsverfahren S. 2044.
733 NJW 2003, 2524.
734 Berufungsgründe S. 1902 f.
735 S. 137.
736 *Greger*, Menetekel, passim.
737 NJOZ 2004, 1466.
738 BVerfGE 42, 64 (73), stRspr.; GmS-OGB BGHZ 144, 160 (162); stRspr. des BGH seit BGHZ 10, 350 (359); eingehend *Zöller/Vollkommer* Einl. Rn. 92 ff.
739 Ablehnend auch *Hirtz*, Wirkungskontrolle S. 62 und i. Erg. *Rixecker* S. 708.
740 Rechtsausschuß S. 123; ebenso BGH NJW 2004, 1876 und 2828 (2830).

zwischen **vertikaler** (instanzübergreifender[741]) und **horizontaler** (berufungsinstanzlicher) Präklusion:[742]

- Die auch Instanzversäumung[743] genannte vertikale Präklusion betrifft die Frage, **ob** die Parteien etwas überhaupt erstmals in der Berufungsinstanz vortragen dürfen.
- Die horizontale Präklusion betrifft die Frage, **bis wann** die Parteien innerhalb der zweiten Instanz vorzutragen haben.

1. Die vertikale (instanzübergreifende) Präklusion

158 **a) Das Novenrecht im allgemeinen.** Neuer Tatsachenvortrag in zweiter Instanz (das sog. Novenrecht) ist nach Inkrafttreten des ZPO-RG nur noch ausnahmsweise möglich, man kann von einem „allgemeinen Novenverbot" sprechen[744].

Dies gilt aber nur für den **allgemeinen Zivilprozeß**. In **Familiensachen** verbleibt es gemäß §§ 615 II, 621 d S. 2 ZPO bei der **bisherigen Möglichkeit** des neuen Tatsachenvortrags (Einschränkungen nur nach Maßgabe der §§ 615 I, 621 d S. 1 ZPO). Als Grund hierfür wurde im „Bericht zur Rechtsmittelreform in Zivilsachen" folgendes angeführt: *„So bedarf es näherer Untersuchung, inwieweit die Bindung des Berufungsgerichts an die Tatsachenfeststellungen der ersten Instanz und die Beschränkung neuen Tatsachenvortrags auf das familiengerichtliche Verfahren übertragbar sind. Unterschiede bestehen insoweit, als der Aspekt einer gewissen Rücksichtnahme auf den (bisherigen) Partner eine viel stärkere Rolle spielt als in sonstigen meist rein vermögensrechtlich geprägten Zivilprozessen und auch Bemühungen um eine gütliche Einigung unnötig erschwert würden, wenn die Parteien aus Furcht vor späterer Präklusion gezwungen wären, rein vorsorglich Tatsachen vorzutragen, die das Prozeßklima belasten könnten."*[745]

Auch in **Arbeitsgerichtssachen** ist neuer Tatsachenvortrag nach Maßgabe des § 67 ArbGG unverändert möglich,[746] von den geänderten Vorschriften der Zivilprozeßordnung ist nur § 532 ZPO anwendbar[747]. Eine spezielle arbeitsrechtliche Präklusionsregelung findet sich in § 9 I 3 KSchG, wonach im Kündigungsschutzverfahren der Auflösungsantrag bis zum Schluß der letzten mündlichen Verhandlung in der Berufungsinstanz gestellt (und auch zurückgenommen[748]) werden kann, eine Zurückweisung des Antrags als verspätet ist also schlechthin unzulässig[749].

---

[741] *Schumann/Kramer* Rn. 465 spricht hier von *„zwischeninstanzlicher Präklusion"*

[742] Vgl. BGHR ZPO § 528 Anwendungsbereich 1 Instanzversäumung; im Schrifttum besonders deutlich *Wolf* S. 314, *Kallweit* S. 147, *Rosenberg/Schwab/Gottwald* § 137 Rn. 49 ff. und 63 ff. und *Wieczorek/Schütze/Gerken* § 530 Rn. 7; ferner *MüKo-ZPO/Rimmelspacher* § 527 Rn. 4, 7. Die bloße Auflistung von präklusionsbegründenden Fallgestaltungen (so z.B. *Steinert/Theede* Kap. 12 Rn. 97–113) entspricht nicht der Gesetzessystematik und hilft auch nicht bei der konkreten Fallösung; auch die Gruppenbildung von *Huber* Rn. 657 berücksichtigt die Systematik des Gesetzes nicht hinreichend. Ein typisches Beispiel für eine fehlende Differenzierung findet sich bei *Zöller/Gummer/Heßler* § 521 Rn. 13.

[743] So BGHR ZPO § 528 Anwendungsbereich 1.

[744] So BGH MDR 2004, 678.

[745] Bericht S. 10 f. unter A II 10.2.; vgl. ferner BegrRegE/ZPO-RG S. 304; ohne Begründung abl. *Gottwald* S. 116.

[746] BegrRegE/ZPO-RG S. 353.

[747] *Holthaus/Koch* S. 153 (unter VIII).

[748] BAG DB 1961, 476; *KR/Spilger* § 9 Rn. 22.

[749] Zum **früheren Recht**: LAG Berlin NZA-RR 1998, 116 (117); zum **neuen Recht**: *KR/Spilger* § 9

b) Die einzelnen Präklusionstatbestände. Die Präklusionstatbestände als solche haben sich gegenüber dem bisherigen Recht nicht geändert.

aa) Sog. altes Vorbringen. Altes Vorbringen[750], also solches, das bereits in erster Instanz zurecht als verspätet (nicht etwa als unschlüssig, unsubstantiiert oder unerheblich[751]) zurecht zurückgewiesen worden ist oder nach § 296 a ZPO unberücksichtigt bleibt[751a], bleibt – **wie bisher** – gemäß **§§ 531 I ZPO, 67 I ArbGG** ausgeschlossen. Die Vorschriften sind verfassungsgemäß.[752] Auf eine Verzögerung in der Berufungsinstanz kommt es nicht an.[753] 159

Das präkludierte Vorbringen ist aber – wie bisher schon[754] – zu berücksichtigen, wenn es in zweiter Instanz **unstreitig** oder **offenkundig** wird und eine weitere Beweisaufnahme somit nicht erforderlich[755] oder aus anderen Gründen ohnehin notwendig ist[756].

bb) Neuer Tatsachenvortrag im übrigen. § 531 II 1 ZPO erlaubt den Vortrag neuer Tatsachen – wobei sich die Neuheit einer Tatsache nach dem Tatbestand des angefochtenen Urteils beurteilt (vgl. oben Rn. 58) – nur noch in drei Fällen. 160

§ 531 II 1 Nr. 1 und 2 ZPO betreffen Fälle, wo das erstinstanzliche Gericht für Unzulänglichkeiten im Parteivortrag (mit-)verantwortlich ist. Nr. 1 meint den Fall, daß aus der Sicht des Berufungsgerichts das Erstgericht einen rechtlichen oder tatsächlichen Gesichtspunkt übersehen oder für unerheblich gehalten hat und – als zusätzliches Tatbestandsmerkmal – dieser Fehler den erstinstanzlichen Vortrag der Parteien beeinflußt hat[757]. Nr. 2 betrifft den Fall, daß schon vom Standpunkt des Erstgerichts aus ein rechtlicher Hinweis erforderlich gewesen wäre.[758]

Die Nr. 3 der Vorschrift betrifft dagegen die Unzulänglichkeit des Parteivortrag, deren Ursache in der Sphäre der Partei verortet ist; sie stellt einen – praktisch außeror-

---

Rn. 20; *ErfKoArbR/Ascheid* § 9 KSchG Rn. 8; *Ascheid/Preis/Schmidt/Biebl* § 9 KSchG Rn. 25; *Hako/Fiebig* § 9 Rn. 17.

[750] Vgl. BGH NJW 1981, 1217; *MüKo-ZPO/Rimmelspacher* § 527 Rn. 4; *Schellhammer*, Zivilprozess Rn. 1049, 1051.

[751] *Wieczorek/Schütze/Gerken* § 531 Rn. 8.

[751a] OLG Düsseldorf OLGR 2004, 394.

[752] BVerfGE 55, 72 zu § 528 III ZPO a.F.; h.M., vgl. die umfass. Nachw. bei *Kallweit* S. 166 Fn. 54.

[753] BGH NJW 1980, 1102 (1104); *Wieczorek/Schütze/Gerken* § 531 Rn. 8.

[754] BVerfGE 55, 72; BGH NJW 1980, 945 (947); allg. M.; weitergehend *Wolf* S. 325.

[755] **So** OLG Nürnberg MDR 2003, 1133; OLG Köln OLGR 2004, 124; *Schumann/Kramer* Rn. 475; *Hannich/Meyer-Seitz* § 531 Rn. 8; *Strohn* S. 161 f.; *Gehrlein*, ZPR § 14 Rn. 88; *Würfel* S. 1214; *Kieserling* VersR 2003, 1006 (Anm. zu OLG Hamm NJW 2003, 2325); *Zöller/Gummer/Heßler* § 531 Rn. 25; *Rosenberg/Schwab/Gottwald* § 137 Rn. 62; *Debusmann* S. 43 ff.; *Hirtz*, Wirksamkeitskontrolle S. 64; *Gottwald* S. 116; *Fellner*, Neuer Sachvortrag S. 241, 243; *Rixecker* S. 706 f.; *Müller* VersR 2004, 1073 (1080); *Thomas/Putzo/Reichold* § 531 Rn. 1; *Jansen* S. 523; **im Erg. ebenso** OLG Hamm NJW 2003, 2325; OLG Köln MDR 2004, 833; OLG Karlsruhe MDR 2004, 1020: zulässig, wenn eine Zurückweisung zu einer *„evident (?) unrichtigen Entscheidung"* führen würde; **zu Unrecht verneinend** OLG Oldenburg NJW 2002, 3556; OLG Celle OLGR 2003, 303 (307); OLG Nürnberg OLGR 2003, 377; OLG Düsseldorf Urt. v. 14.10.2003 – 23 U 222/02 (veröffentlicht bei juris); OLGR 2004, 272; *Steinert/Theede* Kap. 12 Rn. 105; *Wieczorek/Schütze/Gerken* § 531 Rn. 15; **offengelassen** von BGH FamRZ 2004, 699 (700).

[756] OLG Nürnberg OLGR 2003, 351; *Crückeberg*, Neue Tatsachen S. 11.

[757] BGH NJW 2004, 927.

[758] BGH a.a.O. *Braunschneider*, Begründung III S. 135 unterscheidet die Nr. 1 und 2 des § 531 II 1 ZPO dagegen dahin, daß die Nr. 1 materiellrechtliche Mängel, Nr. 2 dagegen Verfahrensfehler betreffe; wieder anders Schumann/Kramer Rn. 473, wonach die Nr. 1 ein Unterfall der Nr. 2 sei (abl. *Braunschneider* a.a.O.).

dentlich wichtigen – Auffangtatbestand dar, der eigentlich den Kern der verschärften Präklusionsregelungen darstellt[759]. Diese überflüssige und mißglückte Vorschrift,[760] zu deren Eingreifen bereits einfache Fahrlässigkeit genügt,[761] bereitet in der Praxis erhebliche Probleme. Sie verleitet zum „Durchgreifen"[762] und wäre dann, aber auch nur dann verfassungswidrig[763]. Nachfolgend eine alphabetische Übersicht über die insoweit bislang aufgetretenen Zweifelsfragen:

161 • Angriffe auf erstinstanzliche Sachverständigengutachten
Solche Angriffe werden nun häufig kurzer Hand zurückgewiesen.[764] Dies ist verfahrensfehlerhaft. § 411 III ZPO stellt die mündliche Anhörung des Sachverständigen zwar in das Ermessen des Gerichts, dieses Ermessen ist aber gebunden.[765] Es muß dahin ausgeübt werden, daß vorhandene Aufklärungsmöglichkeiten zur Beseitigung von Zweifeln und Unklarheiten des Gutachtens genutzt werden.[766] Ein Antrag der beweispflichtigen Partei ist dazu nicht erforderlich.[767] Werden nun in der Berufungsbegründung gegen ein erstinstanzliches Sachverständigengutachten sachliche Einwände erhoben oder erstmalig die Anhörung des Sachverständigen beantragt, sind diese deshalb an §§ 529 I Nr. 1 2. Satzhälfte, 531 II 1 Nr. 1 ZPO zu messen.[768]

---

[759] *Wieczorek/Schütze/Gerken* § 531 Rn. 27.

[760] So zutreffend *Debusmann* S. 44 f.

[761] Vgl. dazu etwa OLG Koblenz NJW 2004, 864 (Ls.); *Wieczorek/Schütze/Gerken* § 531 Rn. 27.

[762] Vgl. die deutliche Kritik der Vorsitzenden des VI. ZS des BGH *Müller* in VersR 2004, 1073 (1080 f.); ferner *Jansen* S. 523.

[763] Anders *Hunke/Dübbers* S. 185 f. und *Schneider* (vgl. abl. *Braunschneider*, Begründung III S. 137): grundsätzlich verfassungswidrig.

[764] Besonders hervorgetan hat sich insoweit das OLG Saarbrücken: So in NJW-RR 2003, 139 m. zust. Anm. *Gehrlein*, Rechtsprechung zur Berufung S. 665 und abl. Anm. *Deubner* JuS 2003, 270 (273 f.), wo sich die „Begründung" des Urteils insoweit in einer Paraphrasierung des § 531 II 1 Nr. 3 ZPO erschöpft, ohne sich mit dem Gesetz und der bisherigen Rechtsprechung auseinanderzusetzen, und in OLGR 2003, 179 m. zust. Anm. *Gehrlein*, Rechtsprechung zur Berufung S. 665 (wo die Möglichkeit einer Partei, ein Privatgutachten zu Widerlegung des gerichtlich erholten Gutachtens vorlegen zu können, auch noch als – präkludierte – Möglichkeit eines Beweisantrags qualifiziert wird); vgl. krit. auch *Debusmann* S. 43.

[765] BGH NJW 1992, 1459; NJW-RR 1998, 1527 (1528); OLG Zweibrücken NJW-RR 1999, 1156.

[766] BGH NJW-RR 1998, 1527 (1528).

[767] NJW-RR 1998, 1527 (1528).

[768] BGH NJW 2004, 2828 ff.. Werden die Einwände auf ein Privatgutachten gestützt, muß der Anwalt mit den allgemeinen prozessualen Anforderungen an dessen Behandlung vertraut sein. Zum Basiswissen gehört, daß ein Gericht sich mit einem solchen Gutachten ernsthaft auseinandersetzen muß (BGH NJW 1992, 1459; *Schneider*, Beweis Rn. 1451) und, wenn es dies nicht aus eigener Sachkunde abschließend tun kann,

- entweder den gerichtlichen Sachverständigen zur Gutachtensergänzung auffordern (BGH NJW 1992, 1459 f.; 2001, 77; *Schmid* NJW 1994, 767 [770]),
- oder ihn gem. § 411 III ZPO in mündlicher Verhandlung befragen (BGH NJW 1992, 1459 f.; 1994, 1593 [1594]; NJW-RR 1994, 219; OLG Frankfurt a.M. NJW 1994, 394),
- oder gem. § 412 ZPO ein weiteres Gutachten einholen (BGH NJW-RR 1988, 763 [764]; NJW 1992, 1459 [1460]; *Jessnitzer/Ulrich* Rn. 38)

muß. Wählt das Berufungsgericht – wie meist – eine der beiden ersten Vorgehensweisen, entsteht für den Berufungsführer das Problem, daß kaum zu erwarten ist, daß der Sachverständige seine ursprünglichen Feststellungen revidieren wird (so zutreffend *HdbStraßenverkR/Born* Kap. 3 B Rn. 229). Hier kann sich der von *Born* a.a.O. (mit Formulierungsvorschlag Rn. 230) vorgeschlagene Versuch lohnen, das Berufungsgericht unter Hinweis auf den Rechtsgedanken des § 41 Nr. 6 ZPO davon zu überzeugen, daß die Beauftragung eines neuen Sachverständigen sinnvoll sei. Man könnte

Eine Zurückweisung der Einwände wegen Verspätung ist deshalb nicht möglich.[769] Unerheblich ist auch, ob die Partei ihr daneben (!) bestehendes Recht nach §§ 402, 397 ZPO, die Anhörung des Sachverständigen zu beantragen,[770] wegen Rechtsmißbrauchs oder Prozeßverschleppung (Nichteinhaltung einer ihr nach § 411 IV 2 ZPO gesetzten Frist) verloren hat.[771] In der Berufungsbegründung muß dieser Unterschied zwischen beantragter und amtswegiger Anhörung eines Sachverständigen sorgfältig dargestellt werden, da er häufig unbekannt ist oder bewußt ignoriert wird. Etwas anderes ist es natürlich, wenn etwa in erster Instanz dem Sachverständigen die für die Begutachtung erforderlichen Unterlagen nicht oder erheblich verspätet zu Verfügung gestellt wurden, so daß sie nicht mehr berücksichtigt werden konnten – in diesem Fall ist ein Antrag auf erneute Begutachtung oder Anhörung des Sachverständigen unter Vorlage der Unterlagen in der Berufungsinstanz nach § 531 II 1 Nr. 3 ZPO zurückzuweisen.[772]

- Auffinden/Entstehen von Beweismitteln
  Wenn nach Schluß der mündlichen Verhandlung neue Beweismittel aufgefunden werden oder gar erst entstehen (sog. nova reperta und nova producta), scheidet eine Nachlässigkeit in der Prozeßführung in der Regel aus[773] (zu den Anforderungen an den Berufungsvortrag siehe unten Rn. 297).
- Einrede der beschränkten Erbenhaftung und des darauf gründenden Vorbehalts nach § 780 ZPO in zweiter Instanz
  Das OLG Düsseldorf hat Präklusion angenommen.[774] Der Meinungsstand im Schrifttum ist uneinheitlich.[775]
- überspannte Anforderungen
  Wie schnell überspannte Anforderungen an die Sorgfaltspflichten einer Partei bzw. ihres erstinstanzlichen Anwalts gestellt werden können, zeigt exemplarisch die Ent-

---

auch daran denken, den erstinstanzlichen Sachverständigen gem. § 406 I 1 i.V.m. § 41 Nr. 6 ZPO abzulehnen, allein dies würde keinen Erfolg haben, weil die h.M. (BGH MDR 1961, 397; OLG München VersR 1994, 704; *Zöller/Greger* § 406 Rn. 9; *Thomas/Putzo/Reichold* § 406 Rn. 3) den eindeutigen Wortlaut des Gesetzes ignoriert und das Problem sachwidrig in den § 42 ZPO verlagert (so überzeugend *Kahlke* S. 60).

[769] *Zöller/Greger* § 411 Rn. 5; *Wieczorek/Schütze/Gerken* § 531 Rn. 32; unzutreffend deshalb OLG Koblenz NJW-RR 2003, 970 und *BL/Hartmann* § 282 Rn. 9.

[770] BGH NJW 1997, 802.

[771] BGH NJW-RR 1989, 1275; NJW 1992, 1459; OLG Zweibrücken NJW-RR 1999, 1156; unklar *Thomas/Putzo/Reichold* § 411 Rn. 7.

[772] OLG Koblenz Urt. v. 21.3.1994 – 12 U 1941/92 (veröffentlicht bei juris).

[773] OLG Zweibrücken OLGR 2003, 34; OLG Saarbrücken NJOZ 2003, 1003; RegE/ZPO-RG S. 101; *Musielak/Ball* § 531 Rn. 19; *Prechtel* S. 193; *Rimmelspacher*, Berufungsgründe S. 1904; *Gehrlein*, Arzthaftungsrecht S. 939 und Erste Erfahrungen S. 428; *Michel/von der Seipen* S. 266; *Zöller/Gummer/Heßler* § 531 Rn. 30; *Rosenberg/Schwab/Gottwald* § 137 Rn. 56, *Fellner*, Neuer Sachvortrag S. 243; ungenau *Wieczorek/Schütze/Gerken* § 531 Rn. 27.

[774] OLG Düsseldorf FamRZ 2004, 1222.

[775] Zustimmend *BL/Hartmann* § 780 Rn. 4; **a.A.** *Zöller/Stöber* § 780 Rn. 10. Beide berufen sich auch auf OLG Celle OLGR 1995, 204; die einschlägige Passage in dieser Entscheidung lautet: „*Wenn aber der Vorbehalt gem. § 780 ZPO als materiell-rechtliche Haftungsbeschränkung zu verstehen ist … und der Einredecharakter eine Geltendmachung im Erkenntnisverfahren wie beim Zurückbehaltungsrecht erfordert, muß es den Erben auch noch im Berufungsverfahren möglich sein, die Haftungsbeschränkung geltend zu machen. Einschränkungen können sich allein aus den hier nicht einschlägigen Verspätungsvorschriften gem. § 528 ZPO ergeben.*“ *Thomas/Putzo* § 780 Rn. 6 und *Musielak/Lackmann* § 780 Rn. 6 behandeln das Problem nicht.

scheidung des OLG Köln vom 11.6.2003[776], wo der Klägerin in einem Arzthaftungsprozeß zum Vorwurf gemacht wurde, sie habe *„nicht jede in Betracht kommende Möglichkeit, Einwendungen gegen die in erster Instanz vorgelegte Begutachtung durch Prof. P. ausfindig zu machen* (!)" genutzt, z.B. dadurch, daß sie selbst (!) oder jedenfalls ihr erstinstanzlicher Anwalt Zugang zur „Deutschen Zentralbibliothek für Medizin"[777] suchte, wie es ja dann der Berufungsanwalt getan habe – eine Auffassung, welcher der Bundesgerichtshof in seiner Revisionsentscheidung vom 8.6.2004[778] zurecht entgegengetreten ist.

- Zeugen, auf deren Einvernahme in 1. Instanz „verzichtet" worden war
  Hier ist zwischen dem Verzicht auf einen Zeugen gemäß § 399 Hs. 1 ZPO (u.U. „für diese Instanz") und dem Einverständnis mit der Einführung einer Zeugenaussage im Wege des Urkundenbeweises (aus anderen Verfahrensakten) zu unterscheiden.
  - Der Verzicht auf einen Zeugen hindert nach ganz h.M. weder eine erneute Benennung innerhalb derselben Instanz[779] noch die Wiederholung des Beweisantrags in der Berufungsinstanz;[780] davon zu unterscheiden ist aber die Frage, ob im Einzelfall eine Nachlässigkeit i.S.d. § 531 II 1 Nr. 3 ZPO gegeben ist.
  - Das Einverständnis mit der Einführung einer Zeugenaussage im Wege des Urkundenbeweises stellt nicht ohne weiteres einen Verzicht auf die Einvernahme eines benannten Zeugen dar.[781] Dem Berufungsführer ist keine Nachlässigkeit vorzuwerfen und eine Präklusion deshalb zu verneinen[782], wenn der so eingeführten Zeugenaussage vom Erstgericht keine Ergiebigkeit oder keine Glaubhaftigkeit beigemessen worden ist (zu beachten ist in diesem Zusammenhang, daß es, was häufig übersehen wird, unzulässig ist, in einem solchen Fall die Glaubwürdigkeit des Zeugen zu beurteilen[783]). Da es an einer (erstinstanzlichen) Zeugeneinvernahme i.S.d. § 398 I ZPO fehlt, muß das Berufungsgericht, wenn es zu einer anderen Beurteilung des Aussage kommen will, den Zeugen vernehmen[784].

162 Das **arbeitsgerichtliche Verfahren** hat in § 67 II, III ArbGG eine eigenständige Regelung, die dem § 528 I, II ZPO a.F. entspricht.

---

[776] NJW-RR 2003, 1652.

[777] Anschrift: Gleueler Str. 60, 50931 Köln (Internet: http://www.zbmed.de/index.html).

[778] NJW 2004, 2825; bereits im Jahr 2002 hatte *Gehrlein*, Arzthaftungsrecht S. 939 eine *„behutsame"* Auslegung des Merkmals „Nachlässigkeit" gerade in Arzthaftungssachen angemahnt; gegen überspannte Anforderungen auch *Wieczorek/Schütze/Gerken* § 531 Rn. 27.

[779] RG JW 1937, 1237; *Musielak/Huber* § 399 Rn. 3.

[780] BAG NJW 1974, 1349 (1350); *Prechtel* S. 334 f. für den Fall einer expliziten Beschränkung des Verzichts auf die 1. Instanz; *Zöller/Greger* § 399 Rn. 3; *Musielak/Huber* § 399 Rn. 3; **a.A.** *Greger*, Kurzkommentar unter 4 d) – *„Ein Verzicht auf Beweismittel ‚für die 1. Instanz' ist nicht mehr vertretbar."* – und *Thomas/Putzo/Reichold* § 399 Rn. 1 ohne Hinweis auf die herrschende Gegenmeinung (!).

[781] OLG Hamm NJW-RR 2002, 1653.

[782] BGH NJW 1983, 999 m. zust. Anm. *Deubner*; *Schneider*, Präklusionsrecht S. 340; *Wieczorek/Schütze/Gerken* § 531 Rn. 32; *Thomas/Putzo/Reichold* § 296 Rn. 38; **a.A.** OLG Karlsruhe NJW-RR 1986, 864 und *Thomas/Putzo/Reichold* § 399 Rn. 1 jeweils ohne Auseinandersetzung mit der BGH-Entscheidung.

[783] BGH NJW 1995, 2856; 2000, 1420 (1421 f.).

[784] RGZ 46, 410 (413); BGH NJW-RR 1988, 1527; *Eichele/Klinge* S. 219; *Schellhammer*, Zivilprozess Rn. 1042.

cc) Verzichtbaren Zulässigkeitsrügen. **§ 532 ZPO** regelt in S. 1 die horizontale Präklusion,[785] wenn er bestimmt, daß verzichtbare Zulässigkeitsrügen in der Berufungsbegründung, der Berufungserwiderung oder in der Replik vorzutragen sind, in S. 2 dagegen die vertikale Präklusion[786] (Einzelheiten siehe oben Rn. 148). 163

dd) Klageänderung, Widerklage und Aufrechnung. Einzelheiten werden im Zusammenhang mit der Erweiterung des Streitstoffs unten Rn. 170 erörtert. 164

ee) Verfahrensrügen. **§ 534 ZPO** unterstellt den durch § 295 ZPO bewirkten erstinstanzlichen Verlust von **Verfahrens**rügen der vertikalen Präklusion. Einzelheiten siehe oben Rn. 146. 165

2. Die horizontale (berufungsinstanzliche) Präklusion

a) Die Pflichten des Berufungsklägers. Der Berufungskläger hat innerhalb der Berufungsbegründungsfrist (§ 520 II 1 ZPO), einer etwaig gemäß § 521 II 1 ZPO gesetzten Replikfrist, einer ihm gemäß § 525 S. 1 i.V.m. § 273 II Nr. 1 ZPO gesetzten sonstigen Frist und im übrigen unter Beachtung der allgemeinen Prozeßförderungspflicht nach § 525 S. 1 i.V.m. § 282 I ZPO[787] vorzutragen, andernfalls ist er gemäß § 530 i.V.m. § 296 I ZPO bzw. § 525 i.V.m. § 296 I oder II ZPO präkludiert. 166

Im **Arbeitsgerichtsprozeß** gilt die Spezialvorschrift § 67 IV ArbGG.

b) Die Pflichten des Berufungsbeklagten. Der Berufungsbeklagte hat innerhalb einer ihm gegebenenfalls gemäß § 521 II 1 ZPO gesetzten Berufungserwiderungsfrist, einer ihm gemäß § 525 i.V.m. § 273 II Nr. 1 ZPO gesetzten sonstigen Frist und im übrigen unter Beachtung der allgemeinen Prozeßförderungspflicht nach § 525 i.V.m. § 282 I ZPO vorzutragen, andernfalls ist er gemäß § 530 i.V.m. § 296 I ZPO bzw. § 525 i.V.m. § 296 I oder II ZPO[788] präkludiert. 167

Im **Arbeitsgerichtsprozeß** gilt auch insoweit die Spezialvorschrift § 67 IV ArbGG.

C. Klärung des Berufungsumfangs

Zu den vom Berufungsanwalt zu klärenden Fragen gehört auch die, in welchem Umfang gegen das erstinstanzliche Urteil Berufung eingelegt werden soll oder muß.

I. Erweiterung des Streitstoffs

1. Grundsätze

Klageerweiterung, -änderung und -häufung sind ebenso wie Widerklage und Aufrechnung auch in der Berufungsinstanz zulässig, § 533 ZPO. Dabei muß man sich klar machen, daß die Berufungsinstanz eine Rechtsmittelinstanz ist, d.h., die genannten prozessualen Handlungsformen können immer nur Teil einer Berufung oder Anschlußberufung sein.[789] 168

---

[785] So auch *Kallweit* S. 147 zu § 529 I ZPO a.F.

[786] So auch *Kallweit* a.a.O.

[787] Vgl. dazu BGHZ 83, 371 (376); BGH WM 1986, 871; NJW 1987, 501.

[788] *Grunsky*, Taktik Rn. 513.

[789] BGH ZZP 68 (1955) 51 m. umf. Nachw. über die reichsgerichtliche Rechtsprechung; BGHZ 85, 140; OLG Frankfurt a.M. OLGR 1998, 34; OLG Oldenburg Nds.Rpfl. 2004, 104 und MDR 2004,

Die verschiedenen Möglichkeiten der Erweiterung des Streitstoff in der Berufungsinstanz sollen anhand einiger Fälle aus der Praxis erläutert werden:

- **Fall 1**:
  Der Kläger legt gegen das (teilweise) klageabweisende Urteil Berufung ein und erweitert dabei seine Klageforderung.
  Es handelt sich um eine stets zulässige Klageänderung (vgl. § 264 Nr. 2 ZPO), auf die zwar über § 533 Nr. 2 ZPO auch § 529 ZPO Anwendung findet, was aber i.d.R. keine Probleme bereiten wird, weil es sich meist um zuzulassende Noven handeln wird.[790] § 506 ZPO ist dagegen nicht analog anwendbar.[791]
- **Fall 2**:
  Der Kläger obsiegt in der 1. Instanz und erhöht nach Berufungseinlegung durch den Beklagten seine Klageforderung.
  Da in der Berufungsinstanz keine Klage erhoben werden kann, kann die Klageerweiterung nur mittels Anschlußberufung nach § 524 ZPO erfolgen.[792]
- **Fall 3**:
  Der Beklagte legt Berufung ein und erhöht seine in 1. Instanz erklärte Aufrechnung um weitere Beträge.
  Es liegt eine bloße „Erweiterung der Aufrechnung" vor, für die § 529 ZPO nicht gilt.[793]
- **Fall 4**:
  Der Beklagte legt Berufung ein und erhebt Widerklage.
  Die Widerklage kann in der Berufung nicht selbständig erhoben werden, sondern ist Teil der Berufung; § 533 ZPO betrifft nur die Zulässigkeit dieses Teils der Berufung. Eine außerhalb eines Rechtsmittels in der Berufungsinstanz erhobene Widerklage ist unzulässig.[794] Soweit das OLG Hamburg demgegenüber eine solche Widerklage als einen Fall der sachlichen Unzuständigkeit behandelt,[795] verkennt es den vorstehenden grundlegenden Zusammenhang; dem kann auch nicht der Gesichtspunkt der Prozeßökonomie entgegen gehalten werden, weil es keinen schützenswerten Grund für einen solchen „Widerkläger" gibt, sich nicht an den Instanzenzug zu halten.

---

292 (selbe Sache); OLG Hamm MDR 2004, 411; BAG SAE 1961, 163 = DB 1961, 920; *Pantle/Kreissl* Rn. 279 und 578; *Schumann/Kramer* Rn. 679; *Tempel/Theimer* S. 277; *Wieczorek/Schütze/Gerken* § 524 Rn. 7; *Musielak/Ball* § 533 Rn. 18; unklar *Rosenberg/Schwab/Gottwald* § 137 Rn. 26 „*u. U. mittels Anschlussberufung oder Berufungserweiterung*". Entgegen *Münch*, Klageänderung, passim hat das ZPO-RG insofern keine Änderung gebracht. Nicht zu billigen ist die Entscheidung BGH NZV 1989, 353 insoweit, als sie der auf Klägerseite neue eingetretenen Partei auch die Erhebung einer Abänderungsklage in der Berufungsinstanz erlaubt. Während das OLG Köln als Vorinstanz eine Klageerhebung in zweiter Instanz als unzulässig ansah, überspielt der BGH diese Frage mit dem nur im Rahmen einer Klageänderung relevanten Gesichtspunkt der Prozeßökonomie.

[790] *Zöller/Gummer/Heßler* § 533 Rn. 3.

[791] RGZ 119, 379 (382); BGH MDR 1996, 1179; KG NJW-RR 2000, 804; **a.A.** zuletzt LG Hamburg NJW-RR 2001, 932 m.w.N.

[792] BGH NJW-RR 1989, 441 (unter 2 b); 1991, 510; VersR 1994, 106; OLG Oldenburg Nds.Rpfl. 2004, 104 und MDR 2004, 292 (selbe Sache); *Münch*, Klageänderung S. 784 verneint zu Unrecht eine solches Vorgehen des Klägers, da er nicht genau genug zwischen den Voraussetzungen der Berufung und der Anschlußberufung differenziert.

[793] BGH NJW 1993, 1399.

[794] OLG Karlsruhe Justiz 1968, 46.

[795] NJW-RR 2004, 62.

2. Besondere Regeln

a) Keine isolierte Klageänderung. Eine Berufung kann nicht allein eine Klageänderung, eine Klageerweiterung oder einen Parteiwechsel zum Ziel haben, vielmehr sind diese davon abhängig, daß zunächst eine wirksame Berufung vorliegt, also das erstinstanzliche Urteil und die darin enthaltene **Beschwer zumindest teilweise angegriffen** wird.[796] Wird im Hauptantrag eine Klageänderung etc. vorgenommen und das erstinstanzliche Urteil nur mit dem Hilfsantrag angegriffen, ist nach der jetzt einhelligen Rechtsprechung des Bundesgerichtshofs die Berufung hinsichtlich des Hauptantrags unzulässig, hinsichtlich des Hilfsantrags dagegen zulässig.[797] Ist ein solcher zulässiger hilfsweiser Berufungsantrag gegeben, kann anschließend nach Maßgabe des §533 ZPO eine Klageänderung vorgenommen werden.[798] 169

Unschädlich sind folgende Veränderungen des Streitstoffs:

- Übergang von der Auskunfts- zur Zahlungsklage (weil der Auskunftsanspruch nur eine Hilfsfunktion hat);[799]
- Übergang von der abgewiesenen bezifferten Zahlungsklage erster Instanz zur Stufenklage in zweiter Instanz bei gleichbleibendem Lebenssachverhalt;[800]
- Übergang von der abgewiesenen Leistungsklage erster Instanz zur Abänderungsklage im Unterhaltsprozeß;[801]
- Austausch der Schadensberechnung bei gleichbleibender Schadensart[802].

b) Präklusionsrechtliche Beschränkungen von Klageänderung, Widerklage und Aufrechnung in der Berufungsinstanz. Die präklusionsrechtlichen Grenzen von Klageänderung, Widerklage sowie Aufrechnung seitens des Beklagten in der Berufungsinstanz sind in §533 ZPO geregelt.

aa) Anwendungsbereich. Nicht unter §533 ZPO fallen 170

- die unter §264 Nr. 2 und 3 ZPO fallenden Antragsänderungen;[803]

---

[796] Für **Klageänderung**: BGH NJW-RR 1991, 1279, stRspr., zuletzt MDR 2004, 225 (für den Übergang von der Werklohnklage zur Klauselerteilungsklage nach §§795, 731 ZPO); BAG SAE 1961, 163 = DB 1961, 920; OLG Saarbrücken NVersZ 2002, 432 (für den Übergang eines klagenden Ehemanns von der Alleingläubigerschaft zur gemeinschaftlichen Gläubigerschaft mit seiner Ehefrau); OLG Jena OLG-NL 2003, 285 (für den Fall des Übergangs vom Rückgewähranspruch nach §437 Nr. 2 BGB zum Minderungsanspruch nach §441 BGB); für **Klageerweiterung**: RGZ 130, 100; BGHZ 85, 140 (143); 140, 335 (338); für **Parteiwechsel**: BGH NJW 1994, 3358 (3359); BGHZ 155, 21 (jedenfalls, wenn er nach Ablauf der Berufungsbegründungsfrist erfolgt); OLG Nürnberg OLGR 2002, 94; OLG Brandenburg OLG-NL 2002, 166 für den Übergang vom erstinstanzlich verklagten GbR-Gesellschafter zur nunmehr rechts- und parteifähigen Außen-GbR; *Gehrlein*, Erste Fragen S. 425 (unter II 2 c); *Rosenberg/Schwab/Gottwald* §137 Rn. 28; *Thomas/Putzo/Reichold* Rn. 21 vor §511.

[797] BGH NJW 2001, 226 unter Aufgabe von NJW 1996, 320 (Berufung ist auch hinsichtlich des Hauptantrags zulässig) und NJW 1999, 2118 (Berufung ist insgesamt unzulässig); *Thomas/Putzo/Reichold* Rn. 21 vor §511.

[798] *Gaier*, Klageänderung S. 3292 unter VI a.E.

[799] BGH NJW 1969, 1486; OLG Düsseldorf NJOZ 2002, 919; *Zöller/Gummer/Heßler* Rn. 10 vor §511; *Thomas/Putzo/Reichold* Rn. 21 vor §511.

[800] OLG Stuttgart OLGR 1999, 293; *Zöller/Gummer/Heßler* Rn. 10 vor §511.

[801] BGH NJW 2001, 2259; *Zöller/Gummer/Heßler* Rn. 10 vor §511.

[802] BGH NJW-RR 1991, 1279; *Zöller/Gummer/Heßler* Rn. 10 vor §511; *Münch*, Klageänderung S. 784.

[803] BGH NJW 2004, 2152 (2154 ff.); *Fellner*, Neuer Sachvortrag S. 243 Fn. 21; von OLG Stuttgart NZG 2004, 766 (767) noch offengelassen.

- die Äußerung einer höheren Größenordnungsvorstellung hinsichtlich des begehrten Schmerzensgeldes;[804]
- die Zwischenfeststellungswiderklage, da diese nach Maßgabe der vorrangigen §§ 525 S. 1, 256 II ZPO stets zulässig ist;[805]
- die vom Erstgericht nicht verbeschiedene Hilfsaufrechnung;[806]
- die Geltendmachung einer Aufrechnung eines Dritten durch den Beklagten (insoweit gilt § 531 II 1 ZPO);[807]
- die Aufrechnung des Klägers in seiner Replik (für diese gelten die § 531 II 1 ZPO);[808]
- eine Hilfsaufrechnung, über die in erster Instanz wegen Klageabweisung aus anderen Gründen nicht entschieden wurde;[809]
- das Zurückbehaltungsrecht,[810] es sei denn, es wirkt – bei Geltendmachung eines Zurückbehaltungsrechts wegen einer Geldforderung gegen eine Geldforderung – aufrechnungsgleich[811] (es greift aber § 531 II 1 Nr. 3 ZPO ein, es sei denn, seine Zulassung dient der Vermeidung eines Folgeprozesses und der Erstrichter hat zu den tatsächlichen Voraussetzungen der Einrede bereits umfänglich Beweis erhoben[812]);
- der Übergang vom Wechselprozeß in den normalen Urkundsprozeß (siehe unten Rn. 173 ff.);
- wegen § 9 I 3 KSchG die Stellung eines Auflösungsantrags im Kündigungsschutzprozeß[813].

bb) Voraussetzungen. Nach der Neuregelung sind Klageänderung, Widerklage und Aufrechnungserklärung nur „zulässig" (richtigerweise: „zuzulassen"[814]), wenn

171 (1) der Gegner einwilligt oder das Gericht die Sachdienlichkeit bejaht (Nr. 1)

- Die Sachdienlichkeit einer **Klageänderung** wird maßgeblich vom Gesichtspunkt der Prozeßwirtschaftlichkeit bestimmt. Die Änderung ist sachdienlich, wenn und soweit ihre Zulassung bei objektiver Beurteilung geeignet ist, den sachlichen Streitstoff im Rahmen des anhängigen Rechtsstreits aufzuarbeiten und einem andernfalls zu erwartenden weiteren Rechtsstreit vorzubeugen.[815] Unerheblich ist, ob aufgrund der Zulassung der Klageänderung neuer Parteivortrag und Beweiserhebungen nötig werden und dadurch die Erledigung des Rechtsstreits verzögert wird.[816]
- Die Sachdienlichkeit einer **Widerklage** kann nicht mit der Begründung verneint werden, der Gegner verlöre eine Tatsacheninstanz, da das Gesetz dies ersichtlich

[804] Vgl. BGH NJW 2002, 3769.
[805] BGHZ 53, 92 (94).
[806] BGH NJW 1983, 931.
[807] BGH NJW 1992, 2575; *Zöller/Gummer/Heßler* § 533 Rn. 16.
[808] BGH NJW-RR 1990, 1470.
[809] BGH MDR 1983, 205; **für das neue Recht** *Schneider* MDR 2002, 684 (686).
[810] BGH WM 1974, 1244; *Rosenberg/Schwab/Gottwald* § 137 Rn. 50.
[811] OLG Celle OLGZ 1972, 477; OLG Koblenz VersR 1993, 66; *Zöller/Gummer/Heßler* § 533 Rn. 17; **a.A.** *Rosenberg/Schwab/Gottwald* § 137 Rn. 50; *Schneider*, Präklusion S. 333 (allerdings nur wegen der seiner Meinung nach verfehlten analogen Anwendung des § 530 II ZPO a.F. durch das OLG Koblenz statt der Subsumtion des Sachverhalts direkt unter die Rechtsfigur der Aufrechnung).
[812] So zutreffend OLG Saarbrücken MDR 2004, 412.
[813] Statt aller *Hako/Fiebig* § 9 Rn. 17.
[814] So zurecht *Schneider*, ZPO-Reform 2002 S. 904 (unter 13).
[815] RG JW 1935, 2896 (2897), grdl.; BGHZ 21, 285 (288), stRspr., zuletzt NJW-RR 1987, 58.
[816] BGH NJW-RR 1987, 58 (59).

in Kauf nimmt.[817] Dagegen ist die Sachdienlichkeit einer Feststellungswiderklage zu verneinen, wenn zu erwarten ist, daß das Rechtsverhältnis, dessen Feststellung angestrebt wird, in absehbarer Zeit ohnehin neu geregelt wird.[818]

- Die Sachdienlichkeit einer **Aufrechnung** in der Berufungsinstanz ist danach zu beurteilen, ob *„vom Standpunkt einer gesunden Prozeßökonomie ... die Zulassung einer Aufrechnungseinwendung zu einer sachgemäßen und endgültigen Erledigung der zwischen den Parteien aufgetretenen und bestehenden Streitpunkte führt"*[819]. Im Hinblick hierauf wurde die Sachdienlichkeit verneint,
  - wenn der maßgebliche tatsächliche Zusammenhang[820] zwischen Klage- und Gegenforderung nur lose ist;[821]
  - wenn die Gegenforderung erst im letzten Verhandlungstermin einer unstreitigen Klageforderung entgegengesetzt wird und der ihr zugrundeliegende Prozeßstoff weitgehend neu ist;[822]
  - wenn die Gegenforderung erst nach Schluß der mündlichen Verhandlung erster Instanz entstanden ist und das Gericht mangels genügender Substantiierung der Gegenforderung erst nach § 139 ZPO aufklären müßte, wozu es nicht verpflichtet ist;[823]
  - wenn die Gegenforderung nach Erlaß des erstinstanzlichen Urteils etwa durch Abtretung erworben wurde, jedenfalls wenn die Gegenforderung streitig ist;[824]
  - wenn die Gegenforderung in erster Instanz wegen ungenügender Substantiierung zurückgewiesen worden war (sehr strittig[825]);
  - wenn die Gegenforderung bereits anderweitig rechtshängig ist[826],

(2) **und** sie auf Tatsachen gestützt werden, die gemäß § 529 ZPO ohnehin im Berufungsverfahren zu berücksichtigen sind (Nr. 2). **172**

Mit dieser Neuerung soll nach dem Willen des Gesetzgebers die *„Flucht in die Klageänderung/Widerklage/Prozessaufrechnung"* verhindert werden.[827] Jedenfalls für den Fall der Klageänderung ist damit aber eine wesentliche Änderung der Rechtslage nicht verbunden, da schon bisher eine Sachdienlichkeit zu verneinen war, wenn ein völlig neuer Streitstoff in den Rechtsstreit eingeführt werden sollte, bei dessen Beurteilung das Ergebnis der bisherigen Prozeßführung nicht verwertet werden konnte[828].

---

[817] BGHZ 1, 63 (73); NJW 1992, 2296; *Schellhammer*, Zivilprozess Rn. 1032; *Thomas/Putzo/Reichold* § 533 Rn. 4; *BL/Albers* § 533 Rn. 10.

[818] BGH LM § 529 ZPO Nr. 1.

[819] Zum **früheren Recht**: BGHZ 5, 373 (377); 17, 124 (126); NJW-RR 2004, 1076.

[820] BGH NJW 1966, 1029; 1977, 49; *MüKo-ZPO/Rimmelspacher* § 530 Rn. 29; *Thomas/Putzo/Reichold* § 533 Rn. 9.

[821] BGH VersR 1967, 477 (478); *MüKo-ZPO/Rimmelspacher* § 530 Rn. 29.

[822] BGH NJW 1977, 49; von *Thomas/Putzo/Reichold* § 533 Rn. 3 und 4 zu stark verallgemeinert.

[823] BGHZ 17, 124 (126); *Zöller/Gummer/Heßler* § 533 Rn. 29.

[824] BGHZ 5, 373 (377); *Zöller/Gummer/Heßler* § 533 Rn. 29; **a.A.** *MüKo-ZPO/Rimmelspacher* § 530 Rn. 29.

[825] BGH MDR 1975, 1008; OLG Düsseldorf (18. ZS) MDR 1990, 833 mit abl. Anm. *Schneider* MDR 1990, 1122; OLG Koblenz NJW-RR 1993, 1408; **a.A.** OLG Saarbrücken, MDR 1981, 679; OLG Düsseldorf (21. ZS) NJW-RR 1998, 1288 m.w.N.; **offengelassen** von BGH MDR 1983, 205.

[826] OLG Frankfurt a.M. MDR 1980, 235; *Zöller/Gummer/Heßler* § 533 Rn. 29.

[827] BegrRegE/ZPO-RG S. 262.

[828] BGH NJW-RR 1987, 58 (59 m.w.N.).

Die neue Vorschrift wird von der Rechtsprechung z.T. sehr eng ausgelegt, wie die Entscheidung des OLG Jena zeigt, wonach Minderung nach § 441 BGB im Verhältnis zum Rücktritt nach § 437 Nr. 2 BGB ein aliud sei und die Ausübung des Minderungsrechts eine neue Tatsachengrundlage i.S.d. § 533 Nr. 2 ZPO mit der Folge schaffe, daß der Käufer auf eine neue Klage zu verweisen sei.[829] Dieser Ansicht kann nicht gefolgt werden, da beiden Gestaltungsrechten derselbe Lebenssachverhalt – Kauf einer mangelhaften Sache – zugrundeliegt, der in erster Instanz bereits verhandelt worden war.[830]

II. Abstehen vom Urkundsprozeß

173 Seit Inkrafttreten der ZPO im Jahre 1879 ist es umstritten, ob und ggf. unter welchen Voraussetzungen der Kläger im zweiten Rechtszug vom Urkundsprozeß Abstand nehmen und in den ordentlichen Prozeß übergehen kann.[831]

1. Rechtslage vor dem Inkrafttreten des ZPO-RG

Wie schon das Reichsgericht[832] behandelten der Bundesgerichtshof[833] und die instanzgerichtliche Rechtsprechung[834] einen solchen Übergang nicht als Fall des § 596 ZPO, sondern als Klageänderung i.S.d. § 263 ZPO, d.h. er war nur mit Einwilligung des Beklagten oder der Bejahung der Sachdienlichkeit durch das Berufungsgericht möglich, mit der Folge, daß der gesamte Streitstoff einschließlich etwaiger Aufrechnungen oder Widerklagen (!) in der Berufungsinstanz anfiel[835].

2. Heutige Rechtlage

174 Nach Inkrafttreten des ZPO-RG ist diese Diskussion nun neu entflammt:

Der Bundesgerichtshof hat einerseits die Ansicht des OLG Dresden, daß eine solche Abstandnahme eine zulässige Klageänderung sei, als *„jedenfalls gut vertretbar"* bezeichnet;[836] andererseits hinsichtlich einer gegenteiligen Entscheidung des OLG Düsseldorf[837] die Frage offengelassen[838].

Auch das Schrifttum ist gespalten: Die h.L. bejaht nach wie vor die Zulässigkeit einer solchen Klageänderung.[839] Eine verbreitete Mindermeinung hingegen verneint nunmehr die Möglichkeit des Abstehens vom Urkundsprozeß in der Berufungsin-

---

[829] OLG-NL 2003, 285 = OLGR 2004, 126.

[830] Unrichtig deshalb *Thomas/Putzo/Reichold* § 533 Rn. 5.

[831] Vgl. etwa für die Zeit bis 1933 *H. Schneider*, Übergang.

[832] JW 1926, 579, das allerdings die Frage einer Klageänderung und deren Zulassung unter dem Gesichtspunkt der Sachdienlichkeit nicht erörtert.

[833] BGHZ 29, 337 (340); NJW 1965, 1599; Z 69, 66 (69); NJW 1994, 1056; 2000, 143

[834] OLG Hamburg WM 1985, 1506; OLG Frankfurt a.M. MDR 1988, 326 und NZG 2000, 603 (604); OLG Celle OLGR 1996, 32 (33); LG Berlin NZM 1989, 909.

[835] BGH NJW 2000, 143; ablehnend *Vollkommer*, Abstandnahme, passim.

[836] BGH NJW 2003, 2386 – IX. ZS.

[837] Urt. v. 22.11.2002 – 17 U 49/02 (ProzRB 2003, 300 [nur redaktioneller Ls. m. zust. Anm. *Carsten Schneider*]; Volltext bei juris).

[838] NJW 2004, 1456 (1458) – XI. ZS.

[839] *Zimmermann* § 596 Rn. 1; *Schellhammer*, Zivilprozess Rn. 1841; *Rosenberg/Schwab/Gottwald* § 137 Rn. 23, 24 (and. aber § 162 Rn. 17!); *Wieczorek/Schütze/Gerken* § 538 Rn. 62; *Thomas/Putzo/Reichold* § 596 Rn. 2; *BL/Hartmann* § 596 Rn. 4.

stanz wegen der Bindung an die in erster Instanz getroffenen Tatsachenfeststellungen, die nur die urkundlich belegten Tatsachen zum Gegenstand hätten[840] oder unter lapidarem Hinweis auf die Neukonzeption des Berufungsrechts[841] (wofür aber weder der Wortlaut des Gesetzes – § 596 ZPO ist unverändert geblieben[842] – noch die Entstehungsgeschichte des ZPO-RG sprechen). Einer dritten Ansicht zufolge ist entsprechend § 538 II 1 Nr. 5 ZPO zurückzuverweisen.[843]

Exkurs: Übergang vom Wechselprozeß in den normalen Urkundsprozeß

Der Bundesgerichtshof vertritt gegen vereinzelte Stimmen in der Literatur die Auffassung, daß ein solcher Wechsel in der Berufungsinstanz, der in der ZPO nicht geregelt ist, keine Klageänderung darstellt, sondern ohne weiters möglich ist.[844] 175

III. Parteierweiterung und Parteiwechsel

1. Die Parteierweiterung

Eine Parteierweiterung im Berufungsrechtszug hat Ausnahmecharakter und ist nur mit Zurückhaltung zuzulassen.[845] 176

Eine Parteierweiterung auf **Klägerseite** unterliegt den Regeln über die Klageänderung.[846] Stimmt der Beklagte nicht zu, ist diese als sachdienlich anzusehen, wenn die neue Partei an dem Verfahren bereits in einem früheren Stadium beteiligt war, wenn es sich z.B. um einen zwischenzeitlich ausgeschiedenen früheren Kläger handelt.[847]

Eine Parteierweiterung auf **Beklagtenseite** im Berufungsrechtszug unterliegt nicht den Regeln über die Klageänderung.[848] Sie kommt grundsätzlich nur mit Zustimmung der einzubeziehenden Partei in Betracht, weil diese in aller Regel auf den bisherigen Prozeßverlauf keinen Einfluß nehmen konnte.[849]. Eine Zustimmung ist entbehrlich, wenn sich ihre Verweigerung als rechtsmißbräuchlich darstellt,[850] wovon auszugehen ist, wenn ein schutzwürdiges Interesse des neuen Beklagten nicht anzuerkennen und ihm zuzumuten ist, in den Rechtsstreit einzutreten, weil seine Rechte dadurch nicht verkürzt werden.[851] Dies ist nur dann der Fall, wenn er mit dem Sachverhalt vertraut ist und die Führung des Rechtsstreits im ersten Rechtszug maßgeblich beeinflußt hat. Eine solche mißbräuchliche Zustimmungsverweigerung wurde z.B. in folgenden Fällen bejaht:

---

840 So *Pantle/Kreissl* Rn. 579.

841 So *Zöller/Greger* § 596 Rn. 4; *Stickelbrock* EWiR 2003, 665 (666); *Carsten Schneider* ProzRB 2003, 300.

842 Worauf *Vollkommer*, Abstandnahme S. 1686 zurecht hinweist.

843 *Vollkommer*, Abstandnahme S. 1686; *Rosenberg/Schwab/Gottwald* § 162 Rn. 17 (and. aber § 137 Rn. 23, 24!); *Musielak/Voit* § 596 Rn. 7; so schon zum früheren Recht KG JW 1931, 2039 (2040); OLG Koblenz NJW 1956, 427 (nur Ls.); OLG Schleswig SchlHA 1966, 88.

844 BGH NJW 1993, 3135 f. gegen *Steckler-Künzl* WM 1984, 862.

845 BGH NZV 1989, 353 (354).

846 BGHZ 65, 264 (267 f.); NZV 1989, 353 (354).

847 BGH NZV 1989, 353 (354).

848 BGHZ 21, 285 (289), stRspr., zuletzt NJW 1997, 2885.

849 A.a.O.

850 A.a.O.

851 BGHZ 21, 285 (289).

- Parteierweiterung auf den über den Streitstoff schon vorprozessual informierten Verkehrssicherungspflichtigen.[852]
- Parteierweiterung auf den auf Seiten des Erstbeklagten im ersten Rechtszug beigetretenen Streitverkündeten.[853]

Eine mißbräuchliche Zustimmungsverweigerung wurde dagegen in folgenden Fällen verneint:

- In erster Instanz Klage gegen ein Bauunternehmen, das den Baugrubenaushub auf dem Nachbargrundstück durchgeführt haben soll, bei dem es zu Böschungs- und Geländeabbrüchen gekommen sein soll, die zu erheblichen Beschädigungen des klägerischen Grundstücks geführt hätten. In zweiter Instanz Erstreckung der Klage auf den planenden und bauleitenden Ingenieur und ein weiteres Bauunternehmen, die als Nebenintervenienten am Prozeß erster Instanz beteiligt gewesen waren.[854]
- Parteierweiterung auf einen Werkstattmeister der Erstbeklagten.[855]

2. Der Parteiwechsel

177 **a) Normalfall des Parteiwechsels.** Ein Parteiwechsel auf **Klägerseite** ist nur mit Zustimmung des alten und des neuen Klägers sowie des Beklagten möglich, wobei die Verweigerung seitens des letzteren im Falle der Rechtsmißbräuchlichkeit unbeachtlich ist.[856]

Ein Parteiwechsel auf **Beklagtenseite** unterliegt in zweiter Instanz nicht den Regeln über die Klageänderung, sondern ist wegen § 269 I ZPO nur mit Zustimmung des alten Beklagten[857] und, weil ihm eine Instanz genommen wird, des neuen Beklagten[858] zulässig, außer es handelt sich um eine rechtsmißbräuchliche Zustimmungsverweigerung[859]. Eine solche wurde z.B. im Fall des Wechsels vom persönlich beklagten Geschäftsführer der Komplementär-GmbH einer GmbH & Co KG zur Kommanditgesellschaft als neuer Beklagten angenommen.[860] Im Falle eines Betriebsübergangs nach § 613 a BGB ist die Einwilligung des neuen Beklagten nicht erforderlich.[861]

178 **b) Berufungseinlegung oder -begründung durch einen Dritten**. Eine besonderer Fall des Parteiwechsels ist gegeben, wenn die Berufungseinlegung oder die Berufungsbegründung nicht durch einen ursprünglichen Prozeßbeteiligten, sondern einen Dritten erfolgt. Dies ist der Fall

- bei Berufungseinlegung durch den erstinstanzlich nicht beigetretenen Streitverkündeten gemäß §§ 66 II, 70 I ZPO,[862]
- bei Berufungseinlegung durch den Rechtsnachfolger des ursprünglichen Klägers im Wege der Prozeßübernahme nach §§ 265 II 2, 266 I ZPO,[863] wobei die im Fall des

[852] OLG Zweibrücken OLGR 2000, 208 (209).
[853] OLG Zweibrücken NZG 2002, 670 = OLGR 2002, 161.
[854] OLG Stuttgart OLGR 1998, 198.
[855] OLG Bamberg OLGR 2003, 206.
[856] BGHZ 71, 216; *Thomas/Putzo* Rn. 23 vor § 50.
[857] BGHZ 21, 285; 71, 216; NJW 1981, 989; *Kirschstein-Freund* S. 660; *Thomas/Putzo* Rn. 23 vor § 50.
[858] BGHZ 71, 216; *Kirschstein-Freund* S. 660; *Thomas/Putzo* Rn. 23 vor § 50.
[859] BGHZ 21, 285 (für neuen Beklagten); BGH NJW 1987, 1946 (für alten Beklagten).
[860] BGH NJW 1987, 1946.
[861] *Kirschstein-Freund* S. 660 m.w.N.
[862] BGH NJW 1991, 229; 1994, 1537.
[863] So BGH NJW 1996, 2799; OLG Koblenz NJOZ 2004, 1704; *Schmidt* JuS 1997, 107 (109); *Musielak/Foerste* § 265 Rn. 14; ebenso BPatG GRUR 2000, 815 (817) für den Widerspruch des Lizenz-

§ 265 II 2 ZPO erforderliche Zustimmung des Beklagten, die auch durch rügeloses Einlassen nach § 267 ZPO erfolgen kann, nicht vom Gericht durch Bejahung der Sachdienlichkeit ersetzt werden darf[864],
- bei Berufungsbegründung durch den eigentlichen Rechtsinhabers an Stelle des Berufung einlegenden vermeintlichen gesetzlichen Prozeßstandschafters (im konkreten Fall nach § 1629 III 1 BGB)[865].

IV. Sonderfall: § 3 Nr. 8 PflVG

In Verkehrsunfallsachen werden in der Regel Fahrer, Versicherungsnehmer und Haftpflichtversicherer gemeinsam verklagt. 179

Unterliegt der Kläger ganz oder teilweise, muß er gegen **sämtliche** Beklagte Berufung einlegen, weil andernfalls im Hinblick auf die vertikale Teilrechtskraft die Berufung wegen § 3 Nr. 8 PflVG auch gegen die anderen aussichtslos ist.[866] Ein auch nur versehentlicher Verstoß gegen diese Obliegenheit begründet einen Haftungsfall.[866a]

Legt umgekehrt nur der eine – verurteilte – Beklagte Berufung ein, kann der Kläger den wegen § 3 Nr. 8 PflVG zwingenden vollständigen Prozeßverlust nur durch eine eigene Berufung gegen die Teilklageabweisung abwenden.[867]

§ 5 Prüfung der kostenrechtlichen Aspekte der geplanten Berufung

A. Kosten

I. Der Streitwert

Der **Streitwert** des Berufungsverfahrens richtet sich gemäß § 47 I 1 GKG (= § 14 I 1 GKG a.F.) nach den Anträgen des Berufungsklägers. Maßgeblich ist gemäß § 40 GKG (= § 15 GKG a.F.) der Zeitpunkt der Berufungseinlegung. 180

II. Kostentragung

Die Kosten des Berufungsverfahrens sind wie folgt zu tragen: 181

- Bei einer **voll erfolgreichen Berufung** trägt der Berufungsbeklagte nach § 91 I ZPO die Kosten des gesamten Rechtsstreits. Eine wichtige **Ausnahme** findet sich in **§ 97**

---

nehmers des Markeninhabers; **a.A.** *Thomas/Putzo/Reichold* § 511 Rn. 6 unter Berufung auf die vorgenannte Entscheidung des BGH, wobei er verkennt, daß die Prozeßübernahme dort nur an der fehlenden Zustimmung des Beklagten gescheitert war; **offengelassen** von BGH NJW 1994, 3358 (3359 unter 2 b aa); 2003, 2172 (2173 unter II 4).

[864] BGH NJW 1996, 2799 m.w.N.; *Thomas/Putzo/Reichold* § 265 Rn. 17.

[865] BGH NJW 2003, 2172; *Thomas/Putzo/Reichold* § 511 Rn. 6.

[866] BGH NJW 1982, 996 (unter II 1 b); 1982, 999 (unter II 3 c); OLG Karlsruhe VersR 1988, 1192; OLG Hamburg OLGR 1996, 46 (47); OLG Celle OLGR 2003, 324 = DAR 2004, 28; *Haarmann* VersR 1989, 683 f.; *Bauer* Rn. 805; *Römer/Langheid* § 3 PflVG Rn. 33; *Prölls/Martin/Knappmann* § 3 Nr. 8 PflVG Rn. 2; *MAH-Versicherungsrecht/Rümenapp* § 12 Rn. 145.

[866a] OLG Hamburg OLGR 1996, 46.

[867] BGH NJW-RR 2003, 1327 (auch für den Fall der Klageabweisung „nur" wegen Verjährung); besonders eindringlich OLG Schleswig NZV 2003, 183 = VersR 2003, 588 (589).

II ZPO, wonach der Berufungskläger zwingend (!) die Kosten der **Berufung** ganz oder teilweise trägt, wenn er aufgrund eines Vortrags (im weitesten Sinn) gewinnt, den zu bringen er bereits in der ersten Instanz „imstande“ war, d.h., wenn die faktische Möglichkeit und die prozessuale Veranlassung eines früheren Vorbringens gegeben war[868] (letztere ist z.B. zu verneinen, wenn der Unfallgeschädigte trotz tatsächlicher Reparatur zulässig auf Gutachtensbasis abrechnet und dementsprechend im Prozeß keine Reparaturrechnung vorlegt[869]).

- Bei einer **teilweise erfolgreichen Berufung** trägt der Berufungskläger gemäß §§ 97 I, 92 I 1 Fall 2 ZPO einen Teil der Kosten der Berufung (oder es kommt zur Kostenaufhebung gemäß §§ 97 I, 92 I 1 Fall 1 ZPO).
- Bei einer **vollständig erfolglosen Berufung** trägt der Berufungskläger gemäß § 97 I ZPO die Kosten der Berufung.

III. Die Höhe der Kosten und Gebühren

182 Die **Gerichtskosten** bestimmen sich nach Nr. 1220–1223 KV-GKG. Die **Rechtsanwaltsgebühren** richten sich nach § 2 II 1 RVG i.V.m. VV Nr. 3200 (Verfahrensgebühr in Höhe von 1,6), 3202 (Terminsgebühr in Höhe von 1,2).

B. Kostenrisikomindernde Maßnahmen

183 I. Berufungseinlegung „zur Fristwahrung“

1. Zulässigkeit

Eine solche Berufung ist zulässig, da es sich nicht um eine unzulässige bedingte Berufungseinlegung handelt.[870]

2. Kostenerstattungspflicht bei späterer Berufungsrücknahme

Die lange Zeit sehr kontrovers diskutierte Frage, ob die durch die Einschaltung eines Anwalts seitens des Berufungsbeklagten entstandenen Kosten „notwendig“ i.S.d. § 91 I 1 ZPO sind und bejahendenfalls die volle Verfahrensgebühr nach Nr. 3200 VV (bisher Prozeßgebühr nach §§ 31 I Nr. 1, 11 I 4 BRAGO) oder nur die geminderte Gebühr in Höhe von 1,1 nach Nr. 3201 VV (bisher 13/20 nach § 32 I BRAGO) zu erstatten ist,[871] ist vom Bundesgerichtshof und vom Bundesarbeitsgericht nun in einigen Grundsatzentscheidungen dahin geklärt, daß die Kosten notwendig i.S.d. § 91 I 1 ZPO sind[872], aber nur die geminderte Gebühr zu erstatten ist,[873] wobei diese Beschränkung der Kostenerstattung auch dann gilt, wenn der Berufungskläger die Berufungseinlegung mit eine Sachantrag verbindet und der Berufungsbeklagte mit einem Zurückwei-

---

[868] OLG München Urt. v. 30.1.2004 – 10 U 5217/02, n.v.; *Thomas/Putzo/Hüßtege* § 97 Rn. 13; *Musielak/Wolst* § 97 Rn. 10.

[869] OLG München a.a.O.

[870] *Grunsky*, Taktik Rn. 402.

[871] Ein umfassender Überblick findet sich in der Vorauflage Rn. 71 und 72.

[872] BGH NJW 2003, 756; KG KGR 2004, 68 (69); *Gerold/Schmidt/Müller-Rabe* Nr. 3200 VV Rn. 48; von *Wieczorek/Schütze/Gerken* § 516 Rn. 40 übersehen.

[873] BGH NJW 2003, 1324; BAG NZA 2003, 1293; KG KGR 2004, 68.

sungsantrag reagiert[874]. Ein etwaiger Kostenantrag löst nach Einführung der amtswegigen Kostenentscheidung nach § 516 III 2 ZPO keine zusätzliche Gebühr mehr aus.[875]

II. Stellung eines Teilantrags

Hier sollen zwei besonders markante Varianten besprochen werden, der Teilantrag mit umfassender Begründung und der sog. fingierte Antrag.[876]

1. Der Teilantrag mit umfassender Begründung

Ein solcher Antrag kann sich z.B. empfehlen, wenn die Erfolgsaussichten zwar **184**
grundsätzlich bejaht werden, man aber den Standpunkt des Berufungsgerichts nicht abschätzen kann oder wenn in der zweiten Instanz eine Beweisaufnahme erforderlich ist – geht sie negativ aus, kann die Berufung relativ kostengünstig zurückgenommen werden.[877]

Bei solchen Anträgen ist zunächst die Rechtsprechung des Bundesgerichtshofs zu den Zulässigkeitserfordernissen zu beachten:[878]

- BGHZ 20, 219: „*Die Unzulässigkeit der Berufung kann nicht daraus hergeleitet werden, daß der Berufungskläger den Teilbetrag, in dessen Höhe er den Rechtsstreit über eine Gesamtforderung weiterbetreibt, nicht auf die einzelnen selbständigen Ansprüche aufgeteilt hat ... Sollte die Beklagte den aufgezeigten Mangel im Laufe des Berufungsverfahrens nicht beheben, so wird die Berufung als unbegründet zurückzuweisen sein.*"
- BGHZ 22, 272: „*Wenn es sich um mehrere Berufungen gegen verschiedene im gleichen Prozeß ergangene Urteile handelt, und wenn zahlreiche Einzelposten, nachdem sie im ersten Rechtszug in voller Höhe geltend gemacht und abgewiesen worden sind, im Berufungsrechtszug aus Kostenersparnisgründen nur zu einem Teil teils primär, teils hilfsweise zur Nachprüfung gestellt werden sollen, so bedarf es der Prüfung, inwieweit an den Umfang der zur ordnungsgemäßen Begründung anzugebenden Berufungsgründe besondere Anforderungen zu stellen sind.*"

Weiter ist bei der Berufungsbegründung auf die Anforderungen hinsichtlich des Umfangs des Angriffs bei mehreren prozessual selbständigen Ansprüchen, selbständig entscheidbaren Teilen eines prozessualen Anspruchs und einheitlichem prozessualen Streitgegenstand (siehe unten Rn. 283 ff.) zu achten.

---

[874] BAG NZA 2003, 1293 gegen OLG Köln BB 1997, 2452 und *MüKo-ZPO/Belz* § 91 Rn. 39.

[875] KG KGR 2004, 68; OLG München MDR 2004, 845; *Gerold/Schmidt/Müller-Rabe* Nr. 3200 VV Rn. 63 (soweit dort eine Ausnahme für den Fall zugelassen wird, daß das Berufungsgericht nicht binnen vier Wochen eine Kostenentscheidung trifft, ist dies abzulehnen – weder für die Annahme einer solchen Frist noch für die Ausnahme als solche gibt es eine Rechtsgrundlage oder wenigstens eine anerkennenswerte Interessenslage).

[876] Zu den kostenrechtlichen Aspekten von Teilanträgen siehe auch *Teubel* ProzRB 2003, 84 und 287 sowie umfassend *Braunschneider*, Antragsänderung I S. 169 f. und II S. 200 ff.

[877] *Rinsche* Rn. 283; *Rinsche/Schlüter* Rn. 21; vgl. ferner *Grunsky*, Taktik Rn. 418.

[878] Dieser Aspekt der aus Kostenersparnisgründen gestellten Teilanträge wird in der Literatur übersehen (so z.B. von *Oberheim* Rn. 212) oder heruntergespielt (so von *Braunschneider*, Antragsänderung II S. 203, wo die zweite der oben zitierten Entscheidungen des BGH nicht erwähnt wird).

2. Die sog. fingierten Anträge

185 Hierbei handelt es sich um Berufungsanträge knapp über der Wertgrenze des § 511 II Nr. 1 ZPO mit dem offensichtlichen Ziel, auf diese Weise die Kosten einer anschließenden Berufungsrücknahme möglichst gering zu halten.[879] Kostenrechtlich können solche Anträge unbeachtlich sein.

- Der Bundesgerichtshof hat die Anwendbarkeit des § 14 I 1 GKG a.F. (= § 47 I 1 GKG) in solchen Fällen in einer Grundsatzentscheidung des Großen Senats für Zivilsachen vom 14.2.1978 mit folgender Begründung verneint: " *Es ist nicht Sinn und Zweck des § 14 Abs. 1 GKG n.F., einem Rechtsmittelkläger, der sein Rechtsmittel überhaupt nicht mehr durchführen will, zu einer Verringerung der Kostenlast zu verhelfen, welche über die im Gesetz für die Rechtsmittelrücknahme vorgesehene Kostenermäßigung ... hinausgeht ... Dies zeigt bereits die Entstehungsgeschichte der heutigen Streitwertregelung ... Würde eine solche Antragsbeschränkung schlechthin für die Streitwertberechnung nach § 14 Abs. 1 GKG als maßgebend angesehen, so könnten nach neuem Revisionsrecht nunmehr Revisionen mit einem praktisch nicht ins Gewicht fallenden Kostenrisiko eingelegt werden ... Das gleiche würde nach der herrschenden Praxis auch für das Berufungsverfahren gelten ... Diese Ergebnisse könnten mit Rücksicht auf die Rechtssicherheit sowie angesichts der mit ihnen verbundenen einschneidenden Änderungen der Streitwertregelung und der dadurch beeinflußten Rechtsmittelpraxis nicht hingenommen werden ...*"[880] Der Bundesgerichtshof beschränkt diese Rechtsprechung aber ausdrücklich auf Fälle, wo der Antrag des Rechtsmittelklägers „*offensichtlich*" nicht auf die Durchführung des Rechtsmittels gerichtet sei, was aufgrund „*eindeutiger objektiver Umstände*" festzustellen sei.[881] Im Vorlagefall sei, nachdem bei einer ursprünglichen Klageforderung von 20 Mill. DM nun eine Änderung des Urteils nur noch in Höhe von 250 DM beantragt werde, der Rechtsmißbrauch „*mit Händen zu greifen*".[882] Von diesen fingierten Anträge seien die Fälle zu unterscheiden, wo der Berufungsführer vernünftige Gründe für die Stellung eines sehr niedrigen Antrags habe: „*Andererseits wird man selbst bei drastischer oder gar unverhältnismäßig erscheinender Einschränkung des Rechtsmittelantrags und dessen späterer Rücknahme nicht stets annehmen können, der Rechtsmittelkläger habe kein vernünftiges Interesse und schon bei der Antragstellung nicht beabsichtigt, das Rechtsmittel wenigstens teilweise durchzuführen. Diese Annahme wäre insbesondere dann nicht gerechtfertigt, wenn die Antragsbeschränkung etwa darauf beruht, daß ein wesentlicher Teil des Streitgegenstandes außergerichtlich verglichen worden ist, und der beschränkte Antrag schließlich zurückgenommen wird, weil sich inzwischen auch dessen Gegenstand durch außergerichtlichen Vergleich oder sonst erledigt hat.*"[883]
- Die **instanzgerichtliche Rechtsprechung** ist gespalten: Der 7. Zivilsenat des OLG Hamm[884], das OLG München[885], das OLG Saarbrücken[886], das OLG Düssel-

---

[879] Vgl. statt aller *Schneider/Herget* Rn. 813.

[880] BGHZ 70, 365 (369); ebenso MDR 1997, 1164.

[881] BGH a.a.O.

[882] BGH a.a.O.

[883] BGH a.a.O.

[884] AnwBl 1979, 273 unter Aufgabe von MDR 1978, 1030 (12. Senat).

[885] JurBüro 1992, 252 in einem Fall, wo der Anfechtungsbetrag auf genau 701 DM beschränkt und die Berufung einen Tag nach Eingang des Berufungsantrags zurückgenommen wurde.

[886] MDR 2000, 1157.

dorf[887], der 4. Zivilsenat des OLG Schleswig[888] sowie das LG Lübeck[889] haben sich dem Bundesgerichtshof angeschlossen. Der 6., 12. und 20. Zivilsenat des OLG Hamm[890], das OLG Celle[891] und der 14. Zivilsenat des OLG Schleswig[892] haben ihm dagegen die Gefolgschaft verweigert. Das OLG Oldenburg hat einen Mittelweg gewählt, indem es den Streitwert auf das Doppelte des Werts nach (jetzt) § 511 II Nr. 1 ZPO, höchstens aber 5 % der vollen Beschwer festgesetzt hat.[893]

- Auch im **Schrifttum** hat sich keine einheitliche Meinung gebildet.[894]

C. Kostentragung durch Dritte

Im Hinblick auf die häufig sehr hohen Kosten eines Berufungsverfahrens sollte der Anwalt sorgfältig alle im Einzelfall in Betracht kommenden Möglichkeiten der Drittfinanzierung prüfen. Dabei ist ein gewisser Einfallsreichtum gefordert, wenn es sich um Streitigkeiten handelt, die nicht unter eine etwaig bestehende Rechtsschutzversicherung fallen oder – wie im Falle von juristischen Personen – Prozeßkostenhilfe nur sehr eingeschränkt in Betracht kommt. 186

I. Kostentragung durch die Rechtsschutzversicherung

1. Grundsätzliches

Nach § 15 I Buchst. d) cc) ARB 75 hat sich der Versicherungsnehmer **vor Berufungseinlegung** mit der Rechtsschutzversicherung „abzustimmen" (was nicht „Zustimmung" seitens des Versicherers bedeutet[895]), nach § 17 V Buchst. c) aa) der für den Versicherungsnehmer in weiten Bereichen ungünstigeren ARB 94/2000 hat er nunmehr deren **„Zustimmung"** einzuholen.[896] 187

Die Abstimmung oder Einholung der Zustimmung zwischen Berufungseinlegung und Berufungsbegründung genügt diesem Erfordernis grundsätzlich nicht, erst recht

---

[887] JurBüro 2001, 642.

[888] OLGR 2004, 133 = JurBüro 2004, 141, wo der Berufungskläger beantragte, den Beklagten zu einem (!) weiteren Euro Schmerzensgeld zu verurteilen und gleichzeitig die Berufung zurücknahm.

[889] SchlHA 1979, 44.

[890] MDR 1979, 591 für einen vor der BGH-Entscheidung abgeschlossenen Fall (6. ZS); MDR 1978, 1030 (12. ZS); zfs 1991, 55 (56) und r + s 1991, 53 (54) – 20. ZS.

[891] MDR 1979, 1033, weil *„jedenfalls beim OLG Celle die Berufungsfrist des § 516 ZPO nicht aus*[reicht], *um eine fundierte Entscheidung darüber zu treffen, ob die Berufung einzulegen sei, und sie ggf. dann einzulegen"*; diese Argumentation ist nach dem Wegfall der Singularzulassung kaum noch vertretbar (so zurecht OLG Schleswig OLGR 2004, 133 = JurBüro 2004, 141).

[892] SchlHA 1988, 172.

[893] KostRspr. GKG § 14 Nr. 30; abl. *Schneider/Herget* Rn. 3739.

[894] **Zustimmend** *Mayer* AnwBl 1995, 187 (188); *Hartmann* § 47 Rn. 4; **ablehnend** *Baumgärtel/Klingmüller* VersR 1980, 420; **unentschieden** *MüKo-ZPO/Rimmelspacher* § 519 Rn. 49; *Schneider/Herget* Rn. 3732–3743.

[895] OLG Hamm zfs 1991, 55 = AnwBl 1991, 345 (Urt. v. 19.10.1990) und NJW-RR 1991, 612 = VersR 1991, 806 = r + s 1991, 53 (Urt. v. 9.11.1990) jeweils in derselben Sache (Az. 20 U 215/89).

[896] Aus der Rechtsprechung AG Münster zfs 1987, 212; AG Freiburg/Br. VersR 1989, 1190. Hinsichtlich der Neuregelung kritisch auch *Prölss/Martin/Prölss/Armbrüster* § 17 ARB 94 Rn. 9, der im Hinblick auf § 307 BGB *„durchgreifende Bedenken"* gegen diese ARB-Bestimmung anmeldet und die dann entstehende Lücke durch *„ergänzende Vertragsauslegung ... im Sinne einer Abstimmungsobliegenheit"* füllen möchte.

nicht die Anzeige der Berufungseinlegung erst kurz vor oder gar nach Abschluß der Berufungsinstanz[897]. In **Eilfällen** (drohender Fristablauf) ist nach fristwahrender Berufungseinlegung auf jeden Fall die weitere Durchführung des Rechtsmittelverfahrens mit der Rechtsschutzversicherung abzustimmen.[898] Es ist strittig, ob eine solche fristwahrende Berufungseinlegung eine Verletzung der Abstimmungsobliegenheit darstellt und zur Leistungsfreiheit führt. Das OLG Hamm und das OLG Düsseldorf haben wegen der relativ geringe Kosten zurecht die Möglichkeit verneint, daß der Versicherer sein Einverständnis zur Berufungseinlegung hätte verweigern können.[899] Eine nicht mit dem Versicherer abgestimmte fristwahrende Berufungseinlegung stellt nach h.M. im Regelfall nur eine grobe Fahrlässigkeit i.S.d. §§ 15 II 2 ARB 75, 17 VI 2 ARB 94/2000 dar, weshalb der Versicherungsnehmer den Kausalitätsgegenbeweis führen kann (nachdem der Versicherer die von ihm bei rechtzeitiger Unterrichtung erhobenen Einwendungen substantiiert dargelegt hat).[900]

2. Rechtsschutzversicherung und Prozeßkostenhilfe

188 Verweigert die Rechtsschutzversicherung zurecht die Deckung wegen fehlender Erfolgsaussichten, wird auch Prozeßkostenhilfe gemäß § 114 ZPO ausscheiden.[901] Ist über die Entscheidung des Versicherers und das etwaige Stichentscheidsverfahren nach § 17 ARB 75 die Berufungsfrist verstrichen, ist auf Antrag Wiedereinsetzung zu gewähren.[902]

II. Prozeßkostenhilfe

189 Gem. § 119 I 1 ZPO erfolgt die Prozeßkostenhilfebewilligung für jeden Rechtszug gesondert; dementsprechend ist für jeden Rechtszug Prozeßkostenhilfe gesondert zu beantragen.

Im Zusammenhang mit der Berufung sind folgende Fallkonstellationen zu unterscheiden:

---

[897] OLG Köln r + s 2003, 414; AG Mönchengladbach JurBüro 1992, 164 (Urt. v. 20.9.1991) und r + s 1992, 130 (Urt. v. 18.10.1991) jeweils in derselben Sache (Az. 5 b C 117/91); ferner AG Freiburg i. Br. VersR 1989, 1190.

[898] OLG Bamberg zfs 1988, 214; AG Köln r + s 1978, 135 (Rechtsbeschwerde in einer Ordnungswidrigkeitensache); *Plote* Rn. 215; *Harbauer/Bauer* § 15 ARB 75 Rn. 20.

[899] OLG Hamm zfs 1991, 55 = AnwBl 1991, 345 (Urt. v. 19.10.1990) und NJW-RR 1991, 612 = VersR 1991, 806 = r + s 1991, 53 (Urt. v. 9.11.1990) jeweils in derselben Sache (Az. 20 U 215/89); OLG Düsseldorf NJW-RR 1995, 285; LG Düsseldorf VersR 1990, 417 in einem Fall, wo bei Berufungseinlegung die Gegenseite gebeten worden war, zunächst noch keinen Prozeßbevollmächtigten für die Berufungsinstanz zu bestellen und wenige Tage nach Berufungseinlegung gegenüber der Versicherung zum erstinstanzlichen Urteil ausführlich Stellung genommen worden war; **a.A.** LG Köln r+s 1978, 223; AG München zfs 1980, 180; AG Münster zfs 1987, 212 und das versicherungsfreundliche Schrifttum: *Kurzka* VersR 1992, 1446; *Harbauer/Bauer* § 15 ARB 75 Rn. 20 unter irriger Berufung auf *BL/Hartmann* § 291 Rn. 3 und *Bauer* NJW 1992, 1482 (1486); *Prölss/Martin/Prölss/Armbrüster* § 15 ARB 75 Rn. 7.

[900] OLG Köln r + s 1990, 419; ebenso AG Freiburg/Br. VersR 1989, 1190; **a.A.** auch hier wieder das Schrifttum: *Plote* Rn. 222 unter Berufung auf *Harbauer/Bauer* § 15 ARB 75 Rn. 31 und ohne Auseinandersetzung mit der vorstehend angeführten Rechtsprechung; *Prölss/Martin/Prölss/Armbrüster* § 15 ARB 75 Rn. 10.

[901] BGH VersR 1987, 978 und 1186 m. Anm. *Bauer* VersR 1988, 174; 1990, 1369 m. Anm. *Schöpf* NJ 1991, 80.

[902] BGH VersR 1990, 1369 = NJW 1991, 109.

(1) Berufungseinlegung unter gleichzeitiger oder nachfolgender Beantragung von Prozeßkostenhilfe 190

Von einem solchen Vorgehen ist im Hinblick auf die Kostenfolge des § 516 III 1 ZPO abzuraten (im isolierten Prozeßkostenhilfeverfahren gibt es gemäß § 118 I 4 ZPO dagegen keine Kostenerstattung!).[903] Wird dieser Weg gewählt, muß unbedingt der Lauf der Berufungsbegrünungsfrist beobachtet und rechtzeitig einen Verlängerungsantrag gestellt werden.[904]

(2) Beantragung von Prozeßkostenhilfe und „beabsichtigte Berufung“ 191

Nachdem eine unbedingte Berufungseinlegung nur dann zu verneinen ist, wenn dies mit zweifelsfreier Deutlichkeit aus den Begleitumständen zu entnehmen ist,[905] muß der Berufungskläger für eine entsprechende Klarstellung sorgen, etwa dadurch, daß er die Berufungsschrift im Prozeßkostenhilfegesuch als „Entwurf“ bezeichnet und von einer „beabsichtigten Berufung“ spricht[906].

(3) Berufung „falls Prozeßkostenhilfe bewilligt wird“ 192

Eine solche Berufung ist wegen des Verstoßes gegen das Bedingungsverbot bei Prozeßhandlungen unzulässig;[907] allerdings kann dem Berufungsführer in Einzelfällen mit einer (wohlwollenden) Auslegung analog § 133 BGB geholfen werden[908].

(4) Berufung „mit der Bitte, sie bis zur Entscheidung über die Prozeßkostenhilfebewilligung zu den Akten zu nehmen“ o. ä. 193

Es handelt sich – anders als im vorstehenden Fall – um eine zulässige unbedingte Berufung mit dem Vorbehalt der Berufungsrücknahme bei Prozeßkostenhilfeversagung.[909]

Die damit angestrebte und auch erreichte Vermeidung der kostenträchtigen Bestellung eines gegnerischen Anwalts wird mit einer 2,0 – Verfahrensgebühr nach Nr. 1222 KV-GKG im Falle der Berufungsrücknahme erkauft, obwohl es den billigeren Weg des isolierten Prozeßkostenhilfeantrags (nachstehend 5) gibt.

---

[903] *Schumann/Kramer* Rn. 573; *Braunschneider*, JuMoG S. 1045 und 1047; **a.A.** *Oelkers/Müller* S. 302, wobei sie aber statt auf die durch die Berufungseinlegung grundsätzlich begründete Kostenerstattungspflicht unzutreffend auf das Nichtanfallen eines Kostenvorschusses abstellen.

[904] So zum früheren Recht BGHZ 7, 280, stRspr., etwa NJW-RR 1999, 912; OLG Köln OLGR 2002, 186; für das neue Recht zweifelnd *Kramer* S. 434, da jetzt nur noch eine einmalige zustimmungsfreie Verlängerung durch das Gericht um einen Monat möglich ist.

[905] BGH VersR 1993, 1169, stRspr., zuletzt NJW 2002, 1352, der einen Musterfall anwaltlicher und anschließend berufungsgerichtlicher Konfusion zum Gegenstand hat; *Büttner* S. 504; *Thomas/Putzo/Reichold* § 519 Rn. 4.

[906] BGH VersR 1986, 40; NJW 1988, 2046; NJW-RR 2000, 879 (Vorinstanz: OLG Stuttgart FamRZ 2000, 240).

[907] BVerfGE 40, 272; BGHZ 4, 54 (55), stRspr., zuletzt FamRZ 2001, 1703; BAG NJW 1969, 446; 1996, 2533 (2534); *Büttner* S. 504; *Schellhammer*, Zivilprozess Rn. 995; *Zöller/Gummer/Heßler* § 519 Rn. 1; *Wieczorek/Schütze/Gerken* § 519 Rn. 30; *Thomas/Putzo/Reichold* § 519 Rn. 4 und 16; *ErfKo-ArbR/Koch* § 66 ArbGG Rn. 6; **a.A.** *St/J/Grunsky* § 518 Rn. 17 m.w.N.

[908] BGH JurBüro 1974, Sp. 727 und 1978, Sp. 845; FamRZ 2001, 1703; *Schneider*, Förmlichkeiten S. 1; *Zöller/Gummer/Heßler* § 519 Rn. 1; vgl. ferner BGH NJW-RR 1993, 1091 (1092 unter 2 a a.E.) und NJW 1995, 2563 (2564).

[909] BGH NJW 1952, 880 (nur Ls.) = LM § 518 ZPO a.F. Nr. 2; 1988, 2046; 1995, 2563 (2564 unter 2 b aa); BAG NJW 1969, 446; *Zöller/Gummer/Heßler* § 519 Rn. 1; *Wieczorek/Schütze/Gerken* § 519 Rn. 31; *Thomas/Putzo/Reichold* § 519 Rn. 4.

(5) Isolierter Prozeßkostenhilfeantrag ☛ Muster 4

194 Aus dem Vorstehenden erhellt, daß der isolierte Prozeßkostenhilfeantrag grundsätzlich das Mittel der Wahl ist.[910]

195 a) **Formelle Voraussetzungen**. Folgende formelle Voraussetzungen sind einzuhalten (etwaige Anwaltsfehler werden gemäß § 85 II ZPO der Partei zugerechnet[911]):

(1) Dem Prozeßkostenhilfeantrag sind die Erklärung über die persönlichen und wirtschaftlichen Verhältnisse auf dem amtlichen Formular[912] und **sämtliche** gemäß § 117 II 1 ZPO **erforderlichen** aktuellen **Unterlagen beizufügen**.[913] Etwas anderes gilt nur dann, wenn sich die Verhältnisse seit der erstinstanzlichen richtigen und vollständigen Erklärung[914] nicht geändert haben und dies – innerhalb der Berufungsfrist[915] – **ausdrücklich** versichert wird[916]. Eine bloße Bezugnahme auf die frühere Erklärung oder den Akteninhalt genügt nicht.[917]
Formulierungsvorschlag:

> Es wird auf die in erster Instanz eingereichte Erklärung über die persönlichen und wirtschaftlichen Verhältnisse vom ... Bezug genommen. Es wird versichert, daß zwischenzeitlich keine Änderung eingetreten ist.

(2) Angabe des Rechtsmittelziels.[918]
Eine **Begründung** der beabsichtigten Berufung ist dagegen, weil § 117 I 2 ZPO im Rechtsmittelverfahren nicht gilt,[919] nach ständiger Rechtsprechung des Bundesgerichtshofs und h.L. **nicht erforderlich,** da andernfalls die „arme" Partei um die Berufungsbegründungsfrist gebracht würde.[920] Einige Oberlandesgerichte und ein

---

910 So auch *Braunschneider*, JuMoG S. 1047.

911 BGHZ 148, 66 mit umfass. Nachw. zu dieser instanzgerichtlich und in der Literatur umstrittenen Frage.

912 OLG Frankfurt a.M. OLGR 1999, 177 (178).

913 BGH stRspr., zuletzt BGH Beschl. v. 20.1.2004 – X ZA 7/03 (abrufbar unter http://www.bundesgerichtshof.de); OLG Oldenburg OLGR 2001, 352; *Grunsky*, Taktik Rn. 392; *Schultz* S. 2329.

914 BGHZ 148, 66.

915 OLG München OLGR 1995, 214.

916 BGH NJW 1983, 2145; stRspr., zuletzt BGH NJW 2002, 2793; *BL/Hartmann* § 119 Rn. 64 „Erklärung"; *Zöller/Philippi* § 119 Rn. 53; *Wieczorek/Schütze/Gerken* § 517 Rn. 28; mißverständlich *Steinert/Theede* Kap. 12 Rn. 53, wonach die unveränderte Einkommens- und Vermögenslage *„deutlich zu machen"* sei.

917 OLG Frankfurt a.M. MDR 1999, 569; *Schneider*, Tendenzen S. 1035; *Wieczorek/Schütze/Gerken* § 517 Rn. 28.

918 BGH NJW 1958, 63; NJW 1993, 732 (733); NJW-RR 2001, 570 und 1146 (1147); *Schultz* S. 2329.

919 BGH LM § 118 ZPO a.F. Nr. 3; *Thomas/Putzo/Reichold* § 117 Rn. 5.

920 BGH LM § 118 ZPO a.F. Nr. 3; NJW 1960, 676; FamRZ 1988, 1152 (1153); NJW 1993, 732 (733); NJW-RR 2001, 570 und 1146 (1147); MDR 2004, 588 (590); BFH BStBl. II 1991 S. 366 = BFHE 163,123; OLG Dresden MDR 2000, 659 – 18. ZS; 2003, 1014 (1015) – 15. ZS; *Maihold* I S. 264; *Meyer* S. 2139; *Borgmann/Haug* Rn. XII 75; *Rinsche/Schlüter* Rn. 18; *Vorwerk* MDR 1996, 870 (872); *Deubner* JuS 2001, 270 (273); *Schneider*, Tendenzen S. 1036; *Zöller/Philippi* § 119 Rn. 54; *Schumann/Kramer* Rn. 579; *Kramer* S. 437 m. Fn. 26; *Schultz* S. 2329; *Wieczorek/Schütze/Gerken* § 517 Rn. 32; *Thomas/Putzo/Reichold* § 117 Rn. 5; *BL/Hartmann* § 117 Rn. 21; **a.A.** nur anscheinend BGH NJW 1988, 2046: *„Hierdurch* [durch die Bezeichnung des Begründungsschriftsatzes als „Entwurf"] *war hinreichend verdeutlicht, daß der Kläger noch nicht Berufung einlegen, sondern mit dem beigefügten Schriftsatz nur die Erfolgsaussichten der beabsichtigten Berufung begründen wollte, was andernfalls in dem Prozeßkostenhilfegesuch selbst hätte geschehen müssen."*.

Teil der Literatur vertreten den gegenteiligen Standpunkt, wobei die h.M. entweder ganz unterschlagen oder der Eindruck erweckt wird, der Bundesgerichtshof habe nur einmal die Notwendigkeit einer Begründung verneint.[921] Eigentlicher Hintergrund der von *Fischer* jüngst zusammenfassend begründeten abweichenden Meinung ist zum einen das Bestreben, die Zahl der Berufungen zu reduzieren, zum anderen eine grundsätzliche Ablehnung eines angeblich überzogenen Rechtsschutzsystems.[922]

Eine Begründung wird aber in Rechtsprechung und Literatur als sehr empfehlenswert bezeichnet.[923] Dabei ist aber, worauf *Borgmann* hingewiesen hat, zu bedenken, daß *„mit einer vollen Berufungsbegründung schon im Zuge des PKH-Verfahrens ... der Anwalt im Prinzip* [zeigt], *daß er zur Vertretung auch ohne Gewährung von PKH bereit ist. Das kann bedeuten, daß die Fristen – und zwar die Rechtsmittelfrist ebenso wie die Rechtsmittelbegründungsfrist – gewahrt werden müssen, weil kein Hindernis für ihre Einhaltung bestand. Anders, wenn die Begründung des PKH-Antrags von einem beim Berufungsgericht nicht zugelassenen Anwalt stammt. Das zeigt nämlich, daß die Partei einen dort zugelassenen und zu ihrer Vertretung bereiten Anwalt noch nicht hat finden können (BGH VersR 1985, 1156).“*[924] Daß *Borgmanns* Eingangsüberlegung nicht bloß theoretischer Natur ist, zeigen die Ausführungen des OLG Bamberg FamRZ 2000, 1024 und des OLG Brandenburg NJW 2003, 2995 (2996) zum Tätigwerden eines eine Berufung einlegenden Wahlanwalts.

(3) Zwar besteht gemäß §§ 78 V, 117 I 1 Hs. 2 ZPO im Prozeßkostenhilfeverfahren kein Anwaltszwang, der Antrag muß aber, wenn er von einem Rechtsanwalt gestellt wird, von diesem unterzeichnet sein.

(4) Der **Prozeßkostenhilfeantrag** muß **innerhalb der Berufungsfrist** gestellt werden, die aber ausgeschöpft werden darf[925] (wobei der Anwalt davon ausgehen darf, daß

---

[921] OLG Saarbrücken FamRZ 1993, 715; OLG Schleswig NJW-RR 1999, 432 und OLGR 2004, 266; OLG Frankfurt a.M. OLGR 2003, 8 (9); OLG Celle MDR 2003, 470; OLG Dresden MDR 2003, 1443–10. ZS (wobei, wie Philippi in FamRZ 2004, 648 zurecht betont, gesetzwidrig die Rechtsbeschwerde nicht zugelassen worden ist); *Zimmermann*, Prozeßkostenhilfe Rn. 694 und § 117 Rn. 2 ohne jede Auseinandersetzung mit der h.M.; für den Fall gleichzeitiger Berufungseinlegung – ebenfalls ohne jede Auseinandersetzung mit der h.M. – *BRiHb/Schmitz* A XXII Rn. 39: *„Zunächst ist klarzustellen, daß auf eine bloße Berufungseinlegung hin keine Prozeßkostenhilfe für den zweiten Rechtszug bewilligt werden kann. Vielmehr muß nach fristgerechter Einlegung der Berufung entweder die Berufungsbegründung selbst erfolgen oder eine gesonderte Antragsbegründung für die PKH abgegeben werden, an deren Inhalt kaum geringere Anforderungen als an eine Berufungsbegründung zu stellen sind.“*; *MüKo-ZPO/Wax* § 117 Rn. 14; *Tempel/Theimer* S. 231 f.; *Steinert/Theede* Kap. 2 Rn. 51 ohne Erwähnung der oben zitierten ständigen Rechtsprechung des BGH. Auch einige Senate des BFH verfolgen diese Taktik (vgl. BFH/NV 1995, 255 und 2002, 1312). Einen **Mittelweg** schlägt *Glaremin* JA 1990, 186 (192) vor: Eine Antragsbegründung sei zwar nicht schon mit dem PKH-Antrag, aber in Analogie zur Berufungsbegründungsfrist binnen (seinerzeit) eines Monats nach Antragstellung einzureichen. **Unentschieden** – unter unzureichender Darstellung des Meinungsstandes – *Musielak/Fischer* § 117 Rn. 14.

[922] Vgl. *Fischer*, PKH S. 1161 (unter 6 b, 3 Spiegelstrich) und die Ausfälle gegen das Bundesverfassungsgericht S. 1162 (unter 6 c).

[923] BGH NJW 1993, 732 (733); NJW-RR 2001, 1146 (1147); *Meyer* S. 2139; *Rinsche/Schlüter* Rn. 18; *Oberheim* Rn. 160; *Zöller/Philippi* § 119 Rn. 54; *Schultz* S. 2329: *„zweckmäßig“*.

[924] *Borgmann* AnwBl 1994, 137 (138).

[925] BGHZ 16, 1; 38, 376 (377); VersR 1977, 721; 1985, 287; *Grunsky*, Taktik Rn. 391.

eine zur Post gegebene Berufungsschrift spätestens am übernächsten Tag bei Gericht eingeht[926]). In solchen Fällen werden allerdings hohe Anforderungen an die anwaltliche Sorgfaltspflicht gestellt.[927]

(5) Der Antrag muß bei dem gemäß § 117 I 1 ZPO **zuständigen Gericht** eingereicht werden.[928]

b) Weiterer Verfahrensgang. Das weitere Verfahren gestaltet sich wie folgt:

196 *aa) Entscheidung vor Ablauf der Berufungsfrist.* Wird über den Prozeßkostenhilfeantrag vor Ablauf der Berufungsfrist entschieden, gilt folgendes:

- Wird Prozeßkostenhilfe **bewilligt**, so ist unverzüglich Berufung einzulegen, auch wenn nur noch 3 Tage zur Verfügung stehen, und die Berufungseinlegung auf jeden Fall mit einem Antrag auf Verlängerung der Berufungsbegründungsfrist zu verbinden.[929]
- Wird Prozeßkostenhilfe **versagt**, hat der Berufungskläger eine kurze Überlegungsfrist von wenigstens 3 vollen Werktagen, ob er trotzdem Berufung einlegen will. Ist darüber die Berufungsfrist abgelaufen, so ist auf Antrag Wiedereinsetzung zu gewähren.[930]

197 *bb) Entscheidung nach Ablauf der Berufungsfrist, aber vor Ablauf der Berufungsbegründungsfrist.* Wird über den Prozeßkostenhilfeantrag positiv oder negativ erst nach Ablauf der Berufungsfrist entschieden, was der Regelfall ist,[931] ist grundsätzlich auf Antrag Wiedereinsetzung gegen die Versäumung der Berufungsfrist zu gewähren[932] – es sei denn, die Partei mußte wegen eines unvollständigen Prozeßkostenhilfeantrags oder fehlender Kostenarmut mit der Versagung der Prozeßkostenhilfe rechnen[933].

☛ **Muster 5**

Dabei ist folgendes zu beachten:

(1) Der Wiedereinsetzungsantrag ist innerhalb der 2-Wochen-Frist des § 234 I 1 ZPO i.d.F. des 1. JuMoG zu stellen. Innerhalb dieser Frist ist gemäß § 236 II 2 Hs. 1 ZPO **auch die Berufung einzulegen**. Für die 2-Wochen-Frist gilt:
   - Ist **Prozeßkostenhilfe bewilligt** worden, läuft die Wiedereinsetzungsfrist mit – nicht formbedürftiger – Bekanntgabe an die Partei oder ihren (bevollmächtigten[934]) Vertreter.[935] Die Frist sollte sofort notiert werden.[936]

---

926 BGH NJW-RR 1992, 1020.

927 BGH VersR 1985, 551; NJW 1990, 188; vgl. umgekehrt BAG NZA 1995, 806.

928 Vgl. dazu BGH NJW 1987, 440; *Meyer* S. 2139; *Grunsky*, Taktik Rn. 393.

929 Kritisch zu den sich aus der Kürze der Frist ergebenden Problemen *Meyer* S. 2140 Fn. 14.

930 RG JW 1930, 147 (wo für den Fall einer Revision faktisch 4 Werktage gewährt wurden); BGH MDR 1985, 657; NJW 1986, 257; *Grunsky*, Taktik Rn. 394; krit. zur Kürze dieser Frist schon *Dispeker* in der Anm. zu RG a.a.O. und neuerdings *Meyer* S. 2140.

931 *Meyer* S. 2139.

932 *Lambsdorff* S. 342 meint, worauf *Engels* AnwBl 1995, 127 zutreffend hinweist, zu Unrecht, im Fall der PKH-Versagung „*kann eine dennoch gewünschte Berufung nicht mehr durchgeführt werden*".

933 Zuletzt BGHZ 148, 66.

934 BGHZ 30, 226 (228); BGH NJW-RR 1993, 451; *Thomas/Putzo/Hüßtege* § 234 Rn. 9; die Vollmacht des erstinstanzlichen Anwalts wirkt weiter, BGH NJW 1991, 2294 und NJW-RR 1993, 451.

935 BGHZ 30, 226 (229), stRspr., zuletzt VersR 1994, 1324; *Meyer* S. 2140; *Thomas/Putzo/Hüßtege* § 234 Rn. 9; *Schultz* S. 2329; *Braunschneider*, JuMoG S. 1045 ff. geht ohne nähere Begründung von der Notwendigkeit einer Zustellung des PKH-Beschlusses aus.

936 BGH FamRZ 1992, 168; *Borgmann* AnwBl 1994, 137.

– Ist **Prozeßkostenhilfe versagt** worden, hat der Kläger zunächst eine kurze Überlegungsfrist, nach deren Ende dann die Wiedereinsetzungsfrist zu laufen beginnt.[937] Was die Dauer dieser Überlegungsfrist anbelangt, ist in der Rechtsprechung erfreulicherweise eine Tendenz zu einer gewissen Großzügigkeit zu beobachten:[938] Von anfangs „*1–2 Tagen*“[939] über „*2–3 Tagen*“[940], „*etwa 3 Tage*“[941] und „*höchstens 3–4 Tagen*“[942] zu „*bis zu 4 Werktagen*“[943]. Im Hinblick auf das Gebot des sichersten Wegs sollte der Rechtsanwalt von höchstens drei Tagen ausgehen. Die Empfehlung von *Schumann/Kramer*, die Überlegfrist möglichst nicht in Anspruch zu nehmen,[944] ist angesichts des permanenten Termin- und Fristendrucks, dem die Anwaltschaft unterliegt, praxisfremd.

(2) Da Berufungsfrist und Berufungsbegründungsfrist ab Urteilszustellung parallel laufen, ist der Wiedereinsetzungsantrag gegen die Versäumung der Berufungsfrist und die Berufungseinlegung auf jeden Fall mit einem **Antrag auf Verlängerung der Berufungsbegründungsfrist** zu verbinden,[945] da die Wiedereinsetzung die Berufungsbegründungsfrist nicht verlängert[946]. Sollte die Berufungsbegründungsfrist allerdings nur noch zwei Werktage laufen, ist der Berufungsführer nach der neuesten Rechtsprechung des Bundesgerichtshofs[947] nicht verpflichtet, den Antrag auf Verlängerung der Berufungsbegründungsfrist innerhalb dieser beiden Tage zu stellen (ob das auch gilt, wenn die Berufungsbegründungsfrist noch eine Woche läuft, wurde offengelassen).

cc) Entscheidung nach Ablauf der Berufungs- und Berufungsbegründungsfrist. Ist – wie regelmäßig[948] – auch die Berufungsbegründungsfrist abgelaufen, beträgt die Frist zur Wiedereinsetzung gegen die Versäumung der Berufungsbegründungsfrist nach § 234 I 2 ZPO i.d.F. des 1. JuMoG nunmehr **einen Monat**, wobei die Frist gemäß § 234 II ZPO mit der Bekanntgabe der Prozeßkostenhilfeentscheidung beginnt; hinsichtlich der Berufungsfrist verbleibt es bei der Zweiwochenfrist nach § 234 I 1 ZPO. **198**

---

[937] BGHZ 4, 54 (55); *Schultz* S. 2329; gegen die Zubilligung einer Überlegungsfrist *MüKo-ZPO/Feiber* § 233 Rn. 44 und § 234 Rn. 25, dem *Meyer* S. 2140 tendenziell zustimmt.

[938] Vgl. die eingehende Schilderung in BGH MDR 1985, 657. Diese Entwicklung hat in der Literatur Zustimmung gefunden, so etwa von *Borgmann/Haug* Rn. XII 76, denen zufolge sich die Rechtsprechung anscheinend bei „*ungefähr 4 Werktagen eingependelt*“ hat. Von *BProzFb/Goll* S. 304 Anm. 9 wird diese Entwicklung der Rechtsprechung dagegen nicht berücksichtigt. Ungenau *Tempel/Theimer* S. 233: „*Wird die Prozeßkostenhilfe dagegen verweigert, dann muß sich die Partei innerhalb einer sehr kurzen Frist entschließen, ob sie die Berufung nunmehr auf eigene Kosten durchführen will; innerhalb dieser kurzen Frist muß sie die Berufung einlegen und Wiedereinsetzung beantragen.*“ Entgegen *Schumann/Kramer* Rn. 582 besteht heute hinsichtlich der Frist keine „Unsicherheit“ mehr.

[939] BGH VersR 1966, 139; 1982, 757; LM § 233 ZPO Nr. 24 (im Leitsatz, in den Gründen 2–3 Tage).

[940] BGH LM § 233 ZPO Nr. 24 (in den Gründen); BAGE 12, 89 (90) für das Revisionsverfahren (zu Unrecht meint *BProzFb/Goll* S. 304 Anm. 9, das BAG habe nur 1–2 Tage zugebilligt); *Wieczorek/Schütze/Gerken* § 517 Rn. 30.

[941] BGH NJW 2001, 2262.

[942] BGH VersR 1977, 626; 1979, 444; NJW-RR 1990, 451; OLG Frankfurt a.M. OLGR 1998, 122; *Meyer* S. 2140; *Zöller/Philippi* § 119 Rn. 60; *Thomas/Putzo/Hüßtege* § 234 Rn. 8 a.

[943] BGHZ 26, 99 (100); BGH VersR 1977, 432; FamRZ 1993, 1428.

[944] Rn. 582.

[945] BGH NJOZ 2004, 288 (290); i. Erg. auch *Schumann/Kramer* Rn. 588.

[946] BGH NJW 1998, 1155; Zum **neuen Recht:** OLG Brandenburg NJW 2003, 2995; OLG Schleswig MDR 2004, 1256; *Rosenberg/Schwab/Gottwald* § 135 Rn. 31 m.w.N.

[947] NJW 2004, 2902.

[948] BGH NJW 2003, 3275 (3276 unter II 2 a); *Schultz* S. 2330.

Diese „Behebung" der durch die ZPO-Reform voraussehbar geschaffenen Probleme ist allerdings, wie das Schrifttum zurecht betont, gründlich mißlungen. Die Rechtsprechung hatte nämlich, was dem überforderten Gesetzgeber entgangen ist,[949] zwei Modelle entwickelt[950]: Entweder Beginn einer einmonatigen Begründungsfrist mit Zustellung der Wiedereinsetzungsentscheidung[951] oder Beginn einer zweimonatigen Begründungsfrist mit Bekanntgabe des Prozeßkostenhilfebeschlusses[952]. Die Neuregelung stellt also keineswegs die vom Gesetzgeber behauptete Umsetzung der Rechtsprechung der obersten Gerichte des Bundes[953] dar. Sie enthält im übrigen eine zweifache verfassungswidrige Ungleichbehandlung des bemittelten und des unbemittelten Berufungsführers: Zum einen steht dem unbemittelten Berufungsführer nur eine Begründungsfrist von einem Monat zur Verfügung, zum anderen kann diese nicht verlängert werden, weil dies in § 234 ZPO nicht vorgesehen ist (obwohl die Bundesrechtsanwaltskammer in ihrer Stellungnahme vom 21.5.2003 auf die Problematik hingewiesen hatte[954]) und damit eine Verlängerung nach § 224 II ZPO nicht in Betracht kommt[955].[956]

Der Vorschlag der Literatur, daß die Einmonatsfrist in verfassungskonformer Auslegung des § 234 II ZPO mit Zustellung der Wiedereinsetzungsentscheidung beginnt,[957] beseitigt zwar die Benachteiligung des unbemittelten Berufungsführers hinsichtlich der Länge der Berufungsfrist, bietet aber für das Problem der fehlenden Verlängerungsmöglichkeit keine Lösung.

Exkurs: Prozeßkostenhilfe für den Berufungsbeklagten

199 Hat die mittellose Partei in erster Instanz obsiegt, ist, wenn der Gegner Berufung einlegt, gemäß § 119 I 2 ZPO nicht zu prüfen, ob die Rechtsverteidigung hinreichende Aussicht auf Erfolg bietet oder mutwillig erscheint (sog. notwendige Prozeßkostenhilfe[958]). Hiervon gibt es aber drei Ausnahme:

---

[949] Vgl. RegE/JuMoG S. 40.

[950] Vgl. auch *Fölsch* S. 1032; *Braunschneider*, JuMoG S. 1046.

[951] BGHSt 30, 335 (338); BAG NJW 1984, 941; BVerwG NJW 1992, 2307; DVBl. 2002, 1050.

[952] BGH NJW 2003, 3275 (XII. ZS); NJW 2003, 3782 (III. ZS); NJW 2003, 3781 (VI. ZS); NJW 2004, 2902 (IX. ZS); IX a. ZS (vgl. *Schultz* S. 2331); eingehend zur Entwicklung der neuen BGH-Rechtsprechung *Schultz* S. 2330 ff. (das OLG Saarbrücken FamRZ 2003, 622 sowie *Schumann/Kramer* Rn. 588, 592, *Schollmeyer* S. 24 (unter II 2) und *Rosenberg/Schwab/Gottwald* § 135 Rn. 31 hatten statt dessen einen Antrag auf Verlängerung der Berufungsbegründungsfrist innerhalb der 2-Wochen-Frist gefordert); **a.A.** – jede längere Berufungsbegründungfrist verweigernd – OLG Zweibrücken MDR 2003, 170 (Vorinstanz zu BGH a.a.O.; Achtung: Die Anmerkung der Schriftleitung zur BGH-Entscheidung erweckt den irreführenden Eindruck, bei der Entscheidung des OLG Zweibrücken handle es sich um eine weitergeltende Meinung), OLG Brandenburg NJW 2003, 2995 (von *Thomas/Putzo/Reichold* § 520 Rn. 16 verkannt) und OLG Dresden MDR 2003, 1014.

[953] RegE/JuMoG S. 17 f.

[954] BRAK, Stellungnahme zum RefE/JuMoG S. 7.

[955] *Schultz* S. 2334; *Fölsch* S. 1032; *Hirtz*, Modernes Zivilverfahrensrecht S. 504 (seine Bedenken hinsichtlich der Anschlußberufung sind allerdings unbegründet, da er dem weitverbreiteten Irrtum erlegen ist, nach § 524 III 1 ZPO müsse die Begründung der Anschlußberufung im selben Schriftsatz wie die Einlegung erfolgen, vgl. eingehend unten Rn. 342).

[956] *Thomas/Putzo* Anhang § 234 Anm. 1 und *Huber*, JuMoG S. 877 (unter IV 4) übernehmen dagegen unkritisch die Gesetzesbegründung.

[957] *Fölsch* S. 1032; wohl auch *Braunschneider*, JuMoG S. 1047.

[958] OLG Düsseldorf MDR 2003, 658.

- Die ganz h.M. in Rechtsprechung und Literatur versagt zunächst bei grundlegender Änderung der Sachlage[959] oder völlig aussichtsloser Rechtsverteidigung, etwa bei einem eindeutigen Fehlurteil der ersten Instanz zugunsten des Berufungsbeklagten,[960] in teleologischer Reduktion des § 119 I 2 ZPO Prozeßkostenhilfe. Diese Einschränkung des § 119 I 2 ZPO hat allerdings auch ihre Grenzen: Wird z.B. der Berufungskläger nur aufgrund neuen Vortrags obsiegen und deshalb nach § 97 II ZPO die Kosten des Berufungsverfahrens zu tragen haben, besteht für den Berufungsbeklagten wenigstens in kostenrechtlicher Hinsicht eine hinreichende Erfolgsaussicht.[961] Wird die notwendige Prozeßkostenhilfe in solchen Fällen versagt, muß dies besonders eingehend begründet werden, andernfalls hat die Entscheidung verfassungsrechtlich keinen Bestand.[962]
- Weiter ist dem Berufungsbeklagten nach h.M. vor Eingang der Berufungsbegründung grundsätzlich keine Prozeßkostenhilfe zu bewilligen.[963]
- Schließlich kommt Prozeßkostenhilfe für den Berufungsbeklagten nicht in Betracht, wenn das Berufungsgericht eine Zurückweisung der Berufung nach § 522 II ZPO ankündigt.[964]

III. Kostentragung durch sonstige Dritte

Private Dritte tragen die Kosten eines Berufungsverfahrens im Falle 200

- eines Vertrages mit einem sog. Prozeßfinanzierer, der als Vertrag über die Gründung einer stillen Gesellschaft bürgerlichen Rechts zu qualifizieren ist;[965]
- einer Musterprozeßvereinbarung unter mehreren Klägern;[966]
- einer Prozeßkostenvorschußpflicht gemäß §§ 1360 a IV, 1361, 1578, 1610 BGB.

---

[959] BGHZ 36, 280 (281; verneinend aber für den Fall, daß die Klageforderung von einem nicht armen Gläubiger gepfändet und diesem zur Einziehung überwiesen wird); OLG Hamm FamRZ 1995, 747; OLG Bamberg FamRZ 1999, 111; OLG Köln MDR 2003, 1435; *Thomas/Putzo/Reichold* § 119 Rn. 13.

[960] OLG Köln OLGZ 1980, 492; OLG Düsseldorf FamRZ 1988, 416; OLG Bamberg FamRZ 1989, 884; *Büttner* S. 505 („*nur in krassen Ausnahmefällen*"); *Zöller/Philippi* § 119 Rn. 56; *Thomas/Putzo/Reichold* § 119 Rn. 13.

[961] So zutreffend *Glaremin* JA 1990, 186 (191); ebenso *Oberheim* Rn. 161; von *Steinert/Theede* Kap. 2 Rn. 47 übersehen.

[962] OLG Frankfurt a.M. OLGR 1996, 261 (263); *Zöller/Philippi* § 119 Rn. 56.

[963] BGH NJW 1954, 149 („*im allgemeinen*"); 1982, 446; FamRZ 1988, 942; NJW-RR 2001, 1009; FamRZ 2003, 522 – jeweils für die Revisionsinstanz; OLG Karlsruhe FamRZ 1987, 844 (16. ZS); NJW-RR 1989, 1152 (15. ZS); OLG Hamburg JurBüro 1994, 423; OLG Oldenburg Beschl. v. 16.10.1996 – 8 U 116/96 (abrufbar unter http://www.oberlandesgericht-oldenburg.niedersachsen.de/efundus/index.php4); OLG Köln JurBüro 1997, 31; OLG Celle OLGR 2003, 197; OLG Düsseldorf MDR 2003, 658; *Zimmermann* § 119 Rn. 12; *MüKo-ZPO/Wax* § 119 Rn. 42; *Schumann/Kramer* Rn. 577; *Thomas/Putzo/Reichold* § 119 Rn. 13; *Musielak/Fischer* § 119 Rn. 16; **a.A.** – generell bejahend – OLG Karlsruhe AnwBl 1984, 619 (13. ZS); NJW-RR 1987, 62 (2. ZS); FamRZ 1996, 806 (2. ZS); *BL/Hartmann* § 119 Rn. 57; **differenzierend** OLG Hamm FamRZ 1990, 537 (bejahend, falls sich der Berufungskläger die Berufungsbegründungsfrist verlängern läßt; FamRZ 1997, 181 (33. ZS) verneinend, falls auch der Berufungskläger Prozeßkostenhilfe beantragt); *Zöller/Philippi* § 119 Rn. 55 (bejahend, falls schon die Zulässigkeit der Berufung problematisch ist [?]).

[964] OLG Düsseldorf MDR 2003, 658; OLG Celle MDR 2004, 598; *Wieczorek/Schütze/Gerken* § 522 Rn. 91.

[965] *Dethloff*, Prozessfinanzierung S. 2227; *Oberheim* Rn. 157.

[966] *Oberheim* Rn. 157.

§ 6 Prüfung von Maßnahmen im Hinblick auf die Zwangsvollstreckung

A. Antrag des verurteilten Berufungsführers auf einstweilige Einstellung der Zwangsvollstreckung gemäß §§ 719 I 1, 707 I ZPO

I. Formalien

201 **1. Formulierungsvorschlag**

Die Zwangsvollstreckung aus dem Urteil des AG/LG ... vom ..., Az... wird einstweilen bis zur Entscheidung über die Berufung ohne Sicherheitsleistung/gegen Sicherheitsleistung in Höhe von ... € eingestellt.

Es empfiehlt sich, den Antrag in einem gesonderten Schriftsatz zu stellen,[967] damit er nicht übersehen wird.

2. Notwendigkeit einer Berufungsbegründung

202 In einem solchen Falle wird man – nachdem der Antrag nur begründet ist, wenn die Berufung hinreichend Aussicht auf Erfolg hat – neben dem eigentlichen Antrag bereits die Berufungsbegründung einreichen müssen (vgl. zu dieser Frage auch unten Rn. 232).

II. Erfolgsaussichten

203 Die Erfolgsaussichten solcher Anträge sind nicht eindeutig zu beurteilen: Während faktisch solchen Anträgen z.T. routinemäßig stattgegeben wird, wird dies in der Literatur scharf kritisiert[968] und vor entsprechenden Hoffnungen der Anwälte gewarnt. Zu bedenken ist nämlich, daß im Rahmen der zu treffenden Ermessensentscheidung die Gläubigerinteressen Vorrang haben.[969]

III. Gebührenrechtlicher Hinweis

204 Der Antrag nach §§ 719 I 1, 707 I ZPO gehört nach § 19 I 2 Nr. 11 RVG zum (Gebühren-)Rechtszug und ist nur dann nach Nr. 3328 VV vergütungsfähig, wenn über ihn eine abgesonderte **mündliche** Verhandlung stattfindet (amtliche Anm. 1 zu Nr. 3328 VV), was im Hinblick auf § 719 III (i.V.m. § 128 IV) ZPO nur ganz selten der Fall sein wird; Nr. 3328 VV ist als Ausnahmeregelung eng auszulegen[970]. Findet aber eine solche abgesonderte mündliche Verhandlung statt, erhält der Anwalt neben der Verfahrensgebühr nach Nr. 3328 VV in Höhe von 0,5 auch eine Terminsgebühr nach

---

[967] *BProzFb/Goll* S. 305 Anm. 13; wohl auch *Müller/Schöppe-Fredenburg* S. 221.
[968] *Schumann/Kramer* Rn. 592; *Zöller/Herget* § 719 Rn. 3.
[969] Vgl. OLG Köln MDR 1975, 850.
[970] *Hartmann* Nr. 3328 VV Rn. 1 m. Nachw. zu der zu § 49 I BRAGO ergangenen Rechtsprechung; *Gerold/Schmidt/Müller-Rabe* Nr. 3328 VV Rn. 15 und 16.

Nr. 3332 VV in gleicher Höhe.[971] Die nach der BRAGO stattfindende Erhöhung der Gebühren im Berufungsrechtszug (§ 11 I 4, 5 BRAGO) gibt es nicht mehr.[972]

B. Antrag auf unbedingte Vollstreckbarkeit gemäß § 537 I ZPO

I. Anwendungsbereich des § 537 I ZPO

Der Antrag auf unbedingte Vollstreckbarkeit gemäß § 537 I 1 ZPO, der sich als Umkehrung des Antrags nach §§ 719 I, 707 I ZPO erweist,[973] kann sowohl vom Kläger als auch vom Beklagten der ersten Instanz gestellt werden,[974] wobei es unerheblich ist, wer Berufung eingelegt hat[975]: 205

- Der **Kläger** ist antragsberechtigt
  - bei vollständigem Obsiegen und Teilanfechtung durch den Beklagten hinsichtlich des nicht angefochtenen Teils;
  - bei Teilunterliegen hinsichtlich des obsiegenden Teils.
- Der **Beklagte** ist antragsberechtigt bei vollständigem Obsiegen und Teilanfechtung durch den Kläger hinsichtlich seines Kostenerstattungsanspruchs.

§ 537 ZPO gilt gemäß § 64 VI ArbGG auch im arbeitsgerichtlichen Verfahren, hat dort aber wegen § 62 I 2 ArbGG nur geringe Bedeutung.[976]

II. Der Antrag 206

1. Voraussetzungen

- Das erstinstanzliche Urteil darf nur beschränkt angefochten worden sein, es muß also einen unangefochtenen, selbständigen, quantitativ abgrenzbaren Teil des erstinstanzlichen Urteils geben[977]. An dieser Voraussetzung fehlt es bei Geltendmachung eines Zurückbehaltungsrecht gegenüber einem Teil der Klageforderung[978]. Ob § 537 ZPO auch auf die erstinstanzliche Kostenentscheidung anwendbar ist, ist umstritten.[979]
- Antragsstellung erst nach Ablauf der Anschlußberufungsfrist, da es bei einer Anschlußberufung an einem unangefochtenen, selbständigen, quantitativ abgrenzbaren Teil des erstinstanzlichen Urteils fehlt;[980] wird der Antrag vor der Anschlußberufung gestellt, tritt mit Einlegung der Anschlußberufung Erledigung ein[981].

---

[971] *Gerold/Schmidt/Müller-Rabe* Nr. 3328 VV Rn. 21.

[972] A.a.O. Rn. 20.

[973] *Schneider*, Unbedingte Vollstreckbarkeit S. 44.

[974] OLG Schleswig SchlHA 1980, 188; KG MDR 1988, 240; OLG Celle Nds.Rpfl. 1989, 107; OLG Hamm NJW-RR 1990, 1470; *Schneider*, Unbedingte Vollstreckbarkeit S. 45; *Waltermann* S. 160; *Zöller/Gummer/Heßler* § 537 Rn. 2; *Thomas/Putzo/Reichold* § 537 Rn. 2; **a.A.** OLG Hamm NJW-RR 1987, 832.

[975] *Schneider*, Unbedingte Vollstreckbarkeit S. 45; *Zöller/Gummer/Heßler* § 537 Rn. 2.

[976] *Waltermann* S. 161.

[977] OLG Schleswig SchlHA 1988, 158, *Thomas/Putzo/Reichold* § 537 Rn. 3.

[978] OLG Schleswig SchlHA 1988, 158.

[979] **Grundsätzlich bejahend** *St/J/Grunsky* § 534 Rn. 2; *Zöller/Gummer/Heßler* § 537 Rn. 6; **ablehnend** OLG Schleswig SchlHA 1983, 168; MDR 1985, 679; *Thomas/Putzo/Reichold* § 537 Rn. 3; *BL/Albers* § 537 Rn. 1.

[980] OLG Hamm MDR 1995, 311; *Schneider*, Unbedingte Vollstreckbarkeit S. 45; *BL/Albers* § 537 Rn. 3.

[981] OLG Hamm MDR 1995, 311; *BL/Albers* § 537 Rn. 3; *Musielak/Ball* § 537 Rn. 5; *Waltermann* S. 160 spricht ungenau davon, daß der Beschluß „*überholt*" sei.

- Der Antrag muß von einem Anwalt gestellt werden, wobei umstritten ist, ob dieser beim Berufungsgericht zugelassen sein muß[982].

207 **2. Formulierungsvorschlag:**[983]

Es wird beantragt, das Urteil des AG/LG ... vom ..., Az ... wegen eines Betrages von ... € nebst Zinsen hierauf in Höhe von 5 Prozentpunkten über dem Basiszinssatz seit ... für vorläufig vollstreckbar zu erklären und dem Beklagten die Kosten des Verfahrens aufzuerlegen.

Der Antrag sollte möglichst nicht mit anderen Anträgen verbunden oder aber wenigstens deutlich hervorgehoben werden, damit er nicht bei Gericht übersehen wird.[984]

208 **III. Gebührenrechtlicher Hinweis**

1. Gebührentatbestand

Gemäß Nr. 3329 VV erhält der Anwalt für einen Antrag auf Vollstreckbarerklärung des nicht angefochtenen Teils eines Urteils eine besondere Verfahrensgebühr, in Abweichung von § 19 I 2 Nr. 9 RVG, wonach die Vollstreckbarerklärung grundsätzlich zum (Gebühren-)Rechtszug der Berufung gehört und damit nicht gesondert vergütungsfähig ist.

Die Gebühr nach Nr. 3329 VV fällt aber nicht an,

- wenn der Berufungskläger seine Berufung auf den ursprünglich nicht angefochtenen Teil erweitert,[985]
- wenn er zunächst uneingeschränkt Berufung einlegt und diese nachträglich beschränkt;[986]
- wenn sich die Parteien über den gemäß § 537 I ZPO für vorläufig vollstreckbar erklärten Teil des Urteils nachträglich vergleichen (da hinsichtlich des nicht angefochtenen Teils eine Gebühr nach Nr. 3101 Nr. 2 VV anfällt[987]).[988]

Das Gericht muß in dem Beschluß nach § 537 I 1 ZPO von Amts wegen eine **Kostenentscheidung** gemäß § 91 ZPO treffen, weil andernfalls die Anwaltsgebühren nicht festgesetzt werden können.[989] Gleichwohl empfiehlt es sich in diesem Fall,

---

[982] **Verneinend** OLG Frankfurt a.M. FamRZ 1979, 538; *Zöller/Gummer/Heßler* § 537 Rn. 2; *Musielak/Ball* § 537 Rn. 4; **bejahend** *BL/Albers* § 537 Rn. 2.

[983] In Anlehnung an den Tenorierungsvorschlag von *Zöller/Gummer/Heßler* § 537 Rn. 17; ähnlich *Vorwerk/Teubel* Kap. 67 Rn. 17; der Zusatz bzgl. der Sicherheitsleistung in dem Beschlußmuster von *Tempel/Theimer* (Nr. 186, S. 254) ist überflüssig.

[984] Vgl. *Waltermann* S. 160.

[985] *Hartmann* Nr. 3329 VV Rn. 1; *Gerold/Schmidt/Müller-Rabe* Nr. 3329 VV Rn. 3; zu § 49 II BRAGO OLG München MDR 1992, 1087.

[986] *Gerold/Schmidt/Müller-Rabe* Nr. 3329 VV Rn. 3.

[987] *Gerold/Schmidt/Müller-Rabe* Nr. 3329 VV Rn. 4.

[988] Zu § 49 II BRAGO: OLG Hamburg MDR 1982, 945; OLG München MDR 1992, 1087; *Zöller/Gummer/Heßler* § 537 Rn. 18.

[989] OLG Hamm NJW 1972, 2314; OLG Schleswig SchlHA 1980, 188; OLG München MDR 1992, 1087; *Zöller/Gummer/Heßler* § 537 Rn. 14; *Gerold/Schmidt/Müller-Rabe* Nr. 3329 VV Rn. 13; *Thomas/Putzo/Reichold* § 537 Rn. 5; *BL/Albers* § 537 Rn. 4; *Musielak/Ball* § 537 Rn. 6.

einen ausdrücklichen Antrag zu stellen, weil Nr. 3329 VV noch mehr als der frühere § 49 II BRAGO nicht allen Berufungsgerichten bekannt sein wird.[990] Wird die Kostenentscheidung vom Gericht **vergessen**, ist ein Ergänzungsantrag nach § 321 I ZPO innerhalb der 2-Wochen-Frist des § 321 II ZPO zu stellen[991] – ist diese versäumt worden, bleibt bei Zahlungsunwilligkeit des Gegners nur ein Erstattungsprozeß,[992] u.U. auch das Erwirken einer entsprechenden Entscheidung im Berufungsurteil[993]. Wird eine Kostenentscheidung im Beschlußwege **abgelehnt**, ist über die Kosten im Berufungsurteil zu entscheiden, wobei auf Kostentrennung nach §§ 92, 97 ZPO zu achten ist[994].

2. Gebührenhöhe

Der Anwalt erhält eine Verfahrensgebühr in Höhe von 0,5 und bei mündlicher Verhandlung über den Antrag eine Terminsgebühr nach Nr. 3332 VV in gleicher Höhe[995].

3. Gegenstandswert

Die Bestimmung des Gegenstandswerts ist umstritten: Während die herrschende Rechtsprechung ihn etwa mit 1/5 ansetzt,[996] geht die einhellige Literaturmeinung dahin, daß er sich nach dem Teil des Urteils richtet, der mit der Berufung nicht angefochten worden ist, wobei Kosten und Zinsen bei der Wertbestimmung unberücksichtigt bleiben[997].

§ 7 Die Beratung durch den Anwalt

A. Die Beratungspflicht

Was die Beratungspflicht betrifft, ist zwischen dem nur erstinstanzlich zugelassenen Rechtsanwalt und dem „Berufungsanwalt" zu unterscheiden:[998] Ersterer erfüllt die ihm obliegenden Pflichten durch Übersenden des Urteils unter deutlichem Hinweis auf die möglichen Rechtsmittel und den Ablauf der Rechtsmittelfrist.[999] Eine Pflicht zur Nachfrage, ob der Mandant Berufung einlegen will, besteht in der Regel nicht.[1000] 209

[990] Zu § 49 II BRAGO: *Vorwerk/Teubel* Kap. 67 Rn. 52.

[991] *Schneider*, Unbedingte Vollstreckbarkeit S. 46; *Zöller/Gummer/Heßler* § 537 Rn. 14; *BL/Albers* § 537 Rn. 4.

[992] *Schneider* a.a.O.

[993] *Schneider* a.a.O.

[994] *Schneider* a.a.O.; *Zöller/Gummer/Heßler* § 537 Rn. 14; *BL/Albers* § 537 Rn. 4.

[995] *Gerold/Schmidt/Müller-Rabe* Nr. 3329 VV Rn. 11; *Gerold/Schmidt/v. Eicken* § 19 Rn. 42 nennt versehentlich Nr. 3331 VV.

[996] OLG Hamm FamRZ 1994, 248; OLG Frankfurt a.M. JurBüro 1996, 312; OLG Celle Beschl. v. 2.7.1996, auf Gegenvorstellung bestätigt am 30.7.1996 – 13 U (Kart) 18/96, n.v.; **a.A.** LG Bonn JurBüro 2001, 252:

[997] *Hartmann* Nr. 3329 VV Rn. 6 und eingehend *Gerold/Schmidt/Müller-Rabe* Nr. 3329 VV Rn. 12 sowie *Gerold/Schmidt/v. Eicken* § 19 Rn. 42 unter Berufung auf die nicht einschlägige Entscheidung OLG MDR 1990, 733.

[998] So zuletzt OLG Köln VersR 2003, 1575; undifferenziert *Zugehör/Sieg* Rn. 730.

[999] BGH VersR 1963, 435; OLG Köln VersR 2003, 1575 (1576).

[1000] BGH VersR 1958, 789; 1963, 435; OLG Köln a.a.O.

Auch eine Beratungspflicht über die Aussichten einer Berufung besteht nicht, jedenfalls nicht gegenüber einer prozeßerfahrenen Partei.[1001] Der Berufungsanwalt muß dagegen über die Aussichten einer Berufung beraten.[1002] Hat der erstinstanzliche Anwalt auch eine Zulassung bei einem Oberlandesgericht, gelten für ihn im Falle der üblichen Mandatierung auch für die zweite Instanz[1003] die Regeln für den Berufungsanwalt.

210 Die Beratung muß **umfassend** sein und zwei Fragenkomplexe abdecken:[1004]

- Sie muß sich zunächst auf die **Erfolgsaussichten und Risiken** der Berufung beziehen,[1005] welche nie sicher eingeschätzt werden können. Die Beratung muß zur Vermeidung von Haftungsfällen insbesondere die Möglichkeit der unanfechtbaren **Beschlußzurückweisung** gemäß § 522 II ZPO (siehe im einzelnen unten Rn. 318 ff.) umfassen[1006].
- Gemäß § 49 b V BRAO n.F. ist der Mandat vor Mandatsübernahme (!) darauf hinzuweisen, daß sich die Gebühren nach dem Gegenstandwert richten.[1007] Dieser Hinweis wird erfahrungsgemäß zu einer Nachfrage des Mandanten führen, die eine Beratungspflicht bezüglich des **Kostenrisikos** auslöst,[1008] die im übrigen auch dann besteht,
  - wenn sich der Mandant falsche Vorstellungen macht,[1009]
  - das Kostenrisiko für den Mandanten offensichtlich entscheidungserheblich ist (so etwa, wenn die Berufung aussichtslos und somit eine Kostenerstattung seitens des Gegners ebenso ausscheidet wie ein Einspringen der Rechtsschutzversicherung[1010]),
  - wenn es besonders hoch ist,[1011] was gerade im Berufungsverfahren grundsätzlich der Fall ist,[1012]
  - oder wenn ein ungewöhnliches Vorgehen geplant ist (z.B. Stellen fingierter Anträge[1013]).

[1001] OLG Düsseldorf MDR 1986, 145; OLG Köln a.a.O.

[1002] BGH NJW-RR 1989, 1109; OLG Köln a.a.O.

[1003] Vgl. eingehend *Meyer-Rahe* S. 36 und 94.

[1004] Vgl. zu den Anforderungen einer anwaltlichen Beratung ganz allgemein etwa die Grundsatzentscheidung BGH VersR 1968, 969 und aus neuerer Zeit NJW 1993, 2676 sowie ausführlich *Borgmann/Haug* Rn. IV 66; zu den Anforderungen an die Rechtsberatung die sehr gute zusammenfassende Darstellung von Jungk AnwBl 1996, 534 ff.

[1005] BGH NJW 1984, 791 (792); OLG Düsseldorf MDR 1996, 145; AG Würzburg VersR 1999, 189 (190); vgl. zu den Beratungspflichten hinsichtlich der Prozeßaussichten ganz allgemein eingehend *Borgmann/Haug* Rn. IV 83–89, speziell im Fall der Berufung auch *Commichau* Rn. 399.

[1006] *Hirtz*, Beschlussverwerfung S. 1268; *Schneider*, ZPO-Reform Rn. 441; *Prechtel* S. 405; das Haftungsrisiko betont auch *Greger*, Kurzkommentar unter 4 c) a.E.

[1007] Vgl. dazu im einzelnen – ablehnend – *Hartung*.

[1008] Vgl. zu den Belehrungspflichten hinsichtlich des Kostenrisikos eingehend *Borgmann/Haug* Rn. IV 91–96; **a.A.** für den Regelfall jetzt KG KGR 2004, 230, wobei die Entscheidung einen Fall vor Inkrafttreten des § 49 b V BRAO n.F. betraf.

[1009] KG KGR 2004, 230.

[1010] OLG Naumburg BRAK-Mitt. 2002, 213 (nur Ls.; Volltext bei juris).

[1011] OLG München NJW-RR 1991, 1460.

[1012] *Commichau* Rn. 251, 400 geht zurecht von einer grundsätzlichen Belehrungspflicht über die Kosten in der Berufung aus; unentschieden *Meyer-Rahe* S. 64 f. für den Berufungskläger, wie hier aber S. 93 für den Berufungsbeklagten.

[1013] *Braunschneider*, Antragsänderung I S. 171.

B. Art und Weise der Beratung

I. Nachdrücklichkeit der Beratung

Es ist Aufgabe des Anwalts, eine klare Einschätzung und Empfehlung zu geben.[1014] **211** Ob die Beratung auch „nachdrücklich" sein muß und wie diese „Nachdrücklichkeit" aussehen soll, ist umstritten.

Die Rechtsprechung des Bundesgerichtshofs ist insoweit nicht einheitlich. In NJW 1987, 1322 und 1995, 2842 wurde explizit keine besondere Nachdrücklichkeit gefordert, wohingegen NJW 1993, 2676 fordert, daß dem Mandanten die Sach- und Rechtslage *„deutlich vor Augen geführt"* werden müßte, ähnlich NJW 2000, 725.[1015] Die Rechtsprechung der **Instanzgerichte** neigt dazu, eine nachdrückliche Beratung durch den Anwalt zu fordern: Nach einem unveröffentlichten Urteil des OLG Hamm vom 13.12.1988 muß der Anwalt, wenn das Ersturteil „falsch" gewesen sei, *„mit Nachdruck"* zur Berufungseinlegung raten.[1016] Während *Schlee* der Entscheidung wohl zustimmt,[1017] hält sie *Rinsche* für unzutreffend[1018]. Weiter soll der Anwalt auch dann, wenn der erneute Prozeßverlust an sich auch für einen Laien erkennbar möglich ist, verpflichtet sein, von der Einlegung einer Berufung nachdrücklich abzuraten. Das LG Dortmund in einer unveröffentlichten Berufungsentscheidung vom 24.11.1988: *„So haben sie [die Beklagten] die Klägerin zunächst nicht auf das Risiko hingewiesen, daß sich das Berufungsgericht der Auffassung des Landgerichts Münster anschließen und die Klage als unzulässig erachten könnte ... Erforderlich war ... eine konkrete, auch für den Rechtslaien unmißverständliche Belehrung darüber, daß die Zulässigkeit der Klage von einer Rechtsfrage abhängt, die ohne weiteres wie vom Landgericht Münster auch in der Berufungsinstanz beantwortet werden kann."*[1019] *Schlee* hat diese Auffassung in einem Rechtsprechungsbericht als *„wohl überzogen"* bezeichnet[1020] – zurecht, zumal der „Laie" in dem vom LG Dortmund entschiedenen Fall eine größere GmbH war! In Fällen, wo der Auftraggeber z.B. durch eine Rechtsabteilung, den Verkehrsanwalt oder Syndikusanwalt juristisch beraten ist oder selbst Rechtsanwalt ist, ist vielmehr in der Regel jede Beratungspflicht zu verneinen.[1021]

Ob der Anwalt im Rahmen der nachdrücklichen Beratung soweit gehen muß, eine Mandatsablehnung oder -niederlegung anzudrohen, ist in der Rechtsprechung ebenfalls nicht geklärt. Während das OLG Hamm dies in seinem Urteil vom 2.10.1986 für Ausnahmefälle bejaht hat,[1022] vertritt das LG Dortmund in seinem vom OLG Hamm (!) bestätigten[1023] unveröffentlichten Urteil vom 8.6.1988 die Auffassung, daß eine sol-

---

1014 So auch *Zwanziger/Heitmann* S. 176.
1015 *Meyer-Rahe* S. 61 verneint unter Berufung auf BGH NJW 1987, 1322 die Notwendigkeit einer besonders nachdrücklichen Beratung, erwähnt aber die oben genannten gegenteiligen Entscheidungen nicht.
1016 Az. 28 U 1/88.
1017 AnwBl 1989, 223 (224).
1018 Rn. 179.
1019 Az. 17 S 147/88, S. 12.
1020 AnwBl 1989, 223 (224).
1021 OLG Düsseldorf MDR 1986, 145.
1022 AnwBl 1987, 331.
1023 Nach dem zustimmenden Bericht von *Schlee* AnwBl 1990, 459; gegen eine Pflicht zur Androhung der Mandatsniederlegung auch *Oberheim* Rn. 76.

che Pflicht grundsätzlich zu verneinen ist: *„Die Kammer ist nicht der Ansicht, daß der Beklagte zu 3) in jener Situation damit hätte drohen müssen, das Mandat niederzulegen. Wenn man von einer derartigen Rechtspflicht eines Prozeßbevollmächtigten ausgeht, müßte das Verhältnis zwischen Partei und Rechtsanwalt in vielen Fällen schwersten Belastungen ausgesetzt sein. Nach Auffassung der Kammer wäre es nicht angängig, den Rechtsanwalt für verpflichtet zu halten, mit der Niederlegung des Mandates zu drohen, ihn dann aber andererseits auch nur für berechtigt zu halten, das Mandat gleichwohl weiterzuführen, wenn die Partei trotz der Drohung einer Mandatsniederlegung auf einer bestimmten Prozeßhandlung, etwa der Durchführung eines Berufungsverfahrens besteht. Dem Rechtsanwalt kann nicht zugemutet werden, eine letztlich nicht ernstgemeinte Drohung glaubwürdig auszusprechen. Andererseits kann es auch keine Rechtspflicht sein, in aussichtslosen Fällen das Mandat tatsächlich niederzulegen. Dies würde darauf hinauslaufen, daß der Rechtsanwalt letztlich verpflichtet ist, den Mandanten nicht ernst zu nehmen und ihn als unbelehrbar und unmündig zu behandeln, der Art, daß man ihn letztlich zu seinem Glück zwingen muß. Dies müßte in einen untragbaren Widerspruch dazu geraten, daß für eine erfolgversprechende Rechtsvertretung ein Vertrauensverhältnis zwischen Mandant und Rechtsanwalt bestehen muß … Nach Auffassung der Kammer kann von einem Rechtsanwalt lediglich verlangt werden, daß er der Partei in verständlicher Form die Prozeß- und insbesondere Kostenrisiken verdeutlicht. Er bleibt jedoch berechtigt, letztlich der Partei die Entscheidung zu überlassen, wie verfahren werden soll.“*[1024]

II. Form

212 Ob die Beratung in einem schriftlichen Gutachten[1025] oder in einem Anschreiben[1026] geschieht, ist Geschmacksache. Auf jeden Fall sollte die Beratung schon zur eigenen Absicherung **schriftlich** erfolgen;[1027] ggf. ist noch ein Beratungsgespräch anzuschließen[1028].

III. Herbeiführung einer definitiven Entscheidung des Mandanten

213 Der Mandant – und nur dieser – hat zu entscheiden, ob ein Rechtsmittel eingelegt werden soll.[1029] Das bloße Übersenden des Urteils unter Angabe des Zustellungsdatums genügt dazu nicht.[1030] Es ist ihm vielmehr eine **klare Frist** zur Äußerung zu setzen, deren Endpunkt so zu wählen ist, daß der Anwalt nicht unter Zeitdruck gerät.[1031]

214 Die Frage, wie sich der Anwalt verhalten soll, wenn der Mandant auf eine Fristsetzung nicht reagiert, ist schwierig zu beantworten. In den Anleitungsbüchern für Anwälte wird nahezu ausnahmslos eine **vorsorgliche Berufungseinlegung** empfohlen. Wenn der Mandant sich dann über den Umfang der Berufungsdurchführung immer

---

[1024] Az. 6 O 76/88, S. 8 f.
[1025] So *Commichau* Rn. 399.
[1026] So *Zwanziger/Heitmann* S. 176.
[1027] *Schlee* AnwBl 1990, 459 (460); *Oberheim* Rn. 76.
[1028] *Commichau* Rn. 399, der aber offenbar ein solches Gespräch für stets erforderlich hält.
[1029] AG Würzburg VersR 1999, 189; *HdbStraßenverkR/Born* Kap. 3 B Rn. 224.
[1030] BAG NJW 1960, 1319.
[1031] *Rinsche* Rn. 178; *Zwanziger/Heitmann* S. 176; *Oberheim* Rn. 76.

noch nicht im klaren sei, sei das Ersturteil unter Vorbehalt späterer Erweiterung zunächst teilweise anzugreifen.[1032] Dies ist mit dem OLG Karlsruhe **grundsätzlich abzulehnen**: *„Eine Pflichtwidrigkeit läßt sich auch nicht daraus herleiten, daß der Beklagte es unterlassen hat, aus eigenem Antrieb gegen das amtsgerichtliche Urteil Berufung einzulegen. Für die entgeltliche Geschäftsbesorgung ist Auftragsrecht maßgebend (§ 675 BGB). Grundsätzlich hat sich der Beauftragte nach den Weisungen des Auftraggebers zu richten. Liegt keine Weisung vor, so hat er sie einzuholen. Er ist zwar berechtigt, unter bestimmten Voraussetzungen von einer erteilten Weisung abzuweichen (§ 665 BGB). Es ist ihm im Rahmen des Auftragsverhältnisses aber nicht gestattet, eine nicht vorhandene Weisung durch einen eigenen Entschluß zu ersetzen. Freilich hätte der Beklagte – insoweit als Geschäftsführer ohne Auftrag handelnd – Berufung einlegen können in der Erwartung, daß der Mandant sein Vorgehen billigen werde. Eine Rechtspflicht, ohne Auftrag tätig zu werden, bestand jedoch nicht ...* “[1033] Weiter betont das OLG Karlsruhe in Übereinstimmung mit dem Bundesgerichtshof[1034], daß ein Anwalt bei ausbleibender Reaktion des Mandanten nur dann verpflichtet sei, nachzuforschen, ob seine Nachricht den Mandanten erreicht hat, wenn er besonderen Anlaß zu der Befürchtung haben müsse, daß sein Nachricht verloren gegangen sei oder wenn er wisse, daß der Mandant entschlossen sei, unter allen Umständen ein Rechtsmittel einzulegen.

Bei einem derart problematischen Mandanten kann und sollte auch eine **Mandatsniederlegung** erwogen werden. Eine Kündigung seitens des Rechtsanwalts ist gemäß §§ 675, 627 I BGB grundsätzlich jederzeit zulässig ist, darf aber gemäß §§ 675, 627 II 1 BGB nur so erfolgen, daß sich der Mandant anderweitigen anwaltlichen Beistands versichern kann, also nicht „zur Unzeit“, es sei denn, es liegt ein „wichtiger Grund“ vor. Was das nun für den Rechtsanwalt konkret bedeutet, soll anhand der einschlägigen Rechtsprechung zur Anwaltshaftung erläutert werden: **215**

- Die Kündigung kann und sollte durch einfachen Brief erfolgen, wohingegen eine Übersendung durch Boten fehleranfällig und deshalb riskant ist.[1035]
- Eine Kündigung 13 Tage vor Ablauf der Berufungsbegründungsfrist ist nicht unzeitig.[1036]
- Es muß nach h.M. vor der Kündigung eine Verlängerung der Berufungsbegründungsfrist beantragt werden.[1037] Diese Forderung ist aber durchaus problematisch, wie die überzeugenden Ausführungen des OLG Hamburg in seinem unveröffentlichten Urteil vom 21.12.1973 (Az. 11 U 139/73) zeigen. Der Anwalt hatte dem Mandanten rechtzeitig seine negative Einschätzung der Erfolgsaussichten mitgeteilt und die Einreichung eines Begründungsschriftsatzes von der Bezahlung der Gebühren für die erste Instanz abhängig gemacht. Das OLG Hamburg begründete die Abweisung der Klage des früheren Mandanten u.a. wie folgt: *„Denn die Beklagten hatten ... dem Kläger schon seit dem Schreiben vom ... sehr klar gemacht, was sie von den Aussichten des Prozesses hielten, und seit dem Schreiben vom ... ebenso*

[1032] *Commichau* Rn. 403; *Rinsche* Rn. 181, 182; *Zwanziger/Heitmann* S. 176; anders nur *Vorwerk/Teubel* Kap. 65 Rn. 7 (nur einmalige Erinnerung).

[1033] AnwBl 1979, 64; zustimmend *Borgmann/Haug* Rn. IV 124 Fn. 415 und *Oberheim* Rn. 76.

[1034] MDR 1963, 407, stRspr., zuletzt NJW 2002, 292; ferner OLG München OLGR 1992, 45 (46).

[1035] BGH NJW 1998, 3783.

[1036] BGH a.a.O.

[1037] BGH VersR 1960, 637; ebenso OLG Düsseldorf NJW 2000, 874.

klar, daß sie sich mit der Berufungsbegründung erst befassen würden, wenn ihre Rechnung für die erste Instanz beglichen sei ... mußte er damit rechnen, daß die weisungsgemäß eingelegte Berufung nicht fristgerecht begründet wurde, weil § 16 BRAGebo die Beklagten – auch ohne Zweifel an der Zahlungsfähigkeit des Klägers – grundsätzlich berechtigte, jede weitere Tätigkeit von der Bezahlung ihrer Kostenrechnung abhängig zu machen. Die Beklagten durften nach Auffassung des Senats auch bis zum letzten Augenblick auf den Eingang des Geldes warten und untätig bleiben oder das Mandat niederlegen ... denn sie hatten dem Kläger für den Eingang ihrer berechtigten Forderungen eine Frist gesetzt, die eindeutig mit dem Ablauf der Berufungsbegründungsfrist endete ... kann den Beklagten ... schließlich nicht mit Erfolg zum Vorwurf gemacht werden, daß sie nicht um eine Verlängerung der Berufungsbegründungsfrist nachgesucht haben. Denn diese Verlängerung wäre im Zweifel jedenfalls dann nicht bewilligt worden, wenn sie ihren Antrag wahrheitsgemäß damit begründet hätten, der Kläger habe die Kosten erster Instanz noch nicht beglichen. Und eine nicht wahrheitsgemäße Begründung konnte der Kläger den Beklagten nicht zumuten.“[1038]

- Schließlich muß beachtet werden, daß trotz Kündigung Anwaltspflichten fortbestehen können (§ 87 ZPO!).[1039]

C. Gebühren

Es sind folgende Fallgestaltungen zu unterscheiden:

216 I. Übersendung und Besprechung des Urteils durch den erstinstanzlichen Anwalt

Die Übersendung des erstinstanzlichen Urteils gehört gemäß § 19 I 2 Nr. 9 RVG (bisher § 37 Nr. 7 BRAGO) zum ersten Rechtszug, ebenso die Unterrichtung des Mandanten über die Möglichkeit einer Berufung (Statthaftigkeit, Frist und Form) und die erläuternde Besprechung des Urteilsinhalts.[1040]

Nachdem eine weitergehende unaufgeforderte (!) Beratung über die Richtigkeit der erstinstanzlichen Entscheidung und die Aussichten eines Rechtsmittels nach Auffassung des Bundesgerichtshofs keine Ratsgebühr nach Nr. 2100 VV (bisher § 20 I BRAGO) auslöst,[1041] sollte sich der erstinstanzliche Anwalt aus berechtigtem Ge-

---

[1038] Ähnlich jetzt auch der BGH in FamRZ 2004, 1783 (nur Ls.; Volltext bei juris), wo die – rechtzeitig angekündigte – Mandatsniederlegung wegen fehlender Begleichung der Vorschußnote des Revisionsanwalts mit der Folge einer Versäumung der Begründungsfrist für die Nichtzulassungsbeschwerde gebilligt wurde; abl. gegenüber der h.M. auch *Borgmann/Haug* Rn. III 104 Fn. 292.

[1039] Vgl. zu den nachvertraglichen Pflichten des Anwalts im Zusammenhang mit § 87 ZPO eingehend *Borgmann/Haug* Rn. III 111–114 sowie zu den Pflichten bei Mandatsende ganz allgemein *Borgmann* BRAK-Mitt. 2001, 20.

[1040] *Gerold/Schmidt/Madert* Nr. 2100 VV Rn. 19 und Nr. 2200 VV Rn. 2; weitergehend – auch die erste sachliche Prüfung des Urteils gehört noch zur ersten Instanz – *Eichele/Klinge* S. 205 und *Vorwerk/Teubel* Kap. 65 Rn. 2.

[1041] BGH NJW 1991, 2084; **a.A.** einige Oberlandesgerichte und die überwiegende Literatur, vgl. im einzelnen *Gerold/Schmidt/Madert* Nr. 2100 VV Rn. 19 Fn. 10.

bühreninteresse insoweit einen gesonderten Auftrag erteilen lassen, wenn er nicht sogleich ein Berufungsmandat erhält.[1042]

II. Beratung über die Erfolgsaussichten einer Berufung

Gebührentatbestände sind die Nr. 2200 und 2201 VV, die wie schon die entsprechenden §§ 20 II, 21 a BRAGO dem allgemeinen Gebührentatbestand der Nr. 2100 VV (bisher § 20 I BRAGO) vorgehen.[1043] Nr. 2201 VV ist ihrerseits eine Spezialvorschrift gegenüber Nr. 2200 VV.[1044] 217

1. Prüfung der Erfolgsaussichten einer Berufung, Nr. 2200 VV

a) Gebührentatbestand. Diese Gebühr erfaßt auch die bisherige Abrategebühr gemäß §§ 20 II 1; 11 I 4 BRAGO in Höhe von 13/20, die es nach dem RVG nicht mehr gibt.[1045]

b) Gebührenhöhe. Für die Ausfüllung des Rahmens gilt § 14 RVG; auszugehen ist dabei von der Mittelgebühr,[1046] welche 0,75 beträgt[1047].

2. Schriftliches Gutachten über die Erfolgsaussichten einer Berufung, Nr. 2201 VV

a) Gebührentatbestand. Der Anwalt, der nicht notwendig beim Berufungsgericht zugelassen sein muß,[1048] erhält nach Nr. 2201 VV (bisher § 21 a S. 1 Hs. 1 BRAGO) für ein schriftliches Gutachten über die Aussichten der Berufung eine Vergütung. Ein solches Gutachten erfordert

- eine geordnete Sachverhaltsdarstellung,
- die rechtliche Beurteilung des Sachverhalts unter Berücksichtigung von Rechtsprechung und Lehre
- sowie die eigene Stellungnahme des Anwalts.[1049]

b) Gebührenhöhe. Die Gebühr beträgt gemäß Nr. 2201 VV 1,3. Gemäß Nr. 2200 VV (bisher § 21 a S. 2 BRAGO) wird sie auf eine etwaige im Berufungsverfahren verdiente Verfahrensgebühr angerechnet.[1050]

1042 Deshalb kann der Meinung *Commichaus* Rn. 250, der Anwalt der unterlegenen Partei werde die Erläuterung der Entscheidungsgründe anläßlich der Übersendung des Urteils mit einer Prüfung der Berufungsaussichten verbinden müssen, nicht gefolgt werden.

1043 *Hartmann* Nr. 2200 Rn. 1; zur BRAGO *N. Schneider* S. 1032; **a.A.** offenbar *Gerold/Schmidt/Madert* Nr. 2100 VV Rn. 19 ohne nähere Begründung.

1044 *Hartmann* a.a.O.

1045 *Gerold/Schmidt/Madert* Nr. 2200 VV Rn. 1,3; *Gerold/Schmidt/Müller-Rabe* Vorb. 3.2.1 VV Rn. 4, der aber Nr. 2200 VV nicht erwähnt.

1046 *Gerold/Schmidt/Madert* § 14 Rn. 31.

1047 *Gerold/Schmidt/Madert* Nr. 2200 VV Rn. 6.

1048 *Gerold/Schmidt/Madert* Nr. 2201 VV Rn. 15.

1049 OLG München MDR 1992, 193; *Gerold/Schmidt/Madert* Nr. 2201 VV Rn. 13 i.V.m. Nr. 2100 Rn. 71.

1050 *Gerold/Schmidt/Madert* Nr. 2201 VV Rn. 19, 20

218 III. Gutachtliche Äußerung anläßlich der Übersendung der Handakten an den Rechtsanwalt der Berufungsinstanz, Nr. 3400 VV

1. Gebührentatbestand

Abweichend von § 19 I 2 Nr. 17 RVG (bisher § 37 Nr. 7 BRAGO) erhält der Rechtsanwalt gemäß der Anmerkung zu Nr. 3400 VV (bisher § 52 II BRAGO) eine besondere Verfahrensgebühr (bisher Verkehrsgebühr genannt), wenn kumulativ folgende Voraussetzungen erfüllt sind:

- Gutachtliche Äußerung, also eine sich nicht nur in einer Sachverhaltswiedergabe erschöpfende,[1051] begründete Stellungnahme zur Sach- und Rechtslage
- im Einverständnis mit dem Mandanten, das in der widerspruchslosen Hinnahme der Übersendung der Handakte samt Gutachten liegen kann[1052] und auch stillschweigend erteilt werden kann[1053],
- gegenüber dem Rechtsanwalt des Berufungsrechtszugs, also nicht etwa gegenüber dem Mandanten, selbst wenn der Berufungsanwalt die Stellungnahme dann von der Partei erhält,[1054]
- mit Übersendung der Handakten, wobei es umstritten ist, ob auch eine nachfolgende Übersendung genügt[1055].

2. Gebührenhöhe

Die Gebühr beträgt höchstens 1,0 aus einem sich nach dem Wert des Beschwerdegegenstandes bestimmenden Gegenstandswert.

219 IV. Beratung im Rahmen eines Berufungsmandats

a) Gebührentatbestand. Die Gebühr ergibt sich aus Nr. 3200 VV. Gebührenrechtlich beginnt das Berufungsverfahren mit dem Auftrag des Mandanten, ihn im Berufungsverfahren zu vertreten. Ob es zu einer Einlegung der Berufung und zur Durchführung des Berufungsverfahrens kommt, ist für das **Entstehen** der Gebühr irrelevant.[1056]

b) Gebührenhöhe. Die Höhe der Gebühren hängt davon ab, ob Berufung eingelegt wird oder nicht.

- Beispiel 1: Auftrag an den erstinstanzlichen Prozeßbevollmächtigten, Berufung einzulegen; Berufung wird auch eingelegt, aber nach negativ verlaufender Prüfung der Erfolgsaussichten wieder zurückgenommen: Verfahrensgebühr in Höhe von 1,6 gemäß Nr. 3200 VV.[1057]

[1051] OLG Frankfurt a.M. Rpfleger 1955, 207; *Gerold/Schmidt/Müller-Rabe* Nr. 3400 VV Rn. 117.

[1052] *Gerold/Schmidt/Müller-Rabe* Nr. 3400 VV Rn. 120.

[1053] OLG Hamm JurBüro 1964, 120; stark einschränkend *Gerold/Schmidt/Müller-Rabe* Nr. 3400 VV Rn. 120, 121.

[1054] OLG Hamm JurBüro 1963, 789.

[1055] **Bejahend** OLG Düsseldorf Rpfleger 1956, 179 (zu § 52 II BRAGO); *Gerold/Schmidt/Müller-Rabe* Nr. 3400 VV Rn. 118; **verneinend** *Hansens* § 52 Rn. 30; *Enders* S. 170 (alle zu § 52 II BRAGO).

[1056] Statt aller *Gerold/Schmidt/Müller-Rabe* Nr. 3200 VV Rn. 6.

[1057] *Gerold/Schmidt/Müller-Rabe* Nr. 3201 VV Rn. 7.

- Beispiel 2: Auftrag an den erstinstanzlichen Prozeßbevollmächtigten, Berufung einzulegen; nach negativ verlaufender Prüfung der Erfolgsaussichten wird aber im Einverständnis mit dem Mandanten darauf verzichtet: Verfahrensgebühr in Höhe von 1,1 gemäß Nr. 3201 Nr. 1 VV.

2. Teil. Berufungseinlegung und -begründung

§ 8 Die Form der Berufungsschrift

A. Muster 220

An das
❶ Landgericht/Oberlandesgericht ....
– Zivilkammer/senat –
....

BERUFUNG

❷ In dem Rechtsstreit
....
– Kläger(in) und Berufungskläger(in) –

❸ Prozeßbevollmächtigte(r): Rechtsanwalt/Rechtsanwältin ....

gegen

....
– Beklagte(r) und Berufungsbeklagte(r) –

Prozeßbevollmächtigte(r): Rechtsanwalt/Rechtsanwältin ....

wegen ....

❹ lege ich gegen das Urteil des AG/LG .... vom ...., Az. ....

❺ Berufung

ein.

❻ Berufungsanträge und Berufungsbegründung bleiben einem gesonderten Schriftsatz vorbehalten.

❼ Eine Urteilsausfertigung/beglaubigte Urteilsabschrift – um deren Rückgabe gebeten wird – sowie ❽ zwei Abschriften der Berufungsschrift sind beigefügt.

❾ ....

Rechtsanwalt/Rechtsanwältin ❿

B. Erläuterungen

I. Adressat ❶

221 Bei der Adressierung – Gerichtsbezeichnung und Anschrift – ist **größtmögliche Sorgfalt** geboten. Die Anforderungen an die **richtige Gerichtsbezeichnung** dürfen aber auch nicht überspannt werden, wie der unveröffentlichte Beschluß der 2. Kammer des 1. Senats des Bundesverfassungsgerichts vom 3.12.1987[1058] in einem Fall zeigt, in dem eine Berufung gegen ein Urteil des Amtsgerichts München an das nichtexistierende „LG München – Berufungskammer“ adressiert war. Darin heißt es u.a.: *„Die Annahme des Landgerichts, die Berufung sei nicht fristgerecht eingereicht worden, läßt sich mit dieser Verfahrensgarantie nicht vereinbaren; denn es war keineswegs zweifelhaft, an welches Landgericht die Berufungsschrift gerichtet war. Anhand der Adressierung kamen von vornherein nur die Landgerichte München I oder II in Betracht. Da ein Urteil des Amtsgerichts München als angegriffen bezeichnet und beigefügt war, drängte es sich wegen der örtlichen Zuständigkeit dieser beiden Landgerichte – den Bezirk des Landgerichts München I bildet der Amtsgerichtsbezirk München, den des Landgerichts München II die Bezirke umliegender Amtsgerichte – geradezu auf, daß die Berufung für das Landgericht München I bestimmt war. Jedenfalls hätte es jeder Lebenserfahrung widersprochen, bei einer derartigen Sachlage ohne weitere Anhaltspunkte anzunehmen, die Beschwerdeführerin habe sich mit ihrem Rechtsbehelf an das unzuständige Landgericht München II wenden wollen. Konnten somit keine vernünftigen Zweifel daran bestehen, für welches Gericht die Berufung bestimmt war, sind keine Sachgründe erkennbar, die der Zulässigkeit des Rechtsmittels entgegenstanden.“*

222 In der Rechtsprechung wird die Frage nach dem notwendigen Inhalt der **postalischen Anschrift** nicht einheitlich beantwortet – der Bundesgerichtshof läßt in ständiger Rechtsprechung die Angabe von Gericht und Gerichtsort genügen,[1059] wohingegen die arbeitsgerichtliche Rechtsprechung im Hinblick auf die gemäß § 9 V 1 ArbGG zu erteilende Rechtsmittelbelehrung die volle postalische Anschrift verlangt[1060]. Aus anwaltlicher Sicht sollte im Hinblick auf den Grundsatz des sichersten Weges und auf die auf dem Markt angebotenen technischen Hilfsmittel (elektronische Adreßverwaltungen, Orts- und Postleitzahlenverzeichnisse) nicht zweifelhaft sein, daß die Anschrift stets den üblichen postalischen Anforderungen zu entsprechen hat; die Angaben zu Postleitzahl, Straße und Hausnummer müssen dann aber auch richtig sein[1061]. Musterbeispiele für völlig unzureichende Adressierungen finden sich in OLG München OLGR 1992, 195 (statt „Justizgebäude Prielmayerstraße“ wurde in der Berufungsschrift „Postfach München 13“ angegeben – weder hatte das OLG München ein Postfach noch gab es damals ein Postamt „München 13“) und BGH NJW 2000, 82 (wo Postleitzahl und Hausnummer fehlten; das Bundesverfassungsgericht [NJW 2001, 1566] half dem Berufungsführer durch Gewährung von Wiedereinsetzung).

[1058] Az. 1 BvR 598/87.

[1059] BGHZ 51, 1 (3); NJW 1969, 468; VersR 1984, 871; NJW-RR 1990, 1149; VersR 1994, 75.

[1060] BAG NJW 1987, 3278; LAG Baden-Württemberg NJW 1986, 603 (604).

[1061] BGH VersR 1994, 75.

Soll die Berufung vor der **Kammer für Handelssachen** verhandelt werden, ist nach h.L. ein entsprechender **Antrag** gemäß §§ 100, 96 I GVG bereits **in der Berufungsschrift** zu stellen,[1062] einer Meinung, der das LG Köln entgegengetreten ist[1063]. 223

Wenn mehrere Gerichte einen gemeinsamen Briefkasten oder eine gemeinsame Einlaufstelle unterhalten, ist eine fehladressierte Berufung nach richtiger, allerdings umstrittener Ansicht jedenfalls dann bereits mit dem Einwurf in den Machtbereich des eigentlich gemeinten Gerichts gelangt, wenn der wahre Adressat aus dem Gesamtzusammenhang erkennbar ist.[1064]

II. Bezeichnung der Parteien und Angabe der Parteirollen ❷

Nach jahrzehntelanger ständiger höchstrichterlicher Rechtsprechung sind – über den Wortlaut des § 519 II ZPO hinaus – **die Parteien genau** zu **bezeichnen**.

1. Bezeichnung der Parteien

Die Parteien sind **namentlich** genau zu bezeichnen,[1065] wobei aber keine übertriebenen Anforderungen gestellt werden dürfen[1066]. Um eine Vorstellung von den insoweit bestehenden Anforderungen zu geben, seien zwei Entscheidungen des Bundesgerichtshofs genannt: Während er die Bezeichnung „Fa. Bauherrengemeinschaft X" genügen ließ,[1067] verneinte er dies bei einer Berufungseinlegung gegen die „G-GmbH" statt den richtigen Berufungsbeklagten „G", da die wahren Verhältnisse mangels beigefügter Abschrift des erstinstanzlichen Urteils für das Berufungsgericht nicht erkennbar waren[1068] (anders wäre es gewesen, wenn die Urteilsabschrift beigefügt worden wäre[1069]). 224

Auch wenn die Angabe der **ladungsfähigen Anschriften** von Berufungskläger[1070] und Berufungsbeklagtem[1071] kein zwingendes Zulässigkeitserfordernis ist, sind diese Angaben aus Gründen der Verfahrensbeschleunigung sehr empfehlenswert.[1072]

Wie genau diese und andere Angaben in einer Berufungsschrift sein sollten, läßt sich exemplarisch aus folgender Verlautbarung des OLG München ersehen:[1073]

1062 *St/J/Grunsky* Rn. 11 vor § 511; *Tempel/Theimer* S. 315; *Zöller/Gummer* § 100 GVG Rn. 1; *Wieczorek/Schütze/Gerken* § 519 Rn. 5; *Thomas/Putzo/Hüßtege* § 100 GVG Rn. 1; *Musielak/Wittschier* § 100 GVG Rn. 5; *BL/Albers* § 100 GVG Rn. 2; überwiegend ohne Begründung.

1063 NJW 1996, 2737 mit in ihren Schlußfolgerungen überzogener Kritik von *Schneider* NJW 1997, 992.

1064 **So** BGH NJW 1990, 589; LAG Berlin NZA-RR 2002, 549; **a.A.** BAG NZA 2002, 347 (349); LAG Berlin Urt. v. 11.6.2004 – 13 Sa 754/04 (veröffentlicht bei juris).

1065 BGH NJOZ 2003, 3433; *Grunsky*, Taktik Rn. 384.

1066 BGH VersR 1987, 261 (262); 1989, 276; NJW 1996, 320; NJOZ 2003, 3433.

1067 BGH VersR 1989, 276.

1068 BGH NJW 1985, 2651.

1069 Vgl. den Fall OLG Saarbrücken NJW-RR 2001, 612; ebenso *Gehrlein*, ZPR § 14 Rn. 37.

1070 BGHZ 102, 332 (333); *Zöller/Gummer/Heßler* § 519 Rn. 30 a; *Wieczorek/Schütze/Gerken* § 519 Rn. 34.

1071 BGH NJW 2003, 1950; BAG(GS)E 53, 30; *Zöller/Gummer/Heßler* § 519 Rn. 31; *Wieczorek/Schütze/Gerken* § 519 Rn. 38; *Thomas/Putzo/Reichold* § 519 Rn. 14; *ErfKoArbR/Koch* § 66 ArbGG Rn. 5.

1072 So auch *Vorwerk/Teubel* Kap. 65 Rn. 61 und *Oberheim* Rn. 206 unter Hinweis auf die durch die Angabe der Anschrift gegebene Möglichkeit, Auslegungszweifel zu vermeiden.

1073 Mitt. der Rechtsanwaltskammer für den OLG-Bezirk München, Februar 1996, S. 2.

„Für eine sachgerechte Registrierung von Berufungen und befristeten Beschwerden im Computer der Zentralkartei werden neben den zwingend erforderlichen Daten gem. [jetzt] *§ 519 Abs. 2 ZPO noch folgende Angaben benötigt:*

- *volle Anschrift der Parteien,*
- *Angabe des Prozeßbevollmächtigten des Gegners, falls dieser in erster Instanz anwaltschaftlich vertreten war (mit Anschrift),*
- *in Familiensachen Angabe des Verfahrensgegenstandes, bei Unterhalts- und Güterrechtsverfahren außerdem die Mitteilung, ob es sich um eine (abgetrennte) Folgesache aus einem Scheidungsverfahren handelt,*
- *Angabe aller sonstigen Verfahrensbeteiligten, auch Nebenintervenienten oder Streitverkündeten oder in Familiensachen Versorgungsträger, möglichst mit Anschrift und Geschäftszeichen.*

Diese Angaben lassen sich in der Regel aus einer Abschrift der angefochtenen Entscheidung entnehmen. Falls eine solche entgegen [jetzt] *§ 519 Abs. 3 ZPO nicht beigefügt werden kann, wird angeregt, die Rechtsmittelschrift entsprechend zu ergänzen., damit zeitraubende Rückfragen und spätere Berichtigungen vermieden werden. Letztlich dient dies auch der Verfahrensbeschleunigung."*

Die notwendigen Angaben können nicht mündlich oder telefonisch nachgeholt oder ergänzt werden.[1074]

2. Angabe der Parteirollen

225 **a) Grundsätzliches.** Es ist innerhalb der Berufungsfrist zweifelsfrei klarzustellen, wer Berufungskläger und wer Berufungsbeklagter sein soll.[1075] Insoweit sind strenge Anforderungen zu stellen.[1076] Falsch sind also Formulierungen wie *„In dem Rechtsstreit Ursula Kamilli./. Firma Brüning … legen wir … Berufung ein"*[1077] oder *„namens des/der Beklagten"*[1078] oder *„Namens und in Vollmacht der Klägerin legen wir hiermit … Berufung ein"*, nachdem im Rubrum der Berufungsschrift zwei Berufungskläger und eine Berufungsklägerin aufgeführt waren[1079]. Zweifelsfälle sind aber im Wege der Auslegung der Berufungsschrift und etwaig sonst vorhandener Unterlagen zu klären;[1080] es können auch die Gebräuche im Bezirk des Berufungsgerichts zur Auslegung herangezogen werden, etwa wenn – wie in den Bezirken des OLG München und OLG Dresden – im Rubrum von Schriftsätzen und Urteilen durch alle Instanzen hindurch der Kläger an erster Stelle[1081] oder umgekehrt der Rechtsmittelführer immer an erster Stelle aufgeführt wird[1082]. Überhaupt dürfen auch hier die Anforderungen nicht

---

[1074] BGH NJOZ 2004, 292 (293); *Thomas/Putzo/Reichold* § 519 Rn. 13 und 15.

[1075] RGZ 96, 117 (118), stRspr.; BGHZ 21, 168 (173), stRspr., zuletzt nachdrücklich NJW-RR 2004, 572 und 2004, 851; BAG NJW 1960, 1319; *Thomas/Putzo/Reichold* § 519 Rn. 15; zu einem Sonderfall vgl. BGH NJW 1994, 1879.

[1076] BGH MDR 2004, 703.

[1077] So im Fall BAG EzA § 518 ZPO Nr. 43; ferner BAG NZA 2001, 1214; OLG München OLGR 1995, 129; *Wieczorek/Schütze/Gerken* § 519 Rn. 34.

[1078] So im Fall BGH NJW 1999, 3124; *Wieczorek/Schütze/Gerken* § 519 Rn. 34.

[1079] BGH MDR 2004, 703.

[1080] BGH NJW-RR 2004, 851 m.w.N.

[1081] BGHZ 65, 114 (115); BGH NJW-RR 2001, 572 (Bezirk des OLG Dresden); NJOZ 2003, 3004 (3005).

[1082] BGH NJW 2002, 831; NJOZ 2003, 3004 (3005).

überspannt werden. So hat das Bundesverfassungsgericht die Formulierung „*In dem Rechtsstreit S ./. D … legen wir namens des Klägers … Berufung ein*" genügen lassen, da sie die Parteirollen in erster und damit auch in zweiter Instanz eindeutig erkennen läßt.[1083]

Die Angabe der Parteirollen in der ersten Instanz ist dagegen nicht zwingend erforderlich.[1084]

b) Sonderfälle. Aus den unzähligen Einzelfallentscheidungen seien zwei immer wieder vorkommende Fallgestaltungen erwähnt: 226

- Eine uneingeschränkt eingelegte Berufung gegen ein klageabweisendes Urteil richtet sich im Zweifel gegen alle erfolgreichen Streitgenossen, auch wenn nur der an erster Stelle des Urteilsrubrums stehende Streitgenosse als Berufungsbeklagter benannt ist.[1085] Werden dagegen nur einige – einfache – Streitgenossen aufgeführt, so richtet sich die Berufung nur gegen diese.[1086] In Verkehrsunfallsachen kann dies zum totalen Prozeßverlust führen (vgl. oben Rn. 179). Die bloße Einreichung einer zu geringen Anzahl von Abschriften der Berufungsschrift genügt dagegen nicht zur Bejahung einer solchen Beschränkung.[1087]
- Nicht beigetretene Streitverkündete sind wegen § 74 II ZPO nicht aufzuführen.[1088]

III. Angabe des Prozeßbevollmächtigten des Berufungsbeklagten ❸

Im Hinblick auf § 172 II 1 ZPO ist auch der **Prozeßbevollmächtigte** des Berufungsbeklagten erster Instanz anzugeben, wobei der Zusatz „1. Instanz"[1089] überflüssig ist[1090]. 227

Auch wenn das Fehlen der Anschrift des Prozeßbevollmächtigten unschädlich ist,[1091] sollte diese im Interesse der Verfahrensbeschleunigung tunlichst aufgeführt werden (siehe oben Rn. 224). Ungenauigkeiten können auch hier zu Schwierigkeiten führen.[1092]

[1083] BVerfGE 71, 202 (204); ferner jüngst BGH BB 2004, 576.

[1084] BAGE 16, 204 (206); *MüKo-ZPO/Rimmelspacher* § 518 Rn. 12; *Rosenberg/Schwab/Gottwald* § 135 Rn. 14.

[1085] BGH NJW 2002, 831 (832) für Drittwiderbeklagten; OLG Hamm MDR 2000, 539; OLG Köln OLGR 1993, 247; OLG Düsseldorf WoM 2003, 621 = ZMR 2003, 421; *HdbStraßenverkR/Born* Kap. 3 B Rn. 225.

[1086] BGH NJW 1961, 2347; 2003, 3203; *Vorwerk/Teubel* Kap. 65 Rn. 55; *Rosenberg/Schwab/Gottwald* § 135 Rn. 15; *Wieczorek/Schütze/Gerken* § 519 Rn. 41, 42.

[1087] OLG Düsseldorf WoM 2003, 621 = ZMR 2003, 421.

[1088] So auch *Oberheim* Rn. 206.

[1089] So *Sattelmacher/Sirp/Schuschke* S. 427; *BProzFb/Goll* S. 301; *Böhme/Fleck/Bayerlein* Muster Nr. 15 (S. 38); *AF/Krumscheid* Rn. 179 (Muster 809), *Vorwerk/Teubel* Muster 65.6, *Steinert/Theede* Kap. 12 Rn. 11; *Müller/Schöppe-Fredenburg* S. 216, *Schaub/Neef/Schrader* § 86 I Rn. 1 alle ohne Begründung.

[1090] Vgl. das Muster von *Schumann/Kramer* Rn. 178.

[1091] BGH NJW 2003, 1950 für den Prozeßbevollmächtigten des Berufungsbeklagten; *Zöller/Gummer* § 519 Rn. 31; *Thomas/Putzo/Reichold* § 519 Rn. 14; vgl. aber auch die Verlautbarung des OLG München oben Rn. 224.

[1092] Vgl. BAG BB 1977, 548; NZA 1985, 164; *Schneider*, Förmlichkeiten S. 3; *Grunsky*, Taktik Rn. 385.

IV. Bezeichnung des angefochtenen Urteils und des erstinstanzlichen Gerichts ❹

Gem. § 519 II Nr. 1 ZPO sind das **angefochtene Urteil** und das **Gericht**, das es erlassen hat, anzugeben.

1. Bezeichnung des angefochtenen Urteils

228 Das angefochtene Urteil ist nach **Verkündungsdatum und Aktenzeichen** zu bezeichnen.[1093] Ein fehlendes oder falsches Verkündungsdatum ist solange unschädlich, als in dem betreffenden Verfahren nur ein Urteil ergangen ist und bei gleichzeitig richtig angegebenem Aktenzeichen eine Unklarheit über das angefochtene Urteil somit ausgeschlossen ist;[1094] Ein fehlendes oder fehlerhaftes Aktenzeichen ist dann unschädlich, wenn der Fehler offensichtlich und eine Unklarheit über das angefochtene Urteil ausgeschlossen ist[1095].

Die Angabe des **Zustellungsdatums** ist seit der Abschaffung der entsprechenden Sollvorschrift (die Ausfluß der Urteilszustellung im Parteibetrieb war) durch die Vereinfachungsnovelle von 1976 **nicht** mehr **erforderlich**.[1096] Eine andere Frage ist, ob eine solche Angabe nicht wenigstens zweckmäßig ist. *Schumann/Kramer*[1097] bejahen dies mit dem Argument, daß die Verfahrensklarheit gefördert und ein etwaig aktenkundiges früheres Zustellungsdatum jedenfalls insoweit erschüttert werde, als im Hinblick auf § 415 II ZPO den Parteien rechtliches Gehör zu gewähren sei und damit *„einer sofortigen Verwerfung der Berufung gemäß § 522 I 2 ZPO“* vorgebeugt werde. Dagegen spricht zweierlei: Zum einen ist vor einer Berufungsverwerfung dem Rechtsmittelkläger sowieso rechtliches Gehör zu gewähren (vgl. näher unten Rn. 312). Zum anderen liegt in einer solchen Angabe des Rechtsanwalts, an den die Zustellung zu bewirken war (also nicht etwa seitens eines Verkehrsanwalts oder Berufungsanwalts), ein

[1093] BGH stRspr., zuletzt VersR 2004, 623; BAG NZA 1997, 456; *Zöller/Gummer/Heßler* § 519 Rn. 33; *Wieczorek/Schütze/Gerken* § 519 Rn. 21; *Thomas/Putzo/Reichold* § 519 Rn. 13 (der diese Angaben allerdings nur als *„zweckmäßig“* bezeichnet); *Gehrlein*, Rechtsprechung zur Berufung S. 661.

[1094] Für **Fehlen** BGH NJW 2003, 1950; BAG AP Nr. 17 und 45 zu § 518 ZPO; *Schneider*, Förmlichkeiten S. 4; für **Verwechslung** BGH VersR 1975, 928 einerseits und BGH MDR 1978, 308 andererseits sowie *Schneider*, Förmlichkeiten S. 4.

[1095] BGH NJW-RR 1989, 958; NJW 1993, 1719; BAG VersR 1976, 104; BAGE 28, 103; NZA 1997, 456; *Thomas/Putzo/Reichold* § 519 Rn. 13.

[1096] *Wieczorek/Schütze/Gerken* § 519 Rn. 21; i. Erg. ebenso *Steinert/Theede* Kap. 12 Rn. 11; *MüKo-ZPO/Rimmelspacher* § 518 Rn. 10; *Zimmermann* § 519 Rn. 11; *Vorwerk/Teubel* Kap. 65 Rn. 58; *Gehrlein*, ZPR § 14 Rn. 37 und Rechtsprechung zur Berufung S. 613; *Oberheim* Rn. 213 (and. aber Rn. 207; soweit dort für den Fall, daß in derselben Sache mehrere erstinstanzliche Urteile ergangen sind, eine Ausnahme zugelassen wird, überzeugt dies nicht, weil die verschiedenen Urteile durch das Verkündungsdatum hinreichend individualisiert werden und die Angabe des Zustelldatums in solchen Fällen nicht weiterhilft, wie der BGH in MDR 1978, 308 ausführlich dargelegt hat); *BL/Albers* § 519 Rn. 20; *Thomas/Putzo/Reichold* § 519 Rn. 13; *Musielak/Ball* § 519 Rn. 3; **a.A.** *Luchterhand* Prozeßformularsammlung Nr. 1.A.05.a.#01; *Böhme/Fleck/Bayerlein* Muster Nr. 15 (S. 38), *Müller/Schöppe-Fredenburg* S. 216, *Sattelmacher/Sirp/Schuschke* S. 428, *Schaub*, Arbeitsgerichtsverfahren § 51 Rn. 42; *Schaub/Neef/Schrader* § 86 I Rn. 1, alle ohne Begründung sowie *Rödel/Dahmen* Rn. 31, 38, *Tempel/Theimer* S. 318 und *Zöller/Gummer/Heßler* § 519 Rn. 33, wobei die von diesen zitierten BGH-Entscheidungen, soweit sie aus der Zeit nach 1976 stammen, diese Ansicht nicht stützen.

[1097] Rn. 185; ähnlich *Vorwerk/Teubel* Kap. 65 Rn. 58.

Empfangsbekenntnis im Sinne des § 174 I ZPO;[1098] dies hat zur Folge, daß u.U. – umgekehrt – die Berufungsfrist zu einem vom Rechtsanwalt nicht richtig registrierten, aber so bestätigten frühen Zeitpunkt zu laufen beginnt.[1099].

2. Bezeichnung des erstinstanzlichen Gerichts

Auch das **Gericht der ersten Instanz** ist äußerst sorgfältig zu bezeichnen.[1100] Fehler führen i.d.R. zur Unzulässigkeit der Berufung; die Ausrede, es handle sich insoweit um einen Schreibfehler, greift nicht durch[1101]. 229

Fehler treten in der Form einer schlichten Fehlbezeichnung oder einer Verwechslung auf. Ein typisches Beispiel für eine Fehlbezeichnung bietet der Fall OLG München OLGR 1997, 237, wo in der Berufungsschrift das nicht existierende Erstgericht „Landgericht München" aufgeführt war. Noch häufiger als die Fehlbezeichnung scheint die Verwechslung zu sein:

- Verwechslung des LG München I mit dem LG München II
  BGH VersR 1983, 250 und NJW-RR 1987, 319[1102]
- Verwechslung des AG Detmold mit dem AG Blomberg
  BGH NJW 1989, 2396[1103]
- Verwechslung des LG Bonn mit dem LG Aachen
  BGH NJW 2001, 1070[1104]
- Verwechslung des LG Kiel mit dem LG Lübeck
  OLG Schleswig SchlHA 1990, 88[1105]
- Verwechslung des ArbG München mit dem ArbG Augsburg
  BAG AP Nr. 26 zu § 518 ZPO = BB 1975, 231
- Die unschädliche Verwechslung des LG Bückeburg mit dem LG Hannover
  im Fall BGH NJW 1989, 2395 steht dem nur scheinbar entgegen, da es sich insofern um einen Ausnahmefall handelte, als beide Parteien und ihre Prozeßbevollmächtigten in Bückeburg ansässig waren und somit nur das LG Bückeburg als Erstgericht in Betracht kam.[1106]

Eine Pflicht des Berufungsgerichts, sich etwa telefonisch zu erkundigen, welches Gericht in Wirklichkeit gemeint ist, besteht nicht.[1107] Gleichwohl wird ein an einer sachbezogenen Fallösung interessiertes Berufungsgericht versuchen, Unklarheiten auf diesem Wege zu beseitigen, auch wenn gelegentlich diese Bereitschaft auf eine harte

---

[1098] BGH NJW 1987, 2679; 1994, 2295 und 2295 (2296); *Becht* I S. 1002; vgl. zum Empfangsbekenntnis in einem sonstigen Schriftsatz NJW 1994, 2297.

[1099] Ein Beispiel dafür, daß die Angabe des Zustelldatums eher Unklarheit zu verursachen geeignet ist, ist der Fall KG OLGR 2002, 79 (80).

[1100] BGH VersR 1986, 574; NJOZ 2003, 3433.

[1101] BGH MDR 1978, 308; NJW-RR 1987, 319; *Zöller/Gummer/Heßler* § 519 Rn. 33; krit. insgesamt *Grunsky*, Taktik Rn. 383.

[1102] Ebenso *Borgmann/Haug* Rn. XII 56; *Zöller/Gummer/Heßler* § 519 Rn. 33; *Wieczorek/Schütze/Gerken* § 519 Rn. 23; *Thomas/Putzo/Reichold* § 519 Rn. 5 bezieht die letztgenannte Entscheidung irrig auf die Frage der richtigen Bezeichnung des Berufungsgerichts.

[1103] Ebenso *Zöller/Gummer/Heßler* § 519 Rn. 33.

[1104] Ebenso *Gehrlein*, ZPR § 14 Rn. 37.

[1105] Ebenso *Zöller/Gummer/Heßler* § 519 Rn. 33.

[1106] Vgl. auch *Borgmann/Haug* Rn. XII 56; *Zöller/Gummer/Heßler* § 519 Rn. 33; *Wieczorek/Schütze/Gerken* § 519 Rn. 23; von *Grunsky*, Taktik Rn. 383 verkannt.

[1107] BGH VersR 1983, 250; OLG München OLGR 1997, 237 (238).

Probe gestellt wird. So hatte der 10. Zivilsenat des OLG München unlängst ein Berufungsverfahren zu bearbeiten, das durch folgende, alle denkbaren Fehler in sich vereinigende Berufungsschrift eingeleitet worden war: *„In dem Rechtsstreit A ./. B legen wir hiermit gegen das erstinstanzliche Urteil des Landgerichts Bonn (!) vom 111.11.1999 (!) – .../99 –, zugestellt am 19.11.1999 (!) Berufung ein ...“* Nachdem anhand der glücklicherweise beigefügten Urteilsabschrift festgestellt werden konnte, daß ein Urteil des LG München II aus dem Jahr 2004 angefochten werden sollte, veranlaßte der Senatsvorsitzende eine Richtigstellung durch den Prozeßbevollmächtigten des Berufungsführers.

V. Erklärung, daß Berufung eingelegt wird ❺

230 Gem. § 519 II Nr. 2 ZPO ist zu erklären, daß **Berufung eingelegt** werde. Der Gebrauch des Wortes „Berufung“ ist zwar nicht zwingend notwendig,[1108] auch schadet eine falsche Bezeichnung (analog § 300 StPO oder im Wege der Auslegung) nicht;[1109] gleichwohl sollte natürlich auch insoweit äußerste Genauigkeit angestrebt werden[1110]. Dies wird insbesondere dann zu gelten haben, wenn der Berufung ähnliche Rechtsmittel wie etwa die befristete Beschwerde gemäß § 621 e I ZPO (vgl. oben Rn. 69) in Betracht kommen: Auch wenn gerade hier die Gerichte Fehlbezeichnungen großzügig korrigieren,[1111] ist der mit einem solchen Fehlgriff verbundene Verlust an Ansehen des Anwalts beträchtlich und nicht zu unterschätzen.

VI. Berufungsanträge und Berufungsbegründung ❻

1. Grundsätzliches

231 Wie sich aus § 520 III 1 ZPO ergibt, sind von Gesetzes wegen **Berufungsanträge und** deren **Begründung in der Berufungsschrift nicht erforderlich**.

Die gesonderte Berufungsbegründung ist denn auch in der Praxis der Normalfall.[1112] Vereinzelt wird aber in der Literatur eine gegenteilige Vorgehensweise empfohlen. So plädiert etwa *Commichau* für eine Aufnahme des Berufungsantrags in die Berufungsschrift, wenn bereits z.Z. *„der Berufungseinlegung Klarheit darüber besteht, in welchem Umfang die Berufung durchgeführt werden soll“*[1113]. Noch weiter gehen *Zwanziger* und die *Luchterhand'sche Prozeßformularsammlung*. *Zwanziger* meint: *„Nur in*

[1108] BGH NJW 1962, 1820, stRspr., zuletzt NJW 1998, 507; *Zöller/Gummer/Heßler* § 519 Rn. 36; *Wieczorek/Schütze/Gerken* § 519 Rn. 27; *Thomas/Putzo/Reichold* § 519 Rn. 14.

[1109] BGH VersR 1962, 832 (statt Berufung wurde „Revision“ eingelegt); BGH NJW 1987, 1204 (statt Berufung wurde „sofortige Beschwerde“ eingelegt); *Thomas/Putzo/Reichold* § 519 Rn. 14. Eine solche Umdeutung hat aber auch Grenzen: So lehnte das BSG in NZS 2004, 334 (336) eine Umdeutung einer unzulässigen Berufung in eine Nichtzulassungsbeschwerde u.a. mit der Begründung ab, die beiden Rechtsmittel hätten völlig unterschiedliche Zielrichtungen.

[1110] BGH LM § 518 II Nr. 2 ZPO Nr. 3; *BProzFb/Goll* S. 304 Anm. 8; *Oberheim* Rn. 209.

[1111] So etwa das OLG Köln im Beschl. v. 30.9.2003 – 4 UF 158/03 (insoweit in OLGR 2004, 4 nicht abgedruckt), wo der Anwalt der beschwerdeführenden Antragsgegnerin ein *„zulässiges Rechtsmittel“* einlegte, und das auch noch beim Ausgangsgericht.

[1112] BGH FamRZ 2004, 179 (180 unter II 2) = FPR 2004, 109 (110); *Weitzel* S. 628; *BProzFb/Goll* S. 304 Anm. 9; *Schneider/Herget* Rn. 3716; *Rödel/Dahmen* Rn. 52; *Schumann/Kramer* Rn. 186; *Rosenberg/Schwab/Gottwald* § 135 Rn. 24; *Schaub/Neef/Schrader* § 86 I Rn. 1 Anm. 3.

[1113] *Commichau* Rn. 401, 402.

seltenen Fällen, etwa wegen Zeitnot bei der Beschaffung neuen Beweismaterials, empfiehlt es sich, die Berufung später zu begründen. In der Regel sollte sie mit ihrer Einlegung sofort begründet werden", weil die Überlegungen zur Berufungseinlegung noch ganz präsent seien.[1114] Eine andere Begründung liefert die *Luchterhand'sche Prozeßformularsammlung*: „*Die Berufungsbegründung sollte nach Möglichkeit grundsätzlich stets mit der Berufungsschrift verbunden werden. Mindestens sollte, um jede Möglichkeit einer Versäumung zu vermeiden, der Berufungsantrag mit der Berufungsschrift gestellt und eine formell ausreichende Begründung gegeben werden, so daß nur weitere, etwa sachlich notwendige* [?] *Ausführungen mit einem späteren Schriftsatz nachgeholt zu werden brauchen*".[1115] All diese Erwägungen gehen fehl: Die für die Berufungseinlegung maßgeblichen Erwägungen lassen sich problemlos in einem Aktenvermerk festhalten, ein Versäumen der Berufungsbegründungsfrist ist bei einer sachgerechten Kanzleiorganisation ausgeschlossen und schließlich kann eine voreilige Antragstellung unter dem Aspekt eines darin möglicherweise liegenden teilweisen Rechtsmittelverzichts schädlich sein[1116] oder umgekehrt könnten zunächst zu weit gefaßte Berufungsanträge später eine kostenauslösende Teilrücknahme der Berufung erforderlich machen[1117].

2. Notwendigkeit einer sofortigen Begründung

Einer sofortigen Begründung bedarf es, wenn gleichzeitig ein Antrag nach §§ 719 I 1, 707 ZPO gestellt werden soll, weil andernfalls die für die Entscheidung ausschlaggebenden Erfolgsaussichten nicht beurteilt werden können.[1118] **232**

Umstritten ist, ob es einer sofortigen Begründung im wettbewerbsrechtlichen Verfügungsverfahren bedarf, weil der Antragsteller die Vermutung der Dringlichkeit da-

---

1114 S. 175 (1. Aufl., in der 2. Aufl. nicht mehr enthalten).

1115 Nr. 1.A.05.#02; ähnlich schon Nr. 1.A.05.a.#01: „*Es empfiehlt sich ..., zugleich mit der Berufungsschrift nicht nur auch den Berufungsantrag zu stellen, sondern auch eine wenigstens formell ausreichende Begründung zu geben, damit nicht die Berufungsbegründungsfrist versäumt oder der Antrag vergessen wird.*"

1116 *Schumann/Kramer* Rn. 186, 209. Vgl. dazu BGH NJW 1990, 1118: „***Zwar ist es nicht Aufgabe der Rechtsmittelschrift, sondern der Rechtsmittelbegründung, den Umfang der Anfechtung zu umgrenzen (§ 519 Abs. 3 Nr. 1 ZPO).*** *Dies schließt jedoch nicht die Möglichkeit aus, schon in der Berufungsschrift einen (teilweisen) Rechtsmittelverzicht zu erklären ... Allerdings ist für die Auslegung einer Erklärung als Rechtsmittelverzicht Zurückhaltung geboten. Hier gelten schon wegen der Unwiderruflichkeit und Unanfechtbarkeit einer solchen Erklärung ... strenge Anforderungen ... Die Rechtsprechung hat deshalb ... in ständiger Rechtsprechung entschieden, daß allein der Ankündigung beschränkter Anträge in der Berufungseinlegungsschrift ein (teilweiser) Rechtsmittelverzicht grundsätzlich nicht entnommen werden kann, und zwar auch dann nicht, wenn die Erklärung keinen ausdrücklichen Vorbehalt enthält, den Antrag noch zu erweitern.. Wohl aber ist ein Rechtsmittelverzicht – auch wenn von einem „Verzicht" nicht ausdrücklich die Rede ist – dann anzunehmen, wenn in der Rechtsmitteleinlegungsschrift klar und eindeutig der Wille zum Ausdruck gebracht wird, das Urteil (teilweise) endgültig hinzunehmen und es (insoweit) nicht anfechten zu wollen (vgl. ...). Um einen solchen Fall eines klaren und eindeutigen Rechtsmittelverzichts geht es hier. Die Erklärung in der Berufungsschrift, daß die Berufung „ausdrücklich" auf den Klageantrag zu 2) beschränkt wird, läßt keinen Zweifel, daß es sich hier um eine gezielte und bewußte Erklärung des Inhalts handelt, daß die Kl. sich ernsthaft und endgültig hinsichtlich des Klageantrags zu 1) mit dem Urteil beruhigen und es insoweit nicht anfechten wollten.*" (Hervorhebung vom Verf., ebenso BAG NZA 1994, 271).

1117 *Schaub/Neef/Schrader* § 86 I Rn. 1 Fn. 3.

1118 OLG Köln NJW-RR 1987, 189; *BProzFb/Goll* S. 305 Anm. 13; *Tempel/Theimer* S. 234; *Oberheim* Rn. 212.

durch widerlegen könnte, daß er Rechtsmittelfristen voll ausschöpft[1119] oder sich gar die Frist zur Berufungsbegründung verlängern läßt[1120]. Hier muß im Einzelfall anhand der einschlägigen Spezialliteratur die Auffassung des zuständigen Oberlandesgerichts ermittelt werden.

Nicht erforderlich ist dagegen eine sofortige Begründung im Fall der Beantragung der Wiedereinsetzung in den vorigen Stand gegen die Versäumung der Berufungsfrist, da § 236 II 2 Hs. 1 ZPO nur die Nachholung der versäumten Prozeßhandlung, also der Berufungseinlegung verlangt.[1121]

VII. Beifügung einer Urteilsausfertigung ❼

233 Die Vorlage einer (auch vom Rechtsanwalt herstellbaren[1122]) beglaubigten Abschrift (von der Vorlage einer Ausfertigung sollte man zur Vermeidung von Pannen grundsätzlich absehen[1123]) des angefochtenen Urteils nach § 519 III ZPO ist zwar keine Zulässigkeitsvoraussetzung, sollte aber **stets erfolgen**, da sie bei der Auslegung einer eventuell unklaren Berufungsschrift vom Berufungsgericht heranzuziehen ist und dann häufig unschätzbare Dienste leistet. Dies entspricht der ständigen Rechtsprechung des Bundesgerichtshofs [1124] und des Bundesarbeitsgerichts[1125] sowie der ganz herrschenden Meinung in der Literatur[1126]. Bei Berufungseinlegung per Telefax sollten zumindest die ersten Seiten des angefochtenen Urteils mit dem Rubrum und dem Tenor mitgefaxt werden.[1127]

[1119] **Bejahend**: u.a. OLG Saarbrücken WRP 1981, 418; OLG Düsseldorf NJWE-WettbR 1997, 27; **verneinend**: u.a. OLG Hamburg WRP 1977, 109; OLG Koblenz GRUR 1978, 718 (720); OLG Köln GRUR 1979, 172 (173); NJWE-WettbR 1997, 176 (177); OLG Stuttgart WRP 1982, 604 (605); OLG München GRUR 1992, 328 unter Aufgabe der gegenteiligen früheren Rechtsprechung (etwa GRUR 1980, 329 [330]); OLG Hamm GRUR 1993, 512; KG NJW-RR 1993, 555; *Traub* S. 711 m.w.N.; *Baumbach/Hefermehl/Köhler* § 12 UWG Rn. 3.16; **offengelassen** von BGH GRUR 2000, 151 (152).

[1120] **Bejahend** z.B. OLG Hamburg WRP 1977, 109; OLG München GRUR 1992, 328; OLG Frankfurt a.M. OLGR 2001, 331; OLG Hamm NJWE-WettbR 1996, 164 für eine sachlich nicht gebotene Tatbestandsberichtigung; **verneinend** z.B. OLG Stuttgart WRP 1982, 604 (605); **differenzierend:** *Traub* S. 711 und *Baumbach/Hefermehl/Köhler* § 12 UWG Rn. 3.16.

[1121] A.A. ohne Begründung *Oelkers/Müller* S. 299.

[1122] *MüKo-ZPO/Rimmelspacher* § 518 Rn. 18; *St/J/Grunsky* § 518 Rn. 25; vgl. auch BGHZ 55, 251 (252).

[1123] Vgl. den Fall BGH FamRZ 2004, 1550.

[1124] BGH MDR 1974, 1011, stRspr., zuletzt BRAK-Mitt. 2000, 287; aus der Rspr. ferner OLG München OLGR 1995, 129.

[1125] Zuletzt BAG EzA § 518 ZPO Nr. 43.

[1126] *Schneider*, Förmlichkeiten S. 4; *Schlee* AnwBl 1990, 34 (36): *„Es empfiehlt sich ... sicherheitshalber eine büroorganisatorische Anweisung dahingehend, daß einem Berufungsschriftsatz stets und unter allen Umständen eine den Anforderungen des § 518* [jetzt 519] *Abs. 3 ZPO genügende Ausfertigung des angefochtenen Urteils beigefügt werden muß."* *Rinsche/Schlüter* Rn. 13; *Borgmann/Haug* Rn. XII 53; *Vorwerk/Teubel* Kap. 65 Rn. 57; *Gehrlein*, ZPR § 14 Rn. 37; *Oberheim* Rn. 208; *Zöller/Gummer/Heßler* § 519 Rn. 33 und 38: *„Bei den heutigen Vervielfältigungsmöglichkeiten sollte die Beifügung einer Ablichtung des angefochtenen Urteils zur Büroroutine werden"*; *Rosenberg/Schwab/Gottwald* § 135 Rn. 18; *Schaub/Neef/Schrader* § 86 I Rn. 1 Fn. 4; *Wieczorek/Schütze/Gerken* § 519 Rn. 2 und 60; *BL/Albers* § 519 Rn. 28. Die Auffassung von *St/J/Grunsky* § 518 Rn. 25, *„es besteht daher kaum Anlaß, auf die Innehaltung dieser Sollvorschrift Gewicht zu legen"*, wird der geschilderten Prozeßwirklichkeit ebensowenig gerecht wie die lapidaren Bemerkungen von *Schaub*, Arbeitsgerichtsverfahren § 51 Rn. 52 (*„prozessual belanglos"*), *Zimmermann* § 519 Rn. 15 und *Thomas/Putzo/Reichold* § 519 Rn. 17 (*„nur Ordnungsvorschrift"*).

[1127] *Borgmann* in der Anm. zu BGH BRAK-Mitt. 2000, 287; befolgt man diesen Rat nicht, können et-

VIII. Abschriften der Berufungsschrift ❽

Im Hinblick auf die Amtszustellung nach §§ 521 I, 166 II, 172 I 1 ZPO[1128] sollen gemäß §§ 519 IV, 133 I 1 ZPO Abschriften der Berufungsschrift (und später auch der Berufungsbegründungsschrift) beigefügt werden. Im Anwaltsprozeß werden im Hinblick auf § 169 II 2 ZPO üblicherweise jeweils eine beglaubigte Abschrift für den gegnerischen Anwalt und eine einfache Abschrift für die Gegenpartei eingereicht.[1129] Werden keine Abschriften eingereicht, werden sie vom Gericht angefertigt, und zwar gemäß § 28 I 2 GKG auf Kosten des Berufungsführers in der in Nr. 9000 Nr. 2 Buchst. b KV-GKG bestimmten Höhe. 234

Das Justizkommunikationsgesetz wird hier eine grundlegende Änderung bringen: Nach § 133 I 2 ZPO i.d.F. des Art. 1 Nr. 8 RegE/JKomG entfällt bei elektronisch übermittelten Dokumenten die Notwendigkeit der Beifügung von Abschriften. Falls zum Zwecke der Zustellung überhaupt noch ein Ausdruck erforderlich ist, weil der Prozeßgegner nicht über einen elektronischen Zugang verfügt, wird das elektronische Dokument von der Geschäftsstelle ausgedruckt und dem Gegner in der gesetzlich vorgeschriebenen Form übermittelt; gleichzeitig entfällt die Verpflichtung zur Zahlung von Auslagen nach Nr. 9000 Nr. 1 und 2 KV-GKG.[1130]

IX. Unterzeichnung ❾

Die Berufungsschrift ist gemäß §§ 519 IV, 130 Nr. 6 ZPO von einem bei einem Berufungsgericht zugelassenen Rechtsanwalt[1131] **eigenhändig zu unterzeichnen.**[1132] Die Unterzeichnung durch einen als solchen auftretenden Syndikusanwalt genügt ebensowenig[1133] wie die durch einen Vertreter des „Deutschen Arbeitnehmer-Verban- 235

---

waige Fehler der Berufungsschrift nicht ausgeglichen werden, wie der lehrreiche Fall OLG München OLGR 1993, 168 zeigt.

[1128] Diese Kodifizierung der schon bislang völlig h.M. macht die vom *Luchterhand'schen Prozeßformularsammlung* zu Muster 1.A.05.a.#01 und *Müller/Schöppe-Fredenburg* S. 217 empfohlene Vorgehensweise, dem Prozeßbevollmächtigten der Gegenpartei *„kollegialiter eine einfache Abschrift zur Kenntnis"* zu schicken, endgültig gegenstandslos.

[1129] *Michel/von der Seipen* S. 51; *BL/Hartmann* § 133 Rn. 7 jeweils für das erstinstanzliche Verfahren. Soweit *Hannich/Meyer-Seitz* § 521 Rn. 1 die Auffassung vertreten, im Hinblick darauf, daß eine dem § 519 a S. 3 ZPO a.F. in § 521 ZPO fehlt, sei die Beifügung von beglaubigten Abschriften nicht mehr erforderlich, übersehen sie, daß sich die entsprechende Verpflichtung unmittelbar aus § 169 II 2 ZPO ergibt (so auch *Thomas/Putzo/Reichold* § 521 Rn. 1 a.E. und i. Erg. RegE/ZPO-RG S. 16 f., der aber auf § 525 S. 1 ZPO zurückgreift, was insofern fehlerhaft ist, als die Allgemeinen Vorschriften der ZPO [§§ 1–252] für das Berufungsverfahren unmittelbar gelten und § 525 S. 1 ZPO nur die §§ 253–494 ZPO inkorporiert).

[1130] Begr. zum RegE/JKomG, S. 71.

[1131] Für die Empfehlung von *Steinert/Theede* Kap. 12 Rn. 10, der nicht beim Berufungsgericht zugelassene Rechtsanwalt solle „Belege" über seine Postulationsfähigkeit beifügen, gibt es keinerlei Begründung: Wenn ein Rechtsanwalt als Organ der Rechtspflege (§ 1 BRAO) durch den üblichen Aufdruck auf seinem Briefkopf seine Zulassung bei einem OLG erklärt, besteht keinerlei Veranlassung, daran zu zweifeln. *Tempel/Theimer* S. 217 haben die Gesetzesänderung nicht eingearbeitet.

[1132] Vgl. aus der uferlosen Rechtsprechung grdl. RG(GS)Z 151, 82 (83) und zuletzt BGH NJOZ 2004, 288 (289); BAG NZA 1993, 655. Der Standpunkt der Rechtsprechung wird im Schrifttum immer wieder – etwa von *Späth* – mit durchaus beachtlichen Gründen angegriffen.

[1133] BAGE 82, 239; *AnwHdb-ArbR/Tschöpe* Teil 5 D Rn. 37.

des" im Arbeitsgerichtsprozeß (weil dieser keine Gewerkschaft i.S.d. § 11 II 2 ArbGG ist)[1134].

236 Das Thema „formale Anforderungen an die Unterschrift eines Rechtsanwalts" beschäftigt die Rechtsprechung seit Jahrzehnten. Ausgangspunkt bei der Beurteilung der zahllosen Besonderheiten, Ausnahmen und Rückausnahmen muß die gefestigte höchstrichterliche Rechtsprechung sein, die sich wie folgt zusammenfassen läßt:

- *„Nach der Rechtsprechung ist ... ein aus Buchstaben einer üblichen Schrift bestehendes Gebilde zu fordern, das nicht lesbar zu sein braucht. Erforderlich, aber auch genügend ist das Vorliegen eines die Identität des Unterschreibenden ausreichend kennzeichnenden Schriftzuges, der individuelle und entsprechend charakteristische Merkmale aufweist, die die Nachahmung erschweren, sich als Wiedergabe eines Namens darstellt und die Absicht einer vollen Unterschriftsleistung erkennen läßt, selbst wenn er nur flüchtig niedergelegt und von einem starken Abschleifungsprozeß gekennzeichnet ist. Unter diesen Voraussetzungen kann selbst ein vereinfachter und nicht lesbarer Namenszug als Unterschrift anzuerkennen sein, wobei insbesondere von Bedeutung ist, ob der Unterzeichner auch sonst in gleicher oder ähnlicher Weise unterschreibt."*[1135]
- *„Ein Schriftzug, der als bewußte und gewollte Namensabkürzung erscheint (Handzeichen, Paraphe), stellt demgegenüber keine formgültige Unterschrift dar ..."*[1136]
- Unterzeichnung bloß mit dem Vornamen genügt nicht;[1137] unschädlich ist es dagegen, wenn ein Teil eines Doppelnamens abgekürzt wird[1138].
- An die *„an eine Unterschrift zu stellenden Anforderungen ... ist ... ein großzügiger Maßstab anzulegen, wenn die Autorenschaft gesichert ist (BVerfGE 78, 123, 126 = NJW 1988, 2787)."*[1139]

Zusammenfassend können folgende **Empfehlungen** formuliert werden:

1. Peinliche Genauigkeit und **keine Experimente oder Originalitäten!**[1140] Vermieden werden sollte also etwa eine Unterschrift, die sich *„als außergewöhnlich stilisiertes Gebilde darstellt, das im wesentlichen aus mehreren ineinander verschlungenen ovalen Linien besteht, verbunden mit einem doppelten Anstrich nach unten und einem weit nach rechts ausschwingenden Haken."*[1141]

[1134] LAG Hamm NZA 1998, 502.

[1135] BGH FamRZ 1997, 737.

[1136] BGH NJW 1997, 3380; ebenso BAG NJW 1982, 1016 und NZA 1997, 1234; LAG Berlin NZA-RR 2002, 211 für eine „Unterschrift", die nur aus dem *„großgeschriebenen Anfangsbuchstaben des aus fünf Buchstaben bestehenden Namens"* bestand.

[1137] OLG Karlsruhe NJW-RR 2000, 948; BL/Albers § 519 Rn. 12.

[1138] BGH NJW 1996, 997; BAG AP Nr. 6 zu § 130 ZPO = NZA 1989, 227; *Wieczorek/Schütze/Gerken* § 519 Rn. 52; *BL/Albers* § 519 Rn. 11.

[1139] BGH NJW 1997, 3380; ebenso BAG NZA 2000, 1248; *Wieczorek/Schütze/Gerken* § 519 Rn. 52. Leider halten sich nicht alle Berufungsgerichte an diese Maxime, wie der Fall BGH NJW 2001, 2888 zeigt, wo ein Oberlandesgericht nichts Besseres zu tun hatte, als die bei vernünftiger Betrachtung unzweifelhafte Frage der Echtheit der aufgrund unterschiedlicher Tagesform des Anwalts voneinander abweichenden Unterschriften unter der Berufungs- und der Berufungsbegründungsschrift mittels eines Schriftsachverständigen zu klären und dann zu verneinen! Der BGH hat dann diesem Treiben mit deutlichen Worten Einhalt geboten.

[1140] *Borgmann* BRAK-Mitt. 2001, 212 empfiehlt im Hinblick auf den vorstehend geschilderten Fall ironisch: *„Um die angesprochene Individualität des Anwalts nicht als gespalten erscheinen zu lassen, muss ihm Gleichmut beim Unterschreiben bestimmender Schriftsätze empfohlen werden."*

[1141] So im Fall BGH FamRZ 1997, 737. Vgl. auch das Urteil des LAG Frankfurt v. 17.11.1998 – 9 Sa

2. Bei Sozietäten sollte unter der Unterschrift der Name maschinenschriftlich wiederholt werden (sog. Erklärung der Unterschrift), um dem Gericht und dem gegnerischen Prozeßbevollmächtigten die Kommunikation zu erleichtern, wenn nicht an anderer Stelle, etwa unter dem Kanzleiaktenzeichen, der sachbearbeitende Rechtsanwalt aufgeführt ist.
3. Der Rechtsanwalt sollte nicht darauf vertrauen, daß die Gerichte der berechtigten Forderung der Literatur, in Fällen fehlender oder zweifelhafter Unterschrift müsse der Rechtsanwalt telefonisch benachrichtigt und ihm so eine Korrektur ermöglicht werden,[1142] nachkommen. Insoweit handelt es sich nach h.M. nämlich – angeblich *„im Interesse der Funktionsfähigkeit der Justiz"* – nur um ein nobile officium, nicht aber um eine Rechtspflicht.[1143] Etwas anderes gilt im Hinblick auf das aus Art. 2 I, 20 III GG folgende allgemeine Prozeßgrundrecht des fairen Verfahrens nur, wenn der betreffende Spruchkörper[1144] die fragliche Unterschrift bislang nicht beanstandet hat – in einem solchen Fall muß die Unterschrift noch einmal zugelassen werden unter ausdrücklichem Hinweis darauf, daß dies in Zukunft nicht mehr geschehen werde.[1145]

X. Berufungseinlegung und moderne Kommunikationsmöglichkeiten ⑩

1. Traditionelle technische Übermittlungsformen

Die Berufungsschrift (ebenso die Berufungsbegründung) kann per (auch telefonisch aufgegebenem) Telegramm[1146], Fernschreiben[1147] oder Telex[1148] übermittelt werden. Hierbei kann eine eigenhändige Unterschrift nicht gefordert werden, da sie begrifflich nicht angebracht werden kann,[1149] es ist aber notwendig, daß der verantwortliche Rechtsanwalt eindeutig benannt ist, weshalb die bloße Sozietätsbezeichnung nicht genügt[1150]. 237

386/98 (veröffentlicht bei juris), wo es sich bei der Unterschrift des Rechtsanwalts *„um ein keiner Schrift zuzuordnendes Gebilde [handelte], nicht aber um die eigenhändige vollständige Wiedergabe seines Nachnamens."*

1142 *Deubner* JuS 1992, 230 (232) unter zweifelhaftem Hinweis auf § 139 II ZPO; *BRiHb/Schmitz* A XXII Rn. 7; *ErfKoArbR/Koch* § 46 ArbGG Rn. 13.

1143 Vgl. BGH VersR 1985, 767; NJW-RR 2004, 1364; *BL/Albers* § 519 Rn. 11; zu Recht kritisch *Schlee* AnwBl 1991, 94 (95).

1144 Ob ein anderer Spruchkörper des Gerichts oder andere Gerichte die Unterschrift geduldet haben, ist dagegen nach wohl h.M. unerheblich (BVerfGE 78, 123 [126]; Beschl. v. 18.9.1989 – 2 BvR 270/89 [veröffentlicht bei juris]; v. 7.10.1996 – 1 BvR 1183/95 [veröffentlicht bei juris]; BAG NZA 1997, 1234; LAG Frankfurt NZA-RR 1999, 435 [436]; **a.A.** offenbar BVerfG NJW 1998, 1853; BGH NJW 1999, 60 [61 unter II 2]; *ErfKoArbR/Koch* § 46 ArbGG Rn. 13).

1145 Außer den Vorstehenden BGH VersR 1975, 927; *Gehrlein*, ZPR § 5 Rn. 15; *Wieczorek/Schütze/Gerken* § 519 Rn. 53 will dasselbe Ergebnis wie die h.M. mit Hilfe der Wiedereinsetzung erreichen.

1146 RG JW 1921, 527; RGZ 139, 45 (47); 151, 82 (86); BGHZ 24, 297 (300); 87, 63 (64); RAGE 3, 252 (254); BAGE 3, 55; BAG NJW 1971, 2190; DB 1984, 1688; NJW 1989, 1822 für die Berufungsbegründungsschrift. Insoweit handelt es sich um Gewohnheitsrecht (GmS-OGB BGHZ 144, 160 mit umfass. Nachw.).

1147 BVerfG NJW 1987, 2067; BGHZ 65, 10; 79, 314 (316) für die Berufungsschrift; BGHZ 97, 283 (285) für die Berufungsbegründungsschrift.

1148 BVerfG NJW 1987, 2067; BGHZ 97, 283 (285).

1149 RGZ 139, 45 (47) für die Berufungseinlegung per Telegramm; BGHZ 97, 283 (285) für die Berufungsbegründungsschrift per Telex.

1150 BAG DB 1984, 1688; *Zimmermann* § 519 Rn. 6.

2. Telebrief und Telefax

238 a) **Begriffe**. Beim **Telefax** (ältere und im allgemeinen deutschen Sprachgebrauch kaum noch verwendete Bezeichnungen sind „Fernkopie“ und „Telekopie“[1151]) wird das Schriftstück vom Absender direkt an den Empfänger übermittelt. Beim 1980 eingeführten und zum 1.7.1999 **eingestellten Telebrief-Dienst**[1152] der Deutschen Post wurde das Schriftstück dagegen von einem privaten oder öffentlichen Anschluß aus zunächst an ein Postamt am Empfangsort übermittelt, von wo aus es nach automatischem Kuvertieren wie ein gewöhnlicher Brief durch Eilboten weitergeleitet wurde.[1153]

239 b) **Zulässigkeit**. Die Zulässigkeit der Übermittlung bestimmender Schriftsätze durch Telebrief und Telefax ist von der Rechtsprechung seit langem anerkannt,[1154] seit dem 1.8.2001 auch durch das Gesetz in § 130 Nr. 6 ZPO, sofern man diese Vorschrift mit der h.M. ganz allgemein auf bestimmende Schriftsätze entsprechend anwendet.

Der Prozeßbevollmächtigte des Berufungsführers kann sich des Telefaxanschlusses eines privaten Dritten bedienen[1155] oder den Schriftsatz zunächst von einem externen Anschluß aus an seine Kanzlei senden mit der Weisung, ihn weiterzuleiten[1156]. Nicht zulässig ist dagegen nach der Rechtsprechung des Bundesgerichtshofs und des Bundesarbeitsgerichts die Übermittlung eines Schriftsatzes an den Telefaxanschluß eines privaten Zwischenempfängers mit der Bitte, das Telefax an das Gericht weiterzuleiten.[1157]

240 c) **Unterschrift**.[1158] Wird der Schriftsatz in traditioneller Weise zunächst ausgedruckt und dann mittels eines Telefaxgeräts versandt (sog. **Normalfax**[1159]), muß die

---

[1151] Warum der Gesetzgeber statt „Telefax“ in §§ 130 Nr. 6, 174 II ZPO von „Telekopie“ und in § 174 III 4 ZPO von „Fernkopie“ spricht, ist unerfindlich (kritisch auch *Jauernig* § 38 II 1 a.E.).

[1152] Pressemitteilung der Deutschen Post vom 21.6.1999, URL: http://www.deutschepost.de/postag/news/new9906/ne990608.html (eingesehen am 7.2.2002); dies wird in der juristischen Fachliteratur regelmäßig übersehen (vgl. z.B. *Zimmermann* § 519 Rn. 6, *Wieczorek/Schütze/Gerken* § 519 Rn. 17; *Thomas/Putzo/Reichold* § 129 Rn. 13, *Musielak/Stadler* § 129 Rn. 11, *Musielak/Ball* § 519 Rn. 22 und *BL/Albers* § 519 Rn. 9).

[1153] Auch deshalb ist es unzutreffend, wenn *Schellhammer*, Zivilprozess Rn. 28 „Telekopie“ als einen anderer Ausdruck für „Telebrief“ verwendet.

[1154] **Telebrief**: BGHZ 83, 63 (64) für die sofortige Beschwerde; BAG NJW 1989, 1822 für die Berufung; **Telefax**: BVerfGE 74, 228 (234); BGH NJW 1989, 589; 1990, 188; BAG NJW 1989, 1822 für die Berufungsbegründungsschrift; BSG MDR 1985, 1053.

[1155] BAG NJW 1989, 1822 gegen LAG Hamm NJW 1988, 3286 für Berufungsbegründungsschrift; BFH BStBl. II 1991 S. 463 = BFHE 163, 510 = NJW 1991, 2927 für Klage und Rechtsmittel; *Oelkers/Müller* S. 288; *Wieczorek/Schütze/Gerken* § 519 Rn. 19 Fn. 68; *BL/Albers* § 519 Rn. 9.

[1156] BGH NJW 1998, 762 f. für die Berufungsbegründungsschrift; zweifelnd *Zöller/Greger* § 130 Rn. 18 (ohne nähere Begründung).

[1157] BGHZ 79, 314 (318); NJW 1994, 1879; 1998, 762; BAG NJW 1990, 3165; *Lakies* S. 244; *Wieczorek/Schütze/Gerken* § 519 Rn. 19; **a.A.** *Thomas/Putzo/Reichold* § 129 Rn. 13 ohne Erwähnung der Rechtsprechung des BGH und BAG; zweifelnd auch *Wieczorek/Schütze/Gerken* § 519 Rn. 49; *BL/Albers* § 519 Rn. 9 mit umfassenden Literaturnachweisen; **offengelassen** von BFH BStBl. II 1991 S. 463 = BFHE 163, 510 = NJW 1991, 2927.

[1158] Hinsichtlich der Einzelfragen im Zusammenhang mit dem Telefaxeinsatz muß auf die einschlägigen Spezialveröffentlichungen u. a. von *Borgmann* (AnwBl 1994, 365), *Daumke* (ZIP 1995, 722), *Ebnet* (NJW 1992, 2985 und JZ 1996, 507), *Eckert/Scalia* (DStR 1996, 1608), *Pape/Notthoff* (NJW 1996, 417), *Schneider* (ZAP Fach 13, S. 419 ff.) und *Liwinska* (MDR 2000, 500 ff.) verwiesen werden.

[1159] OLG Koblenz VersR 2004, 1118 (1119).

Sendevorlage eigenhändig **unterschrieben** sein,[1160] denn nur so kann § 130 Nr. 6 ZPO Genüge getan werden.

Anders ist die Rechtslage bei Berufungseinlegung per **Computerfax,** also dem direkt aus dem Computer per analogem Modem oder ISDN-Karte als Textdatei übermittelten Telefax. Hier genügen nach der Entscheidung des Gemeinsamen Senats der obersten Gerichtshöfe des Bundes vom 5.4.2000 eine eingescannte Unterschrift oder ein sonstiger Beleg dafür, wer für den Inhalt des Schriftsatzes die Verantwortung übernimmt und seine Übersendung als bestimmendem Schriftsatz an das Gericht veranlaßt hat,[1161] z.B.

- Vermerke wie *„Dieser Brief wurde maschinell erstellt und wird nicht eigenhändig unterschrieben“*[1162] oder *„Dieses Fax wurde durch elektronische Medien übermittelt und trägt deshalb keine Unterschrift“*[1163]
- oder der in anderer Schrifttype geschriebene Namen des Anwalts[1164].[1165]

Das völlige Weglassen jeglichen Hinweises darauf, wer für den Inhalt des Schriftsatzes die Verantwortung übernimmt und seine Übersendung als bestimmendem Schriftsatz an das Gericht veranlaßt hat, führt nach der zutreffenden Ansicht des OLG Braunschweig zur Unzulässigkeit der Berufung.[1166]

d) Kein Nachreichen des „Originalschriftsatz“. Die Sendevorlage des Normalfaxes oder der Ausdruck des Computerfaxes sollten nicht als „Originalschriftsatz“ nachgereicht und das Telefax dementsprechend nicht „vorab“ gesendet werden. **241**

Der **Bundesgerichtshof** hatte schon 1993 die Übersendung der Sendevorlage für nicht erforderlich angesehen, weil es andernfalls überflüssigerweise zu einer mehrfachen Berufungseinlegung käme[1167]; diesen Standpunkt hat er in seiner Entscheidung

[1160] BGH WM 1989, 1820 (1821); stRspr. zuletzt NJW 2001, 1581; BAG NJW 1990, 3165; 1996, 3164; *Zimmermann* § 519 Rn. 6; *Wieczorek/Schütze/Gerken* § 519 Rn. 49; *Musielak/Ball* § 519 Rn. 13 und 14; für die Klageschrift jetzt auch nachdrücklich OLG Köln Besch. v. 10.12.2003 – 10 U 96/03 und OLG Koblenz VersR 2004, 1118 m. abl. Anm. *Heinemann*; unzutreffend dagegen *Schumann/Kramer* Rn. 196, wonach *„das Erfordernis der eigenhändigen Anwaltsunterschrift ... bei Übermittlung per Telefax* [entfällt], *§ 130 Nr. 6 ZPO“*.

[1161] BGHZ 144, 160; ebenso BGH NJW 2001, 831 und 2001, 1581; 2003, 3487 (unter II 2 a, wo allerdings irrtümlich von *„Fernschreiben“* gesprochen wird); MDR 2004, 349; BSG NJW 1997, 1254 m. zust. Anm. *Huff* EWiR 1997, 235; abl. *Düwell* NJW 2000, 3334; *ErfKoArbR/Koch* § 66 ArbGG Rn. 4; *Musielak/Ball* § 519 Rn. 14 folgt dem GmS-OGB nur widerwillig. In völliger Verkennung der technischen Zusammenhänge verlangt *Schmittmann* in seiner Anmerkung zum Beschluß des GmS-OGB (JR 2001, 373 [374]), der Rechtsanwalt müsse zur Dokumentation der Übernahme der Verantwortung zunächst einen eigenhändig unterschriebenen Entwurf des Schriftsatzes fertigen und könne erst dann *„das Schriftstück über Computerfax übermitteln“*.

[1162] So im Fall BSG NJW 1997, 1254; zweifelnd im Hinblick auf § 130 a ZPO *Prechtel* S. 80; abl. *Musielak/Stadler* § 129 Rn. 11.

[1163] So im Fall BFH BFH/NV 1998, 604.

[1164] So in den Fällen VG Karlsruhe JurPC Web-Dok. 153/1998 (Wiederholung des Namens des Klägers am Schluß der Klageschrift) und FG Hamburg NJW 2001, 992.

[1165] Eine solche Form des Computerfaxes wird auch von *Wimmer-Leonhardt*, Schriftformerfordernis Abs. 3 als zulässig angesehen, ablehnend dagegen wohl *Härting*; *Dästner* NJW 2001, 3469 (3470 Fn. 10, der allerdings das Computerfax mit dem in § 130 Nr. 6 ZPO gemeinten Normalfax verwechselt); *Stadler* ZZP 111 (2002) 413 (418) und *Musielak/Stadler* § 129 Rn. 11.

[1166] NJW 2004, 2024.

[1167] NJW 1993, 3141; zustimmend *Oelkers/Müller* S. 287; *Lakies* S. 244 f.; *Niedrig* S. 34; *Prechtel* S. 79 f.; *Zimmermann* § 130 Rn. 1; *Oberheim* Rn. 210, der allerdings nur eine Berufung annimmt;

vom 27.1.2004[1168] nachdrücklich bekräftigt. Im gleichen Sinne hat der **Gemeinsame Senat der obersten Gerichtshöfe des Bundes** in seiner oben zitierten Entscheidung zum Computerfax ausgeführt: „*Maßgeblich für die Beurteilung der Wirksamkeit des elektronisch übermittelten Schriftsatzes ist nicht eine etwa beim Absender vorhandene Kopiervorlage oder eine nur im Textverarbeitungs-PC befindliche Datei, sondern allein die auf seine Veranlassung am Empfangsort (Gericht) erstellte körperliche Urkunde.*“[1169] Auch aus **§ 130 Nr. 6 ZPO**, wonach die Tele**kopie** die Unterschrift aufweisen müsse, folgt, daß das Telefax die prozessual maßgebliche Urkunde ist.[1170] Demgegenüber verlangen einige **Instanzgerichte**[1171] und eine **Mindermeinung im Schrifttum**[1172], daß das „Original“ unverzüglich nachzureichen sei, andernfalls die Berufung als unzulässig verworfen werden müsse. Diese Ansicht, die sich auf der ZPO unbekannte Notwendigkeiten der „Aktensicherung“ bzw. „Kontrollmöglichkeit“ beruft, ist unvertretbar[1173] und, soweit es sich um Entscheidungen handelt, wegen Verstoßes gegen den Grundsatz des fairen Verfahrens[1174] und wegen Willkür verfassungswidrig[1175]. Willkürlich ist ein Richterspruch, „*wenn er unter keinem denkbaren Aspekt rechtlich vertretbar ist und sich daher der Schluss aufdrängt, dass er auf sachfremden Erwägungen beruht. Das ist anhand objektiver Kriterien festzustellen. Schuldhaftes Handeln des Richters ist nicht erforderlich. Fehlerhafte Auslegung eines Gesetzes allein macht eine Gerichtsentscheidung nicht willkürlich. Willkür liegt.. vor, wenn die Rechtslage in krasser Weise verkannt wird.*“.[1176] Diese Kriterien sind bei den genannten Entscheidungen erfüllt: Die von ihnen aufgestellte Forderung entbehrt zum einen, wie

---

Zöller/Greger § 130 Rn 18; *Rosenberg/Schwab/Gottwald* § 135 Rn. 10; *Wieczorek/Schütze/Gerken* § 519 Rn. 13 und 18; *Thomas/Putzo/Reichold* § 519 Rn. 10. Dieser Standpunkt wurde auch vom BVerfG gebilligt (NJW 1997, 2941); das BAG dagegen hat dies in NJW 1996, 1365 offengelassen und für den Fall der im Telefax angekündigten Übersendung von beglaubigten Abschriften verneint (zust. *Wieczorek/Schütze/Gerken* § 519 Rn. 13). Die durch den „Originalschriftsatz“ bewirkte zweite Berufungseinlegung löst allerdings, solange sich nicht die erste Berufung als unwirksam herausstellt, keine Kostenfolge aus, auch nicht im Falle ihrer Rücknahme (BGH MDR 1958, 508; *Rosenberg/Schwab/Gottwald* § 135 Rn. 10), da es sich ja immer um dasselbe Rechtsmittel handelt (zur Unterscheidung von Rechtsmittel und einzelnem Rechtsmittelschriftsatz eingehend BAG NJW 2004, 174).

[1168] NJOZ 2004, 1430 mit zust. Anm. *Jungk* BRAK-Mitt. 2004, 161.

[1169] Ebenso FG Hamburg NJW 2001, 992; *Wimmer-Leonhardt*, Schriftformerfordernis Abs. 3; *Heinemann* VersR 2004, 1119 (1120).

[1170] So auch *Prechtel* S. 80.

[1171] BPatG BPatGE 42, 204 = GRUR 2000, 795; LG Berlin NJW 2000, 3291; LG Kiel Beschl. v. 26.2.2001 – 8 S 279/00 (n.v.); LG Wiesbaden NJW 2001, 3636.

[1172] *Schmidt* S. 1127; *Musielak/Ball* § 519 Rn. 14 („*fristgebunden Nachreichung*“!); *MüProzFb-ArbR/Kasper* Kap. 3 G I 1.3 a (Es ist „*sicherzustellen, dass der Originalschriftsatz mit der Unterschrift unverzüglich nachgereicht wird*“.); *Steinert/Theede* Kap. 12 Rn. 12 bezeichnen unter nicht näher begründeter Kritik am BGH die Nachreichung als „*zweckmäßig*“.

[1173] *Schneider*, Telefaxeinsatz S. 424; hinsichtlich der Entscheidung des LG Berlin scharfe Kritik bei *Wimmer-Leonhardt*; Anmerkung; abl. auch *Zöller/Greger* § 130 Rn. 18; *Chab* BRAK-Mitt. 2/2002 S. 66, *Prechtel* S. 80 hinsichtlich der obengenannten landgerichtlichen Entscheidungen und *Heinemann* VersR 2004, 1119 (1120); auch *Vollmer*, S. 1449 f. lehnt eine solche Nachreichungspflicht ab, allerdings auch die Zulassung des Computerfaxes.

[1174] So zurecht *Lakies* S. 245 ganz allgemein bei sinnwidriger Verneinung einer wirksamen Berufungseinlegung aus Gründen angeblicher Mängel der Unterschrift.

[1175] *Heinemann* VersR 2004, 1119 (1120) nimmt einen Verstoß gegen Art. 103 I GG an.

[1176] BVerfG NJW 2001, 1125, stRspr.

schon das RG im Zusammenhang mit dem Telegramm ausgeführt hat, jeglicher Rechtsgrundlage,[1177] zum anderen setzen sie sich nicht mit dem Beschluß des Gemeinsamen Senats der obersten Gerichtshöfe des Bundes, der ihnen bekannt gewesen sein mußte, auseinander. Der Standpunkt des **Bundesarbeitsgerichts**, die Übersendung eines „Originalschriftsatzes“ sei zwar nicht erforderlich, werde er aber gleichwohl übersandt, sei er allein maßgeblich,[1178] ist spätestens seit der Entscheidung des Gemeinsamen Senats der obersten Gerichtshöfe des Bundes obsolet.[1179]

Gegen ein solches Nachreichen des „Originals“ sprechen auch praktische Erwägungen. Es käme zu einer überflüssigen Mehrbelastung der Justiz[1180] und einer Aufblähung der Akten. Weiter würde die leider bei einigen Richtern immer wieder anzutreffende Neigung zur Arbeitsvermeidung auf Kosten der Parteien aktiviert, wie der Fall OLG Frankfurt a.M. NJW-RR 2001, 143 zeigt, wo das LG aus angeblichen Schriftbilddifferenzen die Unzulässigkeit der Berufung ableitete.

e) **Abschriften.** Die nach §§ 519 IV, 133 I 1 ZPO erforderlichen Schriftsatzdoppel 242
können im normalen Postwege, aber auch per Telefax übersandt werden[1181]. Aus Gründen der Verfahrensklarheit und -beschleunigung sollten die Abschriften der regelmäßig nur einseitigen Berufungsschrift stets **ebenfalls per Telefax** übermittelt werden, die der Berufungsbegründungsschrift jedenfalls bei nicht zu umfangreichen Schriftsätzen.[1182]

[1177] RGZ 139, 45 (48).

[1178] BAG NJW 1999, 2989.

[1179] Abl. auch *Liwinska* S. 504 und *AR-Blattei SD/Spilger* Kap. 160.10.2 Rn. 146.

[1180] Vgl. Bekanntmachung der Präsidentin des LG München I aus dem Jahre 1996: „*Auch Eingänge per Telefax werden in der Zentralregistratur registriert und dem Turnus entsprechend der zuständigen Zivilkammer oder Kammer für Handelssachen zugeordnet und dieser zugeleitet. Kommt einige Tage, bisweilen auch einige Wochen später das Original, dann kann sich der Bedienstete in der Zentralregistratur bei der Vielzahl der Neueingänge (täglich 90 bis 100) nicht mehr an den bereits per Telefax übermittelten Eingang erinnern, registriert deshalb die Originalklage, -berufung etc. als Neueingang und weist sie der im Turnus zuständigen Kammer zu. Infolge davon kann ein und dieselbe Klage bei zwei verschiedenen Zivilkammern eingehen. Bei Anträgen auf Erlaß einer einstweiligen Verfügung kann es vorkommen, daß zwei verschiedene Kammern über den Antrag entscheiden und die Kosten zweimal in Rechnung stellen. Der Gefahr der Doppelregistrierung kann nur durch Aufzeichnungen des Bediensteten in der Zentralregistratur vorgebeugt werde, und es muß dann beim Eingang eines jeden Originals geprüft werden, ob bereits vorab eine Übermittlung per Telefax erfolgt ist. Die Präsidentin des Landgerichts München I hat zwar eine dementsprechende Anordnung getroffen. Das Verfahren ist jedoch sehr aufwendig und zeitintensiv. Sie bittet deshalb darum, auf dem nachgereichten Originalen einen deutlich sichtbaren Vermerk, wenn möglich, in auffallender Farbe, anzubringen, daß das betreffende Schriftstück bereits per Telefax übermittelt worden ist.*“ (Mitt. der Rechtsanwaltskammer für den OLG-Bezirk München Juni 1996).

[1181] VGH Kassel NJW 1991, 316; *Ebnet* NJW 1992, 2985 (2987); *Pape/Notthoff* NJW 1996, 417 (420); *Oelkers/Müller* S. 287.

[1182] Anders *Schneider*, Telefaxeinsatz S. 427 und eine Bekanntmachung des Präsidenten des OLG München aus dem Jahre 1989: „*Bei Schriftsätzen, bei denen es lediglich auf den Eingang bei Gericht innerhalb einer bestimmten Frist ankommt, dürfte es genügen, nur den fristwahrenden Schriftsatz selbst im Wege des Fernkopier-Verfahrens zu übermitteln und die erforderlichen Abschriften im Postwege nachzureichen. Es wird zu erwarten sein, daß Rechtsanwälte sich des Telefax-Übermittlungsverfahrens im wesentlichen nur in den besonders dafür geeigneten Fällen bedienen, nämlich dann, wenn lediglich die rasche Übermittlung eines Schriftsatzes an das Gericht wichtig ist. Bei Schriftsätzen, bei denen es auf die gleichzeitige Vorlage von entsprechenden Abschriften ankommt, weil ihre* ***Zustellung*** *bestimmte rechtliche Wirkungen auslösen soll (z.B. Verjährungsunterbrechung einer Klage), werden bisher entweder die erforderlichen Abschriften, wenn sie nicht vorliegen, von*

243 **f) Fristenkontrolle.** Die Rechtsmittelfrist darf im **Fristenkalender** erst gestrichen werden, wenn der Sendebericht – in Form des Einzelnachweises[1183] – die ordnungsgemäße Übermittlung (Zustandekommen der Verbindung, richtige Empfängernummer[1184] und korrekte Anzahl der übermittelten Seiten[1185]) bestätigt hat[1186] oder eine telefonische Rückfrage beim Empfängergericht ergeben hat, daß der Schriftsatz vollständig (!) eingegangen ist[1187].

3. Berufungseinlegung per E-Mail

244 Bereits 1995 hatten das Bundesverwaltungsgericht eine Klageeinreichung[1188] und das OLG Düsseldorf die Einlegung einer sofortigen Beschwerde im Strafprozeß[1189] jeweils per Btx (heute t-online) gebilligt. Seit 1999 ist beim FG Hamburg als erstem Gericht Deutschlands die Einreichung von Klagen und der Austausch von Schriftsätzen per E-Mail möglich, sofern sie verschlüsselt und signiert sind.[1190]

Im Bereich der Zivilgerichtsbarkeit ist dies gegenwärtig alles noch nicht möglich (Gerichte, die eine E-Mail-Adressse haben, weisen regelmäßig darauf hin, daß diese nicht für die Einreichung von Schriftsätzen bestimmt ist) und im Hinblick auf §§ 130 a ZPO, 46 b ArbGG auch nicht zulässig, obwohl das Schrifttum dies zunehmend befürwortet[1191].[1192] In den §§ 130 a ZPO, 46 b ArbGG finden sich wortgleiche Regelungen für die Übermittlung vorbereitender Schriftsätze als elektronische Dokumente, die auf bestimmende Schriftsätze entsprechende Anwendung finden[1193]. Von dieser Möglichkeit kann aber

---

der Geschäftsstelle auf Kosten des Einreichers gefertigt, ... oder die Geschäftsstelle fordert die fehlenden Abschriften nach. Es besteht sicherlich allgemeines Verständnis dafür, daß die Geschäftsstelle insbesondere bei umfangreichen Schriftsätzen auf die ***Möglichkeit der Nachforderung*** *zurückgreift. Sollte jedoch auch in diesen Fällen das Telefax-Verfahren benutzt werden, um gleichzeitig auch die entsprechenden Abschriften zu übermitteln, so bestünde die Gefahr, daß die Fernkopier-Stellen erheblich belastet und während der längeren Dauer des Übermittlungsvorganges die Empfangsgeräte für die Aufnahme anderer eilbedürftiger Fernkopier-Übermittlungsvorgänge blockiert werden; abgesehen davon würden sich die Postgebühren verteuern. Es bleibt abzuwarten, ob in Einzelfällen zu den genannten Problemen gerichtliche Entscheidungen ergehen.*" (Mitt. der Rechtsanwaltskammer für den OLG-Bezirk München Nr. 2/1989). Angesichts der heutigen Gerätetechnik sind technische Bedenken gegenstandslos (*Borgmann* AnwBl 1994, 365 spricht im Zusammenhang mit einem Urteil des OLG Köln aus dem Jahr 1989 treffend von der „*Steinzeit des Faxes*").

1183 BGH MDR 1998, 492; zum Sendebericht vgl. eingehend *Pape/Notthoff* NJW 1996, 417 (424) und *Eckert/Scalia* DStR 1996, 1608 (1612).

1184 BGH NJW 2000, 1043; NJW-RR 2002, 60 und 860; NJOZ 2002, 1832; BAGE 79, 379.

1185 BGH NJW-RR 2001, 1071; BGHReport 2001, 809; BAGE 79, 379; OLG Hamburg OLGR 2004, 135.

1186 BGH FamRZ 2004, 1549.

1187 BGH NJW-RR 2001, 1071; 2002, 60.

1188 BVerwG NJW 1995, 2121; zustimmend *Rinsche/Schlüter* Rn. 12.

1189 NJW 1995, 2177.

1190 Nähere Informationen DRiZ 2001, 93 und unter URL: http://www.hamburg.de/Behoerden/FB/FB Aktuell010403–2.htm.

1191 Vgl. *Härting*, passim; *Wimmer-Leonhardt*, Schriftformerfordernis Abs. 5; DRiZ-Redaktion DRiZ 2001, 93. In Österreich ist dagegen die schon 1989 begonnene Einführung des elektronischen Rechtsverkehrs mittlerweile weitgehend abgeschlossen (vgl. *Brütting/Eberlein*).

1192 So auch *Oberheim* Rn. 217.

1193 *Zöller/Greger* 130 a Rn. 3. Der im Referentenentwurf zum FormVAnpG noch vorgesehene § 133 a ZPO, demzufolge die Vorschriften über vorbereitende Schriftsätze entsprechend auf Klageschriften und andere **bestimmende** Schriftsätze Anwendung finden sollten (vgl. RefE/FormVAnpG, S. 5), wurde nicht Gesetz, weil man die einschlägigen Rechtsfragen durch den Beschluß des GmS-OGB als geklärt ansah (vgl. BegrRegE/FormVAnpG, S. 23).

nach §§ 130 a II ZPO, 46 b II ArbGG **erst** Gebrauch gemacht werden, **wenn entsprechende Rechtsverordnungen** des Bundes und der Länder ergangen sind.[1194] Dies ist bislang nur für den Bundesgerichtshof[1195], das Bundesverwaltungsgericht und den Bundesfinanzhof[1195a], sowie in Hamburg[1196] und in Baden-Württemberg[1197] geschehen.

4. Telefonische Berufungseinlegung

Eine telefonische Einlegung ist nach ganz h.M. nicht möglich, weil es insoweit an einer „Berufungsschrift" schlechthin fehlt.[1198] **245**

§ 9 Die Berufungsbegründungsfrist

A. Grundsätze

I. Dauer

Die **Frist beträgt** gemäß §§ 520 II 1 ZPO, 66 I 1 ArbGG **zwei Monate.**[1199] **246**

II. Beginn und Ende

1. Grundsätzliches

Die Berufungsbegründungsfrist beginnt gemäß §§ 520 II 1 Fall 1 ZPO, 66 I 2 ArbGG mit der **Zustellung des Urteils,** knüpft also nicht mehr an den Ablauf der Berufungsfrist an. Bei fehlender oder unwirksamer Zustellung des Urteils beginnt sie **247**

1194 Für die Behauptung von *Schaub*, Arbeitsrecht „Berufung 3", eine Einlegung per E-Mail sei (schon jetzt) zulässig, gibt es im Gesetz keine Stütze; die von ihm zur Begründung herangezogene Entscheidung des GmS-OGB (siehe dazu oben Rn. 241) nimmt zur Frage der Rechtsmitteleinlegung per E-Mail keine Stellung.

1195 Elektronische Rechtsverkehrsverordnung (ERVVOBGH) vom 26.11.2001 (BGBl. 2001 I, S. 3225).

1195a Elektronische Rechtsverkehrsverordnung (ERVVOBVerwGBFH) vom 26.11.2004 (BGBl. 2004 I, S. 3091).

1196 VO vom 9.4.2002 (GVBl. 2002, 41), allerdings nur für Verfahren vor dem Finanzgericht, im übrigen noch nicht umgesetzt; Erläuterungen finden sich unter http://fhh.hamburg.de/stadt/Aktuell/behoerden/justizbehoerde/justizverwaltungsamt/elektronischer-rechtsverkehr/start.html.

1197 VO vom 15.6.2004 (GBl. 2004, 590).

1198 Für den **Zivilprozeß**: BGH NJW 1997, 3383 für fernmündliche Ergänzungen der Berufungsschrift; *Körting* S. 94; *Rinsche/Schlüter* Rn. 13; *Zimmermann* § 519 Rn. 6; *Oberheim* Rn. 218; *Zöller/Gummer/Heßler* § 519 Rn. 19; *Thomas/Putzo/Reichold* § 129 Rn. 10; *Musielak/Stadler* § 129 Rn. 10; für den **Strafprozeß**: RGSt 38, 282 und BGH NJW 1981, 1627; für den **Verwaltungsgerichtsprozeß**: BVerwG NJW 1964, 831; für den **Finanzgerichtsprozeß**: BFH BStBl. III 1964 S. 590 = BFHE 80, 325 = NJW 1965, 174 (bei *Thomas/Putzo/Reichold.* a.a.O. als „*BGH* NJW 1965, 174" zitiert).

1199 Mit der Neuregelung durch das ZPO-RG ist keine wirkliche Verlängerung der Berufungsbegründungsfrist gegenüber der bis zum 31.12.2001 geltenden Rechtslage verbunden, weil der Zeitraum zwischen Urteilszustellung und Ende der Berufungsbegründungsfrist auch bisher schon zwei Monate betrug. Dies muß auch die Begründung des Regierungsentwurfs zum ZPO-RG, nachdem sie für den Fall der sog. eiligen Berufungseinlegung (vgl. hierzu 1. Aufl. Rn. 200), der in der Praxis keineswegs der Normalfall war, eine Verlängerung errechnet hatte, schließlich zugeben (BegrRegE/ZPO-RG S. 95; ebenso *Hannich/Meyer-Seitz* § 520 Rn. 5). Dies wird häufig übersehen, so von *Hartmann*, Änderungen S. 2590 (unter XXVI 1); *Schneider*, ZPO-Reform Rn. 374; *Greger*, Kurzkommentar unter 5 e) und *Schmidt/Schwab/Wildschütz* S. 1218 (unter I 3); richtig dagegen *Gehrlein*, ZPR § 14 Rn. 40, *Michel/von der Seipen* S. 262 und *Musielak/Ball* § 520 Rn. 2.

gemäß § 520 II 1 Fall 2 ZPO fünf Monate nach Verkündung des Urteils (sog. absolute Berufungsbegründungsfrist).

Das Ende der Berufungsbegründungsfrist ist mit einer Vorfrist im Fristenkalender zu notieren und in der Handakte darüber ein Vermerk anzubringen, damit der Anwalt bei einer Aktenvorlage die Einhaltung der Frist, die von der Fristberechnung und -kontrolle zu unterscheiden ist,[1200] überprüfen kann.[1201]

2. Berechnung

248 Der Tag der Zustellung ist der erste Tag der Frist, bleibt aber gemäß §§ 222 I ZPO, 187 I BGB bei der Fristberechnung außer Betracht.[1202]

Beispiel: Zustellung 10.3., Ende der Begründungsfrist 10.5.

3. Sonderfälle

249 **a) Unterbrechung und Aussetzung.** In den Fällen der Unterbrechung (= Stillstand des Verfahrens kraft Gesetzes) und der Aussetzung (= Stillstand des Verfahrens kraft richterlicher Anordnung) nach §§ 239 ff. ZPO ist die Vorschrift des § 249 I ZPO zu beachten, derzufolge der Lauf jeder Frist aufhört und nach Beendigung der Unterbrechung oder Aussetzung **die volle Frist von neuem zu laufen** beginnt. Dies gilt für die Berufungsfrist und natürlich auch für die Berufungsbegründungsfrist[1203].

250 **b) Sommerpause.** Während die zum 1.1.1997 abgeschafften Gerichtsferien eine Hemmung des Laufes der Berufungsbegründungsfrist gemäß § 233 I 1 ZPO zur Folge hatten, begründet § 227 III 1 ZPO (der im Arbeitsgerichtsprozeß gemäß § 46 II 2 ArbGG nicht gilt) zwar für Termine in der Zeit vom 1.7.-31.8. einen Verlegungsanspruch, der Lauf der **Berufungsbegründungsfrist** wird dadurch aber **nicht berührt.**

III. Wiedereinsetzung

251 Die Berufungsbegründungsfrist ist – anders als die Berufungsfrist (§ 517 Hs. 2 ZPO!) – keine Notfrist, da im Gesetz nicht als solche bezeichnet (§ 224 I 2 ZPO). **Wiedereinsetzung ist** gemäß § 233 ZPO aber gleichwohl **möglich.** Zu betonen ist, daß Wiedereinsetzung zur Ergänzung der Berufungsbegründung nicht gewährt werden kann.[1204]

B. Die Verlängerung der Berufungsbegründungsfrist gemäß §§ 520 II 2, 3 ZPO; 66 I 5 ArbGG

I. Der Verlängerungsantrag

Ein wirksamer Antrag auf Verlängerung der Berufungsbegründungsfrist setzt folgendes voraus:

[1200] BGH NJW-RR 2004, 1150.

[1201] KG KGR 2004, 63, das sogar eine Kontrolle der Notierung fordert, was aber im Widerspruch zur Rechtsprechung des BGH steht (vgl. zuletzt BGH NJW-RR 2004, 1150, wo es u.a. heißt: „*Hat der Prozessbevollmächtigte – wie er hier vorträgt – die von seiner Angestellten in den Fristenkalender eingetragene Frist überprüft, obwohl dies von der Aufgabenstellung her an sich nicht erforderlich gewesen wäre …*").

[1202] BGH NJW 1985, 495 zur bisherigen Rechtslage.

[1203] Vgl. BGH BRAK-Mitt. 1997, 136.

[1204] BGH NJW 1997, 1309; BAG NJW 1962, 2030; *Thomas/Putzo/Reichold* § 520 Rn. 16 m. Nachw. zu abweichenden Literaturmeinungen.

1. Vorliegen eines Verlängerungstatbestandes

Verlängerungstatbestände sind:

a) **Einwilligung des Gegners, § 520 II 2 ZPO**. Dieser Tatbestand erlaubt eine unbegrenzte Verlängerung und hat insbesondere zwei Fälle im Auge: 252

- Zwischen den Parteien laufen langwierige **Vergleichsgespräche**.[1205]
- Es soll eine **weitere, insgesamt einen Monat überschreitende Verlängerung** gewährt werden, weil nach neuem Recht der Vorsitzende eine solche nicht mehr aus eigener Kompetenz nach bloßer Anhörung des Gegners gemäß § 225 II ZPO[1206] gewähren kann.[1207] Im **arbeitsgerichtlichen Verfahren** ist gemäß § 66 I 5 ArbGG eine zweite Verlängerung der Berufungsbegründungsfrist grundsätzlich unzulässig, und zwar auch in Extremfällen wie der Zustellung der vollständigen Entscheidungsgründe des erstinstanzlichen Urteils erst nach Berufungseinlegung oder wenn mehrere Verlängerungen zusammen nur eine einmonatige Fristverlängerung ergäben.[1208]

b) **Nichtverzögerung des Rechtsstreits, §§ 520 II 3 Fall 1 ZPO, 66 I 5 Fall 1 ArbGG**. Dieser Fall kann z.B. bei langem Terminsstand des Berufungsgerichts gegeben sein.[1209] Im normalen Zivilprozeß beträgt die maximale Verlängerungsmöglichkeit einen Monat, ebenso nach wohl h.M. im Arbeitsgerichtsverfahren[1210]. 253

c) **Vorliegen erheblicher Gründe, §§ 520 II 3 Fall 2 ZPO, 66 I 5 Fall 2 ArbGG.**[1211] Auch hier ist eine Verlängerung von maximal einem Monat möglich. Zum Vorliegen erheblicher Gründe hat sich eine umfangreiche Kasuistik entwickelt, über die nachfolgend ein Überblick gegeben werden soll: 254

– noch nicht gewährte **Akteneinsicht**: zweifelhaft[1212]
– **Arbeitsüberlastung:** ja[1213]

1205 BegrRegE/ZPO-RG S. 95; *Gehrlein*, ZPR § 14 Rn. 41.

1206 Diese Vorschrift verlangt entsprechend ihrem Wortlaut keine Zustimmung des Gegners (BVerfG NJW 2000, 944).

1207 BegrRegE/ZPO-RG S. 95; *Gehrlein*, ZPR § 14 Rn. 41. Neuerdings versuchen einzelne Landgerichte, den Anwendungsbereich dieses Verlängerungstatbestandes durch eine Vermengung mit dem nach § 520 II 3 Fall 2 ZPO einzuschränken (so z.B. LG München I Verfügung vom 23.7.2004 – 13 S 9917/04, abgedr. NJW 49/2004, S. XII).

1208 BAGE 79, 1; BAG NJW 1996, 1430.

1209 *BL/Albers* § 520 Rn. 11; *AR-Blattei SD/Spilger* Kap. 160.10.2 Rn. 164; **a.A.** ohne jede Begründung und Auseinandersetzung mit der Gegenmeinung *Thomas/Putzo/Reichold* § 520 Rn. 11 (Verzögerung trete „*idR*" ein).

1210 BAGE 75, 350 (nur im Ls.); 79, 1; *AR-Blattei SD/Spilger* Kap. 160.10.2 Rn. 163, 164; *Schaub* § 51 Rn. 78; *GMP/Germelmann* § 66 Rn. 31; *Ostrowicz/Künzl/Schäfer* Rn. 192 jeweils unter Hinweis auf das Beschleunigungsgebot in § 9 I ArbGG und jetzt die Regelung in der ZPO; **a.A.** *Gift* Rn. 578 unter Hinweis auf die Sonderregel des § 74 I 2 ArbGG; *AR-Blattei SD/Spilger* Kap. 160.10.2 Rn. 164; *GK-ArbGG/Vossen* § 66 Rn. 116 a; *ErfKoArbR/Koch* § 66 ArbGG Rn. 18 jeweils unter Hinweis darauf, daß im § 66 I 5 ArbGG eine solche Monatsfrist nicht enthalten ist; *Schaub/Neef/Schrader* § 86 I Rn. 1 Fn. 6 („*Geht es z.B. um die Anpassung von Betriebsrenten und sind noch umfangreiche Feststellungen erforderlich, kann es durchaus sinnvoll sein, die Verlängerung der Berufungsbegründungsfrist um zwei oder drei Monate zu beantragen, um dann in einem einheitlichen Schriftsatz Stellung nehmen zu können.*").

1211 Ohne Auseinandersetzung mit dem Gesetz und der Rechtsprechung (z.B. BGH NJW 1992, 2426) vertritt *St/J/Grunsky* § 519 Rn. 13 die Auffassung, die Darlegung solcher Gründe sei „*keine Zulässigkeitsvoraussetzung für den Verlängerungsantrag*".

1212 Von BGH EzFamR § 233 ZPO Nr. 18 offengelassen.

1213 BVerfGE 79, 372; NJW 1998, 3703; NJW 2000, 1634; NJW-RR 2001, 1076; BGH NJW-RR 1989,

Nach der ständigen Rechtsprechung des Bundesverfassungsgerichts[1214], des Bundesgerichtshofs[1215] und des Bundesarbeitsgerichts[1216] sowie eines Teils der Literatur[1217] muß der Rechtsanwalt seine Arbeitsüberlastung nicht sogleich näher substantiieren. Es muß aber darauf hingewiesen werden, daß einige Instanzgerichte sowie Teile der (insbesondere arbeitsrechtlichen) Literatur gegenteiliger Auffassung sind.[1218]

- **Fortbildungslehrgang** des Anwalts: ja[1219]
- bevorstehende höchstrichterliche **Grundsatzentscheidung**: str.[1220]
- notwendige **Einholung eines Gutachtens**: ja[1221]
- noch **nicht bezahlte Kostenrechnung** erster Instanz: nein[1222]
- **Krankheit**: grundsätzlich ja[1223]

  Das gilt zunächst für eine akute, erhebliche Erkrankung. So hat das OLG Karlsruhe im Falle einer Erkrankung *„an einer schmerzhaften und heftigen Gürtelrose"* 3½ Tage vor Fristende einen erheblichen Grund bejaht.[1224] Im übrigen ist die Rechtslage aber unsicher: Während von der Literatur generell ein erheblicher Grund bejaht wird,[1225] ist die Rechtsprechung deutlich zurückhaltender: Der Bundesgerichtshof z.B. hat in FamRZ 1987, 58[1226] folgendes ausgeführt: *„Aus dem Fristverlängerungsgesuch selbst ergibt sich, daß der Prozeßbevollmächtigte der Beklagten ungeachtet seiner Grippeerkrankung Gerichtstermine wahrnahm und Sprechstunde hielt. Er war somit in der Wahrnehmung seiner anwaltlichen Aufgaben nicht verhindert* – ***in diesem Falle hätte er im übrigen für Vertretung sorgen müssen*** –, *sondern nur behindert. Andererseits ist bei arbeitsmäßigen Engpässen Fristsachen besondere Aufmerksamkeit zu schenken."* Ähnlich meint das Bundesarbeitsgericht zu einem mit

---

1280; BAGE 75, 350 (353); BAG NJW 1995, 150 und 1446; *Zöller/Gummer/Heßler* § 520 Rn. 19; *Wieczorek/Schütze/Gerken* § 520 Rn. 39; *Thomas/Putzo/Reichold* § 520 Rn. 12; *BL/Albers* § 520 Rn. 11; *Musielak/Ball* § 520 Rn. 8; *ErfKoArbR/Koch* § 66 ArbGG Rn. 19.

1214 NJW 1998, 3703; NJW-RR 2001, 1076.

1215 VersR 1985, 972 (973); NJW 1991, 2080.

1216 BAGE 75, 350 (354).

1217 *Müller* NJW 1993, 681 (687); *Oelkers/Müller* S. 290; *Zimmermann* § 520 Rn. 10; *Thomas/Putzo/Reichold* § 520 Rn. 12; *BL/Albers* § 520 Rn. 11; *AR-Blattei SD/Spilger* Kap. 160.10.2 Rn. 152.

1218 Z.B. LG München I NJW 2004, 79 mit abwegiger Begründung; LAG Berlin LAGE § 66 ArbGG 1979 Nr. 8 = BB 1990, 1068; MDR 2001, 770; LAG Düsseldorf LAGE § 66 ArbGG 1979 Nr. 10 und Nr. 11; *Zimmermann* § 520 Rn. 10: *„Nicht genügen pauschale Gründe ..."*; *Steinert/Theede* Kap. 12 Rn. 41: *„die übliche Begründung der Arbeitsüberlastung ohne nähere Angabe wird in aller Regel nicht ausreichen"*; *Gift* Rn. 413; *GMP/Germelmann* § 66 Rn. 33; *AnwHdb-ArbR/Tschöpe* Teil 5 D Rn. 52; *Schaub/Neef/Schrader* § 86 I Rn. 1 Fn. 6: *„Je nach LAG* (!) *wird eine – wenn auch kurze – Begründung für die Verlängerung der Berufungsbegründungsfrist verlangt. Standardformulierungen sind nicht ohne Risiko"*.

1219 *Zimmermann* § 520 Rn. 10; *Wieczorek/Schütze/Gerken* § 520 Rn. 39.

1220 **Bejahend**: *GMP/Germelmann* § 66 Rn. 33; *BL/Albers* § 520 Rn. 11; **verneinend**: *Wieczorek/Schütze/Gerken* § 520 Rn. 39 unter irriger Berufung auf die nachfolgend genannte BGH-Entscheidung; **offengelassen** von BGH NJW-RR 1998, 573.

1221 *St/J/Grunsky* § 519 Rn. 15; *Musielak/Ball* § 520 Rn. 8.

1222 OLG Hamburg Urt. v. 21.12.1973 – 11 U 139/73, n.v., auszugsweise wiedergegeben oben Rn. 215.

1223 OLG Karlsruhe NZA-RR 1998, 31 = AnwBl 1998, 109 (110); *Zimmermann* § 520 Rn. 10; *Thomas/Putzo/Reichold* § 520 Rn. 12; *ErfKoArbR/Koch* § 66 ArbGG Rn. 19.

1224 OLG Karlsruhe a.a.O. Der redaktionelle Leitsatz im Anwaltsblatt verallgemeinert die Entscheidung unzulässig!

1225 *MüKo-ZPO/Rimmelspacher* § 519 Rn. 14; *St/J/Grunsky* § 519 Rn. 15; *Vorwerk/Teubel* Kap. 67 Rn. 11; *Thomas/Putzo/Reichold* § 520 Rn. 12; *Musielak/Ball* § 520 Rn. 8.

1226 *Schneider* hat dies in seiner Anmerkung EzFamR § 233 ZPO Nr. 8 scharf kritisiert.

einer *„langwierigen Erkrankung"* begründeten Verlängerungsgesuch: *„Denn Erkrankung des Prozeßbevollmächtigten befreit diesen grundsätzlich nicht von der Pflicht, durch geeignete Anweisungen an sein Büro für die Erledigung von Fristsachen zu sorgen und ggf. einen Vertreter hinzuzuziehen, § 53 BRAO"*.[1227] Auch in der Rechtsprechung zur Wiedereinsetzung und Terminsverlegung wird nur *„eine plötzlich auftretende, nicht vorhersehbare Erkrankung des Anwalts"* von dieser Vorsorgepflicht ausgenommen.[1228]

- kurzfristige **Mandatsübernahme**: ja[1229]
- **Personalschwierigkeiten** in der Kanzlei: ja[1230]
- schwebendes **Prozeßkostenhilfegesuch**: ja[1231]
- Notwendigkeit einer weiteren **Rücksprache** mit der Partei aufgrund zwischenzeitlicher Akteneinsicht: ja[1232]
- Notwendigkeit einer weiteren **Rücksprache** mit der Partei, die erst nach Rückkehr des Rechtsanwalts von einem Fortbildungslehrgang oder aus dem Urlaub möglich ist: ja[1233]
- besondere **Schwierigkeit** des Rechtsstreits: ja[1234]
  Hier werden sich nähere Ausführungen im Antrag nicht vermeiden lassen.
- **Urlaub**: ja[1235]
  Probleme könnten sich im Hinblick auf die in § 53 I Nr. 1 und 2 BRAO verankerte Pflicht des Anwalts, bei einer mehr als einwöchigen Verhinderung oder Ortsabwesenheit für eine Vertretung zu sorgen, ergeben. Der Einzelanwalt wird darauf verweisen können, daß er den Berufungskläger bereits in der ersten Instanz vertreten habe und deshalb nur er mit dem Verfahren vertraut sei.[1236] Schwierigkeiten könnte es aber bei Sozietäten geben, deren Sinn u.a. ja in der wechselseitigen Vertretung liegt: Zieht man eine Parallele zu den Terminsverlegungsfällen, so wird man sagen können, daß in einfachen bis durchschnittlichen Fällen eine Vertretung durch den Sozius gefordert werden kann, nicht dagegen in schwierigen.[1237]

1227 Urt. v. 27.8.2003 – 4 AZR 527/02 (veröffentlicht bei juris).

1228 BGH NJW 1996, 1540; FamRZ 2004, 1550; BVerwG NJW 2001, 2735.

1229 BGH NJW-RR 2000, 799 (Mandatsübernahme am letzten Tag der Frist); *Vorwerk/Teubel* Kap. 67 Rn. 14; *Thomas/Putzo/Reichold* § 520 Rn. 12; *BL/Albers* § 520 Rn. 11.

1230 BGH NJW-RR 1989, 1280; *GMP/Germelmann* § 66 Rn. 33; *Rödel/Dahmen* Rn. 54; *Zöller/Gummer/Heßler* § 519 Rn. 19; *Thomas/Putzo/Reichold* § 520 Rn. 1; *BL/Albers* § 520 Rn. 11.

1231 Vgl. BGH VersR 1993, 1125.

1232 BVerfG NJW 2001, 812 (813); BGH NJW 1991, 1359; NJW-RR 2000, 799; *Vorwerk/Teubel* Kap. 67 Rn. 4, 5; *Zöller/Gummer/Heßler* § 520 Rn. 19; *Wieczorek/Schütze/Gerken* § 520 Rn. 39; *Thomas/Putzo/Reichold* § 520 Rn. 12; *Musielak/Ball* § 520 Rn. 8; *BL/Albers* § 520 Rn. 11.

1233 BGH NJW 1994, 2957; 1997, 400; 1999, 430; NJW-RR 2000, 799; NJW 2001, 3552; *Gehrlein*, ZPR § 14 Rn. 41.

1234 *Vorwerk/Teubel* Kap. 67 Rn. 8, 9.

1235 **Bejahend** BGH NJW 1991, 2080; 1997, 400; NJW-RR 2000, 799; *Gehrlein*, ZPR § 14 Rn. 41; *Zöller/Gummer/Heßler* § 520 Rn. 19; *Wieczorek/Schütze/Gerken* § 520 Rn. 39; *Thomas/Putzo/Reichold* § 520 Rn. 12; *BL/Albers* § 520 Rn. 11; *Musielak/Ball* § 520 Rn. 8; *ErfKoArbR/Koch* § 66 ArbGG Rn. 19; **ablehnend** *Gift* Rn. 413; *GMP/Germelmann* § 66 Rn. 33; **zweifelnd** *Vorwerk/Teubel* Kap. 67 Rn. 13.

1236 Vgl. zu diesem Aspekt in anderem Zusammenhang BGH NJW 1993, 732 (733 re. Sp.); *Michel von der Seipen* S. 73 und *Thomas/Putzo/Hüßtege* § 227 Rn. 6 jeweils für das erstinstanzliche Verfahren.

1237 Vgl. eingehend *Fischer* ZAP Fach 13 S. 305; ferner BVerwG NJW 1984, 882; *BRiHb/Dresenkamp* A V Rn. 20; *BL/Hartmann* § 227 Rn. 26 „Urlaub" und *Thomas/Putzo/Hüßtege* § 227 Rn. 6 jeweils für Terminsverlegungswünsche. Das OLG Naumburg BRAK-Mitt. 2004, 24 verneint allerdings im

– **Vergleichsgespräche**: ja[1238]
– schwebendes **Wiedereinsetzungsverfahren** wegen Versäumung der Berufungsfrist: ja.

2. Formgerechter Antrag ☛ Muster 7

255 **a) Schriftlicher Antrag.** Erforderlich ist ein schriftlicher Antrag (auch per Telefax[1239]) eines postulationsfähigen Rechtsanwalts.[1240] Wird aber einem formungültigen Antrag entsprochen, so ist die Verlängerung aus Gründen des Vertrauensschutzes gleichwohl wirksam, wie die Rechtsprechung für den nur mündlich gestellten[1241], den nicht unterschriebenen[1242] und den von einem nicht postulationsfähigen Rechtsanwalt gestellten Antrag[1243] entschieden hat; gleiches gilt auch in dem seltenen Fall, daß gar kein Antrag vorlag[1244].

256 **b) Inhalt.** Der Verlängerungsantrag muß, soll er eine ausreichende Entscheidungsgrundlage bieten, folgenden Inhalt haben, wobei die Einzelheiten z.T. umstritten sind:

- Grundsätzlich ist das berufungsgerichtliche Aktenzeichen anzugeben, auch wenn nach der Rechtsprechung des Bundesgerichtshofs[1245] ein falsches Aktenzeichen im Einzelfall unschädlich ist.[1246]
- Die Begründungsdichte hängt vom Einzelfall ab, jedenfalls sollten Tatsachen – und nicht Leerformeln – vorgetragen werden. Zu beachten ist, daß nach einer jüngst ergangenen Entscheidung des Bundesgerichtshofs ein Berufungsgericht einen Verlängerungsantrag, der im konkreten Fall zwei Tage vor Fristablauf bei Gericht eingegangen war, nicht ohne „Vorwarnung" als zu pauschal und zu wenig aussagekräftig ablehnen darf.[1247] Nachfolgend sind noch zwei Spezialfälle näher zu erörtern:
  – Ob das mit einer **Erkrankung** begründete Verlängerungsgesuch nähere Darlegung zu Art und Ausmaß der Erkrankung enthalten muß, ist umstritten: Während das OLG Karlsruhe dies zurecht verneint,[1248] nehmen insbesondere Landesarbeitsgerichte z.T. den gegenteiligen Standpunkt ein;[1249] auch der Bundesgerichtshof hat in einer jüngst – allerdings zur Wiedereinsetzung – ergangenen Entscheidung *„substantiierte Angaben über die Art und das Ausmaß"* der behaupteten Erkrankung gefordert[1250].

Hinblick auf § 53 I Nr. 2 BRAO bei einer mehr als einwöchigen Ortsabwesenheit einen erheblichen Grund zur Terminsverlegung i.S. des § 227 ZPO.

[1238] BGH NJW-RR 2000, 799; *Thomas/Putzo/Reichold* § 520 Rn. 12; *Musielak/Ball* § 520 Rn. 8; *BL/Albers* § 520 Rn. 11; *GMP/Germelmann* § 66 Rn. 33; *ErfKoArbR/Koch* § 66 ArbGG Rn. 19.

[1239] BGH FamRZ 1991, 548; NJW 1993, 732; 1999, 430; *Wieczorek/Schütze/Gerken* § 520 Rn. 33; *BL/Albers* § 520 Rn. 9.

[1240] BGHZ 93, 300 (303); BGH NJW 1998, 1155; NJOZ 2004, 673 (676); *Schellhammer*, Zivilprozess Rn. 1010; *Zöller/Gummer/Heßler* § 520 Rn. 16.

[1241] BGH a.a.O.; NJW-RR 1999, 286; MDR 2004, 589 (590); *Wieczorek/Schütze/Gerken* § 520 Rn. 47.

[1242] RGZ 160, 307 (309); BGH LM § 554 ZPO Nr. 3.

[1243] BGH NJW 1998, 1155.

[1244] BGH NJW-RR 1990, 67; MDR 2004, 589 (590); *Wieczorek/Schütze/Gerken* § 520 Rn. 47.

[1245] MDR 2003, 1434.

[1246] Die ausführliche Behandlung der vorgenannten Entscheidung des BGH durch *Braunschneider*, Rechtsprechung S. 41 erweckt deshalb einen falschen Eindruck.

[1247] Beschl. v. 5.10.2004 – VI ZB 30/04 (abrufbar unter http://www.bundesgerichtshof.de).

[1248] OLG Karlsruhe NZA-RR 1998, 31 = AnwBl 1998, 109 (110).

[1249] Vgl. den Fall des OLG Karlsruhe a.a.O.

[1250] FamRZ 2004, 1550.

– Für das **arbeitsgerichtliche Verfahren** wird vereinzelt die Ansicht vertreten, an die Darlegung der Notwendigkeit einer Verlängerung seien höhere Anforderungen zu stellen, wenn sehr frühzeitig Berufung eingelegt worden ist, weil dem Berufungsführer dann ohnehin ein über einen Monat hinausgehender Zeitraum zur Verfügung stünde.[1251] Dieser Standpunkt entbehrt jeder gesetzlichen Grundlage.

- Der **Verlängerungswunsch** muß **deutlich** zum Ausdruck kommen. So stellt die bloße Bitte des Berufungsführers, im Falle des Scheiterns der Vergleichsverhandlungen die Berufungsbegründung ergänzen zu dürfen, ebenso wenig einen Verlängerungsantrag dar[1252] wie der Antrag auf Anordnung des Ruhens des Verfahrens (Grund: § 251 S. 2 ZPO)[1253].
- Ob in dem Antrag der gewünschte **Verlängerungszeitraum konkret anzugeben** ist, ist **strittig**[1254] (unstrittig ist kein Endtermin anzugeben[1255]). Vorsichtshalber sollte man einen solchen Zeitraum, an den man dann aber gebunden ist,[1256] angeben, wobei die in § 520 II 3 ZPO vorgesehene Höchstfrist der einwilligungsfreien Verlängerung von einem Monat auf jeden Fall ausgeschöpft werden sollte, da sie ein durchaus angemessener Zeitraum ist.[1257] Einen längeren Zeitraum sollte man nicht angeben, da man sonst Gefahr läuft, an ein Gericht wie das OLG Rostock zu geraten, das allen Ernstes nicht nur die Fristverlängerung um den erbeteten zu langen Zeitraum, sondern auch eine Verlängerung um einen Monat ablehnte, weil eine Auslegung des Antrags in diesem Sinne angeblich nicht möglich sei[1258] (richtigerweise wäre hier natürlich eine Verlängerung um einen Monat zu gewähren[1259]).
- Im Interesse der Verfahrensbeschleunigung ist es ratsam, im Fall des § 520 II 2 ZPO die Einwilligung des Gegners, d.h. gemäß § 183 BGB seine vorherige, unwiderrufliche, aber befristbare[1260] Zustimmung, vorab einzuholen und dem Verlängerungsgesuch beizufügen[1261] (auch wenn das Berufungsgericht diese an sich selbst einholen kann und ggf. auch muß[1262]). Zur Vermeidung unerfreulicher Auseinandersetzungen in einer solchen Nebenfrage sollte dies nicht telefonisch, sondern per Telefax erfolgen, auch wenn das Gesetz nichts über die Form der Einwilligung bestimmt[1263] und

---

[1251] So *Holthaus/Koch* S. 152 (unter VI).

[1252] BGH NJW 1990, 2628 (2629); *Wieczorek/Schütze/Gerken* § 520 Rn. 34; *Musielak/Ball* § 520 Rn. 7.

[1253] BGH NJW-RR 2001, 572; *Wieczorek/Schütze/Gerken* § 520 Rn. 34; *Thomas/Putzo/Reichold* § 520 Rn. 10.

[1254] **Bejahend**: BAG DB 1973, 288; OLG Frankfurt a.M. MDR 2003, 471; *Schaub* § 51 Rn. 71; *AR-Blattei SD/Spilger* Kap. 160.10.2 Rn. 156; *GMP/Germelmann* § 66 Rn. 25; *Rödel/Dahmen* Rn. 58; *Zöller/Gummer/Heßler* § 520 Rn. 16; **verneinend** *St/J/Grunsky* § 519 Rn. 12; *Braunschneider*, JuMoG S. 1045 Fn. 3; *Braunschneider*, Rechtsprechung S. 41; *Musielak/Ball* § 520 Rn. 7.

[1255] BGH NJW-RR 2001, 931; OLG Frankfurt a.M. MDR 2003, 471.

[1256] BGH NJW 1994, 55; *Wieczorek/Schütze/Gerken* § 520 Rn. 39.

[1257] Vgl. für die bisherige Rechtslage BGH NJW 1993, 732 (733) und *Commichau* Rn. 405, demzufolge oft der „Ortsbrauch" bestehe, eine erste Verlängerung um „vier Wochen" zu bewilligen.

[1258] OLG-NL 2004, 70.

[1259] Vgl. BGH WM 2004, 1407.

[1260] *BL/Albers* § 520 Rn. 11.

[1261] So zutreffend auch *Steinert/Theede* Kap. 12 Rn. 40.

[1262] *Zöller/Gummer/Heßler* § 520 Rn. 20 a; wohl auch *Musielak/Ball* § 520 Rn. 9 („*Anhörung des Gegners*"); **a.A.** ohne Begründung *Wieczorek/Schütze/Gerken* § 520 Rn. 37.

[1263] Für **Schriftlichkeit**: *MüKo-ZPO-Aktualisierungsband/Rimmlespacher* § 520 Rn. 11; *BL/Albers* § 520 Rn. 11; **offengelassen** von *Hirtz*, Wirkungskontrolle S. 56.

die bewilligte Verlängerung auch dann ihre Wirksamkeit behält, wenn die Zustimmung des Gegners in Wirklichkeit nicht vorlag[1264].

- Gemäß § 224 II ZPO ist der **Verlängerungsgrund an sich glaubhaft zu machen,** und zwar nach Maßgabe des § 294 I ZPO. Die Rechtsprechung läßt beim Antrag auf Verlängerung der Berufungsbegründungsfrist eine Glaubhaftmachung auf Anforderung genügen,[1265] in der Literatur besteht insoweit keine klare Linie[1266]. Auf jeden Fall muß das Gericht, wenn es den geltend gemachten Verlängerungsgrund mangels Glaubhaftmachung nicht anerkennen will, vorher rechtliches Gehör gewähren.[1267] Auch die Form der Glaubhaftmachung ist umstritten: Während *Zöller/Stöber* und *Thomas/Putzo/Hüßtege* auf § 294 ZPO verweisen,[1268] halten dies *Büchel* und *BL/Hartmann* nicht für unbedingt erforderlich.[1269] Bei Erkrankung des Anwalts z.B. genügt eine ärztliches Attest, aus dem sich die Arbeitsunfähigkeit ergibt, es muß aber darin weder die Art der Erkrankung noch der tatsächliche Zustand des Patienten mitgeteilt werden.[1270]

Nach dem Grundsatz des sichersten Weges und im Hinblick darauf, daß sich der Aufwand in Grenzen hält, sollte stets eine Glaubhaftmachung wenigstens im Wege der anwaltlichen Versicherung erfolgen.

3. Rechtzeitige Antragstellung

257 Der Antrag muß **vor Fristablauf** gestellt werden, ein danach gestellter ist wegen der dann schon eingetretenen Rechtskraft wirkungslos.[1271] Der Antrag kann auch noch am letzten Tag der Berufungsbegründungsfrist gestellt werden,[1272] es besteht aber für den Rechtsanwalt eine erhöhte Sorgfaltspflicht[1273].

[1264] BGH MDR 2004, 589; *Thomas/Putzo/Reichold* § 520 Rn. 13.

[1265] Vgl. etwa BGH NJW 1999, 430; BAGE 75, 350 (354); BAG NJW 1995, 1446; OLG Karlsruhe AnwBl 1998, 109 (110).

[1266] *MüKo-ZPO/Rimmelspacher* § 519 Rn. 14: *„Der Antrag muß erhebliche Gründe ... glaubhaft machen (§ 224 Abs. 2), sofern sie nicht offenkundig sind.“*; *St/J/Grunsky* § 519 Rn. 13: *„Diese Gründe müssen grundsätzlich in dem Antrag dargelegt (nicht auch glaubhaft gemacht) werden ...“*; *Rödel/Dahmen* Rn. 56: *„Glaubhaftmachung* [für einen Antrag auf zweite oder weitere Fristverlängerung!] *ist nicht erforderlich“; BProzFb/Goll* S. 308 Anm. 1: *„Die Gründe für die Fristverlängerung sind glaubhaft zu machen“*; *Zöller/Gummer/Heßler* § 520 Rn. 16: *„Auf Verlangen Glaubhaftmachung nötig (§ 224 II)“; Thomas/Putzo/Reichold* § 520 Rn. 12: *„die auf Verlangen ... glaubhaft zu machen (§ 224 Abs 2) sind“; BL/Albers* § 520 Rn. 9: *„In ihm* [dem Antrag] *den Grund glaubhaft zu machen, § 224 II, ist nicht erforderlich, aber ratsam“*; *ErfKoArbR/Koch* § 66 ArbGG Rn. 19: *„... die Gründe für die Fristverlängerung sind im Antrag glaubhaft zu machen“*.

[1267] BAG NJW 1995, 150: *ErfKoArbR/Koch* § 66 ArbGG Rn. 19.

[1268] *Zöller/Stöber* § 224 Rn. 6; *Thomas/Putzo/Hüßtege* § 224 Rn. 7.

[1269] *BProzFb/Büchel* S. 147 Anm. 1 für den Antrag auf Verlängerung der Klageerwiderungsfrist unter Hinweis auf die Praxis; *BL/Hartmann* § 294 Rn. 7.

[1270] OLG Karlsruhe NZA-RR 1998, 31 = AnwBl 1998, 109 (110).

[1271] BGHZ 116, 377 (378) unter Aufgabe von BGHZ 102, 37 (39); bestätigt in BGH FamRZ 1996, 543 (544); *Zimmermann* § 520 Rn. 11; *Schellhammer*, Zivilprozess Rn. 1010; *Wieczorek/Schütze/Gerken* § 520 Rn. 47; *Thomas/Putzo/Reichold* § 520 Rn. 15; *BL/Albers* § 520 Rn. 10.

[1272] BVerfG NJW-RR 2001, 1076.

[1273] BGHR ZPO § 233 Fristverlängerung 2; *Müller* NJW 1993, 681 (687).

II. Die Entscheidung

1. Aufschiebende Wirkung eines Verlängerungsantrags

Solange der Verlängerungsantrag nicht abgelehnt worden ist, darf die Berufung nicht wegen Versäumung der Berufungsbegründungsfrist verworfen werden.[1274] **258**

2. Zuständigkeit

Abweichend von § 224 ZPO entscheidet über das Verlängerungsgesuch gemäß § 520 II 2, 3 ZPO stets der Vorsitzende.[1275] **259**

3. Entscheidungsmöglichkeiten

Während die Verlängerung mit Einwilligung des Gegners regelmäßig unproblematisch sein wird, bereitet die Entscheidung des Vorsitzende *„nach seiner freien Überzeugung"* häufig Schwierigkeiten, die aber, wie die höchstrichterliche Rechtsprechung zeigt, meist auf einer formalistischen Handhabung der Vorschrift beruhen. **260**

Entscheidend für den Rechtsanwalt ist folgende, vom Bundesverfassungsgericht, Bundesgerichtshof und Bundesarbeitsgericht in ständiger Rechtsprechung vertretene **Regel**: Wird ein **ordnungsgemäßer** Antrag gestellt, so kann ein Rechtsanwalt **regelmäßig erwarten,** daß seinem ersten Antrag auf Verlängerung der Berufungsbegründungsfrist entsprochen wird.[1276]

Zu der hiervon immer wieder **abweichenden Praxis der Untergerichte** hat das Bundesverfassungsgericht in seiner einschlägigen Grundsatzentscheidung bemerkt: „[Es] *widerspricht die Begründung des LG, der Prozeßbevollmächtigte habe wegen der restriktiven Kammerpraxis nicht mit einem Erfolg seines Verlängerungsantrags rechnen dürfen, … rechtsstaatlichen Anforderungen an die Verfahrensgestaltung. Welche Erwartungen der rechtsuchende Bürger insoweit hegen darf, richtet sich im Rechtsstaat grundsätzlich nach der Rechtslage, also danach, wie das Gericht bei zutreffender Anwendung der maßgeblichen Normen verfahren müßte. Dabei ist eine bekannte Entscheidungspraxis des angerufenen Spruchkörpers in die Vorausschau einzubeziehen, jedoch nur insoweit, als sie den rechtlichen Anforderungen genügt …* "[1277] Bundesgerichtshof und Bundesarbeitsgericht unterstreichen dies:[1278] *„Eine Praxis, die generell einen … anerkannten Verlängerungsgrund für nicht ausreichend hält, bewegt sich*

[1274] BGH NJW-RR 1988, 581; 2001, 931; *Thomas/Putzo/Reichold* § 520 Rn. 10; *Musielak/Ball* § 520 Rn. 10.

[1275] BGH NJW 1988, 211; *Thomas/Putzo/Reichold* § 520 Rn. 10; *Musielak/Ball* § 520 Rn. 9 m.w.N.; das verkennen *Rödel/Dahmen* Rn. 60.

[1276] BVerfGE 79, 372 (376), stRspr., zuletzt NJW-RR 2001, 1076; BGH VersR 1985, 972, stRspr., zuletzt Beschl. v. 5.10.2004 – VI ZB 30/04 (abrufbar unter http://www.bundesgerichtshof.de); BAG NJW 1995, 1446; *Gehrlein*, ZPR § 14 Rn. 41; *Rosenberg/Schwab/Gottwald* § 135 Rn. 28; *Thomas/Putzo/Reichold* § 520 Rn. 12; *Musielak/Ball* § 520 Rn. 13; *BL/Albers* § 520 Rn. 11.

[1277] E 79, 372 (376) (Achtung: Diese Entscheidung des BVerfG wird gelegentlich – so etwa von *Borgmann/Haug* Rn. XII 34 und *Schellhammer*, Zivilprozess Rn. 1010 – dahin verkürzt dargestellt, eine abweichende instanzgerichtliche Praxis sei schlechthin unbeachtlich; richtig dagegen *Müller* NJW 1993, 661 868 Fn. 120]); NJW 1998, 3703 (3704).

[1278] BGH NJW 1997, 400; 1999, 430; 2001, 3552; BAG NJW 1995, 1446.

nicht mehr im Rahmen der zulässigen Ermessensausübung des Vorsitzenden. Auf sie braucht sich der Anwalt nicht einzustellen ...".

Auf der Grundlage der Rechtsprechung kann einer **abweichenden instanzgerichtlichen Praxis nur unter folgenden Prämissen** Bedeutung zukommen: Die abweichende Handhabung muß dem Rechtsanwalt bekannt sein können – aufgrund veröffentlichter Entscheidungen oder aus einem früheren Verfahren – und es muß eine echte Ermessensausübung stattfinden.

Für eine **wiederholte** Verlängerung der Berufungsbegründungsfrist gilt das alles nicht – hier kann der Berufungsführer grundsätzlich nicht darauf vertrauen, daß ihm ohne Einwilligung des Gegners eine zweite Verlängerung bewilligt wird.[1279]

4. Zeitpunkt der Entscheidung

261 Die Entscheidung über das Verlängerungsgesuch kann auch nach Ablauf der ursprünglichen Begründungsfrist erfolgen.[1280] Droht über die Entscheidung über den Verlängerungsantrag auch die beantragte verlängerte Frist abzulaufen, muß die Berufungsbegründung innerhalb dieser eingereicht werden![1281]

5. Bekanntmachung der Entscheidung

262 Die Entscheidung kann auch telefonisch bekannt gemacht werden, weil nicht i.S.v. § 329 II 2 ZPO eine „*Frist in Lauf gesetzt wird*".[1282] Beweisschwierigkeiten gehen aber zu Lasten des Berufungsführers.[1283] Wird dagegen die schriftliche Verlängerungsverfügung von der Geschäftsstelle falsch telefonisch übermittelt, ist Wiedereinsetzung zu gewähren.[1284]

6. Beginn der Verlängerung

263 Wird die Frist nicht bis zu einem bestimmten Zeitpunkt, sondern um einen bestimmten Zeitraum verlängert, **beginnt** der verlängerte Teil der Frist gemäß § 224 III ZPO[1285], wenn die ursprüngliche Frist an einem Samstag, Sonn- oder Feiertag endete, erst mit Ablauf des nächsten Werktages.[1286]

Beispiel: Urteilszustellung 25.11., Verlängerung der Berufungsbegründungsfrist um einen Monat, Fristende 25.2. oder (falls der 25.1. ein Sonntag war) 26.2. des Folgejahrs.

[1279] BGH NJW 2004, 1742.

[1280] BAG(GS) NJW 1980, 309 mit umfassender Darstellung des seinerzeitigen Meinungsstands; BGH(GS)Z 83, 217 (221); heute allg. M.

[1281] BGH VersR 1983, 248, stRspr., zuletzt NJW 1996, 2659; *Musielak/Ball* § 520 Rn. 16 m.w.N.

[1282] BGHZ 14, 148 (152); 93, 300 (301); BGH NJW 1990, 1797 (unter Aufgabe der gegenteiligen Meinung in BGH NJW-RR 1989, 1404); NJW-RR 1994, 444; *Zimmermann* § 520 Rn. 130; *Wieczorek/Schütze/Gerken* § 520 Rn. 43; *Thomas/Putzo/Reichold* § 520 Rn. 13; *BL/Albers* § 520 Rn. 12; ablehnend *Zöller/Gummer/Heßler* § 520 Rn. 18.

[1283] BGH NJW-RR 1989, 1279; *Schlee* AnwBl 1995, 33 (34); *BL/Albers* § 520 Rn. 12.

[1284] BGH NJW-RR 1994, 444 (445).

[1285] KG VersR 1981, 1075; *Zöller/Gummer/Heßler* § 520 Rn. 25; *Wieczorek/Schütze/Gerken* § 520 Rn. 49.

[1286] BGHZ 21, 43; *Schellhammer*, Zivilprozess Rn. 1010; *Zöller/Stöber* § 224 Rn. 10 und *Zöller/Gummer/Heßler* § 520 Rn. 25; *Wieczorek/Schütze/Gerken* § 520 Rn. 49; *BL/Hartmann* § 224 Rn. 10; **a.A.** zu Unrecht OLG Rostock MDR 2004, 351.

III. Bürotechnische Behandlung der Verlängerung der Berufungsbegründungsfrist 264

- Im Hinblick auf ein möglicherweise notwendig werdendes Wiedereinsetzungsgesuch ist der Ausgang des Verlängerungsgesuchs
  - mittels eines sog. Ab-Vermerks[1287] entweder im Fristenkalender oder auf dem Aktendurchschlag[1288] und (!) auf dem Handaktenbogen
  - oder im Postausgangsbuch[1289]

  zu dokumentieren. Wer diesen Vermerk anzubringen hat, ist noch nicht eindeutig geklärt: Während der Bundesgerichtshof eine Übertragung auf eine bestimmte zuverlässige Bürokraft zuläßt,[1290] meint *Borgmann*, daß er von demjenigen zu fertigen sei, der das Schriftstück zur Post gebracht habe[1291].
- Die (notierte) ursprüngliche Berufungsbegründungsfrist darf nicht gestrichen werden, solange die Bewilligung der Fristverlängerung nicht vorliegt.[1292]
- Eintragung des mutmaßlichen Endes der verlängerten Frist.[1293]
- Eintragung einer Vorfrist, bezogen auf die **beantragte** Endfrist.[1294]
- Der Rechtsanwalt braucht sich **nicht** vor Fristablauf **vorsorglich** zu **erkundigen**, ob seinem ordnungsgemäßen Antrag entsprochen worden ist.[1295] Gleichwohl kann dies u.U. ratsam sein,[1296] insbesondere bei einem zweiten oder weiteren Verlängerungsantrag[1297] oder einem sonst nicht von einer Einwilligung des Gegners gedeckten Verlängerungsantrag[1298]. Auf der anderen Seite sind solche Nachfragen, wie eine neuere Entscheidung des Bundesgerichtshof zeigt, nicht ohne Tücken. Der Bundesgerichtshof führt in seinem Beschluß vom 24.4.1997 aus: „*Erkundigt sich der Anwalt telefonisch bei Gericht, ob die Begründungsfrist verlängert wurde, und gibt er die entsprechende Nachricht mündlich an sein Büropersonal weiter, läßt sich eine fehlerhafte Eintragung im Fristenkalender aufgrund eines Übermittlungsversehens oder eines Mißverständnisses ebenfalls nicht hinreichend ausschließen. Daher ist es notwendig, das Kanzleipersonal anzuweisen, die schriftliche gerichtliche Mitteilung über die Fristverlängerung mit der im Fristenbuch vorgenommenen*

[1287] BGH NJW-RR 1991, 1150; FamRZ 1992, 297.
[1288] BGH FamRZ 1992, 297; *Borgmann* AnwBl 1992, 83 (85).
[1289] BGH FamRZ 1992, 297; zurückhaltend *Borgmann* AnwBl 1992, 83 (85).
[1290] BGH FamRZ 1992, 297 m.w.N.
[1291] *Borgmann* AnwBl 1992, 83 (84).
[1292] BAG Urt. v. 27.8.2003 – 4 AZR 527/02 (veröffentlicht bei juris).
[1293] BGH stRspr., zuletzt BGHReport 2002, 246.
[1294] BGH NJW-RR 1999, 1663; *Borgmann* BRAK-Mitt. 2000, 24.
[1295] BVerfG NJW-RR 2001, 1076; BGH NJW 1983, 1741 (unter Aufgabe der gegenteiligen Meinung in BGHZ 10, 307 und 69, 395 [397]), stRspr., zuletzt Beschl. v. 5.10.2004 – VI ZB 30/04 (abrufbar unter http://www.bundesgerichtshof.de); BAG NJW 1986, 603 (unter Aufgabe der gegenteiligen Meinung in AP Nr. 5 zu § 234 ZPO und Nr. 27 zu § 519 ZPO), stRspr., zuletzt NJW 1995, 1446 (1447); *Rosenberg/Schwab/Gottwald* § 135 Rn. 30.
[1296] *Borgmann/Haug* Rn. XII 34; *BProzFb/Büchel* S. 147 Anm. 1 für den Antrag auf Verlängerung der Klageerwiderungsfrist; *Schlee* AnwBl 1996, 38 (39).
[1297] Vgl. BGH NJW-RR 1991, 1150 (1151); *Müller* NJW 1993, 681 (687); *Wieczorek/Schütze/Gerken* § 520 Rn. 51.
[1298] Vgl. BGH WM 2004, 1407.

Eintragung zu vergleichen. Dem Anwalt, der es versäumt, eine entsprechende Anordnung zu erteilen, fällt ein Organisationsverschulden zur Last.«[1299]
- Vergleich der gewährten mit der beantragten (und ggf. telefonisch mitgeteilten) Verlängerung.[1300]
- Die neue (verlängerte) Berufungsbegründungsfrist ist erst mit Eingang der Fristverlängerung einzutragen.[1301] Dies kann zuverlässigem Personal überlassen werden.[1302]

§ 10 Die Berufungsbegründungsschrift

265 Die Berufungsbegründungsschrift, die **mit „Berufungsbegründung" überschrieben** werden sollte[1303] (auch wenn dies rechtlich nicht zwingend erforderlich ist[1304]), besteht aus Kurzrubrum, Berufungsanträgen, Berufungsbegründung, Angabe des Werts des Beschwerdegegenstands, Stellungnahme zur Übertragung des Rechtsstreits auf den Einzelrichter und Unterschrift des Berufungsanwalts. Berufungsanträge und Berufungsbegründung können auch in mehreren selbständigen Schriftsätzen innerhalb der Begründungsfrist abgegeben werden,[1305] was aber tunlichst vermieden werden sollte, da unter einer solchen Vorgehensweise die Übersichtlichkeit des Verfahrens leidet.

A. Die Berufungsanträge

Gem. § 520 III 2 Nr. 1 ZPO muß die Berufungsbegründung „Berufungsanträge" enthalten.

I. Bedeutung der Berufungsanträge

1. Die Doppelfunktion der Berufungsanträge

266 Die Berufungsanträge bestimmen gemäß § 528 S. 2 ZPO die Grenzen der berufungsgerichtlichen Entscheidungskompetenz. § 528 S. 2 ZPO hat eine doppelte Bedeutung:[1306]

- Er verbietet, dem Berufungskläger mehr als beantragt zuzusprechen (sog. Verbesserungsverbot).
- Er verbietet weiter, das Urteil zum Nachteil des Berufungsklägers abzuändern (sog. Verschlechterungsverbot oder Verbot der reformatio in peius).

[1299] AnwBl 1998, 45 (46).
[1300] BGH NJW 1997, 1860.
[1301] BGH VersR 1984, 336; NJW-RR 1999, 1663.
[1302] BGH VersR 1986, 366.
[1303] *Schumann/Kramer* Rn. 203.
[1304] *Wieczorek/Schütze/Gerken* § 520 Rn. 16.
[1305] *Rosenberg/Schwab/Gottwald* § 135 Rn. 24 Fn. 47.
[1306] Statt aller *St/J/Grunsky* § 536 Rn. 2.

2. Erweiterung der Berufungsanträge

Die Berufungsanträge können auch nach Ablauf der Berufungsbegründungsfrist **innerhalb der ursprünglichen Berufungsgründe** erweitert werden,[1307] weil auch eine nur teilweise Anfechtung eines Urteils wegen der Anschließungsmöglichkeit des Gegners die Rechtskraft gemäß § 705 S. 2 ZPO in vollem Umfang hemmt[1308]. 267

II. Die Formalien der Berufungsanträge

Die Anträge müssen zwar nicht ausdrücklich gestellt werden – es genügt, wenn Umfang und Ziel der Berufung ggf. durch Auslegung aus der Berufungsschrift und der Berufungsbegründung ermittelt werden können;[1309] die Ermittlungen des Berufungsgerichts finden aber dann ihre Grenze, wenn der Umfang des Angriffs nicht eindeutig feststellbar ist[1310]. Gleiches gilt für offensichtlich falsche Anträge – hier versucht die Rechtsprechung in Übereinstimmung mit der Lehre im Wege einer berichtigenden Auslegung, auch absurde Mißgriffe zu beheben, so etwa, wenn der Kläger in seiner gegen das klageabweisende Urteil gerichteten Berufung beantragt: „*Die Klage wird abgewiesen.*“[1311] 268

Gleichwohl ist eine präzise Antragstellung „***stets zu empfehlen***“[1312] und im übrigen vorzüglich geeignet, Tenorierungsfehlern des Berufungsgerichts vorzubeugen[1313].

Die Anträge sollten von der eigentlichen Begründung räumlich abgesetzt werden.[1314]

1. Sachanträge

Die Sachanträge sollten sich an den gesetzlichen Vorgaben und an der Tenorierungspraxis der Gerichte orientieren. Der ZPO liegt als Grundkonzeption der Rechtsmittel die „Kassation durch Reformation“ zugrunde;[1315] dementsprechend unterscheidet das 269

1307 BGHZ 12, 52 (67) für Revisionsanträge, stRspr., zuletzt NJW 1994, 2896; *Schellhammer*, Zivilprozess Rn. 997; *Gehrlein,* ZPR § 14 Rn. 43; *Wieczorek/Schütze/Gerken* § 520 Rn. 4, 64 und 65; *Thomas/Putzo/Reichold* § 520 Rn. 19; *BL/Albers* § 520 Rn. 19; **a.A.** nur *St/J/Grunsky* § 519 Rn. 49 und *Grunsky*, Taktik Rn. 416.

1308 BGHZ 7, 143 (144); stRspr., zuletzt NJW 1996, 2896; *Zöller/Stöber* § 705 Rn. 11; *Thomas/Putzo* § 705 Rn. 10.

1309 BGH NJW 1951, 153, stRspr., zuletzt FamRZ 2004, 179 (180 unter II 2) = FPR 2004, 109 (110); zum **neuen Recht** OLG Düsseldorf Urt. v. 7.3.2003 – I-23 U 199/02 (http://www.justiz.nrw.de/RB/nrwe/olgs/duesseldorf/j2003/23_U_199_02urteil20030307.html [eingesehen am 14.02.2004]); *Gehrlein,* ZPR § 14 Rn. 43; *Zöller/Gummer/Heßler* § 520 Rn. 32; *Rosenberg/Schwab/Gottwald* § 135 Rn. 40; *Wieczorek/Schütze/Gerken* § 520 Rn. 53; *Thomas/Putzo/Reichold* § 520 Rn. 17; *BL/Albers* § 520 Rn. 17.

1310 OLG Karlsruhe NJOZ 2002, 918.

1311 OLG Darmstadt JW 1934, 176 m. zust. Anm. *Titze; v. Velsen* S. 361; *Avenarius* S. 451.

1312 So ausdrücklich BGH NJW 1966, 933 und VersR 1987, 101; ferner *Schellhammer*, Zivilprozess Rn. 997; *Thomas/Putzo/Reichold* § 520 Rn. 17.

1313 *Gift* Rn. 1180; dies wird von *Schneider*, ZPO-Reform Rn. 378 nicht hinreichend berücksichtigt.

1314 So zurecht *Avenarius* S. 450; *Rinsche/Schlüter* Rn. 24 und *Thomas/Putzo/Reichold* § 520 Rn. 17; vgl. auch BGH VersR 1975, 48; daß dies rechtlich nicht zwingend vorgeschriebenen ist (BGH NJW-RR 1999, 211), ist für die gute anwaltliche Praxis natürlich nicht von Bedeutung (weshalb die Darstellung bei *Wieczorek/Schütze/Gerken* § 520 Rn. 53 nicht hilfreich ist).

1315 Vgl. ausführlich *Weitzel* S. 626 sowie zur geschichtlichen Entwicklung der Vorschrift bzw. ihrer Vorläuferin *v. Velsen* S. 358 ff.

Gesetz zwischen **„Abänderung"** im Falle der Sachentscheidung (§§ 520 III 2 Nr. 1, 528 S. 2, 717 II ZPO) und **„Aufhebung"** (§ 538 II 1 ZPO), wenn das Berufungsgericht ausnahmsweise keine eigene Sachentscheidung trifft und die Sache an das Erstgericht zurückverweist. An diesem Sprachgebrauch orientieren sich seit jeher auch die Rechtsprechung[1316] und die herrschende Literatur[1317].

Nachfolgend Formulierungsvorschläge für die wichtigsten Fallgestaltungen:

270 • Wendet sich der **Kläger** gegen ein klageabweisendes Urteil, sollte beantragt werden:[1318]

Unter Abänderung des Urteils des ... vom ..., Az. ... wird der Beklagte verurteilt, an den Kläger ... € nebst Zinsen hierauf in Höhe von 5 Prozentpunkten über dem Basiszinssatz seit dem ... zu zahlen.

[1316] So der **BGH** in ständiger Übung, und zwar sowohl in den Fällen, wo er – gem. § 110 PatG – als Berufungsgericht entscheidet (vgl. z.B. GRUR 1990, 594; BGHZ 148, 383) als auch in den Fällen, wo er gem. § 563 III ZPO als Revisionsgericht eine eigene Sachentscheidung trifft (vgl. z.B. NJW 1999, 2110; 2000, 3140 und 3348; BGHZ 144, 394; WM 2000, 2055; NJW-RR 2004, 751, 947 und 980 – alle Urteilsformeln finden sich bei juris); ferner aus der **instanzgerichtlichen Rechtsprechung** etwa das Urteil des OLG Koblenz NJW-RR 1993, 1343, dessen von Deubner JuS 1993, 229 (232 Fn. 23) mitgeteilter Tenor wie folgt lautet: *„Auf die Berufung der Antragstellerin wird das Urteil der 11. Zivilkammer des Landgerichts T vom 14.7.1992 teilweise abgeändert. Dem Antragsgegner wird untersagt, ..."*, die Urteile des OLG Frankfurt a.M. v. 6.4.2000 (6 UF 333/99, URL: http://www.hefam.de/urteile/6UF33399.html, eingesehen am 3.4.2002) sowie des LG Würzburg FF 1997, 56.

[1317] *Schneider*, Zivilrechtsfall Rn. 518; *Becht* II S. 139; *Gift* Rn. 1187; *Sattelmacher/Sirp/Schuschke* Rn. 516; *Zwanziger/Heitmann* S. 177; *Tempel/Theimer* S. 270 f. (Muster 189 Bsp. 3); *Rinsche/Schlüter* Rn. 24; *MüProzFb-ArbR/Kasper* S. 654; *BProzFb/Goll* S. 307 (Muster; z.T. aber anders S. 309 Anm. 3); *Vorwerk/Teubel* Kap. 66 Rn. 2 und 3; *Jauernig* § 73 VI 3 b; *Schumann/Kramer* Rn. 663; *AnwHdb-ArbR/Tschöpe* Teil 5 D Rn. 85; *Schaub/Neef/Schrader* § 86 I Rn. 2; *MüProzFb-ArbR/Kasper* Kap. 3 G I 1.5 b; *Braunschneider*, Begründung I S. 75; dies war schon in der frühen Literatur zur ZPO unbestritten, vgl. etwa *Heilfron*, Römische Rechtsgeschichte, 3. Aufl. Berlin 1897, S. 330 Fn. 18; abweichend lassen *Anders/Gehle* Teil A „Berufung" (S. 47) beide Formulierungen zu, wobei sie hier – anders als bei der Abänderungsklage – dem Gesetzeswortlaut keinen eindeutigen Vorrang einräumen; **a.A.** *MüKo-ZPO/Rimmelspacher* § 537 Rn. 24, *Zimmermann* § 540 Rn. 2 (and. aber Rn. 3 für den Fall der *„Neuformulierung* [?] *des ErstU"*), *Böhme/Fleck/Bayerlein* Muster Nr. 16 (S. 39) und Nr. 17 (S. 43 Anm. 2 Buchst. b) Var. 2), *BRiHb/Schmitz* A XXII Rn. 47, 48; *Schellhammer*, Zivilprozess Rn. 1060 (and. aber Berufung S. 1147!) und *Thomas/Putzo/Reichold* Rn. 42–45 vor § 511 (soweit die angefochtene Entscheidung vollständig unrichtig ist) – alle ohne jede Begründung; *Furtner* S. 510, der sich zu Unrecht auf den angeblich entgegenstehenden Wortlaut der §§ 775 Nr. 1, 868, 895 ZPO, 25 GBO beruft; *Weitzel* S. 626, 630, der im Widerspruch zu der von ihm akzeptierten Grundkonzeption der Rechtsmittel ebenfalls „Aufhebung" mit anschließender Sachentscheidung tenoriert; *Bettermann*, Anfechtung S. 369, der einerseits zurecht die Aufhebung als dritte berufungsgerichtliche Entscheidungsmöglichkeit neben der Bestätigung und der Abänderung bezeichnet, dann aber meint, es sei *„in der Sache gleich, ob man formuliert: ‚unter Aufhebung' oder ‚in Abänderung des angefochtenen Urteils'"*; ebenfalls nicht überzeugend *Huber* Rn. 425: *„Jedoch liegt wohl näher, nur dann „abzuändern", wenn wenigstens ein Teil der angefochtenen Entscheidung Bestand hat; eine Grundsatzfrage liegt darin freilich nicht."* *Rosenberg/Schwab/Gottwald* § 138 Rn. 3 meint, Abänderung bedeute Aufhebung und eigene Sachentscheidung oder Zurückverweisung; *Gehrlein*, ZPR § 14 Rn. 90 unter unzutreffender Berufung auf *Jauernig*.

[1318] *BProzFb/Goll* S. 307 (Muster); *Tempel/Theimer* S. 270 (Muster 189 Bsp. 3 a); *AF/Krumscheid*, Kap. 49 Rn. 180 (Muster 810); *Steinert/Theede* Kap. 12 Rn. 50; vgl. auch z.B. die Urteile des BGH NJW-RR 2004, 751, 947 und 980 (alle Urteilsformeln bei juris).

Die häufig zu lesende Formulierung *„unter Abänderung des angefochtenen Urteils nach den zuletzt in erster Instanz gestellten Anträgen des Klägers zu entscheiden“*[1319], empfiehlt sich aus Gründen der Klarheit und Selbstkontrolle nicht.[1320]

- Wendet sich der **Kläger** gegen ein teilweise klageabweisendes Urteil, sollte beantragt werden:[1321] 271

Unter teilweiser Abänderung des Urteils des ... vom ..., Az. ... wird der Beklagte verurteilt, an den Kläger weitere ... € nebst ... zu zahlen.

- Wendet sich der **Kläger** gegen ein zweites Versäumnisurteil, sollte beantragt werden:[1322] 272

Unter Abänderung des Urteils des ... vom ..., Az. ... wird das Versäumnisurteil vom ... aufgehoben und der Beklagte verurteilt, an den Kläger ... nebst ... zu zahlen.

- Wendet sich der **Beklagte** gegen ein klagezusprechendes Urteil, sollte beantragt werden:[1323] 273

Unter Abänderung des Urteils des ... vom ..., Az. ... wird die Klage abgewiesen.

- Wendet sich der **Beklagte** gegen ein teilweise klagezusprechendes Urteil, sollte beantragt werden:[1324] 274

Unter teilweiser Abänderung des Urteils des ... vom ..., Az. ... wird die Klage in vollem Umfang abgewiesen.

- Wendet sich der **Beklagte** gegen ein zweites Versäumnisurteil, sollte beantragt werden:[1325] 275

Unter Abänderung des Urteils des ... vom ..., Az. ... wird das Versäumnisurteil vom ... aufgehoben und die Klage abgewiesen.

- Wendet sich der **Beklagte** gegen ein eine einstweilige Verfügung bestätigendes Urteil gemäß §§ 936, 925 II ZPO, sollte beantragt werden:[1326] 276

Unter Abänderung des Urteils des ... vom ..., Az. ... wird die einstweilige Verfügung vom ... aufgehoben und der Antrag auf Erlaß einer einstweiligen Verfügung abgewiesen.

1319 So etwa *Sattelmacher/Sirp/Schuschke* S. 428.

1320 *Commichau* Rn. 408; *Gift* Rn. 1180; *Vorwerk/Teubel* Kap. 66 Rn. 1; *Schneider*, ZPO-Reform Rn. 495 Schriftsatzmuster (S. 164); *Schaub/Neef/Schrader* § 86 I Rn. 2; *Braunschneider*, Begründung I S. 75.

1321 *BProzFb/Goll* S. 309 Anm. 3; *Zwanziger/Heitmann* S. 177; *Steinert/Theede* Kap. 12 Rn. 50.

1322 *Steinert/Theede* Kap. 12 Rn. 50.

1323 Vgl. *Rinsche/Schlüter* Rn. 24; *Vorwerk/Teubel* Kap. 66 Rn. 44 (Muster 66.18); *Tempel/Theimer* S. 270 (Muster 189 Bsp. 3 b); *Steinert/Theede* Kap. 12 Rn. 50; **a.A.** *Zimmermann* § 520 Rn. 15: *„... es wird beantragt, das Urt. des LG Köln vom ... aufzuheben und die Klage abzuweisen“*.

1324 *Vorwerk/Teubel* Kap. 66 Rn. 45 (Muster 66.19); ähnlich *Steinert/Theede* Kap. 12 Rn. 50: *„die Klage auch insoweit abzuweisen, als der Beklagte verurteilt worden ist“*.

1325 *Tempel/Theimer* S. 270 (Muster 189 Bsp. 3 b); *Steinert/Theede* Kap. 12 Rn. 50; vgl. auch *Gift* Rn. 1194.

1326 *Steinert/Theede* Kap. 12 Rn. 50; *MüProzFb-ArbR/Kasper* S. 676.

277 • Wenden sich der **Kläger** oder der **Beklagte** gegen ein Scheinurteil (vgl. oben Rn. 80), sollte beantragt werden:[1327]

> 1. Die dem Kläger/Beklagten am … mitgeteilte/zugestellte Entscheidung vom … stellt kein instanzabschließendes Urteil dar und wird aufgehoben.
> 2. Die Sache wird zur Beendigung des noch nicht abgeschlossenen Verfahrens an das Amtsgericht/Landgericht … zurückverwiesen.
> 3. Gerichtskosten für das Berufungsverfahrens werden nicht erhoben.[1328]

2. Anträge auf Zurückverweisung

278 § 538 II 1 ZPO sieht in bestimmten Fällen die Möglichkeit (!) der Aufhebung der Ersturteils und Zurückverweisung des Verfahrens an das Erstgericht vor. In den Fällen des § 538 II 1 Nr. 1–6 ZPO kann dies nur auf Antrag einer Partei erfolgen. Bei diesem Antrag ist folgendes zu beachten:

(1) Während ein solcher Antrag zunächst nur dann als zulässig angesehen wurde, wenn gleichzeitig eine **Sachbitte**, d.h. eine sachliche Abänderung des angefochtenen Urteils (wenigstens hilfsweise) erhoben wurde,[1329] nimmt der Bundesgerichtshof seit langem im Wege der Auslegung in der Regel an, daß das Klagebegehren erster Instanz weiterverfolgt werde[1330]. Diese Rechtsprechung hat der XII. Zivilsenat des Bundesgerichtshofs dahin weiterentwickelt, daß *„es … regelmäßig als ein ausreichender, den Erfordernissen des § 519 III Nr. 1 ZPO entsprechender Berufungsantrag anzusehen* [ist], *wenn der Berufungskläger die Aufhebung und Zurückverweisung der Sache an die erste Instanz beantragt"*[1331]. Aus Gründen der Vorsicht sollte ein Zurückverweisungsantrag gleichwohl in der Regel mit einer ausdrücklichen Sachbitte verbunden werden, wobei der Zurückverweisungsantrag auch hilfsweise[1332] und auch nach Ablauf der Berufungsbegründungsfrist[1333] gestellt werden kann (weil Prozeßanträge nicht der Präklusion unterliegen, vgl. oben Rn. 10).

[1327] Vgl. BGH NJW 1995, 404; OLG Frankfurt a.: MDR 1991, 63; OLG Saarbrücken OLGR 2001, 301.

[1328] Bei einer solch fehlerhaften Sachbehandlung sind die Gerichtskosten für die zweite Instanz gem. § 21 I GKG (= § 8 I GKG a.F.) niederzuschlagen (OLG Zweibrücken Urt. v. 19.9.1995 – 5 U 62/93 [veröffentlicht bei juris]; OLG Brandenburg OLGR 1999, 161 [162]).

[1329] OLG München OLGZ 1978, 486; OLG Hamburg NJW 1987, 783 (jedenfalls für Berufung des Klägers); OLG Düsseldorf OLGR 1995, 30; OLG Celle OLGR 1995, 29 (30); OLG Köln r+s 2003, 455 (ohne die erforderliche umfassende Auseinandersetzung mit der einschlägigen Rechtsprechung und Literatur); LG Wuppertal NJW 1985, 2653; wohl auch BGH VersR 1987, 101.

[1330] BGH VersR 1985, 1164; WM 1990, 2129; FamRZ 1993, 1192 (1193); NJW-RR 1995, 1154; OLG Schleswig SchlHA 1966, 168; OLG Hamburg OLGR 1996, 347 f.; OLG Saarbrücken OLGR 2000, 46 (insoweit in NJW-RR 2000, 229 nicht abgedruckt); *Gehrlein*, ZPR § 14 Rn. 44; *Zöller/Gummer/Heßler* § 520 Rn. 28 und § 538 Rn. 4; *Thomas/Putzo/Reichold* § 520 Rn. 17; *BL/Albers* § 520 Rn. 17.

[1331] FamRZ 1996, 1070 (12. ZS); ebenso schon *Grunsky*, Taktik Rn. 429–431; ferner *Schneider*, ZPO-Reform Rn. 380. Die Darstellungen bei *Schumann/Kramer* Rn. 205 und *Wieczorek/Schütze/Gerken* § 520 Rn. 56 berücksichtigen nicht ausreichend den oben dargestellten Wandel in der Rechtsprechung.

[1332] OLG Frankfurt a.M. OLGR 2003, 388 ff.; OLG Saarbrücken NJW-RR 2003, 573 (574); OLG Düsseldorf OLGR 2004, 138 (das der Ansicht ist, daß es sich im Hinblick auf § 538 II 1 Hs. 2 ZPO eigentlich gar nicht um einen echten Hilfsantrag handelt); OLG Koblenz NJOZ 2004, 167; *Gehrlein*, ZPR § 14 Rn. 44; *Oberheim* Rn. 312.

[1333] OLG Saarbrücken NJW-RR 2003, 573 (574); *Gehrlein*, ZPR § 14 Rn. 44; *Braunschneider*, Begründung I S. 76 Fn. 9 unterstellt dem OLG Saarbrücken ohne hinreichende Begründung, nur den Weg nach möglichst weitgehender Zurückverweisung gesucht zuhaben.

(2) Im Verfahren des **einstweiligen Rechtsschutzes** kommt eine Zurückverweisung wegen der Eilbedürftigkeit nicht in Betracht,[1334] es sei denn, das angefochtene Urteil hat einen zuvor erlassenen Arrestbeschluß bestätigt oder den Einspruch gegen ein entsprechendes Versäumnisurteil verworfen[1335].

(3) Im **arbeitsgerichtlichen Verfahren** ist eine Zurückverweisung nach § 538 II ZPO gemäß § 64 VI ArbGG grundsätzlich möglich, allerdings nicht aus den Gründen des
- § 538 II Nr. 1 ZPO, wie § 68 ArbGG bestimmt, und zwar auch nicht bei schwersten Mängeln, es sei denn, der Fehler kann in der Berufungsinstanz nicht korrigiert werden[1336];
- § 538 II Nr. 5 ZPO, da es vor dem Arbeitsgericht gemäß § 46 II 2 ArbGG keinen Urkunden- oder Wechselprozeß gibt[1337].

(4) Ob man einen Zurückverweisungsantrag stellen soll, ist stets Frage des Einzelfalls; generelle Handlungsanweisungen wie etwa die Empfehlung, im Zweifel keine Zurückweisung zu beantragen,[1338] können nicht gegeben werden. So kann es bei Berufungen gegen landgerichtliche Entscheidung möglicherweise die besonderen Kompetenz des Zivilsenats angeraten erscheinen lassen, eine Sachentscheidung des Oberlandesgerichts herbeizuführen[1339] (dies gilt aber im wesentlichen nur, wenn der zuständige Senat eine Spezialsenat ist); anders muß die Bewertung aber i.d.R. ausfallen, wenn der betreffende Senat bei Berufungen gegen landgerichtliche Einzelrichterentscheidungen gemäß § 526 ZPO durch den Einzelrichter entscheidet. Ein weiterer Gesichtspunkt ist, daß eine Zurückverweisung die Möglichkeit neuen Vortrags in der ersten Instanz eröffnet.[1340]

3. Sonstige Anträge

a) Kostenanträge. Sie sind – wie im erstinstanzlichen Verfahren – grundsätzlich **279**
überflüssig, weil das Berufungsgericht gemäß §§ 525, 308 II ZPO von Amts wegen über die Kosten zu entscheiden hat.[1341] Eine Ausnahme wird man bei besonderen Kostenentscheidungen wie die nach § 21 I GKG (= § 8 I GKG a.F.) zulassen können.

b) Vollstreckungsschutzanträge. Solche Anträge gemäß § 712 ZPO **müssen** ge- **280**
stellt werden, weil nach ständiger Rechtsprechung des Bundesgerichtshofs eine einstweilige Einstellung der Zwangsvollstreckung in der Revisionsinstanz gemäß § 719 II ZPO ausscheidet, wenn in der Berufungsinstanz ein Vollstreckungsschutzantrag nicht gestellt wurde, obwohl dieser möglich und zumutbar war,[1342] was der Fall ist, wenn in

---

[1334] OLG Karlsruhe GRUR 1978, 116; *HdBVorlR/Dunkl* Teil A Rn. 305 und *Baur* Teil H Rn. 426; *St/J/Grunsky* § 922 Rn. 30; *Ebmeier/Schöne* Rn. 222.

[1335] OLG Zweibrücken Urt. v. 26.11.1992 – 5 UF 13/92 (FamRZ 1993, 718 [nur Ls.]; Volltext bei juris).

[1336] BAG MDR 1982, 694; *BL/Albers* § 538 Vorbem.

[1337] BAG a.a.O.; *BL/Albers* a.a.O.

[1338] So *Braunschneider*, Begründung I S. 76.

[1339] *Braunschneider*, Begründung I S. 75.

[1340] *Oberheim* Rn. 312.

[1341] So auch *Oberheim* Rn. 311; warum solche Kostenanträge *„prozessual erwünscht"* sein sollen, verrät *MüProzFb-ArbR/Kaspar* Kap. 3 G I 1.5 c) nicht.

[1342] BGH LM § 712 ZPO Nr. 1 = GRUR 1978, 726, stRspr., zuletzt Beschl. v. 6.10.2004 – VIII ZR 146/04 (abrufbar unter http://www.bundesgerichtshof.de); ferner *Zöller/Herget* § 719 Rn. 7; *BL/Hartmann* § 719 Rn. 7; **krit.** *Thomas/Putzo* § 719 Rn. 9.

der letzten mündlichen Verhandlung alle erforderlichen Umstände erkennbar und nachweisbar waren[1343]. Unzumutbarkeit ist beispielsweise bei Notwendigkeit des Offenlegens von Geschäftsgeheimnissen gegenüber dem konkurrierenden Gläubiger gegeben.[1344]

Was die Form betrifft, gilt das oben Rn. 36 für erstinstanzliche Anträge Ausgeführte entsprechend.[1345]

281 c) **Antrag auf Zulassung der Revision**. Über die Zulassung der Revision ist gemäß § 543 II 1 ZPO von Amts wegen zu entscheiden.

Ein entsprechender ‚Antrag' kann gleichwohl sinnvoll sein,[1346] um das Berufungsgericht zur keine besonderen Kosten auslösenden Zulassung zu veranlassen, was z.T. relativ großzügig geschieht, womit die Hürde des § 26 Nr. 8 EGZPO überwunden und der nur sehr eingeschränkt aussichtsreiche Weg über die Nichtzulassungsbeschwerde nach § 544 ZPO vermieden wird. Allerdings ist nach Inkrafttreten des 1. Justizmodernisierungsgesetzes am 1.9.2004 zu beachten, daß der Bundesgerichtshof nach § 552 a ZPO solche Revisionen nun mit verhältnismäßig geringen Aufwand zurückweisen kann.

Formulierungsvorschlag:

Vorsorglich wird für den Fall des Unterliegens beantragt, die Revision zuzulassen.

Ein solcher ‚Antrag' sollte aber nicht gedankenlos gestellt werden, vielmehr sollten etwaige divergierende Rechtsfragen spätestens im Laufe des Verfahrens eingehend dargestellt werden.[1347]

B. Die Begründung der Berufungsanträge

282 Während § 519 III Nr. 2 ZPO a.F. von der Berufungsbegründung generell *„die bestimmte Bezeichnung der im einzelnen anzuführenden Gründe der Anfechtung (Berufungsgründe) sowie der neuen Tatsachen, Beweismittel und Beweiseinreden ..."* verlangte, macht § 520 III 2 Nr. 2–4 ZPO n.F. für jeden der drei möglichen Berufungsgründe konkrete Vorgaben.[1348] Nach wie vor muß der Berufungsführer nicht zu allen Berufungsgründen vortragen.[1349] Nach wie vor ist das Begründungserfordernis an sich

---

[1343] BGH NJW 1979, 1208; 1983, 455.

[1344] BGH MDR 1980, 553.

[1345] Ein gutes Beispiel einer richtigen Antragsstellung und Begründung findet sich bei *BProzFb/Goll* S. 315 f.

[1346] *Luchterhand Prozeßformularsammlung* Nr. 1.A.05.a.#02: *„In geeigneten Fällen (vgl. § 546 ZPO) kann sich empfehlen, vorsorglich die Zulassung der Revision zu beantragen"*; *BProzFb/Goll* S. 309 f. Anm. 5: *„Die Anregung der Revisionszulassung empfiehlt sich bei nicht vermögensrechtlichen Streitigkeiten und wenn klärungsbedürftige Rechtsfragen von allgemeiner Bedeutung vorliegen, die höchstrichterlich noch nicht entschieden sind."* (daß ein solcher Antrag nur bei einer Berufung zum OLG möglich sein soll, ist allerdings unzutreffend, da seit Inkrafttreten des ZPO-RG gem. § 542 I ZPO auch landgerichtliche Berufungsurteile revisibel sind); *Oberheim* Rn. 313.

[1347] Vgl. *Gehrlein* ProzRB 2003, 296.

[1348] BGH NJW 2002, 2532 (2533); *Gaier*, Berufungsverfahren S. 2042.

[1349] Vgl. BegrRegE/ZPO-RG S. 95: *„Die Berufung ist in Ansehung der Berufungsbegründung bereits dann zulässig, wenn auch nur einer der in den Nummer 2 bis 4 genannten Gründe ordnungsgemäß dargelegt wird."*; ferner *Schellhammer*, Berufung S. 1143; *Schumann/Kramer* Rn. 218, 219; zur bisherigen Rechtslage vgl. 1. Aufl. Rn. 238.

auch nur eine Zulässigkeitsvoraussetzung,[1350] es gewinnt aber im Hinblick auf die Möglichkeit der Beschlußzurückweisung nach § 522 II ZPO eine neue, zusätzliche und überragende Bedeutung.

Ob § 520 III 2 Nr. 2–4 ZPO über § 64 VI 1 ArbGG auch im arbeitsgerichtlichen Verfahren gilt, ist umstritten: Während dies z.T. generell verneint wird,[1351] sehen andere nur die Nr. 4 dieser Vorschrift durch § 67 ArbGG als verdrängt an[1352].

I. Umfang des Berufungsangriffs

1. Bei mehreren prozessual selbständigen Ansprüchen

Bei mehreren prozessual selbständigen Ansprüchen ist zu jedem in der Berufung **283** weiterverfolgten Anspruch Stellung zu nehmen.[1353] Die gilt auch für den vom Kläger weiterverfolgten Zinsanspruch.[1354] Wird diesem Erfordernis nicht genügt, ist die Berufung hinsichtlich des nicht begründeten Teils unzulässig.[1355] Eine andere Gefahr droht dem Berufungsführer, wenn das Berufungsgericht – wie das OLG Nürnberg – in einem solchen Fall zu Unrecht eine Berufungsbeschränkung annimmt.[1356]

Hatte der Arbeitnehmer Kündigungsschutzklage erhoben und hilfsweise einen Auflösungsantrag gestellt und wurde die Kündigungsschutzklage abgewiesen, dann muß der notwendigerweise nicht verbeschieden Hilfsantrag in der Berufungsinstanz nicht erneut eingeführt werden, er fällt vielmehr automatisch in der Berufungsinstanz an.[1357]

2. Bei selbständig entscheidbaren Teilen eines prozessualen Anspruchs

Bei selbständig entscheidbaren Teilen eines prozessualen Anspruchs (z.B. einzelnen **284** Posten eines Schadensersatzanspruchs, Ansprüche von oder gegen einzelne[n] Streitgenossen) ist ebenfalls zu jedem in der Berufung weiterverfolgten Teil gesondert Stellung zu nehmen.[1358]

Hiervon gibt es drei Ausnahmen:

- Die Klage wird aus einem einheitlichen, allen Ansprüchen gemeinsamen Grund für unbegründet erklärt[1359].

[1350] *Gaier*, Berufungsverfahren S. 2042.

[1351] *GMP/Germelmann* § 64 Rn. 54 a.

[1352] *ErfKoArbR/Koch* § 66 ArbGG Rn. 13.

[1353] RG JW 1936, 2140; 1937, 542; BGHZ 22, 272 (278); WM 1991, 601; NJW 1993, 3073; 1998, 1081 (1082); OLG Koblenz NJOZ 2004, 1704 (1705); *Rosenberg/Schwab/Gottwald* § 135 Rn. 34; *Thomas/Putzo/Reichold* § 520 Rn. 25.

[1354] BGH NJW 1998, 1081 (1082); OLG Naumburg OLG-NL 1995, 116; *Zimmermann* § 520 Rn. 19; *Zöller/Gummer* § 520 Rn. 38.

[1355] BGHZ 22, 272 (278).

[1356] MDR 1991, 1091 mit. abl. Anm. *Schneider*.

[1357] BAG AP Nr. 36 zu § 611 BGB Direktionsrecht = NZA 1990, 561; *ErfKoArbR/Ascheid* § 9 KSchG Rn. 39.

[1358] BGHZ 22, 272 (278); NJW 1998, 1081 (1082); *Müller-Rabe* S. 285; *Rinsche/Schlüter* Rn. 26; *Schellhammer*, Zivilprozess Rn. 1000; *Zöller/Gummer/Heßler* § 520 Rn. 37; *Rosenberg/Schwab/Gottwald* § 135 Rn. 34; *Thomas/Putzo/Reichold* § 520 Rn. 25; *BL/Albers* § 520 Rn. 24.

[1359] BGH NJW 1994, 2289; NJW-RR 2001, 789 (für Klage auf Zahlung von Mietzins, Nebenkosten und Kaution).

- Ist einer der Ansprüche Grundlage der anderen, genügt eine Auseinandersetzung mit dem vorgreiflichen Anspruch.[1360] Beispiele:
  - Unterlassungsanspruch bei einer Klage auf Unterlassung, Auskunft und Schadensersatz,[1361]
  - Kündigungsfeststellungsklage und Klage auf Zahlung des Verzugslohns,[1362]
  - Kündigungsfeststellungsklage und Weiterbeschäftigungsklage eines Arbeitnehmers[1363].
- Hat das Arbeitsgericht in einem Urteil mehrere aufeinanderfolgende Kündigungen für wirksam erklärt, genügt der Angriff auf die erste Kündigung.[1364] Eine andere Frage ist es aber, ob es nicht unter dem Gesichtspunkt des sichersten Weges sinnvoll ist, alle Kündigungen anzugreifen.

3. Bei einheitlichem prozessualen Streitgegenstand

285 **a) Berufung des Klägers.** Hier sind folgende Fallkonstellationen zu unterscheiden:

- Grundsätzlich muß sich der Kläger nur mit den vom Erstgericht im Urteil erörterten Anspruchsgrundlagen auseinandersetzen.
  Beispiel (nach BGH Urt. v. 8.6.2004 – X ZR 284/02[1365]): Der Kläger verlangt von einer Wirtschaftsprüfungsgesellschaft Schadensersatz wegen Prüfung und Bestätigung von Angaben eines Prospekts, mit dem er für die Beteiligung an einer Kapitalanlagegesellschaft geworben wurde. Das Ersturteil verneint einen Anspruch aus Prospekthaftung. Der Kläger muß sich in der Berufungsbegründung nicht zu einer möglichen Haftung aus einem Vertrag mit Schutzwirkung zugunsten Dritter äußern; das Berufungsgericht hat das Ersturteil vielmehr von Amts wegen umfassend materiellrechtlich zu prüfen.
- Wird eine auf verschiedene Klagegründe gestützte Klage abgewiesen, müssen in der Berufungsbegründung alle erörtert werden.
  Beispiel (nach BGH NJW 1971, 807): Die Klägerin fordert die Bezahlung einer Nachlaßschuld und stützt die Klage auf Schuldübernahme, Erbenhaftung und auf Vermögensübernahme. Das klageabweisende Urteil wird in der Berufungsbegründung nur hinsichtlich der Schuldübernahme und der Vermögensübernahme angegriffen. Nach Ablauf der Berufungsbegründungsfrist darf der Aspekt der Erbenhaftung nicht mehr geprüft werden.[1366]
- Wird eine Klage aus mehreren voneinander unabhängigen, selbständig tragenden rechtliche Erwägungen abgewiesen (sog. Mehrfachbegründung), so muß der Berufungsführer nach ständiger Rechtsprechung des Bundesgerichtshofs und des Bundesarbeitsgerichts *„in der Rechtsmittelbegründung für jede dieser Erwägungen dar-*

[1360] *Rosenberg/Schwab/Gottwald* § 135 Rn. 35.
[1361] BGH NJW 1952, 26 im Anschluß an RG JW 1937, 2786.
[1362] BAG AP Nr. 12 zu § 630 BGB.
[1363] BAG NZA 1987, 808 (809 unter Aufgabe von BAG EzA § 1 KSchG Nr. 41); *AnwHdb-ArbR/Tschöpe* Teil 5 D Rn. 60.
[1364] BAG AP Nr. 48 zu § 519 ZPO = NZA 1996, 651; *ErfKoArbR/Koch* § 66 ArbGG Rn. 16.
[1365] Abrufbar unter http://www.bundesgerichtshof.de; in Bestätigung von BGH NJW 1975, 1032 (unter II 2) – VI. ZS.
[1366] Ebenso BGH NJW 1998, 3126; NJW-RR 2000, 685; dem BGH folgen *Schellhammer*, Zivilprozess Rn. 1001 und *BL/Albers* § 520 Rn. 24; **abl.** dagegen *Zöller/Gummer/Heßler* § 520 Rn. 37 m.w.N., der allerdings die den verschiedenen Entscheidungen zugrundeliegenden jeweils spezifischen Fallgestaltung nicht genügend beachtet.

legen, warum sie nach seiner Auffassung die angegriffene Entscheidung nicht trägt; andernfalls ist das Rechtsmittel insgesamt unzulässig …“[1367].

- Beispiel 1 (nach BGH NJW 1998, 3126):[1368] Eine Schadenersatzklage gegen einen Notar war mit der Begründung abgewiesen worden, es fehle an einer Amtspflichtverletzung, außerdem sei der etwaige Anspruch verjährt. In der Berufungsbegründung wurde nur die Verneinung der Amtsplichtverletzung angegriffen. Folge: Die Berufung ist unzulässig.
- Beispiel 2 (nach LAG Hamm NZA 1998, 613): Stützt das Arbeitsgericht seine Entscheidung über die Rechtsunwirksamkeit einer außerordentlichen Kündigung sowohl auf das Fehlen eines wichtigen Grundes als auch auf die Nichteinhaltung der Frist des § 626 II BGB, so ist eine Berufung, die sich nur mit dem Vorliegen eines wichtigen Grundes befaßt, insgesamt unzulässig, weil sie nur einen Teil der Entscheidungsgründe, nicht aber die Entscheidung selbst in Frage stellt.
- Beispiel 3 (nach BGHZ 143, 169):[1369] Eine Zahlungsklage wurde wegen fehlender Fälligkeit und außerdem wegen Verjährung des Anspruchs abgewiesen. Der Umstand, daß in der Berufungsbegründung nur die Annahme der Verjährung angegriffen wurde, führt nicht zur Unzulässigkeit der Berufung, weil dieser Abweisungsgrund der weitergehende ist.
- Beispiel 4 (nach BGH NJW 2002, 682): In einem Arzthaftungsprozeß kann eine auf einzelne Aspekte beschränkte Rüge der fehlenden Qualifikation des gerichtlichen Sachverständigen und der Richtigkeit des Gutachtens genügen, wenn sich das zugrundeliegende Beweisthema auf die Indikation, die ordnungsgemäße Durchführung der Operation, die Beeinträchtigung des Klägers und deren ursächlichen Zusammenhang mit dem Eingriff bezog.

Die Subtilität dieser Entscheidungen, die noch ergänzt wird durch die Unterscheidung von selbständig tragenden rechtliche Erwägungen (rügepflichtig) und bloßen „Hinweisen“ im Ersturteil (nicht rügepflichtig[1370]), kann für den Berufungsanwalt nur bedeuten, sich mit jedem tragenden Argument des angefochtenen Urteils, gleichgültig, ob selbständig oder unselbständig, auseinanderzusetzen. Nur so wird er im Zweifel dem Gebot des sichersten Weges Genüge tun.

b) Berufung des Beklagten. Etwas anderes gilt **grundsätzlich**, wenn der Beklagte, der sich gegen einen auf einem einheitlichen Rechtsgrund gestützten Klageanspruch erfolglos mehrfach verteidigt hat, Berufung einlegt. Der VIII. Zivilsenat des Bundesgerichtshofs hat dazu in deutlicher Abgrenzung zu der vorgenannten Rechtsprechung entschieden: „*Bekämpft der Beklagte erfolglos in erster Instanz den Klageanspruch* 286

[1367] BGH NJW 1968, 396, stRspr., zuletzt NJW-RR 2004, 641; BAGE 88, 171 (175) und zuletzt BAG MDR 2003, 938; zum **neuen Recht**: LAG Düsseldorf NZA-RR 2004, 265; *Zimmermann* § 520 Rn. 18; *Pantle/Kreissl* Rn. 556; *Zöller/Gummer/Heßler* § 520 Rn. 37 a; *AnwHdb-ArbR/Tschöpe* Teil 5 D Rn. 60; *Rosenberg/Schwab/Gottwald* § 135 Rn. 33; *Thomas/Putzo/Reichold* § 520 Rn. 26; *ErfKoArbR/Koch* § 66 ArbGG Rn. 16.

[1368] Ebenso schon NJW 1990, 1184 für die gleiche Fallgestaltung; zust. *Schellhammer*, Zivilprozess Rn. 1005.

[1369] Ebenso schon NJW 1984, 177 für den Fall Aufrechnung/Verjährung sowie jüngst MDR 2004, 768 (769) für den Fall Aktivlegitimation/Verjährung; *Pantle/Kreissl* Rn. 556; *Rosenberg/Schwab/Gottwald* § 135 Rn. 33; *Thomas/Putzo/Reichold* § 520 Rn. 26; *Musielak/Ball* § 520 Rn. 39; **abl.** *Lepp* S. 1945.

[1370] BGH NJW-RR 2004, 1002.

dem Grunde nach sowie mit der Einrede der Verjährung und begründet er die Berufung innerhalb der Begründungsfrist nur mit den Erfordernissen des § 519 III Nr. 2 ZPO genügenden Ausführungen zur Verjährung, so ist das Rechtsmittel insgesamt zulässig; das Berufungsgericht hat dann auch den Grund des Anspruchs zu prüfen."[1371] Nachgeschobene Angriffe seien ausschließlich präklusionsrechtlich zu beurteilen.[1372]

287 Dies **gilt aber nicht**, wenn einer Klage aus mehreren, selbständig tragenden Gründen stattgegeben wird[1373] oder der Beklagte sich auch mit einer **Aufrechnung** verteidigt hat (will er das klagezusprechende Urteil insgesamt angreifen, darf er sich nicht nur auf die Zurückweisung des Aufrechnungseinwandes beschränken, da dieser Einwand anders als sonstige Einwendungen Gegenstand einer abgesonderten Entscheidung sein kann[1374]).

4. Zweites Versäumnisurteil

288 Wird die Unzulässigkeit eines zweiten Versäumnisurteils behauptet, ist der zur Begründung erforderliche Sachverhalt substantiiert bereits in der Berufungsbegründung darzulegen, der bloße Vortrag materieller Rügen genügt nicht.[1375]

5. In Kostenmischfällen

289 In den sog. Kostenmischfällen (also der übereinstimmenden Teilerledigterklärung, dem Teilanerkenntnisurteil und der Teilklagerücknahme) ist der Umfang der erforderlichen Berufungsbegründung strittig: Das OLG Stuttgart[1376] vertritt die Auffassung, die Berufung müsse gemäß § 519 III Nr. 2 ZPO a.F. (= n.F.) auch hinsichtlich der Kostenbelastung gesondert begründet werden, da es sich um mehrere Streitgegenstände handle. Dies wird von der Literatur zurecht als mit dem herkömmlichen Streitgegenstandsbegriff unvereinbar abgelehnt.[1377]

II. Inhaltliche Anforderungen an die Begründung

1. Grundsätzliches

290 **Bloße Formalbegründungen genügen nicht**, vielmehr muß die Begründung „*auf den zur Entscheidung stehenden Streitfall zugeschnitten sein*"[1378]. Eine Zusammenschau von angefochtenem Urteil und Berufungsbegründung müssen die vom Beru-

---

[1371] BGH NJW 1984, 177; *Thomas/Putzo/Reichold* § 520 Rn. 26; wohl auch *Schneider*, Nachschieben S. 22, der aber die Unterscheidung zwischen einer Kläger- und einer Beklagtenberufung nicht genügend berücksichtigt; abl. *Lepp*, passim.

[1372] NJW-RR 1986, 991 (IX. ZS) für Zurückbehaltungsrecht; NJW 1990, 1184 (beiläufig); *Müller-Rabe* S. 291; *MüKo-ZPO/Rimmelspacher* § 519 Rn. 41; *Thomas/Putzo/Reichold* § 520 Rn. 26; **abl.** *Lepp*, passim.

[1373] BGH NJW-RR 2002, 208 m.w.N.

[1374] BGH NJW-RR 2001, 1572; 2002, 1499 f.; NJW 2002, 1417 f.

[1375] BGH NJW 1967, 728 (729); 1991, 42 (43); BAG NJW 1972, 790 (791); OLG Saarbrücken NJW-RR 1995, 1278 (1280); OLG Brandenburg NJW-RR 1998, 1678; LG Münster MDR 1988, 681; LG Karlsruhe MDR 1988, 870; *Thomas/Putzo/Reichold* § 514 Rn. 4.

[1376] WRP 1997, 355 (357).

[1377] *Schneider*, Kostenmischfälle, passim; *Zöller/Gummer/Heßler* § 520 Rn. 38; *BL/Albers* § 520 Rn. 26.

[1378] RGZ 144, 6 (8), grdl.; BGH NJW 2003, 2532 (2533) und NJW-RR 2003, 1580; BAG NZA 2003, 814 (815 auch für das neue Recht); OLG Brandenburg OLGR 2004, 63; *Schneider*, Förmlichkeiten S. 5; *Zöller/Gummer/Heßler* § 520 Rn. 35; *Thomas/Putzo/Reichold* § 520 Rn. 27.

fungskläger erhobenen Einwände vollständig und eindeutig erkennen lassen.[1379] Die Ausführungen brauchen für die Zulässigkeit (!) der Berufung nicht schlüssig[1380] oder rechtlich zutreffend[1381] zu sein.

2. Anforderungen an die einzelnen Berufungsrügen

a) Angriff gegen die rechtliche Auffassung des Ersturteils (§ 520 III 2 Nr. 2 ZPO). 291
Das Gesetz verlangt abweichend vom bisherigen Recht nur die *„Bezeichnung der Umstände, aus denen sich die Rechtsverletzung und ihre Erheblichkeit ergibt"*. Was mit dieser Formulierung gemeint ist, wird im Regierungsentwurf zum ZPO-RG folgendermaßen beschrieben:[1382]

„Besondere formale Anforderungen an die Geltendmachung von Verfahrensfehlern werden damit – anders als im Revisionsrecht – nicht gestellt. Der Berufungsführer muss lediglich – wie auch bereits nach geltendem Recht (§ 519 Abs. 3 Nr. 2) – die Umstände mitteilen, die aus seiner Sicht den Bestand des angefochtenen Urteils gefährden. Damit werden die Anforderungen gegenüber dem geltenden Recht verdeutlicht und sogar etwas herabgesetzt, da nach geltender Fassung des § 519 Abs. 3 Nr. 2 die bestimmte Bezeichnung der im Einzelnen anzuführenden Gründe der Anfechtung gefordert wird, während § 520 Abs. 3 Nr. 2 E die Bezeichnung der Umstände, aus denen sich die Rechtsverletzung ergibt, genügen lässt."

Die anwaltliche Praxis kann – insbesondere im Hinblick auf die Möglichkeit der unanfechtbaren Beschlußzurückweisung nach § 522 II ZPO – nur **nachdrücklich** davor **gewarnt** werden, diesen Ausführungen eine größere Bedeutung beizumessen. So meint der III. Zivilsenat des Bundesgerichtshofs (im Gegensatz zum VIII. Zivilsenat[1383]): *„Die Vorschrift bleibt darin nur wenig hinter den heutigen Voraussetzungen einer Revisionsbegründung nach § 551 III Nr. 2 lit. a ZPO zurück …"*.[1384] Das OLG Hamm meint gar: *„An die Rüge sind revisionsrechtliche Maßstäbe anzulegen …"*.[1385] Ähnlich sieht das Schrifttum die Lage: *Rimmelspacher*, einer der geistigen Väter der ZPO-Reform, betont: *„Verschärft hat das ZPO-RG die Anforderungen an die Berufungsbegründung."*[1386] *Gummer/Heßler*[1387] und *Gaier*[1388] weisen darauf hin, daß es in der Praxis zu keiner Erleichterung für den Berufungsführer kommen wird, und *Ball* spricht davon, die Anforderungen seien nur *„sprachlich"* herabgesetzt worden[1389].[1390]

[1379] BAG AP Nr. 2 zu § 519 ZPO a.F.; MDR 2003, 938; NZA 2003, 814 (815); *BL/Albers* § 520 Rn. 16; vgl. auch OLG Jena Beschl. v. 4.10.2000 – 2 U 1055/00 (URL: http://www.thueringen.de/olg/urteil_ls_bb002.html (eingesehen am 11.1.2002).

[1380] BGH NJW 2003, 2532 (2533) und NJW-RR 2003, 1580; BAG AP Nr. 55 zu § 519 ZPO a.F.; *Zöller/Gummer/Heßler* § 520 Rn. 34; *Gaier*, Berufungsverfahren S. 2043; *Thomas/Putzo/Reichold* § 520 Rn. 22; *BL/Albers* § 520 Rn. 23, 32; **a.A.** LG Stendal NJW 2002, 2886.

[1381] BGH NJW 2003, 2532 (2533) und NJW-RR 2003, 1580; BAG AP Nr. 55 zu § 519 ZPO a.F.; *Zöller/Gummer/Heßler* § 520 Rn. 34; *Gaier*, Berufungsverfahren S. 2043; *Thomas/Putzo/Reichold* § 520 Rn. 22; *BL/Albers* § 520 Rn. 23, 32.

[1382] BegrRegE/ZPO-RG S. 95.

[1383] NJW 2003, 1580, wo die Gesetzesbegründung wörtlich übernommen wird.

[1384] BGH NJW 2003, 2532 (2533).

[1385] MDR 2003, 1249.

[1386] Rechtsmittel, S. 15; ebenso *Greger*, Kurzkommentar unter 4 c) mit überzeugenden Argumenten.

[1387] *Zöller/Gummer/Heßler* § 520 Rn. 33.

[1388] Berufungsverfahren S. 2043.

[1389] *Musielak/Ball* § 520 Rn. 31; *Schellhammer*, Zivilprozess Rn. 999 folgt zunächst der Gesetzesbegründung, meint dann aber, daß gegenüber dem bisherigen Rechtszustand keine Änderung eingetreten sei.

[1390] Im Ergebnis ebenso *Gehrlein*, ZPR § 14 Rn. 46 und *Grunsky*, Anforderungen.

292 *aa) Bezeichnung der Rechtsverletzung.* Der Berufungskläger muß den jeweiligen Punkt des Angriffs genau bezeichnen und die eigene Rechtsansicht gegenüberstellen,[1391] wobei die bloße Wiederholung des erstinstanzlichen Standpunkts[1392] oder der bloße Verweis auf das erstinstanzliche Vorbringen[1393] nicht genügen, auch wenn die Grenzen im Einzelfall fließend sind[1394]. Vorschriften, deren Nicht- oder Fehlgebrauch gerügt wird, sollten genau angegeben werden,[1395] auch wenn dies rechtlich nicht erforderlich ist[1396]. Was mit alledem gemeint ist, soll anhand einiger **Negativbeispiele** veranschaulicht werden:

- „*Gerügt wird insbesondere die Feststellung des angefochtenen Urteils, daß der Klageanspruch nicht verjährt ist und daß der Kläger auf den Klageanspruch auch nicht verzichtet hat. Gerügt wird ferner die Nichtberücksichtigung des überwiegenden mitwirkenden Verschuldens des Gegners durch den Vorderrichter. Weitere Berufungsbegründung behalte ich mir vor.*“[1397]
- „*Die rechtliche Würdigung des Vordergerichts ist falsch.*“[1398]
- „*Die Rechtsauffassung (oder die Beweiswürdigung) wird beanstandet.*“[1399]
- Das Erstgericht habe „*die allgemeinen Regelungen des Europäischen Arbeitsrechts*“ nicht berücksichtigt.[1400]
- Das Erstgericht habe verkannt, daß die Beklagte „*gemäß Verbraucherschutzgesetz einen KK-Kreditvertrag ... auszufertigen*“ verpflichtet gewesen sei.[1401]
- „*Entgegen der Rechtsauffassung des erstinstanzlichen Gerichtes gibt es keine Rechtsnorm, die die Wirkung der bereits erfolgten gerichtlichen Geltendmachung mit Klagerücknahme wieder entfallen ließe im Arbeitsrecht. So auch das Bundesarbeitsgericht in seiner Entscheidung zu 5 SA 624/90*“.[1402]
- Der Berufungsführer wendet sich gegen ein Arbeitsgerichtsurteil, das seine Klage auf den tariflichen Mehrarbeitszuschlag gemäß einem Manteltarifvertrag (MTV) aus tatsächlichen Gründen abgewiesen hatte, nur mit folgendem Argument: „*Insoweit hat das Erstgericht § 4, Ziffer 1, V. d und e nicht widerspruchsfrei berücksichtigt oder ausgelegt.*“[1403]

[1391] BGH NJW 2003, 2532 (2533); BAG NZA 2003, 814 (815); OLG Saarbrücken OLGR 2003, 308 (309); OLG Dresden OLGR 2003, 131; OLG Brandenburg OLGR 2004, 63; LAG Dresden NZA-RR 2003, 438 (439); *Gehrlein*, ZPR § 14 Rn. 46; *Schneider*, ZPO-Reform Rn. 382; *Zöller/Gummer/Heßler Heßler* § 520 Rn. 35; *Rixecker* S. 705; *Thomas/Putzo/Reichold* § 520 Rn. 22; *BL/Albers* § 520 Rn. 23.

[1392] BVerfG NJW-RR 2002, 135; BGH NJW 1997, 1787; FamRZ 2000, 813; OLG Brandenburg OLGR 2004, 63; *Schneider*, ZPO-Reform Rn. 382; *Rixecker* S. 705; *BL/Albers* § 520 Rn. 23.

[1393] BAG NZA 2003, 814 (815); zum **neuen Recht** OLG Saarbrücken OLGR 2003, 308 (309); *Rixecker* S. 705; *BL/Albers* § 520 Rn. 23; *ErfKoArbR/Koch* § 66 ArbGG Rn. 15.

[1394] Vgl. den Fall BGH NJW 2003, 2532.

[1395] So zutreffend *Schellhammer*, Berufung S. 1143; *Schneider*, ZPO-Reform Rn. 401 und *Michel/von der Seipen* S. 264; **a.A.** *Musielak/Ball* § 520 Rn. 31.

[1396] BGH NJW 2003, 2532 (2533); *Gaier*, Berufungsverfahren S. 2043; *Thomas/Putzo/Reichold* § 520 Rn. 22.

[1397] RAG JW 1935, 819; zustimmend wohl *Körting* S. 106; abl. *Mittenzwei* S. 470.

[1398] Becht II S. 60 Fn. 8; vgl. ähnlich BAGE 17, 186 (188) und *Gehrlein*, ZPR § 14 Rn. 46.

[1399] RGZ 143, 291 (293).

[1400] BAG NJW 2000, 686 (für die Revisionsbegründung); zustimmend *Gehrlein*, ZPR § 14 Rn. 46.

[1401] BGH BGHReport 2002, 302.

[1402] BAG AP Nr. 55 zu § 519 ZPO a.F. (wobei – zurecht – scharfe Kritik an der nur aus drei Sätzen bestehenden „Berufungsbegründung“ geübt und noch darauf hingewiesen wird, daß auch das zitierte Aktenzeichen falsch war).

[1403] BAG EzA § 519 ZPO Nr. 13.

Insbesondere bei Berufungen zum Oberlandesgericht sollte die Rechtsprechung des zuständigen Oberlandesgerichts und u.U. auch des zuständigen Spezialsenats sorgfältig ermittelt und neben der Rechtsprechung des Bundesgerichtshof zur Grundlage der Argumentation gemacht werden. Wertvolle Hilfe bieten hierbei neben den allgemeinen bekannten Hilfsmitteln vor allem die Zeitschrift „OLG-Report" mit ihrer Online-Version „zr-Report" und die für einzelne Oberlandesgerichte bestehenden, gebührenfrei zugänglichen Datenbanken wie z.B. die „Rechtsprechungsdatenbank NRWE" für die OLGe Düsseldorf, Hamm und Köln (URL: http://www.justiz.nrw.de/RB/nrwe/index.html), „E-Fundus" für die OLGe Braunschweig, Celle und Oldenburg (URL: http://www.oberlandesgericht-oldenburg.niedersachsen.de/efundus/index.php4), die „Entscheidungssammlung des OLG Dresden" (URL: http://www.justiz.sachsen.de/elvis/) und die „Entscheidungen des OLG Jena" (URL: http://www.thueringen.de/olg/urteil/infothek10.html).

Die Rechtsausführungen sind im Einzelfall dem Charakter der jeweiligen Rüge anzupassen:

- Wird die **Haftungsquote** nach § 17 StVG oder die Höhe eines **Schmerzensgeldes** beanstandet, genügt es schon für die Zulässigkeit der Berufung nicht, bloß seine eigene abweichende Auffassung darzulegen, es muß vielmehr das Vorliegen eines der oben Rn. 141 genannten Fehler wenigstens behauptet werden.[1404] Um die Hürde des § 522 II ZPO zu überspringen, bedarf es dann einer eingehenden Auseinandersetzung mit den einschlägigen Bemessungskriterien und der dazu ergangenen Rechtsprechung.[1405]
- Wird die **Verletzung des § 139 ZPO** gerügt, muß, so hatte der Bundesgerichtshof zu § 519 III Nr. 2 ZPO a.F. gefordert, dargelegt werden, was bei erfolgtem Hinweis vorgetragen worden wäre: „*Zwar wird für das Berufungsverfahren nicht wie für das Revisionsverfahren zu fordern sein, daß in der Rechtsmittelbegründung im einzelnen angegeben wird, was aus einen Hinweis des Gerichts vorgebracht worden wäre ... aus § 554 I Nr. 3 ZPO ergeben sich insoweit strengere Anforderungen als nach § 519 III Nr. 2 ZPO. Da es bei den Hinweispflichten des Gerichts um den Schutz der Partei vor Überraschungsentscheidungen geht, die sie hätte abwenden können, ist aber zu verlangen, daß sie jedenfalls geltend macht, in Verkennung der Rechtslage bestimmten – näher anzugebenden – Vortrag unterlassen zu haben, wenn, wie hier, der rechtliche Gesichtspunkt von der Gegenseite schon aufgezeigt worden war.*"[1406] Nachdem das ZPO-RG insoweit keine Änderung gebracht hat (vgl. §§ 520 III 2 Nr. 2; 551 III 2 Buchst. c ZPO), hat diese Rechtsprechung auch weiterhin Gültigkeit.[1407]

  Auch wenn dieser Vortrag nach Ansicht des I. Zivilsenats des Bundesgerichtshofs nicht zwingend in unmittelbarem Zusammenhang mit der Verfahrensrüge stehen muß und es genügt, wenn „*aufgrund einer Auslegung des Parteivorbringens ohne Zweifel ersichtlich ist, was aufgrund des gerichtlichen Hinweises vorgetragen wor-*

[1404] OLG Hamm NZV 2003, 584 = MDR 2003, 1249 (1250); *Stackmann*, Berufungsschrift S. 171; *Hdb-StraßenverkR/Born* Kap. 3 B Rn. 223; *Rixecker* S. 706; *Thomas/Putzo/Reichold* § 520 Rn. 22.

[1405] So auch *Stackmann*, Berufungsschrift S. 171 und *Rixecker* S. 706.

[1406] BGH NJW-RR 1988, 477 (478).

[1407] *Schellhammer*, Berufung S. 1143; *Hannich/Meyer-Seitz* § 513 Rn. 11; *Philippi* S. 593; *Ball*, Mietprozess S. 413 (unter II 11 a); *Michel/von der Seipen* S. 264; *Thomas/Putzo/Reichold* § 520 Rn. 22; *Musielak/Ball* § 520 Rn. 32.

den wäre",[1408] sollte der Anwalts wegen des Gebots des sichersten Weges hier sehr sorgfältig arbeiten[1409].

- Bei **Nichtvorliegen einer Urteilsbegründung** innerhalb der Fünfmonatsfrist der §§ 517 Hs. 2 ZPO, 66 I 2 ArbGG genügt die (bloße) Rüge der verspäteten Urteilsabsetzung.[1410] Es müssen aber die konkreten Daten, aus denen sich die Fristversäumung ergibt, angegeben werden.[1411]

293 *bb) Darlegung der Erheblichkeit.* Wie oben Rn. 149 dargelegt, verlangt § 513 I Fall 1 ZPO ein „Beruhen" der Entscheidung auf dem Rechtsfehler. Konsequent und unmißverständlich verlangt das Gesetz in § 520 III 2 Nr. 2 ZPO, daß neben den Umständen, welche die Rechtsverletzung begründen, auch die angegeben werden müssen, aus denen sich deren „Erheblichkeit" ergibt.[1412] Zwar müssen diese Ausführungen rein formal nicht rechtlich zutreffend oder gar schlüssig sein,[1413] sind sie dies aber nicht, wird spätestens die Hürde des § 522 II ZPO nicht genommen werden[1414].

294 **b) Angriff gegen die tatsächlichen Feststellungen (§ 520 III 2 Nr. 3 ZPO).** Auch hier stiftet die Gesetzesbegründung eher Verwirrung als daß sie Klarheit bringt, wenn sie ausführt: *„Auch hier werden keine besonderen formalen Anforderungen an die Geltendmachung konkreter Anhaltspunkte gestellt; erwartet wird aber eine vertiefte inhaltliche Auseinandersetzung mit den Tatsachenfeststellungen im angefochtenen Urteil, aus der heraus sich konkrete Anhaltspunkte für ernstliche Zweifel an der Richtigkeit und Vollständigkeit der angegriffenen Tatsachenfeststellungen ergeben. Nicht erwartet werden können Ausführungen zu nur dem Berufungsgericht bekannten gerichtskundigen Tatsachen, aufgrund derer das Berufungsgericht ernstliche Zweifel an der Richtigkeit oder Vollständigkeit der erstinstanzlichen Feststellungen gewinnen kann.*"[1415] Die konturlose Formulierung *„vertiefte inhaltliche Auseinandersetzung"*, die z.T. in der Literatur kritiklos übernommen wird,[1416] täuscht darüber hinweg, daß im Ergebnis kaum ein Unterschied zu einer formellen Revisionsrüge besteht[1417]. Auch hier geht der V. Zivilsenat des Bundesgerichtshofs in den bereits mehrfach erwähnten Entscheidungen vom März 2004 einen anderen Weg. Nachdem es sich aber insoweit (noch) nicht um die einhellige Meinung aller Zivilsenate des Bundesgerichtshofs han-

---

1408 BGH NJW-RR 2004, 495; *Thomas/Putzo/Reichold* § 520 Rn. 22.

1409 Vgl. die sehr strenge Haltung des XI. ZS in MDR 2003, 647 im Zusammenhang mit einer auf der Verletzung des § 139 ZPO gestützten Nichtzulassungsbeschwerde.

1410 BGH FamRZ 2004, 179 (180 unter II 2) = FPR 2004, 109 (110); BAGE 84, 140; *Zimmermann* § 520 Rn. 16; *Thomas/Putzo/Reichold* § 520 Rn. 22; *BL/Albers* § 517 Rn. 13; *ErfKoArbR/Koch* § 66 ArbGG Rn. 14.

1411 BSG Urt. v. 20.11.2003 – B 13 RJ 41/03 R (in NZA 2004, 648 referiert; Volltext bei juris).

1412 Vgl. auch *Schellhammer*, Zivilprozess Rn. 999; *Schneider*, ZPO-Reform Rn. 365, 383; *Greger*, Kurzkommentar unter 4 c); *Ball*, Mietprozess S. 413 (unter II 11 b); *Schumann/Kramer* Rn. 215; *Stackmann*, Berufungsschrift S. 170.

1413 *Ball*, Mietprozess S. 413 (unter II 11 b).

1414 So auch *Greger*, Kurzkommentar unter 4 c).

1415 S. 96.

1416 Etwa von *Musielak/Ball* § 520 Rn. 34 und *Schumann/Kramer* Rn. 216.

1417 *Hartmann*, Änderungen S. 2590 (unter XXVI 2); *Schellhammer*, Berufung S. 1143; *Greger*, Kurzkommentar unter 4 c); *Schnauder* S. 74; vgl. auch *Rimmelspacher*, Rechtsmittel S. 15: *„Der Rechtsmittelführer kann sich insbesondere, wenn er ein erstinstanzliche Tatsachenfeststellung angreift, nicht mehr wie bislang vielfach üblich mit der Rüge begnügen, die Feststellung sei falsch."*; *Löhnig* S. 246.

delt, tut der Rechtsanwalt gut daran, sich jedenfalls **an den bisher geltenden Anforderungen** zu **orientieren:**

(1) Wendet sich der Berufungskläger gegen die **Nichterhebung von Beweisen**, so müssen kumulativ 295

- die Gründe dargelegt werden, welche die Nichterhebung als fehlerhaft erscheinen lassen (das bloße Wiederholen eines erstinstanzlichen Beweisantrags genügt nämlich nicht[1418])
- und das zu erwartende anderslautende Beweisergebnis dargestellt[1419]

werden. Ob auch die gestellten Beweisanträge wiederholt[1420] oder zumindest durch Angabe der genauen Fundstelle in der Akte eindeutig bestimmt[1421] werden müssen, ist durch die Entscheidung des V. Zivilsenats des Bundesgerichtshofs vom 12.3.2004[1422] zweifelhaft geworden; für den Anwalt wird sich dies aber im Hinblick auf den Grundsatz des sichersten Weges und die Möglichkeit der unanfechtbaren Beschlußzurückweisung weiterhin empfehlen (darauf, daß das Berufungsgericht in Zweifelsfällen gemäß § 139 I 2, II 1 ZPO klärt, ob der in erster Instanz gestellte Beweisantrag aufrecht erhalten wird,[1423] sollte man sich im übrigen lieber nicht verlassen). Zur Illustration wieder ein Negativbeispiel: Das LG habe *„die diesseitigen Beweisanträge in den Schriftsätzen als völlig unbeachtlich angesehen und sie daher übergangen"*, es habe *„sozusagen aus eigener Sachkunde die bautechnischen Abrechnungsprobleme beurteilt"*, wobei es *„wohl auf der Hand* [liegt], *daß damit das Gericht von einer Position ausgegangen ist, welche nicht nachvollziehbar ist"*.[1424]

Bei Anträgen auf Vernehmung erstinstanzlich benannter Zeugen ist folgendes zu beachten:

- Dem erneute Antrag auf Vernehmung eines Zeugen, der in erster Instanz von seinem Zeugnisverweigerungsrecht Gebrauch gemacht hat, ist nur zu entsprechen, wenn nunmehr von seiner Aussagebereitschaft auszugehen ist,[1425] was nur bei Vorliegen einer (schriftlichen) Erklärung des Zeugen selbst angenommen werden kann[1426]. Für entsprechende Anträge auf Parteieinvernahme gilt die besondere Regelung in § 536 I ZPO.
- Insbesondere bei schon in der ersten Instanz langwierigen Prozessen sollte man die Anschriften der benannten Zeugen überprüfen, um weitere Verzögerungen zu vermeiden.[1427]

[1418] OLG Saarbrücken OLGR 2004, 120 (122).

[1419] BGH NJW 1987, 501 (502); 1994, 1481; NJW-RR 2002, 209 (210); *Eichele/Klinge* S. 209, 221; *Hannich/Meyer-Seitz* § 513 Rn. 11; *Schellhammer*, Zivilprozess Rn. 999.

[1420] So zum bisherigen Recht BGHZ 35, 106; BGH NJW 1971, 807 (808); für das **neue Recht** OLG Bamberg OLGR 2004, 138; *Schumann/Kramer* Rn. 223; *Pantle/Kreissl* Rn. 582; *Zöller/Gummer/Heßler* § 520 Rn. 41 mit eingehender und überzeugender Begründung; *Rosenberg/Schwab/Gottwald* § 135 Rn. 44; *Thomas/Putzo/Reichold* § 520 Rn. 23; **a.A.** KG NJW 1990, 844.

[1421] So *Musielak/Ball* (3. Aufl.) § 520 Rn. 32 (in der 4. Aufl. im Hinblick auf BGH NJW 2004,1876 aufgegeben) und Ball, *Mietprozess* S. 413 (unter II 11 a).

[1422] NJW 2004, 1876.

[1423] Vgl. BVerfG NJW-RR 1995, 828; BGH NJW 1998, 155, der auf Entscheidungen des RG aus den Jahren 1904, 1906 und 1925 hinweist!

[1424] BGH NJW 1994, 1481.

[1425] BGH NJW-RR 1987, 445; *Thomas/Putzo/Reichold* § 383 Rn. 2.

[1426] OLG Köln NJW 1975, 2074; LAG Köln MDR 2000, 1337; *Zöller/Greger* § 383 Rn. 7; *Thomas/Putzo/Reichold* § 383 Rn. 2.

[1427] *Schumann/Kramer* Rn. 223.

296 (2) Wendet sich der Berufungskläger gegen die **Beweiswürdigung** des Ersturteils, so muß er[1428]

- angeben, welcher bestimmte Punkt der tatsächlichen Feststellungen angegriffen werden soll (z.B. die Glaubwürdigkeit eines bestimmten Zeugen) **und**
- vortragen, welche Gründe er entgegensetzt (z.B. Nichtbeachtung der Verwandtschaft des Zeugen mit dem Beklagten). Sollen gegen ein im Ersturteil verwendetes Sachverständigengutachten Einwendungen erhoben werden, bedarf es dazu nur allgemein substantiierten Vortrags, die Vorlage eines Privatgutachtens kann weder unter dem Gesichtspunkt der Substantiierungslast noch der allgemeinen Prozeßförderungspflicht verlangt werden,[1429] auch wenn ein solches sicher die Überzeugungskraft der Argumente erhöht[1430].

Nur so werden „konkrete Anhaltspunkte" für Zweifel an den tatsächlichen Feststellungen geliefert. Nicht genügen demnach Formulierungen wie

- *„Gerügt wird mit der Berufung die tatsächliche und rechtliche Würdigung des Verhaltens des Beklagten."*[1431]
- *„Die Beweiswürdigung ist nicht überzeugend."*[1432]

297 **c) Berufung mit ausschließlich neuen Tatsachen oder Beweisen (§ 520 III 2 Nr. 4 ZPO).** Wird die Berufung ausschließlich auf neue Tatsachen oder Beweise gestützt, ist eine Auseinandersetzung mit den erstinstanzlichen Gründen nicht erforderlich.[1433] Notwendig sind aber

- eine genaue Bezeichnung der neuen Angriffs- und Verteidigungsmittel (die bloße Angabe von Zeugen oder anderen Beweismitteln genügt nicht [1434]) **und**
- eine eingehende Darlegung, daß die Voraussetzungen des § 531 II 1 Nr. 1–3 ZPO gegeben sind[1435]. Bei nach dem Schluß der mündlichen Verhandlung erster Instanz bekannt gewordenen Beweismitteln muß ggf. dargelegt werden, warum der Berufungsführer sich trotz entsprechender Anhaltspunkte nicht früher um deren Kenntnis bemüht hat.[1436]

298 **d) Sonderfall: Berufung des Scheidungsantragstellers.** Legt der erfolgreiche Scheidungsantragsteller Berufung mit dem Ziel der Aufrechterhaltung der Ehe ein

---

[1428] Vgl. etwa BGH NJW 1975, 1032; NJW-RR 1988, 507; 1992, 1340; NJW 1994, 1481; 1997, 1787; OLG Karlsruhe AnwBl 1992, 88; zum **neuen Recht** OLG Saarbrücken OLGR 2004, 18; *Hannich/Meyer-Seitz* § 513 Rn. 13; *GMP/Germelmann* § 64 Rn. 60; *Thomas/Putzo/Reichold* § 520 Rn. 23; *Michel/von der Seipen* S. 265; ungenau *Gehrlein*, ZPR § 14 Rn. 47.

[1429] BGH VersR 2004, 83.

[1430] *HdbStraßenverkR/Born* Kap. 3 B Rn. 229.

[1431] BGH VersR 1978, 182; *Schellhammer*, Zivilprozess Rn. 999 Fn. 177; *Zöller/Gummer/Heßler* § 520 Rn. 35; *Wieczorek/Schütze/Gerken* § 520 Rn. 70.

[1432] Becht II S. 60 Fn. 8; *Rosenberg/Schwab/Gottwald* § 135 Rn. 44.

[1433] Für das bisherige Recht BGH NJW 1967, 1843; 1999, 3784; BAG NZA 1990, 825; LAG Berlin NZA-RR 1999, 99; für das **neue Recht** *Musielak/Ball* § 520 Rn. 37; *ErfKoArbR/Koch* § 66 ArbGG Rn. 14.

[1434] RG JW 1934, 3199; *Körting* S. 113; *MüKo-ZPO/Rimmelspacher* § 519 Rn. 45.

[1435] *Gehrlein*, ZPR § 14 Rn. 48; *Greger*, Kurzkommentar unter 4 c); *Ball*, Mietprozess S. 414 (unter II 11 d); *Zöller/Gummer/Heßler* § 520 Rn. 35; *Braunschneider*, Begründung III S. 137; *Wieczorek/Schütze/Gerken* § 520 Rn. 70; *Thomas/Putzo/Reichold* § 520 Rn. 24.

[1436] KG MDR 2003, 471; *Gehrlein*, Erste Erfahrungen S. 428 (unter II 6 a) und ZPR § 14 Rn. 87; *Löhnig* S. 247.

(vgl. oben Rn. 82), so muß er in der Berufungsbegründung vorbehaltlos die Rücknahme seines Scheidungsantrags erklären, einen Verzicht gemäß § 306 ZPO ankündigen oder vom Scheidungsantrag zur Herstellungsklage übergehen.[1437] Andernfalls ist die Berufung mangels Beschwer unzulässig.[1438]

3. Ausführungen zu den Erfolgsaussichten oder zur grundsätzlichen Bedeutung

Der Berufungsführer **muß de facto** im Hinblick auf die Möglichkeit der unanfechtbaren Beschlußzurückweisung nach § 522 II ZPO zur Frage der Erfolgsaussichten oder der grundsätzlichen Bedeutung des Rechtsstreits zumindest ergänzend **Stellung nehmen**. Dies zeigen die folgenden Ausführungen in der Gesetzesbegründung trotz ihres typischen verschleiernden Stils unmißverständlich:[1439] **299**

„Der Entwurf sieht davon ab, die Darlegungspflichten für die Berufungsbegründung im Hinblick auf die Einführung des Zurückweisungsbeschlusses (§ 522 E) zu verschärfen. Die Zulässigkeit der Berufung hängt deshalb nicht davon ab, dass der Berufungsführer Ausführungen zu den Zurückweisungsgründen macht. ***Im Hinblick auf die Regelung des § 522 Abs. 2 E wird der Berufungsführer allerdings, soweit sich dies nicht bereits aus den Ausführungen zu den Berufungsgründen ergibt, auch Ausführungen zur Erfolgsaussicht der Berufung oder zur grundsätzlichen Bedeutung der Rechtssache vorbringen.*** *Zum Zurückweisungsgrund der fehlenden Erfolgsaussicht wird die Angabe der Gründe, die dem Rechtsmittel aus der Sicht des Berufungsklägers zum Erfolg verhelfen sollen, geboten sein. Zum Zurückweisungsgrund der fehlenden grundsätzlichen Bedeutung der Rechtssache wird – soweit möglich – darzulegen sein, dass Voraussetzung der Entscheidung des Einzelfalles die Klärung einer noch offenen Rechtsfrage ist oder dass eine bereits entschiedene Rechtsfrage aufgrund neuer Gesichtspunkte einer erneuten Erörterung und Entscheidung bedarf. Damit wird dem Berufungsgericht die Beurteilung der Frage erleichtert, ob die Entscheidung im Rechtsmittelverfahren noch einer mündlichen Verhandlung bedarf oder ob die Berufung durch Beschluss zurückzuweisen ist."*

Der hier vertretene Standpunkt entspricht auch der ganz herrschenden Meinung im Schrifttum.[1440]

III. Formale Anforderungen an die Begründung

1. Disposition und Stil

Die Berufungsbegründung sollte eine **klare Disposition** aufweisen; dabei ist auf Unterscheidungen zwischen Zulässigkeit und Begründetheit, Anspruchsgrund und Anspruchshöhe etc. sowie logische Stringenz zu achten.[1441] Jede Berufungsrüge sollte **300**

[1437] BGH NJW 1970, 46; NJW-RR 1987, 387; *Bettermann*, Beschwer S. 39; *Wieczorek/Schütze/Gerken* Rn. 46 vor § 511 und § 520 Rn. 104; *Thomas/Putzo/Reichold* § 520 Rn. 29.

[1438] *Wieczorek/Schütze/Gerken* § 520 Rn. 104.

[1439] S. 96 (Hervorhebung vom Verf.).

[1440] *Schneider*, ZPO-Reform Rn. 404; *Gehrlein*, ZPR § 14 Rn. 49; *Zöller/Gummer/Heßler* § 520 Rn. 33; *Schellhammer*, Zivilprozess Rn. 999; *BL/Albers* § 520 Rn. 37; nur *Schumann/Kramer* Rn. 238 hält eine solche Stellungnahme für überflüssig, womit er aber der oben zitierten Stelle aus der amtlichen Begründung und dem für den Rechtsanwalt stets im Mittelpunkt stehenden Grundsatz des sichersten Weges nicht genügend Rechnung trägt.

[1441] Im Hinblick hierauf kann dem Muster von *Schaub/Neef/Schrader* § 86 I Rn. 3 nicht gefolgt werden

dabei eine eigene Gliederungsnummer mit Bezeichnung der geltend gemachten Rüge erhalten.[1442] Innerhalb jeder Berufungsrüge sollten die vorstehend aufgeführten notwendigen Inhalte argumentativ und optisch getrennt werden.

Der **Stil** sollte konkret, nüchtern und auf Kürze Bedacht sein. Rein formelhafte, nichtssagende Redewendungen genügen nicht,[1443] ebenso nicht eine bloße Urteilsschelte mit markigen Worten wie „unhaltbar", „rechtsirrig" u.ä.[1444] Persönliche Angriffe auf den Erstrichter untergraben die Überzeugungskraft der eigenen Ausführungen. Vielschreiberei ersetzt nicht die Argumente.[1445] Der Empfehlung u.a. von *Commichau*, *„wesentliche Teile des Tatbestandes zum besseren Verständnis der Ausführungen in der Berufungs[begründungs]schrift nochmals zu wiederholen ..."*[1446], kann nicht zugestimmt werden.[1447] Eine solche Sachverhaltswiederholung wirkt auf den Berufungsrichter, der regelmäßig zuerst das angefochtene Urteil, dessen Tatbestand den entscheidungserheblichen Sachverhalt festschreibt (siehe oben Rn. 57), und dann die Berufungsbegründung liest,[1448] ermüdend und erweckt darüber hinaus den Verdacht, der Berufungsführer wolle in der zweiten Instanz unzulässigerweise einem völlig neuen Sachverhalt einführen.

2. Bezugnahmen

Bezugnahmen sind nur sehr eingeschränkt zulässig[1449] und sollten unter der Geltung der neuen ZPO mehr denn je soweit irgend möglich vermieden werden. Im einzelnen:

301 a) **Pauschale ersetzende Bezugnahmen.** Diese sind unzulässig, was keinen verfassungsrechtlichen Bedenken begegnet.[1450] Dies gilt selbst dann, wenn sich der

– die Unterscheidung in *„II. Rechtliche Beurteilung"* und *„III. Das erstinstanzliche Urteil"* ist nicht überzeugend, da sich die Berufung, wie *Schaub/Neef/Schrader* a.a.O. Fn. 8 selbst schreiben, naturgemäß mit dem erstinstanzlichen Urteil auseinandersetzt (im konkreten Beispiel geht es im übrigen auch um zwei miteinander zusammenhängende Rechtsfragen); eine solche Vorgehensweise ist auch nicht aus den von *Schaub/Neef/Schrader* genannten Gründen der Vorsicht geboten.

[1442] So auch *Stackmann*, Berufungsschrift S. 169.

[1443] Zuletzt BGH NJW-RR 2002, 209 (210); *Schneider*, Förmlichkeiten S. 5; *MüKo-ZPO/Rimmelspacher* § 519 Rn. 43; *Grunsky*, Taktik Rn. 411 (der aber mißverständlich von einem *„bloßen Formalerfordernis"* spricht); *Zöller/Gummer/Heßler* § 529 Rn. 35; *Rosenberg/Schwab/Gottwald* § 135 Rn. 44; *Thomas/Putzo/Reichold* § 520 Rn. 27.

[1444] BFH BB 1977, 386; *Schneider*, Förmlichkeiten S. 5 (in seiner in ZPO-Reform Rn. 512 wiedergegebenen Musterberufung hält sich *Schneider* leider nicht an diese Einsicht, wenn es dort u.a. heißt: *„Im Ergebnis erweisen sich die Entscheidungsgründe als ein Sammelsurium von beweisrechtlichen Bruchstücken und Unrichtigkeiten."*); *Vorwerk/Teubel* Kap. 65 Rn. 114; *Steinert/Theede* Kap. 12 Rn. 48; *Zöller/Gummer/Heßler* § 520 Rn. 34.

[1445] OLG Karlsruhe AnwBl 1992, 88 (Wiederholung des erstinstanzlichen Vortrags auf 21 Seiten); *Körting* S. 112; *Mittenzwei* S. 470; *Zöller/Gummer/Heßler* § 520 Rn. 35; *Steinert/Theede* Kap. 12 Rn. 48.

[1446] Rn. 407; ähnlich *Pantle/Kreissl* Rn. 711 (für den Fall, daß *„das erstinstanzliche Vorbringen im Berufungsrechtszug ergänzt werden"* muß) und *Schaub/Neef/Schrader* § 86 I Rn. 2, 3.

[1447] Gegen eine Wiederholung des erstinstanzlichen Sach- und Streitstands auch *Vorwerk/Teubel* Kap. 65 Rn. 110; *Schumann/Kramer* Rn. 230; *Rixecker* S. 705; *Stackmann*, Berufungsschrift S. 170 bezeichnet die Sachverhaltswiedergabe in der Berufungsbegründung sogar als *„schweren Fehler"*.

[1448] Vgl. *Schumann/Kramer* Rn. 1.

[1449] Vgl. umfassend die Aufsätze von *Lange* und *Fischer* (Bezugnahmen); ferner *Thomas/Putzo/Reichold* § 520 Rn. 31; die gegenteilige Auffassung von *St/J/Grunsky* § 519 Rn. 37 stellt die Prozeßwirklichkeit nicht richtig dar.

[1450] BVerfGE 36, 92 (99), stRspr., zuletzt NJW-RR 2002, 135; BGH stRspr., zuletzt NJW 2004, 66 (67); *Fischer*, Bezugnahmen S. 623.

Streit um eine einzige Tatsachen- oder Rechtsfrage dreht.[1451] Hierzu drei Negativbeispiele:

- *„Das frühere Vorbringen wird wiederholt, neues wird vorbehalten."*[1452]
- *„Zur Vermeidung von Wiederholungen beziehe ich mich auf den erstinstanzlichen Vortrag samt den darin enthaltenen Beweisantritten und mache ihn zum Gegenstand der Begründung."*[1453]
- pauschale Bezugnahme unter Beifügung eines Ordners mit Anlagen[1454].

b) Pauschale ergänzende Bezugnahmen. Pauschale, die eigenständige Berufungsbegründung ergänzende Bezugnahmen sind u.U. zulässig und im Einzelfall nützlich[1455]. Das Berufungsgericht ist zwar grundsätzlich nicht verpflichtet, die Akten auf etwaige unerledigte Beweisangebote zu „durchforsten",[1456] eine Ausnahme besteht aber, wenn das Erstgericht das gesamte einschlägige Vorbringen als rechtlich unerheblich oder unsubstantiiert behandelt oder gänzlich übergangen hatte und das Berufungsgericht anderer Meinung ist.[1457] 302

Formulierungsvorschlag:[1458]

Ergänzend, nicht ersetzend wird auf den Vortrag in den erstinstanzlichen Schriftsätzen vom ... Bezug genommen.

c) Konkret ersetzende Bezugnahmen. Ihre Behandlung ist besonders unsicher. Es hat sich hier eine kaum noch überschaubare und z.T. widersprüchliche Kasuistik entwickelt.[1459] 303

aa) Unzulässige Bezugnahmen. Unzulässig sind Bezugnahmen auf

- eigene Schreiben der Partei[1460]

  Aber auch hier muß der Einzelfall sorgfältig analysiert werden, wie das unveröffentlichte Urteil des Bundesgerichtshofs vom 20.11.1980 zeigt, wo es u.a. heißt: *„Unrichtig ist die Ansicht des Berufungsgerichts, die Bezugnahme auf das Schreiben vom 1. September 1971 lasse nicht erkennen, daß der Prozeßbevollmächtigte der Klägerin das Schreiben persönlich durchgearbeitet und sich seinen Inhalt als Ergebnis seiner geistigen Verarbeitung zu eigen gemacht habe. Das Schreiben ergänzt in*

[1451] RGZ 145, 131 (133) (Rechtsfrage); BGH NJW 1959, 885; VersR 1966, 931; 1968, 367; MDR 1981, 656; NJW 1994, 1481; *Mittenzwei* S. 469; *Zöller/Gummer/Heßler* § 520 Rn. 40; *Thomas/Putzo/Reichold* § 520 Rn. 31.

[1452] BGH LM § 519 ZPO Nr. 31; NJW-RR 1992, 631; der Vorbehalt ist im übrigen völlig unbeachtlich.

[1453] BGH WM 1993, 1735; ähnlicher Fall in VersR 1969, 617; NJW 2000, 1576 und MDR 2004, 405; *Schneider*, Förmlichkeiten S. 5; *Fischer*, Bezugnahmen S. 623.

[1454] BGHReport 2002, 257 (Volltext bei juris).

[1455] *Fischer*, Bezugnahmen S. 623; auch *Müller/Schöppe-Fredenburg* S. 219 haben eine solche pauschale ergänzende Bezugnahme in ihr Muster aufgenommen.

[1456] BVerfGE 36, 92 (99); 46, 316 (319); NJW-RR 1993, 637; BGHZ 35, 103 (106); BGH NJW 1987, 502; OLG München WRP 1976, 393; 1977, 432; *Schneider*, Förmlichkeiten S. 6; *Thomas/Putzo/Reichold* § 520 Rn. 31.

[1457] BVerfGE 36, 92 (99); 60, 305 (311); BVerfG NJW 1992, 495; NJW-RR 1995, 828; BGH NJW 2004, 66 (67); *Thomas/Putzo/Reichold* § 520 Rn. 31.

[1458] Zustimmend *Kroiß* S. 121.

[1459] *Lange* S. 440; *Zöller/Gummer/Heßler* § 520 Rn. 40.

[1460] BGH VersR 1969, 617; *Fischer*, Bezugnahmen S. 623 m.w.N. in Fn. 6; *Thomas/Putzo/Reichold* § 520 Rn. 32; *BL/Albers* § 520 Rn. 28; **abl.** *Mittenzwei* S. 470.

zulässiger Weise den Sachverhalt, mit dem die Klägerin ihre Rückforderung begründet, ausführlich und substantiiert. Es genügt daher, daß in der Berufungsbegründung der Klägerin zum Ausdruck kommt, ihr Prozeßbevollmächtigter mache sich den Inhalt dieses Schreibens aufgrund seiner Prüfung zu eigen. Das geht aus dem Schriftsatz eindeutig hervor. In ihm ist auf das Schreiben Bezug genommen und für die Richtigkeit seines Inhalts Beweis angetreten. Das genügt. Die Auffassung des Berufungsgerichts läuft darauf hinaus, eine sinnlose Abschreibearbeit zu fordern. Der vorliegende Fall liegt anders als die Fälle, in denen auf eine unübersehbare Vielfalt von Schriftstücken verwiesen wird.«[1461]

- Schriftsätze eines nicht postulationsfähigen Rechtsanwalts[1462] (in der Bezugnahme kann aber die Genehmigung der Prozeßhandlung des nicht postulationsfähigen Rechtsanwalts liegen[1463]);
- Rechtsgutachten eines Universitätsprofessors;[1464]
- Sachverständigengutachten,[1465] da sie sich in der Regel allenfalls mit dem gegnerischen Vortrag, nicht aber mit dem angefochtenen Urteil auseinandersetzen[1466];
- ein Prozeßkostenhilfegesuch des erstinstanzlichen und beim Berufungsgericht nicht zugelassenen Anwalts;[1467]
- eine nicht unterschriebene und als Entwurf bezeichnete Anlage zu einem Prozeßkostenhilfegesuch des zweitinstanzlichen Anwalts[1468].

bb) Zulässige Bezugnahmen. Zulässig sind Bezugnahmen auf

- ein Prozeßkostenhilfegesuch in derselben Sache und derselben Instanz, wenn es von einem postulationsfähigen Rechtsanwalt unterzeichnet ist,[1469] wobei es sich auch um ein vom Mandanten (formgerecht) gefertigtes Gesuch handeln kann[1470];
- einen Prozeßkostenhilfebewilligungsbeschluß;[1471]

[1461] Az. VII ZR 298/79, S. 4; die Entscheidung wird von *Lang* AnwBl 1982, 242 und *BL/Albers* § 520 Rn. 28 zustimmend erwähnt; von *Schumann/Kramer* Rn. 239 übersehen (ähnlich argumentiert der BGH übrigens in MDR 2004, 219 zur Bezugnahme in einer Klageschrift).

[1462] RGZ 146, 250 (253); 164, 395; BGHZ 7, 170 (172), stRspr., zuletzt VersR 2000, 337 (338); OLG Schleswig NJOZ 2004, 363 (364); **abl.** *Mittenzwei* S. 470.

[1463] BGH FamRZ 1993, 695; *Zimmermann* § 520 Rn. 16, der allerdings das Regel-Ausnahmeverhältnis bei der Bezugnahme auf Schriftsätze eines nicht postulationsfähigen Rechtsanwalts nicht beachtet; **abl.** *Oehlers* S. 451.

[1464] RGZ 146, 250 (253); BGH VersR 1969, 617; BFHE 143, 199; *Rosenberg/Schwab/Gottwald* § 135 Rn. 39; *Thomas/Putzo/Reichold* § 520 Rn. 32; **abl.** *Mittenzwei* S. 470; **krit. auch** *BL/Albers* § 520 Rn. 29.

[1465] BGH VersR 1957, 642; NJW 1963, 380; 1994, 1481; OLG Hamm NJW-RR 1992, 632; *Thomas/Putzo/Reichold* § 520 Rn. 32; *BL/Albers* § 520 Rn. 29.

[1466] So BGH NJW 1991, 1481.

[1467] RGZ 145, 268 (270); BGHZ 7, 170 (173); BGH NJW 1981, 1620; *Rosenberg/Schwab/Gottwald* § 135 Rn. 39; *Thomas/Putzo/Reichold* § 520 Rn. 32; *BL/Albers* § 520 Rn. 29; **a.A.** OLG Rostock OLGR 1997, 82 = OLG-NL 1997, 77.

[1468] BGH NJW 1998, 1647; NJOZ 2004, 288 (289); *Büttner* S. 504; *Thomas/Putzo/Reichold* § 520 Rn. 32; **krit.** *BL/Albers* § 520 Rn. 29.

[1469] RGZ 145, 266 (268); BGHZ 7, 170 (173), stRspr., zuletzt NJW-RR 2001, 789; BAGE 8, 346 (348); *Körting* S. 107; *Thomas/Putzo/Reichold* § 520 Rn. 33; *Rosenberg/Schwab/Gottwald* § 135 Rn. 38; *BL/Albers* § 520 Rn. 28.

[1470] BAG Beschl. v. 7.2.1983 – 3 AZB 26/82 (veröffentlicht bei juris).

[1471] BGH NJW 1993, 3333; *Borgmann* AnwBl 1994, 137 (138); *Thomas/Putzo/Reichold* § 520 Rn. 33; krit. zur Begründung *Oehlers* S. 450.

- einen Einstellungsantrag;[1472]
- die Berufungsbegründung eines postulationsfähigen Rechtsanwalts eines Streitgenossen;[1473]
- die Berufungsbegründung in einem parallelen einstweiligen Verfügungsverfahren, wenn davon eine – beglaubigte – Abschrift vorgelegt wird;[1474]
- einen Schriftsatz in Parallelprozessen mit gleichen oder anderen Parteien, wenn davon eine – beglaubigte[1475] – Abschrift vorgelegt wird;[1476]
- einen bestimmten Schriftsatz in der Vorinstanz, wenn deutlich wird, was damit gegen das Ersturteil vorgebracht werden soll;[1477]
- eine Vielzahl geordneter (!) Urkunden zum **Beleg** einer Forderung[1478].

Angesichts der modernen Bürotechnik (Computer, Scanner) sollte **auf ersetzende Bezugnahmen** nach Möglichkeit **ganz verzichtet** werden; selbst Beweisangebote sollten vollständig wiederholt werden, auch z.B. die Anschrift von Zeugen[1479].[1480]

3. „Bitte um Hinweise nach § 139 ZPO"

Das Gericht muß nach § 139 ZPO von Amts wegen auf entscheidungserhebliche Gesichtspunkte hinweisen. Gleichwohl findet sich in nahezu jeder Berufungsbegründung nach dem ‚Vorbild' zahlreicher Anleitungsbücher für Anwälte[1481] eine „Bitte um Hinweise nach § 139 ZPO", z.T. mit Rechtsprechungshinweisen (bezeichnenderweise nicht selten die einzigen in der ganzen Berufungsbegründung!). 304

Diese Bitte ist grundsätzlich zu **unterlassen**. Dies gilt sowohl für die nach h.M. unbeachtlichen „allgemeinen", „formularmäßigen" Bitten um rechtlichen Hinweis[1482] als auch für die angeblich anders zu behandelnden „speziellen" Bitten[1483], und zwar nicht

[1472] BGH NJW 1995, 2112; *Thomas/Putzo/Reichold* § 520 Rn. 33.

[1473] RGZ 152, 316 (319); BGH NJW 1993, 3333; *Rosenberg/Schwab/Gottwald* § 135 Rn. 38; *Thomas/Putzo/Reichold* § 520 Rn. 33.

[1474] BGHZ 13, 244 (247); *Rosenberg/Schwab/Gottwald* § 135 Rn. 38, *Thomas/Putzo/Reichold* § 520 Rn. 33.

[1475] **So** BGH VersR 1977, 1004; 1985, 67 (68 m.w.N.); **a.A.** BAGE 17, 186 (189) für den Sonderfall der Kündigung mehrerer Arbeitnehmer eines Arbeitgebers aus dem selben Grund, im wesentlichen gleichlautender Abweisungen der Klagen und gleichzeitiger Berufungen zur selben Kammer des LAG.

[1476] BGHZ 13, 244 (248); VersR 1977, 1004; 1985, 67 (68 m.w.N.); BAGE 17, 186; AP Nr. 20 zu § 519 ZPO; *Mittenzwei* S. 470; *Schneider*, Förmlichkeiten S. 6; *Lange* S. 439; *Rosenberg/Schwab/Gottwald* § 135 Rn. 38; *BL/Albers* § 520 Rn. 28; ungenau *Thomas/Putzo/Reichold* § 520 Rn. 32, der die Frage der grundsätzlichen Bezugnahmemöglichkeit und die der notwendigen Form nicht klar genug auseinanderhält; **a.A.** BGH MDR 1966, 665 (von *Rosenberg/Schwab/Gottwald* § 135 Rn. 38 zu Unrecht für die Gegenposition in Anspruch genommen).

[1477] BGH VersR 1966, 1138; *Fischer*, Bezugnahmen S. 634 m.w.N. in Fn. 14, 15; *Zöller/Gummer/Heßler* § 520 Rn. 40.

[1478] BVerfG NJW 1994, 2683 für 60 Seiten Nebenkostenabrechnungen; BGH NJW 1993, 1866 für eine Gegenforderung; *Zimmermann* § 520 Rn. 16; *Thomas/Putzo/Reichold* § 520 Rn. 33; *BL/Albers* § 520 Rn. 28.

[1479] *Eichele/Klinge* S. 222.

[1480] So auch *Schlee* AnwBl 1994, 187 (188) unter Berufung auf den Grundsatz des sichersten Weges und *Rödel/Dahmen* Rn. 68.

[1481] Zu finden z.B. bei *BProzFb/Goll* S. 308 und *Müller/Schöppe-Fredenburg* S. 219.

[1482] Vgl. hierzu *Rinsche* Rn. 105; *Grunsky*, Taktik Rn. 180; *Schneider*, Richter S. 51; *Prechtel* S. 266.

[1483] Vgl. insoweit *Rinsche* a.a.O.; *Grunsky*, Taktik a.a.O.; *Schneider*, Richter a.a.O. (die von ihm bejahte Ausnahme, *„wenn der Anwalt seine Auffassung zu einem konkreten Problem dargelegt hat, das*

nur deshalb, weil solche Bitten, wie ihre Befürworter eingestehen müssen, faktisch häufig ungehört bleiben[1484], sondern weil sie nicht geeignet sind, etwaige anwaltliche Versäumnisse auszugleichen[1485] und es vornehmste Aufgabe eines Rechtsanwalts ist, unklare Situationen gar nicht erst entstehen zu lassen.

IV. Angabe des Werts des Beschwerdegegenstands und Stellungnahme zur Übertragung des Rechtsstreits auf den entscheidenden Einzelrichter

Auf zwei auf den ersten Blick unscheinbare Formalien im Zusammenhang mit der Berufungsbegründung sei noch hingewiesen:

305 Zunächst soll nach § 520 IV Nr. 1 ZPO in Fällen, wo es nicht um eine bestimmte Geldsumme geht, der **Wert des Beschwerdegegenstands** angegeben werden. Die Vorschrift, die im Zusammenhang mit § 511 III ZPO zu lesen ist, wird häufig als nebensächlich angesehen.[1486] In Wirklichkeit ist diese Wertangabe vorzüglich geeignet, Flüchtigkeitsfehlern oder Arbeitsvermeidungsstrategien des Berufungsgerichts vorzubeugen:[1487] Unterläßt der Berufungskläger die Angabe, hat das Berufungsgericht den Wert nach § 3 ZPO aufgrund eigener Lebenserfahrung und Sachkenntnis ohne Einholung eines Sachverständigengutachtens (§§ 511 III Hs. 1, 294 II ZPO!) zu schätzen.[1488]

306 Weiter soll nach § 520 IV Nr. 2 ZPO zur Frage der Übertragung des Rechtsstreits auf den **entscheidenden Einzelrichter** Stellung genommen werden. Auch wenn die Übertragung gemäß § 526 III ZPO unanfechtbar ist, sollte grundsätzlich Stellung genommen werden, um die grundsätzlich verfehlte Übertragung[1489] nach Möglichkeit zu verhindern.[1490] Die für die Entscheidung maßgeblichen kumulativen Kriterien finden

---

umstritten ist, und er dem Gericht erklärt, er erwarte einen Hinweis, wenn seine Auffassung nicht geteilt werde, da er sich dann mit der Gegenmeinung auseinandersetzen wolle", verkennt die Realität – der sorgfältige Richter benötigt keinen Hinweis auf § 139 ZPO, der schlechte wird ihn ignorieren [so *Schneider* selbst in MDR 1987, 725, 726]); *Zwanziger/Heitmann* S. 94; *Prechtel* S. 265 f.

1484 *Rinsche* a.a.O.; *Grunsky*, Taktik a.a.O.

1485 So nachdrücklich BGH MDR 2004, 405; ebenso *Zöller/Greger* § 139 Rn. 12.

1486 So exemplarisch *MüKo-ZPO/Rimmelspacher* § 519 Rn. 47; *Zöller/Gummer/Heßler* § 520 Rn. 44 und *Thomas/Putzo/Reichold* § 520 Rn. 35.

1487 *Schumann/Kramer* Rn. 235, 236; vgl. auch – wenn auch widersprüchlich – *Rödel/Dahmen* Rn. 69.

1488 BGH NJW-RR 1998, 573; *Thomas/Putzo/Reichold* § 511 Rn. 11.

1489 Abgesehen von dem in der Reformdiskussion immer wieder hervorgehobenen Akzeptanzproblem und der durch ein Kollegialgericht begründeten grundsätzlich wesentlich höheren Richtigkeitsgewähr (vgl. statt vieler *Schnauder* S. 165 und jüngst *Debusmann* S. 50) weist das Gesetz erhebliche Ungereimtheiten auf: So kann in der Berufungskammer eines LG – anders als im Fall des erstinstanzlichen originären Einzelrichters nach § 348 ZPO – ein Proberichter bereits ab dem ersten Tag seiner Berufstätigkeit als Einzelrichter eingesetzt werden und dann über das Urteil eines erfahrenen Amtsrichters entscheiden (so auch *Schneider*, ZPO-Reform Rn. 348). Der Einzelrichter am OLG (der auch ein zur Erprobung an das OLG abgeordneter Amtsrichter sein kann!) kann über das Urteil eines als Einzelrichter tätig gewordenen Vorsitzenden Richters am LG entscheiden, obwohl er weder offensichtlich höher qualifiziert ist noch auch nur einer höheren Besoldungsgruppe angehören würde (so auch *Debusmann* S. 50). Damit erweist sich die Ansicht des „Berichts zur Rechtsmittelreform in Zivilsachen" S. 49, „*einem beim Gericht höherer Ordnung angesiedelten Einzelrichter wird die Autorität zugestanden, in Fällen der Rechtsfehlerhaftigkeit des angefochtenen Urteils abändernde oder aufhebende Entscheidungen zu treffen*", die ohnehin einen befremdlichen Rückfall in die Zeiten der formaler Amtsautoritäten darstellt (ablehnend auch der Deutsche Richterbund DRiZ 1999, 426 [427]), als unhaltbar.

1490 Vgl. auch *Müller/Schöppe-Fredenburg* S. 219. Die von *Greger*, ZPO-Reform S. 815 f. mitgeteilten

sich in § 526 I ZPO. In Arzthaftungssachen z.B. kommt, wie auch die gesetzliche Wertung in § 348 I 2 Nr. 2 Buchst. e) ZPO zeigt, nur eine Entscheidung durch den Senat in Betracht.[1491] In Baulandsachen findet § 526 ZPO keine Anwendung (§§ 220 I 3, 229 I 2 BauGB), ebenso gemäß § 64 VI 2 ArbGG nicht im arbeitsgerichtlichen Berufungsverfahren.

V. Die Unterschrift des Berufungsanwalts

1. Grundsatz

Gemäß § 520 V i.V.m. § 130 Nr. 6 ZPO muß die Berufungsbegründungsschrift von einem beim Berufungsgericht zugelassenen Rechtsanwalt unterschrieben werden.[1492] Die Unterschrift kann nicht durch eine – auch gleichzeitige – „Bestätigung" in einem anderen, unterzeichneten Schriftsatz ersetzt werden,[1493] es sei denn, das Begleitschreiben ist *„mit der nicht unterschriebenen Berufungsbegründung fest (hier: mittels einer Loch-Heftleiste) verbunden"*[1494] oder es wird eine vom Prozeßbevollmächtigten des Berufungsklägers handschriftlich vollzogene beglaubigte Abschrift der Berufungsbegründung eingereicht[1495]. Eine groteske anwaltliche Fehlleistung hatte das OLG Jena zu beurteilen. Dort war *„eine auf einem leeren Blatt mit Briefkopf angebrachte Blankounterschrift dem ohne Briefkopf und ohne Unterschrift gefertigten Begründungsschriftsatz mittels Heftklammer beigefügt"*.[1496] 307

2. Einzelheiten

a) Sinn des Unterschriftserfordernisses. Er besteht nach Auffassung des Bundesgerichtshofs in folgendem: *„Das Unterschriftserfordernis ist der äußere Ausdruck für die vom Gesetz geforderte eigenverantwortliche Prüfung des Inhalts der Berufungs-* 308

Zahlen zeigen bei den Oberlandesgerichten eine erfreuliche Zurückhaltung beim Einsatz des entscheidenden Einzelrichters, wohingegen bei den Landgerichten die Lage deutlich schlechter ist.

[1491] Zum früheren Recht (jeweils zum vorbereitenden Einzelrichter nach § 524 II ZPO a.F. = § 527 ZPO n.F.): BGH NJW 1980, 2751; 1987, 1482; 1993, 2375; 1994, 801; OLG Köln VersR 1987, 164; OLG Karlsruhe VersR 1989, 810; 1994, 860; OLG Oldenburg NJW 1990, 863; zum **neuen Recht**: *Hannich/Meyer-Seitz* § 526 Rn. 6; *Schneider* MDR 2003, 555 (556); *Thomas/Putzo/Reichold* § 526 Rn. 880; *Musielak/Ball* § 526 Rn. 5; **a.A.** *Gehrlein*, Arzthaftungsrecht S. 939; *Zöller/Gummer/Heßler* § 526 Rn. 5 (wobei der Katalog in § 348 I 2 ZPO mit dem erstaunlichen und nicht weiter begründeten Argument, er sei *„beliebig"*, beiseite geschoben und die Rechtsprechung des BGH nicht erwähnt wird). *Wieczorek/Schütze/Gerken* § 526 Rn. 5 macht die Entscheidung über die Übertragung davon abhängig, ob die Sache im konkreten Einzelfall besondere Schwierigkeiten aufweist, was sich aber regelmäßig erst nach Erstellung eines Votums sagen läßt und dann die vom Gesetzgeber mit der Einführung des entscheidenden Einzelrichters beabsichtigte Schonung von „Ressourcen" nicht mehr zu erreichen ist; im übrigen ist *Wieczorek/Schütze/Gerken* inkonsequent, wenn er die besondere Schwierigkeit dann im Hinblick auf die in Arzthaftungssachen erforderliche spezielle Sachkunde doch bejaht.

[1492] BGH stRspr., zuletzt NJW-RR 2004, 1364; BAG stRspr., zuletzt NZA 2003, 573.

[1493] BGHZ 37, 156; *Wieczorek/Schütze/Gerken* § 520 Rn. 12.

[1494] BGHZ 97, 251; *Wieczorek/Schütze/Gerken* § 520 Rn. 12; ähnlich schon KG JW 1930, 169; in BGHZ 37, 156 (160) noch offengelassen.

[1495] BGH LM § 519 ZPO Nr. 14, stRspr., zuletzt NJW-RR 2004, 1364.

[1496] FamRZ 2000, 240; ganz ähnlich der Fall NJW-RR 2004, 1364, wo der *„vom Prozeßbevollmächtigten unterschriebene Beglaubigungsvermerk in der oberen Mitte der Deckblätter der Abschriften, die der Begründungsschrift beigefügt waren, angebracht"* war.

schrift durch einen postulationsfähigen Rechtsanwalt … Dieser braucht zwar die Begründungsschrift nicht unbedingt persönlich verfaßt zu haben: Es genügt vielmehr, ist aber andererseits auch erforderlich, daß er mit seiner Unterschrift die volle Verantwortung für den Inhalt des Schriftsatzes übernimmt …"[1497]

309 **b) Prüfungsmaßstab.** Das Unterschriftserfordernis ist ein rein äußerliches, wie der Bundesgerichtshof in der vorgenannten Entscheidung betont: „*Aus Gründen der Rechtssicherheit begnügt sich das Gesetz insoweit allerdings mit dem äußeren Merkmal der Unterschrift und behandelt diese grundsätzlich als Nachweis dafür, daß der Rechtsanwalt den Prozeßstoff selbst durchgearbeitet, das Ergebnis seiner Arbeit in dem Schriftsatz niedergelegt hat und die Verantwortung für den Inhalt des Schriftsatzes tragen will … Angesichts dieser Bedeutung der anwaltlichen Unterschrift hat das Rechtsmittelgericht grundsätzlich keinen Anlaß, den Inhalt einer anwaltlich unterschriebenen Rechtsmittelbegründung darauf zu überprüfen, ob er von dem postulationsfähigen Anwalt selbst stammt, oder ob dieser ihn etwa von dem Mandanten oder von einem anderen Rechtsanwalt übernommen hat …*"[1498] Eine inhaltsbezogene Betrachtung findet nur ganz ausnahmsweise statt: „*Ausnahmen von diesen Grundsätzen hat die Rechtsprechung nur unter zwei Voraussetzungen anerkannt, nämlich einmal für den Fall, daß der Anwalt den Inhalt seines Schriftsatzes ablehnt … und zum anderen dann, wenn Form und Inhalt des Schriftsatzes das Fehlen einer eigenverantwortlichen Prüfung durch den Rechtsanwalt klar erkennen lassen, dieser also den Schriftsatz erkennbar unbesehen unterschrieben hat …*"[1499]

310 **c) Beispiele aus der Rechtsprechung.** Das Vorstehende soll durch einige Leitentscheidungen verdeutlicht werden:

- Zusatz zur Unterschrift „*Verfasser Rechtsanwalt Dr. …, München*" – unwirksame Unterschrift.[1500]
- Unterschrift unter Ausführungen, die, weil vom wegen Geistesschwäche entmündigten Mandanten stammend, wirr und unverständlich sind oder sonst nach „*Form und Inhalt … das Fehlen einer eigenverantwortlichen Tätigkeit ergeben*" – unwirksame Unterschrift.[1501]
- Zusatz zur Unterschrift „*i.A.*" – unwirksame Unterschrift, weil der Unterzeichnende nur als Erklärungsbote erscheint,[1502] es sei denn, der unterzeichnende Rechtsanwalt ist beim Berufungsgericht zugelassen und das Mandat auch ihm erteilt[1503].

[1497] BGH NJW 1989, 394; 2003, 2028; ferner NJW-RR 2004, 1364.

[1498] Ebenso schon BGHZ 37, 156 (159).

[1499] Ebenso *Thomas/Putzo/Reichold* § 520 Rn. 20.

[1500] RGZ 65, 81 (85); *Wieczorek/Schütze/Gerken* § 520 Rn. 11.

[1501] BGH JR 1954, 462 = DRiZ 1955, 42; VersR 1969, 617 für die Wiedergabe eines Informationsschreibens des Mandanten in der Berufungsbegründungsschrift; *Wieczorek/Schütze/Gerken* § 520 Rn. 10.

[1502] BGH NJW 1988, 210; 2003, 2028; BAG Beschl. v. 25.1.1999 – 2 AZB 40/98 (n.v.) bestätigend LAG Hannover DB 1999, 644; *Gehrlein*, ZPR § 14 Rn. 50; *Wieczorek/Schütze/Gerken* § 520 Rn. 11; *Thomas/Putzo/Reichold* § 520 Rn. 20; eine überzeugende Kritik an dieser Rechtsprechung bringt das LAG Nürnberg NZA-RR 2000, 547.

[1503] BGH NJW 1988, 210; 1993, 2056; BAG NJW 1987, 3279; 1990, 2706; *Musielak/Ball* § 519 Rn. 12; von *Thomas/Putzo/Reichold* § 520 Rn. 20 und *Schumann/Kramer* Rn. 241 übersehen; **abl.** *Wieczorek/Schütze/Gerken* § 520 Rn. 11.

- Auch wenn der Schriftsatz „*in den Formulierungen und der Gestaltung üblichen anwaltlichen Gepflogenheiten nicht entsprechen mag und sein juristischer Gehalt den Anforderungen nicht genügt, die an eine Rechtsmittelbegründung zu stellen sind, wie sie von einem bei einem Oberlandesgericht zugelassenen Rechtsanwalt erwartet werden kann*“, ist die Unterschrift wirksam.[1504]
- Aus dem Umstand, daß ein Berufungsanwalt keinerlei Erinnerung an den zur Verhandlung anstehenden Fall hat, folgt nicht, daß er die Berufungsbegründung unbesehen unterschrieben hat.[1505]
- Zusatz zur Unterschrift „*i. V.*“ – wirksame Unterschrift, wenn der unterzeichnende Rechtsanwalt beim Berufungsgericht zugelassen ist.[1506]
- Der Zusatz „*für Rechtsanwalt XY*“ ist unschädlich, weil hier erkennbar ist, daß der unterzeichnende Rechtsanwalt als Unterbevollmächtigter tätig geworden ist.[1507]
- Der Zusatz „*nach Diktat verreist*“ ist unschädlich.[1508]

VI. Abschriften

Gem. §§ 520 V, 133 I 1, 169 II ZPO hat der Berufungsführer die erforderliche Zahl von beglaubigten Abschriften der Berufungsbegründungsschrift einzureichen. **311**

Dieses Erfordernis wird nach Inkrafttreten des Justizkommunikationsgesetzes bei elektronischer Übermittlung der Berufungsbegründungsschrift wegfallen (siehe im einzelnen oben Rn. 242).

§ 11 Verwerfung und Zurückweisung der Berufung

A. Die Verwerfung gemäß § 522 I 2 ZPO

I. Verfahren

1. Zivilprozeß

Ist die Berufung unzulässig, weil die Berufungseinlegung oder die Berufungsbegründung an unheilbaren Mängeln leiden, ist sie gemäß § 522 I 2 ZPO zu verwerfen.[1509] **312**

Dies geschieht ausnahmsweise durch Urteil, in der Regel aber ohne mündliche Verhandlung im Beschlußwege, § 522 I 3 ZPO. Vor der Entscheidung ist dem Rechtsmittelkläger gemäß Art. 103 I GG aber stets **rechtliches Gehör** zu gewähren,[1510] ggf. auch dem Gegner[1511].

[1504] BGH NJW 1989, 394.

[1505] BGH NJW 1989, 3022.

[1506] BAG NJW 1990, 2706; *Musielak/Ball* § 519 Rn. 12.

[1507] BAG NJW 1990, 2706; BGH NJW 2003, 2028.

[1508] BGH NJW 2003, 2028; *Gehrlein*, ZPR § 14 Rn. 50.

[1509] In der Praxis geschieht dies formularmäßig, vgl. *BRiHb/Schmitz* Rn. 14 und *Tempel/Theimer* S. 248 ff.

[1510] BGH VersR 1974, 1110; 1982, 246; NJW 1991, 2081; 1994, 392; BAG NJW 1971, 1823; *BRiHb/Schmitz* A XXII Rn. 14; *MüKo-ZPO/Rimmelspacher* § 519 b Rn. 7; *Schellhammer*, Zivilprozess Rn. 1058; *GMP/Germelmann* § 64 Rn. 63; *Tempel/Theimer* S. 231 mit umfangreichem Muster S. 244 f.; *Steinert/Theede* Kap. 12 Rn. 51; *Zöller/Gummer/Heßler* § 522 Rn. 6; *Thomas/Putzo/Reichold* § 522 ZPO Rn. 2 und 6; *BL/Albers* § 522 Rn. 4.

[1511] *MüKo-ZPO/Rimmelspacher* § 519 b Rn. 7 („*den Parteien, insbesondere dem Rechtsmittelkläger*“);

2. Arbeitsgerichtliches Verfahren

313 § 522 I ZPO gilt gemäß § 66 II 2 Hs. 1 ArbGG entsprechend. Der Verwerfungsbeschluß ergeht gemäß § 66 II 2 Hs. 2 ArbGG durch Beschluß der Kammer des Landesarbeitsgerichts.

II. Anfechtung

1. Statthaftes Rechtsmittel

314 a) **Zivilprozeß.** Verwerfungsurteile sind nach Maßgabe der §§ 542, 543 ZPO mit der Revision, Verwerfungsbeschlüsse gemäß §§ 522 I 4, 574 I Nr. 1 ZPO mit der **Rechtsbeschwerde** anfechtbar, **wenn** – so § 574 II ZPO – die Rechtssache grundsätzliche Bedeutung hat (Nr. 1) oder die Fortbildung des Rechts oder die Sicherung einer einheitlichen Rechtsprechung eine Entscheidung des Rechtsbeschwerdegerichts erfordert (Nr. 2). Die Wertgrenze des § 26 Nr. 8 EGZPO muß im Falle der Rechtsbeschwerde nicht erreicht werden.[1512]

Im Falle der Verwerfung wegen Versäumung der Berufungs(begründungs-)frist konkurrieren Rechtsbeschwerde und **Wiedereinsetzung** in den vorigen Stand: Der Berufungskläger **muß** neben der Rechtsbeschwerde beim **Berufungsgericht** (§ 237 ZPO) Wiedereinsetzung in den vorigen Stand beantragen[1513] und einen insoweit negativen Beschluß ebenfalls mit einer Rechtsbeschwerde nach § 238 II 1 ZPO anfechten[1514]. Wird Wiedereinsetzung in den vorigen Stand gewährt, fällt der Verwerfungsbeschluß ohne weiteres weg.[1515]

315 b) **Arbeitsgerichtliches Verfahren.** Im arbeitsgerichtlichen Verfahren ist die Rechtsbeschwerde, die sog. **Revisionsbeschwerde**, gemäß § 77 S. 1 ArbGG nur statthaft, wenn sie vom Landesarbeitsgericht zugelassen worden ist, was seinerseits nicht durch Rechtsbehelf überprüfbar ist[1516].

2. Frist

316 Die **Rechtsbeschwerde** ist gemäß § 575 I 1 ZPO binnen einer Notfrist von einem Monat ab Zustellung der angefochtenen Entscheidung einzulegen.

Schumann/Kramer Rn. 335; *Tempel/Theimer* S. 231 (*„sind die Parteien zu hören“*); *Zöller/Gummer/Heßler* § 522 Rn. 6, der sich aber zu Unrecht auf die das rechtliche Gehör des Rechtsmittelklägers betreffende Entscheidung BGH VersR 1982, 246 beruft; *BL/Albers* § 522 Rn. 4 (*„sind die Parteien zu hören“*); **a.A.** *Steinert/Theede* Kap. 12 Rn. 51.

[1512] BGH NJW 2002, 3783; NJW-RR 2003, 132; *Gehrlein*, ZPR § 14 Rn. 57; *Zöller/Gummer/Heßler* § 522 Rn. 13; *Rosenberg/Schwab/Gottwald* § 137 Rn. 3; *Thomas/Putzo/Reichold* § 522 Rn. 10.

[1513] BGH NJW 1968, 107; *Schellhammer*, Zivilprozess Rn. 1058; *BL/Albers* § 522 Rn. 9; ungenau *Zöller/Gummer/Heßler* § 522 Rn. 20; nach *Thomas/Putzo/Reichold* § 522 Rn. 11 *„bleibt“* der Wiedereinsetzungsantrag neben der sofortige Beschwerde nur *„möglich“*.

[1514] BGHZ 21, 142 (147); NJW 1982, 887; 2002, 2397; *Thomas/Putzo/Hüßtege* § 238 Rn. 17 und *Thomas/Putzo/Reichold* § 522 Rn. 11.

[1515] BGHZ 45, 380 (384); VersR 1982, 95; *Zöller/Gummer/Heßler* § 522 Rn. 14, 20; *Thomas/Putzo/Reichold* § 522 Rn. 11; *BL/Albers* § 522 Rn. 9.

[1516] BAG NJW 1965, 1981; 1980, 1128.

3. Form

Die **Rechtsbeschwerde** ist gemäß § 575 I 2 ZPO beim **Rechtsbeschwerde**gericht, das ist gemäß § 133 GVG der Bundesgerichtshof, einzulegen (auch in Bayern, § 7 II 1 EGZPO). 317

Die Rechtsbeschwerde kann gemäß §§ 78 I ZPO, 164, 171 BRAO nur durch einen (ausschließlich) beim Bundesgerichtshof zugelassenen Rechtsanwalt eingelegt werden.

Sie ist gemäß § 575 II 1 ZPO binnen eines Monats ab Zustellung der angefochtenen Entscheidung (§ 575 II 2 ZPO) zu **begründen.**

4. Zusammenfassung

Angesichts der engen Voraussetzungen, des Verfahrensaufwands und der hohen Kosten gibt es **faktisch nur noch selten eine Überprüfung von Berufungsverwerfungen.**[1517]

B. Die Zurückweisung gemäß § 522 II ZPO

Die praktische Handhabung dieser neuen Entscheidungsmöglichkeit, einem Kernstück der ZPO-Reform, differiert sehr stark:[1518] Während ein Teil der Gerichte aus praktischen und/oder berufsethischen Erwägungen einer restriktiven Anwendung das Wort redet, machen andere Gerichte von der Möglichkeit der Beschlußzurückweisung exzessiven Gebrauch (bis zu 60 % aller Fälle) und erliegen dabei der von Anfang an befürchteten Versuchung zur Selbststeuerung der Arbeitsbelastung[1519].[1520] 318

Entgegen den Erwartungen der Verfasser des ZPO-RG ist der Entlastungseffekt bei der verfassungsrechtlich gebotenen sorgfältigen Vorbreitung des Hinweises an den Berufungsführer[1521] gering,[1522] die Zahl der darauf erfolgenden Berufungsrücknahmen hält sich in Grenzen[1523] und auch der erhoffte Beschleunigungseffekt ist weitegehend ausgeblieben[1524]. Erkauft wird dies alles mit einem erheblichen Akzeptanzverlust beim rechtssuchenden Bürger.[1525]

[1517] Zurecht ablehnend zu dieser faktischen Rechtsschutzverkürzung *Schneider*, ZPO-Reform Rn. 550, 620. Im RegE/ZPO-RG wird das Problem schlicht ignoriert (vgl. S. 96, 116 f.)

[1518] Vgl. *Timmer* S. 632 für die thüringischen Berufungskammern und das OLG Jena; *Siegel* S. 482 für das OLG Frankfurt a.M.; *Hirtz*, Wirksamkeitskontrolle S. 65; *Gottwald* S. 117; eingehende Zahlen bei *Greger*, ZPO-Reform S. 813.

[1519] Vgl. *Stürner* S. 35; *Ebel* S. 311; *Hirtz*, Beschlussverwerfung S. 1267 f.; *Schnauder* S. 163; *Pantle/Kreissl* Rn. 588; *Prechtel* S. 404; *Zöller/Gummer/Heßler* § 522 Rn. 42; *Debusmann*, S. 46; *Hirtz*, Wirksamkeitskontrolle S. 65; *Gottwald* S. 117; *Jansen* S. 524; auch *Greger*, ZPO-Reform S. 813, 816 hält die entscheidende Rolle von *„arbeitsökonomischen Gesichtspunkten"* für bedenklich.

[1520] Auch hier zeigen sich die von *Münch* in anderem Zusammenhang konstatierten *„beachtlichen Spielräume"* für die *„Selbsteinschätzung des Berufungsgerichts"* (S. 1369).

[1521] Vgl. dazu OLG Koblenz NJW 2003, 2000 f.; *Fellner*, Erste Erfahrungen S. 69 f.; *Rosenberg/Schwab/Gottwald* § 137 Rn. 7.

[1522] *Strohn* S. 163; *Debusmann*, S. 47; *Hirtz*, Wirksamkeitskontrolle S. 65; *Wieczorek/Schütze/Gerken* § 522 Rn. 61; *Jansen* S. 524.

[1523] Vgl. *Timmer* S. 632 für Thüringen; *Fellner*, Erste Erfahrungen S. 70 für München. Siegel weist zurecht darauf hin, daß auch schon bisher in eindeutigen Fällen bei einer offenen Verfahrensweise, d.h. Unterrichtung der Parteien nach der Senatsvorberatung über die vorläufige Einschätzung, in vielen Fällen eine Berufungsrücknahme vor der mündlichen Verhandlung erreicht wurde (S. 482 Fn. 10); vgl. auch *Fellner*, Erste Erfahrungen S. 70 und *Jansen* S. 524.

[1524] *Strohn* S. 163; *Debusmann*, S. 47.

[1525] So zutreffend auch *Debusmann*, S. 47.

I. Voraussetzungen und Verfahren

Die sachlichen Voraussetzungen und das Verfahren der verfassungsrechtlich nicht zu beanstandenden[1526] Beschlußzurückweisung sind in § 522 II ZPO geregelt (im arbeitsgerichtlichen Verfahren ist die Beschlußzurückweisung gemäß § 66 II 3 ArbGG ausgeschlossen).

1. Die sachlichen Voraussetzungen

319 Eine Zurückweisung kommt nur in Betracht, wenn **kumulativ** die Berufung **keine Aussicht** auf Erfolg hat **und** die Rechtssache keine grundsätzliche Bedeutung aufweist **und** eine Entscheidung durch den Bundesgerichtshof weder unter dem Gesichtspunkt der Rechtsfortbildung oder noch dem der Rechtseinheitlichkeit erforderlich ist.

Die Beschlußzurückweisung kommt dabei auch in tatsächlich oder rechtlich schwierigen Fällen in Betracht.[1527] Die Berufung muß nicht „offensichtlich" unbegründet sein[1528] (solche Berufungen kommen allerdings auch nur relativ selten vor[1529]). Eine Beschlußzurückweisung soll aber nicht in Betracht kommen, wenn sich *„über das Ergebnis trefflich streiten lässt"*[1530] – was aber bekanntlich in den meisten Rechtsfällen möglich ist. Sie kommt auch dann in Betracht, wenn sich die angefochtene Entscheidung mit anderer Begründung aufrecht erhalten läßt.[1531]

Eine Berufung kann im Beschlußverfahren auch teilweise zurückgewiesen werden.[1532]

2. Das Verfahren

320 **a) Meinungsbildung des Gerichts.** Ungeklärt ist zunächst der **Zeitpunkt der Sachprüfung** – sofort nach Eingang der Berufungsbegründung oder erst nach Vorliegen der Berufungserwiderung (und ggf. noch einer Replik), dem sog. *„Ausschreiben der Berufung"*,[1533] welches durch Anwendung des § 521 II 1 ZPO, der an die Stelle des früheren schriftlichen Vorverfahrens getreten ist,[1534] herbeigeführt werden kann[1535]:

[1526] BVerfG NJW 2003, 281; krit. zu dieser Entscheidung *Hirtz*, Wirksamkeitskontrolle S. 66 m.w.N.

[1527] OLG Celle NJW 2002, 2400; OLG Koblenz NJW 2003, 2100 (2103); *Gehrlein*, ZPR § 14 Rn. 62; *Rosenberg/Schwab/Gottwald* § 138 Rn. 17.

[1528] BVerfG NJW 2003, 281 in Bestätigung von OLG Celle NJW 2002, 2800; OLG Rostock NJW 2003, 1676 (1677); OLG Koblenz NJW 2003, 2100 (2102 f.:); OLG Köln MDR 2003, 1435; KG MDR 2004, 647; *Rosenberg/Schwab/Gottwald* § 137 Rn. 8; *Wieczorek/Schütze/Gerken* § 522 Rn. 65; *Thomas/Putzo/Reichold* § 522 Rn. 14; *BL/Albers* § 522 Rn. 16; zurecht abl. *Strohn* S. 163.

[1529] OLG Koblenz NJW 2003, 2100 (2102).

[1530] *Rosenberg/Schwab/Gottwald* § 137 Rn. 8; ebenso *Gehrlein*, ZPR § 14 Rn. 62; in diese Richtung wohl auch der 4. ZS des OLG Celle, der nur *„einfache und klare ‚offensichtliche' Sachen"* nach § 522 II ZPO behandelt (OLGR 2003, 359 [361]).

[1531] OLG Rostock MDR 2003, 828 und 1073; OLGR 2004, 85; OLG Frankfurt a.M. OLGR 2004, 71 (74); *Wieczorek/Schütze/Gerken* § 522 Rn. 64.

[1532] OLG Karlsruhe OLGR 2003, 145 (bei mehreren Berufung); OLG Rostock NJW 2003, 1676 (bei mehreren Streitgegenständen); *Zöller/Gummer/Heßler* § 522 Rn. 41; *Wieczorek/Schütze/Gerken* § 522 Rn. 85; *Thomas/Putzo/Reichold* § 522 Rn. 21; **a.A.** BegrRegE/ZPO-RG S. 97; *Hannich/Meyer-Seitz* § 522 Rn. 18.

[1533] So OLG Koblenz NJW 2003, 2100 (2102).

[1534] BegrRegE/ZPO-RG S. 96 und 98.

[1535] Das OLG Oldenburg OLGR 2002, 271, *Wieczorek/Schütze/Gerken* § 522 Rn. 74 und *Schenkel*,

- Der Regierungsentwurf spricht davon, die Entscheidung habe *„gegebenenfalls unter Berücksichtigung der Berufungserwiderung und der Replik"* zu erfolgen;[1536] diese Unschärfe hat ihre Ursache in einer mangelnden Durchdringung der Problematik, wie die Ausführungen des Referentenkommentars zeigen, wo einerseits dem unverzüglichen Hinweis an die Parteien nachdrücklich das Wort geredet,[1537] anderseits die Einholung einer Berufungserwiderung als erforderlich bezeichnet wird, *„wenn die von dem Berufungsbeklagten* [?] *geltend gemachten Angriffs- und Verteidigungsmittel die Aussichtslosigkeit der Berufung beeinflussen, etwa wenn von entscheidungserheblicher Bedeutung ist, ob der Berufungsbeklagte mit der Berufung vorgebrachte neue Tatsachen bestreitet"*[1538]. Dieser Standpunkt würde zu einer aus dem Gesetz nicht ableitbaren unterschiedlichen Behandlung der verschieden Berufungsgründe und im Hinblick auf die außerordentlich häufige Geltendmachung neuer Tatsachen zu einer Umkehrung des angeblichen Regel-Ausnahme-Verhältnisses führen.[1539]
- Noch weitergehend sehen das OLG Koblenz[1540], *Zimmermann*[1541] und *Gottwald*[1542] die Einholung einer Berufungserwiderung als regelmäßig erforderlich an; dies ist sicher unter dem Gesichtspunkt der Sachgerechtigkeit optimal, führt aber die Beschleunigungsabsicht des Reformgesetzgebers vollends ad absurdum[1543].
- Eine dritte, aber weder aus dem Gesetz noch aus seiner Entstehungsgeschichte ableitbare Vorgehensweise sieht *Reichold* als geboten an – auf die Stellungnahme des Berufungsklägers zum Hinweis des Berufungsgerichts sei dem Berufungsbeklagten rechtliches Gehör zu gewähren.[1544]

Ungeklärt ist weiter, welchen **Prüfungsaufwand** das Berufungsgericht bei der Ent- **321**
scheidung, ob die Berufung erfolglos ist, zu betreiben hat. Einerseits soll *„erst auf Grund umfassender Durcharbeitung und Beratung des gesamten Akteninhalts"* entschieden werden können, ob eine Beschlußzurückweisung möglich ist,[1545] andererseits soll eine Beschlußzurückweisung gerade ausscheiden, wenn die *„Prüfung der Erfolgsaussichten der Berufung eines umfangreichen Akten- und/oder Literaturstudiums"* oder eines *„ausführlichen (schriftlichen) Votums"* bedarf[1546].

Erklärungspflicht (passim) übersehen die Vorschrift des § 521 II 1 ZPO, wenn sie meinen, für den Berufungsbeklagten bestünde grundsätzlich nie eine Verpflichtung zur Gegenäußerung – sie entsteht eben, wenn ihm eine Berufungserwiderungsfrist gesetzt wird.

1536 BegrRegE/ZPO-RG S. 97; ebenso *Zöller/Gummer/Heßler* § 522 Rn. 31.

1537 *Hannich/Meyer-Seitz* § 521 Rn. 5 und § 522 Rn. 31.

1538 *Hannich/Meyer-Seitz* § 521 Rn. 6; ebenso *Gehrlein*, ZPR § 14 Rn. 63 und *Zöller/Gummer/Heßler* § 522 Rn. 34.

1539 Kritisch zur Konzeption des Gesetzes auch *Wieczorek/Schütze/Gerken* § 522 Rn. 80, der sich allerdings nicht mit den Gesetzesmaterialien auseinandersetzt.

1540 NJW 2003, 2100 (2102); NJOZ 2004,780.

1541 § 522 Rn. 6.

1542 *Rosenberg/Schwab/Gottwald* § 137 Rn. 7.

1543 So auch *Wieczorek/Schütze/Gerken* § 531 Rn. 15, der sich allerdings nicht mit der h.M. auseinandersetzt; gegen das OLG Koblenz auch OLG Celle OLGR 2003, 359.

1544 *Thomas/Putzo/Reichold* § 522 Rn. 19.

1545 OLG Koblenz NJW 2003, 2100 (2102); NJOZ 2004,780; OLG Celle OLGR 2003, 359 (360).

1546 *Siegel* S. 481 f.

322 b) **Gewährung rechtlichen Gehörs.** Ist das Berufungsgericht von der Erfolglosigkeit der Berufung **einstimmig** überzeugt, hat es gemäß § 522 II 2 ZPO **beiden Parteien**[1547] – dem Berufungsführer unter Fristsetzung – rechtliches Gehör zu währen.

Die **Länge der Äußerungsfrist** für den Berufungsführer ist im Gesetz nicht geregelt. Allgemein werden zwei Wochen als ausreichend angesehen, wobei zur Begründung entweder auf das Unverzüglichkeitsgebot in § 522 II ZPO[1548] oder auf § 277 III ZPO[1549] zurückgegriffen wird; viele Gerichte setzen aber längere Fristen, etwa einen Monat[1550]. Die Frist kann gem. § 225 ZPO auf Antrag (§ 224 II ZPO) verlängert werden;[1551] die Maßstäbe hierfür entsprechen denen für die Verlängerung der Berufungsbegründungsfrist,[1552] es muß aber darauf hingewiesen werden, daß insoweit ein erhebliches Risiko besteht, wie die Entscheidung des OLG Rostock vom 27.5.2003 zeigt, wonach solche Gesuche restriktiv zu behandeln seien[1553]. Das Berufungsgericht muß den Ablauf der gesetzten Frist abwarten, selbst wenn die Sache nach Eingang der Stellungnahme des Berufungsführers bereits entscheidungsreif erscheint.[1554]

Der Hinweis muß dem Berufungskläger entsprechend § 329 II 2 ZPO zugestellt werden.[1555]

323 c) **Reaktion des Berufungsführers.** Der mit einem Hinweis nach § 522 II 2 ZPO konfrontierte Anwalt befindet sich regelmäßig in einer schwierigen Lage. Einerseits unterliegt er je nach Umfang der vorausgegangenen Beratung (vgl. dazu oben Rn. 210) und einer etwaigen – regelmäßig unangebrachten – Schärfe des Hinweises einem Rechtfertigungszwang gegenüber seinem Mandanten, zum anderen muß er sich in kurzer Zeit darüber klar werden, ob erwidert oder der regelmäßig mit dem Hinweis verbundenen Empfehlung des Gerichts, die Berufung aus Kostengründen zurückzunehmen, entsprochen werden soll, wobei die Unanfechtbarkeit des Zurückweisungsbeschlusses (siehe unten Rn. 325) die Lage des Anwalts weiter erschwert.

[1547] So auch BegrRegE/ZPO-RG S. 97 f.; *Hannich/Meyer-Seitz* § 522 Rn. 28 und 31; *Hirtz*, Beschlussverwerfung S. 1267; *Schneider*, ZPO-Reform Rn. 431, 432; *Tempel/Theimer* S. 231; *Gehrlein*, ZPR § 14 Rn. 66; *Oberheim* Rn. 401; *Prechtel* S. 403; *Huber* Rn. 645; *Schellhammer*, Zivilprozess Rn. 1059; *Zöller/Gummer/Heßler* § 522 Rn. 34; *Schollmeyer* S. 24 (unter II 3); *Fellner*, Erste Erfahrungen S. 69; *Thomas/Putzo/Reichold* § 522 Rn. 17; *BL/Albers* § 522 Rn. 18; **a.A.** *Musielak/Ball* § 522 Rn. 26, 27 und *Crückeberg*, Neue Tatsachen S. 11, denenzufolge entgegen dem klaren Gesetzeswortlaut nur dem Berufungsführer rechtliches Gehör zu gewähren ist; ungenau auch *Wieczorek/Schütze/Gerken* § 522 Rn. 73: *„Der Hinweis geht an den Berufungskläger, der Berufungsbeklagte erhält eine Abschrift"*.

[1548] So *Hannich/Meyer-Seitz* § 522 Rn. 28, der seltsamerweise statt entsprechend dem Sprachgebrauch der ZPO von zwei Wochen von 14 Tagen spricht.

[1549] So OLG Rostock NJOZ 2004, 680; *Oberheim* Rn. 401; *Zöller/Gummer/Heßler* § 522 Rn. 34; *Thomas/Putzo/Reichold* § 522 Rn. 18.

[1550] Etwa das OLG Celle OLGR 2003, 359 (360); OLG Rostock NJOZ 2004, 680; der 10. ZS des OLG München.

[1551] *Zöller/Gummer/Heßler* § 522 Rn. 34; *Wieczorek/Schütze/Gerken* § 522 Rn. 73.

[1552] *Wieczorek/Schütze/Gerken* § 522 Rn. 73.

[1553] NJOZ 2004, 680. Der praktische Sinn dieser Handhabung bleibt aber trotz umfänglicher Begründung im Dunklen; der Vorsitzende des Senats, dem der Verfasser angehört, gibt den wenigen Fristverlängerungsanträgen, die sich ausnahmslos im Rahmen des Üblichen bewegen, ohne jede Diskussion statt.

[1554] BVerfG Beschl. v. 27.8.2003 – 1 BvR 1646/02 (veröffentlicht bei juris) unter Hinweis auf seine stRspr. seit BVerfGE 12, 110 (113).

[1555] A.A. *Wieczorek/Schütze/Gerken* § 522 Rn. 76 ohne Erwähnung des § 329 II 2 ZPO und ohne Begründung.

Stackmann hat zurecht darauf hingewiesen, daß Resignation ebenso unangebracht ist wie trotziges Beharren auf dem eigenen Standpunkt.[1556] Erforderlich ist eine nüchterne Prüfung des Standpunkts des Berufungsgerichts daraufhin, ob es die Ausführungen in der Berufungsbegründung richtig verstanden hat – ist dies nicht der Fall, muß eine Klarstellung erfolgen, wobei es kommunikationspsychologisch natürlich wenig hilfreich ist, wenn, wie häufig zu beobachten, das Berufungsgericht kritisiert oder ihm gar Vorwürfe gemacht werden – oder ob auf der Basis der Hinweise im Rahmen der geltend gemachten Berufungsgründe (vgl. oben Rn. 267) neuer Vortrag möglich ist[1557]. Psychologisch durchaus nachvollziehbar, aber nicht zielführend ist der Versuch, sich der Richter, die den unliebsamen Hinweis erteilt haben, mittels einer Ablehnung wegen Besorgnis der Befangenheit nach § 42 II ZPO zu entledigen – ein Hinweis nach § 522 II ZPO begründet eine solche Besorgnis ebensowenig[1558] wie sonstige rechtliche Hinweise und Vergleichsvorschläge[1559].

Ungeklärt ist, wie zu verfahren ist, wenn das Berufungsgericht im Hinblick auf eine solch **substantiierte Stellungnahme** die Zückweisung mit neuen Argumente begründen will. Während überwiegend die Ansicht vertreten wird, auf die Stellungnahme sei nur im Zurückweisungsbeschluß einzugehen sei,[1560] selbst wenn der Berufungsführer um einen weiteren Hinweis bittet[1560a], kann nach anderen eine erneute Anhörung geboten sein[1561]. 324

II. Anfechtbarkeit

Die Beschlußzurückweisung ist nach § 522 III ZPO nicht mit Rechtsmittel anfechtbar.[1562] 325

Für den Fall der Verletzung des **Anspruchs auf rechtliches Gehör** steht dem Berufungsführer eine **Anhörungsrüge** nach § 321 a ZPO i.d.F. des Art. 1 Nr. 1 des am 1.1.2005 in Kraft tretenden Anhörungsrügengesetzes offen. Die Neuregelung, die nach der Begründung des Regierungsentwurfs insbesondere auch für den Zurückweisungsbeschluß nach § 522 II ZPO gelten soll,[1563] erledigt eine in Rechtsprechung und Literatur heftig geführte Debatte über eine analoge Anwendung des bisherigen § 321 a ZPO[1564].

1556 *Stackmann*, Berufungsschrift S. 175.

1557 So auch *Stackmann* a.a.O.

1558 OLG Oldenburg NJW 2004, 3194.

1559 Für **Hinweise nach §§ 139, 278 III ZPO a.F.** OLG Karlsruhe OLGZ 1987, 248; OLG Düsseldorf NJW 1993, 2542; OLG Köln NJW-RR 1993, 1277; BayObLG WoM 1993, 767; OLG Frankfurt a.M. NJW-RR 1997, 1084; OLG Stuttgart NJW 2001, 1145; *Schellhammer*, Zivilprozess Rz. 1330, ungenau und schwankend *BL/Hartmann* § 42 Rn. 38–44 „Ratschlag" und „Rechtsansicht"; zum Sonderfall des **Hinweises auf die** Möglichkeit der **Verjährungseinrede** BGH NJW 1998, 612 einerseits und NJW 2004, 164 andererseits; *Freund* DRiZ 1981, 136 (139) zum älteren Meinungsstand und *Jensen* MDR 2004, 489 ff.; für **Vergleichsvorschläge** OLG Karlsruhe DRiZ 1982, 33; KG MDR 1999, 253; OLG Koblenz NJW-RR 2000, 1376; *Freund* DRiZ 1981, 136 (139); *Treffer* MDR 1999, 520 (521); *BRiHb/Büchel* A XXXIV/Rn. 69; *Bietz* DRiZ 2003, 406 (412); *Schellhammer*, Zivilprozess Rn. 1330; *BL/Hartmann* § 42 Rn. 54 „Vergleich" m.w.N.;

1560 OLG Koblenz NJOZ 2004,780; *Hannich/Meyer-Seitz* § 522 Rn. 34; *Wieczorek/Schütze/Gerken* § 522 Rn. 75.

1560a OLG Oldenburg MDR 2004, 1256.

1561 *Zöller/Gummer/Heßler* § 522 Rn. 34.

1562 Kritisch u.a. *Gottwald* S. 118 m.w.N.; Jansen S. 524.

1563 RegE/AnhörungsrügenG S. 39.

1564 **Bejahend** BGH FamRZ 2004, 437; OLG Celle NJW 2003, 906 (13. ZS); MDR 2003, 1311 (2. ZS);

326 Bei **Verletzung anderer Verfahrensgrundrechte** (z.B. Verletzung des Grundrechts auf den gesetzlichen Richter, Verstoß gegen das Willkürverbot) ist an eine **Gegenvorstellung** zu denken.[1565]

327 Im übrigen besteht natürlich noch die Möglichkeit einer **Verfassungsbeschwerde.**[1566]

III. Kosten

328 Ergeht ein Zurückweisungsbeschluß nach § 522 II ZPO, so verbleibt es bei der allgemeinen Verfahrensgebühr für das Berufungsverfahren von 4,0 nach Nr. 1220 KV-GKG. Im Falle einer Rücknahme der Berufung nach einem Hinweis gemäß § 522 II ZPO beträgt der Satz gemäß Nr. 1222 KV-GKG i.d.F. des KostRMoG nunmehr 2,0 (bislang 0,5 nach Nr. 1221 KV-GKG); damit verliert zwar das Verfahren nach § 522 II ZPO den von *Debusmann* beklagten angeblichen Charakter eines preiswerten Gutachtens zu den Erfolgsaussichten einer Berufung[1567], dafür wird aber der Anreiz zu einer Berufungsrücknahme weiter schwinden.

Die anwaltliche Tätigkeit für den **Berufungskläger** ist durch die Verfahrensgebühr (bisher Prozeßgebühr) nach Nr. 3200 VV abgegolten. Für den **Berufungsgegner** fällt für eine etwaige Berufungserwiderung ebenfalls eine Verfahrensgebühr gemäß Nr. 3200 VV an.[1568]

OLG Naumburg NJW-RR 2003, 353; OLG Jena NJW 2003, 3495; OLG Hamburg NJOZ 2003, 2867; OLG Frankfurt a.M. NJW 2004, 165; BbgVerfG NJW 2004, 3259; *Schumann/Kramer* Rn. 410; *Lipp* S. 1701 f.; *H.-F. Müller* S. 2745 f.; *Schmidt*, Abhilfeverfahren S. 918; *Huber* Rn. 649; *Rosenberg/Schwab/Gottwald* § 137 Rn. 11 und § 138 Rn. 17; *Thomas/Putzo/Reichhold* § 321 a Rn. 18 und § 522 Rn. 22; *Musielak/Ball* § 522 Rn. 29; **verneinend** OLG Oldenburg NJW 2003, 149; OLG Celle OLGR 2003, 316 (20. ZS) und 437 (11. ZS); OLG Rostock MDR 2003,1012; OLG Stuttgart OLGR 2003, 364 (für Berufungsurteile); OLG Bamberg OLGR 2003, 264; OLG Karlsruhe MDR 2004, 593 (für Berufungsurteile); KG KGR 2004, 168 = GE 2003, 1329 m. Anm. *Schach* GE 2003, 1304; NJOZ 2004, 777; *Hannich/Meyer-Seitz/Engers* § 321 a Rn. 13; *Musielak*, Neue Fragen S. 1203 f.; *Jauernig* § 29 III; *Zöller/Vollkommer* § 321 a Rn. 3 a; *Wieczorek/Schütze/Gerken* § 522 Rn. 90; **offengelassen** von BGH NJW 2004, 1598 für § 522 I ZPO; OLG Celle OLGR 2003, 93 (9. ZS) und OLG Düsseldorf OLGR 2004, 169 für § 522 II ZPO.

1565 **Bejahend** KG KGR 2004, 168 = GE 2003, 1329 m. Anm. *Schach* GE 2003, 1304; *BL/Albers* § 522 Rn. 21 i.V.m. Rn. 8; **verneinend** OLG Celle Beschl. v. 16.8.2002 – 7 U 94/02 (veröffentlicht bei juris, von BVerfG Beschl. v. 27.8.2003 – 1 BvR 1646/02 [veröffentlicht bei juris] wegen Verfahrensfehler aufgehoben); *Gehrlein*, ZPR § 14 Rn. 68 a; *Zöller/Gummer/Heßler* § 522 Rn. 42; *Wieczorek/Schütze/Gerken* § 522 Rn. 90; *Musielak/Ball* § 567 Rn. 27.

1566 Vgl. dazu *Ebel* S. 311; *Schellhammer*, Berufung S. 1147; *Hirtz*, Beschlussverwerfung S. 1268; *Zöller/Gummer* § 522 Rn. 42; *Rosenberg/Schwab/Gottwald* § 137 Rn. 11 und § 138 Rn. 17; *Thomas/Putzo/Reichhold* § 522 Rn. 22

1567 S. 48.

1568 *Gerold/Schmidt/Müller-Rabe* Nr. 3200 VV Rn. 59; zur BRAGO: BGH NJW 2004, 73. Natürlich fällt keine Terminsgebühr (bisher Verhandlungsgebühr) nach Nr. 3202 VV an (so zur **BRAGO**: OLG Nürnberg NJW-RR 2003, 1295; OLG Stuttgart JurBüro 2003, 585; OLG Karlsruhe NJW-RR 2004, 287; zum **RVG**: *Wieczorek/Schütze/Gerken* § 522 Rn. 91; *Musielak/Ball* § 522 Rn. 30).

3. Teil. Die Verteidigung des Berufungsbeklagten

§ 12 Die Berufungserwiderung

A. Notwendigkeit einer Berufungserwiderung

Im **Zivilprozeß** ist eine Berufungserwiderung (im ArbGG Berufungsbeantwortung genannt) jedenfalls dann notwendig, **wenn** vom Berufungsgericht – wie im Normalfall – **hierzu** gemäß § 521 II 1 ZPO **eine Frist gesetzt wird**, die gemäß § 522 II 2 ZPO i.V.m. § 277 III ZPO mindestens zwei Wochen beträgt,[1569] aus Gründen der Waffengleichheit und in Anlehnung an die nachfolgend zu erörternde Regelung im Arbeitsgerichtsprozeß in der Regel aber einen Monat nicht unterschreiten sollte[1570]. Aber auch die allgemeine Prozeßförderungspflicht nach § 525 i.V.m. § 282 I ZPO kann eine Berufungserwiderung gebieten. 329

Im **Arbeitsgerichtsprozeß muß die Berufung** gemäß § 66 I 3 ArbGG innerhalb eines Monats ab Zustellung der Berufungsbegründung **„beantwortet" werden**. Diese Frist kann gemäß § 66 I 5 ArbGG (nur) einmal verlängert werden, und zwar unter den gleichen Voraussetzungen, unter denen die Berufungsbegründungsfrist verlängert werden darf. Eine Wiedereinsetzung gegen die Versäumung der Berufungserwiderungsfrist kommt nicht in Betracht, da es sich weder um eine Notfrist noch um eine sonstige in § 233 ZPO genannte Frist handelt.[1571] 330

Die Unterlassung einer notwendigen Berufungserwiderung führt zur Präklusion (vgl. oben Rn. 167).

B. Form und Inhalt der Berufungserwiderung ☛ Muster 9

Anders als für die Berufungsbegründung ist für die Berufungserwiderung kein dem § 520 ZPO vergleichbarer, bestimmter Inhalt vorgeschrieben.[1572] Aus der Logik der Sache heraus ergibt sich aber für die Berufungserwiderung **folgender Aufbau**: 331

(1) Sachantrag, ggf. (echter) Vollstreckungsschutzantrag und Prozeßkostenhilfeantrag.

(2) Begründung
Die Berufungserwiderung muß sich gemäß § 521 II 2 i.V.m. § 277 I ZPO mit der Berufungsbegründung auseinandersetzen, wobei sich der Berufungsbeklagte auf eine Verteidigung des Ersturteils beschränken kann[1573]. Bezugnahmen auf den

---

[1569] Gegen die Annahme einer zweiwöchigen Mindestfrist ohne überzeugende Begründung *Musielak/Ball* § 521 Rn. 5; wie hier *Thomas/Putzo/Reichold* § 521 Rn. 4.

[1570] So zurecht *Hannich/Meyer-Seitz* § 521 Rn. 2; *Oberheim* Rn. 496; *Musielak/Ball* § 521 Rn. 5; auch *Zöller/Gummer/Heßler* raten § 521 Rn. 9 zur Großzügigkeit.

[1571] *Lepke* S. 187 m.w.N.; *Musielak/Ball* § 521 Rn. 5.

[1572] *Zöller/Gummer/Heßler* § 521 Rn. 15.

[1573] BVerfG NJW 2000, 131; BGH NJW 1982, 581 (582); FamRZ 1986, 1085 (1086); *Zöller/Gum-*

erstinstanzlichen Vortrag sind möglich, weil § 520 III ZPO für den Beklagten nicht gilt.[1574] Zweckmäßigerweise orientieren sich die Ausführungen an der Berufungsbegründung, und zwar bis hin zu deren Gliederung.[1575]

(3) Unterschrift

Die Berufungserwiderung muß von einem postulationsfähigen Rechtsanwalt unterschrieben sein.[1576]

§ 13 Die Anschlußberufung

A. Grundsätzliches

332 Der Berufungsbeklagte hat die Möglichkeit, innerhalb der Berufungsfrist selbständig Berufung einzulegen oder sich innerhalb oder außerhalb der Berufungsfrist der Hauptberufung anzuschließen.[1577] Die früher mögliche sog. selbständige Anschlußberufung wurde zurecht abgeschafft, da sie keine praktische Bedeutung hatte.[1578]

Die Anschlußberufung ist nach h.M. kein echtes Rechtsmittel, sondern *„lediglich eine Antragstellung innerhalb einer fremden Berufung“*[1579].

Nur der Berufungsbeklagte kann Anschlußberufung einlegen, nicht auch der Berufungskläger im Wege der sog. Gegenanschließung.[1580] Umgekehrt kann sich eine in der ersten Instanz unterlegene Partei der Berufung der Gegenseite nicht anschließen, wenn sich diese nicht auch gegen sie richtet.[1581]

---

mer/Heßler § 521 Rn. 15; *Musielak/Ball* § 521 Rn. 7; *Eichele/Klinge* S. 221 dehnen diese Rechtsprechung entgegen dem eindeutigen Wortlaut der Entscheidungen auf die Berufungsbegründung aus.

[1574] BVerfG NJW 2000, 131; BGH NJW 2002, 3237 (3340); *Thomas/Putzo/Reichold* § 521 Rn. 2.

[1575] *BProzFb/Goll* S. 317 Anm. 7; *Steinert/Theede* Kap. 12 Rn. 72.

[1576] Die Ansicht von *Zöller/Gummer/Heßler* § 521 Rn. 15, bloßes Unterschreiben der vom Erstanwalt gefertigten Berufungserwiderung genüge nicht, ist im Hinblick auf die gegenteilige Rechtsprechung des BGH zur Unterschrift unter der Berufungsbegründung (vgl. BGH NJW 1989, 394, eingehend oben Rn. 308) nicht vertretbar.

[1577] BegrRegE/ZPO-RG S. 98; BGH NJW 2003, 2388; *Schollmeyer* S. 24 (unter II 5); *Gehrlein*, ZPR § 14 Rn. 14; *Wieczorek/Schütze/Gerken* § 524 Rn. 1. Deshalb geht *Grunsky* scharfe Kritik an der „undifferenzierten“ Regelung des § 524 IV ZPO (Tatsachenstoff S. 801 Fn. 7) fehl – der Berufungsbeklagte kann sich der Abhängigkeit von der Hauptberufung jederzeit durch Einlegen einer selbständigen Berufung entziehen, wenn hierfür die Voraussetzungen vorliegen (er hat dann allerdings nicht die Privilegien der Anschlußberufung). Zu einer darüberhinausgehenden Privilegierung besteht keine Veranlassung (der BGH a.a.O. bezeichnet *Grunskys* Standpunkt gar als *„abwegig“*).

[1578] BegrRegE/ZPO-RG S. 98; zustimmend *Gerken* S. 1095; *Rosenberg/Schwab/Gottwald* § 136 Rn. 4; *v. Olshausens* hat scharfe Kritik an der Abschaffung der selbständigen Anschlußberufung geübt; gegen ihn *Heiderhoff*, passim. Diese Gesetzesänderung ist bei *BProzFb/Goll* S. 314 f. noch nicht eingearbeitet.

[1579] RGZ 110, 231 (233), grdl.; BGH(GS)Z 4, 229 (233), stRspr., zuletzt BGHZ 139, 12 (13); zum **neuen Recht** *Tempel/Theimer* S. 225; *Schellhammer*, Zivilprozess Rn. 1013; *Zöller/Gummer/Heßler* § 524 Rn. 4; *Gerken* S. 1095; *Müller/Schöppe-Fredenburg* S. 225; *Thomas/Putzo/Reichold* § 524 Rn. 1; *BL/Albers* § 524 Rn. 2; *Musielak/Ball* § 524 Rn. 4; **a.A.** *Rosenberg/Schwab/Gottwald* § 136 Rn. 6 m.w.N.; zweifelnd auch *Schumann/Kramer* Rn. 360 im Hinblick auf die Begründungsfrist.

[1580] BGHZ 88, 360: **a.A.** *MüKo-ZPO/Rimmelspacher* § 524 Rn. 12; *Rosenberg/Schwab/Gottwald* § 136 Rn. 12; *BL/Albers* § 524 Rn. 3.

[1581] BGH NJW 1991, 2569; OLG München FamRZ 1987, 169.

Nach ganz h.M. ist für die Anschlußberufung keine Beschwer erforderlich,[1582] auch muß der Wert des Beschwerdegegenstandes nach § 511 II Nr. 1 ZPO nicht erreicht sein[1583]. Deshalb erweist sich die Anschlußberufung als **sehr flexibles Verteidigungsinstrument**, mit dem unterschiedlichste **Ziele** verfolgt werden können.[1584]

B. Typische Anwendungsfälle

I. Zivilprozeß

Ziel einer Anschlußberufung können sein: 333

- Klageänderung in Form des Auswechselns des Klageanspruchs,[1585] Klageerweiterung,[1586]
- Übergang vom Feststellungsanspruch zum Zahlungsanspruch,[1587]
- Widerklage,[1588]
- Geltendmachung unterhaltsrelevanter Änderungen durch einen Unterhaltsberechtigten nach Erlaß des erstinstanzlichen Urteils (da eine Abänderungsklage nach § 323 II ZPO nach Berufungseinlegung durch den Unterhaltsverpflichteten ausgeschlossen ist,[1589] es sei denn, es handelt sich um ein rechtskräftiges Teilurteil[1590]; bis

---

[1582] RGZ 156, 240 (242); BGH(GS)Z 4, 229 (234); BGH NJW 1980, 702; 1994, 944 (945); BAGE 30, 203 (206); 74, 268 (270); BSGE 24, 247 (249); zum **neuen Recht** *Pantle/Kreissl* Rn. 571; *Tempel/Theimer* S. 225; *Gerken* S. 1095; *Jacoby* S. 198; *Gehrlein*, ZPR § 14 Rn. 13; *Jauernig* § 72 VI; *Schellhammer*, Zivilprozess Rn. 1014; *Rosenberg/Schwab/Gottwald* § 136 Rn. 15; *Wieczorek/Schütze/Gerken* § 524 Rn. 22; *Thomas/Putzo/Reichold* § 524 Rn. 17; *BL/Albers* § 524 Rn. 9; *Musielak/Ball* § 524 Rn. 10; **a.A.** *Zöller/Gummer/Heßler* § 524 Rn. 31 mit der nicht näher belegten Behauptung, die Praxis würde ihre These von der Entbehrlichkeit einer Beschwer *„nicht durchhalten"* (die von der h.M. aufgestellte Forderung, daß sich die Anschlußberufung nicht in einem bloßen Berufungszurückweisungsbegehren erschöpfen darf, ist keine Durchbrechung, sondern entspringt schon dem Begriff der „Anschluß**berufung**").

[1583] So für die bisherige Berufungssumme nach § 511 a ZPO a.F. RGZ 156, 240 (242); BGH(GS)Z 4, 229 (234); zum **neuen Recht** *Pantle/Kreissl* Rn. 571; *Schellhammer*, Zivilprozess Rn. 1014; *Tempel/Theimer* S. 226; *Gerken* S. 1095 und *Wieczorek/Schütze/Gerken* § 524 Rn. 22; *Zöller/Gummer/Heßler* § 524 Rn. 31; *Jacoby* S. 198; *Jauernig* § 72 VI; *Rosenberg/Schwab/Gottwald* § 136 Rn. 15; *Thomas/Putzo/Reichold* § 524 Rn. 17; *Musielak/Ball* § 524 Rn. 10; *BL/Albers* § 524 Rn. 14.

[1584] *Schellhammer*, Zivilprozess Rn. 1014: *„Die Anschlußberufung ist eine vorteilhafte Prozesstaktik"*; ähnlich *Gerken* S. 1097.

[1585] OLG München OLGR 1997, 191; *Wieczorek/Schütze/Gerken* § 524 Rn. 28.

[1586] RGZ 156, 240 (242); BGH(GS)Z 4, 229 (234); 83, 371 (377); NJW 1961, 1813; 1985 Nr. 107, BSGE 24, 247 (249); *Tempel/Theimer* S. 226; *Gehrlein*, ZPR § 14 Rn. 13; *Schellhammer*, Zivilprozess Rn. 1014; *Zöller/Gummer/Heßler* § 524 Rn. 33; *Rosenberg/Schwab/Gottwald* § 136 Rn. 15; *Wieczorek/Schütze/Gerken* § 524 Rn. 27; *Thomas/Putzo/Reichold* § 524 Rn. 1 und 17; *Musielak/Ball* § 524 Rn. 10.

[1587] KG VersR 1969, 190; *Schneider*, ZPO-Reform Rn. 464, *Zöller/Gummer/Heßler* § 524 Rn. 33; *Wieczorek/Schütze/Gerken* § 524 Rn. 27.

[1588] RGZ 156, 240 (242); BGH(GS)Z 4, 229 (234); 83, 371 (377); *Tempel/Theimer* S. 226; *Gehrlein*, ZPR § 14 Rn. 13; *Schellhammer*, Zivilprozess Rn. 1014; *Zöller/Gummer/Heßler* § 524 Rn. 39; *Rosenberg/Schwab/Gottwald* § 136 Rn. 15; *Wieczorek/Schütze/Gerken* § 524 Rn. 29; *Thomas/Putzo/Reichold* § 524 Rn. 17; *Musielak/Ball* § 524 Rn. 10.

[1589] BGHZ 96, 205 (209); OLG Hamm FamRZ 1996, 1088; OLG Köln FamRZ 1997, 507; *Zöller/Gummer/Heßler* § 524 Rn. 2; *Wieczorek/Schütze/Gerken* § 524 Rn. 7; *Thomas/Putzo/Reichold* § 323 Rn. 20.

[1590] BGH NJW 1993, 1795.

zur Berufungseinlegung besteht dagegen ein Wahlrecht zwischen Abänderungsklage und Berufung[1591]) oder – ein nicht seltener Fall – neu aufgetretener oder vertiefter Schäden in Verkehrsunfallsachen[1592],

- Weiterverfolgung eines in erster Instanz abgewiesenen Teilanspruchs im Nachverfahren,[1593]
- Weiterverfolgung eines in erster Instanz nur unter dem Gesichtspunkt des StVG in vollem Umfang zugesprochenen Schadensersatzanspruchs im Hinblick auf die geltend gemachte unerlaubte Handlung (wichtig wegen der Haftungsbegrenzung nach § 12 StVG),[1594]
- Weiterverfolgung einer erstinstanzlichen Klageerweiterung, über die das Erstgericht versehentlich nicht entschieden hatte und wo die zweiwöchige Frist zur Beantragung einer Urteilsergänzung nach § 321 II ZPO versäumt worden ist,[1595]
- Geltendmachung eines (höheren) Verzugszinses,[1596]
- Anfechtung der Kostenentscheidung (§ 99 I ZPO steht dem nicht entgegen),[1597]
- Anfechtung des Ausspruchs über die vorläufige Vollstreckbarkeit[1598].

334 **Unzulässig** ist eine Anschlußberufung,

- die sich in der bloßen Zurückweisung der Hauptberufung erschöpft (dem Berufungsbeklagten fehlt das Rechtsschutzbedürfnis),[1599] was z.B. auch dann der Fall ist, wenn der Kläger eine „Konkretisierung" eines Unterlassungsbegehrens auf das Verbot einer bestimmten Verletzungsform anstrebt,[1600]
- welche die bloße Änderung der Entscheidungsgründe anstrebt,[1601]
- welche eine Parteierweiterung anstrebt (Erstreckung z.B. auf Nebenintervenienten oder den Insolvenzverwalter persönlich)[1602]; davon zu unterscheiden ist aber der

---

[1591] KG FamRZ 1991, 211; *Thomas/Putzo/Reichold* § 323 Rn. 20.

[1592] *HdbStraßenverkR/Born* Kap. 3 B Rn. 226, 228.

[1593] RGZ 103, 219; BGHZ 37, 131; *Wieczorek/Schütze/Gerken* § 524 Rn. 27.

[1594] BGH LM § 66 ZPO Nr. 1; *Wieczorek/Schütze/Gerken* § 524 Rn. 40.

[1595] OLG Braunschweig OLGR 1998, 331; *Wieczorek/Schütze/Gerken* § 524 Rn. 38.

[1596] *Oelkers/Müller* S. 149; *Musielak/Ball* § 524 Rn. 10; *HdbStraßenverkR/Born* Kap. 3 B Rn. 228.

[1597] RGZ 156, 240 (242); BGHZ 17, 392 (396); VersR 1981, 1033; *Pantle/Kreissl* Rn. 571 (wenn auch nicht erforderlich); *Zöller/Gummer/Heßler* § 524 Rn. 35 (wenn auch überflüssig); *Thomas/Putzo/Reichold* § 524 Rn. 17 (wenn auch überflüssig, Rn. 2); *BL/Albers* § 524 Rn. 9; **a.A.** *Gilles* S. 161; *MüKo-ZPO/Rimmelspacher* § 521 Rn. 17; *Musielak/Ball* § 524 Rn. 9 (außer für Fälle der sog. gemischten Kostenentscheidung); *Rosenberg/Schwab/Gottwald* § 136 Rn. 18; vermittelnd *Wieczorek/Schütze/Gerken* § 524 Rn. 30, 31: überflüssig, eine Verwerfung ist aber wegen der Möglichkeit der Umdeutung in eine Anregung an das Gericht zur amtwegeigen Prüfung der Kostenentscheidung *„nicht angebracht"*.

[1598] KG NJW 1961, 2357; OLG Düsseldorf FamRZ 1985, 305; OLG Frankfurt a.M. MDR 1987, 1033; *Zöller/Gummer/Heßler* § 524 Rn. 36; *Wieczorek/Schütze/Gerken* § 524 Rn. 32; *Thomas/Putzo/Reichold* § 524 Rn. 17; *BL/Albers* § 524 Rn. 9; **a.A.** *Musielak/Ball* § 524 Rn. 9; *Rosenberg/Schwab/Gottwald* § 136 Rn. 18 ohne Hinweis auf die Gegenmeinung.

[1599] BGH NJW-RR 1988, 185; NJW 1991, 3029; *Wieczorek/Schütze/Gerken* § 524 Rn. 22.

[1600] BGH NJW 1991, 3029.

[1601] BGH NJW 1958, 868; 1986, 2707; *Gehrlein*, ZPR § 14 Rn. 13; *Schellhammer*, Zivilprozess Rn. 1017; *Zöller/Gummer/Heßler* § 524 Rn. 32; *Rosenberg/Schwab/Gottwald* § 136 Rn. 17; *BL/Albers* § 524 Rn. 10.

[1602] BGH NJW-RR 1989, 441 (neuer, bisher am Verfahren nicht beteiligter Beklagter); NJW-RR 1991, 510 (Konkursverwalter persönlich); BauR 1992, 807 (Kommanditist); NJW 1995, 198 (Nebenintervenient); NVersZ 2000, 392 (Schriftsatz mit Parteierweiterung war in erster Instanz nicht zugestellt

Fall, daß ein Nebenintervenient für eine Hauptpartei Berufung einlegt – hier kann gegen die Hauptpartei Anschlußberufung erhoben werden, auch wenn diese selbst kein Rechtsmittel eingelegt hat,[1603]

- die das Berufungsverfahren auf frühere Beklagte, gegen die die Klage abgewiesen worden ist, zu erstrecken sucht;[1604] anders soll aber der Fall nach OLG München OLGZ 1977, 483 liegen, wenn der Kläger Anschlußberufung gegen eine in erster Instanz bereits einmal verklagte, aber in der letzten mündlichen Verhandlung durch Teilklagerücknahme ausgeschiedene Person einlegt,
- oder welche den Erlaß eines neuen Arrestbefehls oder einer neuen einstweiligen Verfügung anstrebt, nachdem eine in erster Instanz erlassene Entscheidung wegen Ablauf der Fristen nach §§ 929 II, 942 I ZPO wirkungslos oder aufgehoben worden ist[1605].

Überflüssig ist eine Anschlußberufung 335

- nur zu dem Zweck, eine Verurteilung zur Zahlung statt an den Kläger an dessen Zessionar zu erreichen,[1606]
- oder, um die Hauptsache für erledigt zu erklären,[1607]
- oder, um als in erster Instanz mit dem Hauptanspruch obsiegender Kläger den Hilfsanspruch in der Berufungsinstanz zur Entscheidung zu stellen[1608].

II. Arbeitsgerichtsverfahren

Besondere Probleme ergeben sich im Zusammenhang mit einem **Antrag auf Auflösung des Arbeitsverhältnisses** nach § 9 I 1 und 2 KSchG (zur Beschwer siehe oben Rn. 82, zu den präklusionsrechtlichen Fragen siehe oben Rn. 170). 336

Wird der Auflösungsantrag erstmals in der zweiten Instanz gestellt, ist eine Anschlußberufung erforderlich,[1609] weshalb eine Erklärung zu Protokoll nicht genügt

---

worden); *Zöller/Gummer/Heßler* § 524 Rn. 18; *Wieczorek/Schütze/Gerken* § 524 Rn. 28; *BL/Albers* § 524 Rn. 9; *Musielak/Ball* § 524 Rn. 7.

[1603] OLG Dresden GmbHR 2001, 1047; *Zöller/Vollkommer* § 67 Rn. 10.

[1604] BGH ZZP 70 (1957) 81.

[1605] OLG Schleswig NJW 1972, 1056 (1057); SchlHA 1989, 74; OLG Hamm WRP 1968, 449 (452) – 4. ZS; MDR 1972, 615 – 7. ZS; OLG Köln WRP 1979, 817; OLG Zweibrücken OLGZ 1980, 28; OLG Koblenz GRUR 1980, 91; OLG Frankfurt a.M. WRP 1983, 212 = Rpfleger 1983, 120; *Zöller/Vollkommer* § 929 Rn. 23; *Wieczorek/Schütze/Gerken* § 524 Rn. 8; **a.A.** KG NJW 1950, 707; OLG Karlsruhe NJW 1965, 47 (Anschlußberufung zulässig, aber die darin liegende Klageänderung ist nicht sachdienlich, wenn das Hauptsacheverfahren in erster Instanz bereits begonnen hat); OLG Hamm MDR 1970, 936 – 6. ZS; OLG Düsseldorf GRUR 1984, 386; *Finger* NJW 1971, 1243; *Schneider* MDR 1985, 112 (114).

[1606] BGH MDR 1978, 398 = ZZP 91 (1978) 314 mit abl. Anm. *Grunsky*; *Pantle/Kreissl* Rn. 578; *Zöller/Gummer/Heßler* § 524 Rn. 2, 41; *Wieczorek/Schütze/Gerken* § 524 Rn. 8; *Thomas/Putzo/Reichold* § 524 Rn. 2; **a.A.** OLG Braunschweig OLGR 1996, 57 *„jedenfalls"* für den Fall, daß die Hauptberufung die Verurteilung zur Zahlung nicht angreift.

[1607] *Pantle/Kreissl* Rn. 578.

[1608] RGZ 77, 120 (126 f.); 105, 236 (242); BGH LM § 525 ZPO Nr. 1 = NJW 1952, 184 (nur Ls.); BGHZ 25, 79 (85); 41, 38 (39); NJW 1979, 2096 (2097); 1992, 112 (113); NJW-RR 1990, 518 (519); **a.A.** Teile des Schrifttums, z.B. *MüKo-ZPO-Aktualisierungsband/Rimmelspacher* § 528 Rn. 44, weitere Nachweise bei *Meyer-Rahe* S. 137 Fn. 35.

[1609] Zum **früheren Recht**: BAGE 37, 135 (unter II 2); LAG Berlin LAGE § 626 BGB 2002 Nr. 1; zum **neuen Recht**: *v. Hoyningen-Huene/Linck* § 9 Rn. 21 a; *Hako/Fiebig* § 9 Rn. 18; **a.A.** *AR-Blattei* (soweit eine Antragstellung gemäß §§ 525, 261 II, 297 I 3 ZPO zu Protokoll als ausreichend angesehen wird,[1610] ist dies unzutreffend, weil § 525 S. 1 ZPO die entsprechende Anwendung der Vorschriften über das landgerichtliche Verfahren nur zuläßt, *„soweit sich nicht Abweichungen aus den Vorschriften dieses Abschnitts ergeben"* und die §§ 519, 520, 524 I 2 ZPO eben solche Sondervorschriften sind).

C. Formalien

I. Form ☛ Muster 10

337 Die Anschließung erfolgt gemäß § 524 I 2 ZPO durch Einreichung einer Anschlußschrift (eines postulationsfähigen Anwalts); mündliche Erklärung zu Protokoll des Berufungsgerichts genügt somit nicht[1611]. Eine Heilung von Mängeln nach § 295 ZPO ist nicht möglich[1612].

Gemäß §§ 524 III 2 i.V.m. 519 II ZPO muß das angefochten Urteil bezeichnet und die Erklärung abgegeben werden, daß Anschlußberufung eingelegt wird.

Da der Anschlußwille klar und eindeutig zum Ausdruck kommen muß,[1613] sollte das Wort „Anschlußberufung" verwendet werden,[1614] auch wenn dies rechtlich nicht zwingend ist[1615]. Umgekehrt sollte, wenn innerhalb der Berufungsfrist selbständig Berufung eingelegt werden soll (vgl. oben Rn. 332), der Ausdruck „Anschlußberufung" vermieden werden.[1616] Nachdem es eine selbständige Anschlußberufung nicht mehr gibt, sollte dieser Ausdruck vermieden werden (wird er gleichwohl verwendet, ist er im Sinne einer selbständigen Berufung auszulegen[1617]).

SD/Spilger Kap. 160.10.2 Rn. 302 und *KR/Spilger* § 9 Rn. 99 *„Insbesondere handelt es sich … bei dem Erstantrag im Berufungsverfahren* ***nicht*** um eine Anschließung oder Anschlußberufung …", eine Anschlußberufung komme nur in Betracht, wenn der Arbeitgeber Berufung eingelegt habe; *Spilger* verkennt aber, daß der *„Erstantrag im Berufungsverfahren"* nur im Rahmen einer Berufung oder einer Anschlußberufung gestellt werden kann, weil andernfalls das Berufungsgericht nicht tätig werden kann.

[1610] Zum früheren Recht: LAG Hamm Urt. v. 8.6.2000 – 16 Sa 2122/99 (BB 2000, 2475 [nur Ls.]; Volltext bei juris); LAG Berlin NZA-RR 1998, 116 (117); ebenso *AR-Blattei SD/Spilger* Kap. 160.10.2 Rn. 309; zum **neuen Recht**: *Backmeister/Trittin/Mayer* § 9 Rn. 10 und *Ascheid/Preis/Schmidt/Biebl* § 9 KSchG Rn. 25 jeweils ohne Erwähnung der Entscheidung des BAG.

[1611] BGHZ 37, 131 (133), stRspr., zuletzt NJW 1993, 269 (270); BAGE 37, 135 (unter II 2); zum **neuen Recht** *Pantle/Kreissl* Rn. 572; *Schellhammer*, Zivilprozess Rn. 1017; *Zöller/Gummer/Heßler* § 524 Rn. 8; *Rosenberg/Schwab/Gottwald* § 136 Rn. 20; *BL/Albers* § 524 Rn. 15.

[1612] *Rosenberg/Schwab/Gottwald* § 136 Rn. 20.

[1613] RGZ 142, 307 (311), stRspr.; BGH stRspr., zuletzt BGHZ 109, 179 (187); *Zöller/Gummer/Heßler* § 524 Rn. 6; *BL/Albers* § 524 Rn. 15.

[1614] *Rinsche/Schlüter* Rn. 33; *Schumann/Kramer* Rn. 371; *Schellhammer*, Zivilprozess Rn. 1013.

[1615] BGH NJW-RR 1991, 613; BGHZ 109, 179 (187); *Jacoby* S. 187; *Zöller/Gummer/Heßler* § 524 Rn. 6 und *BL/Albers* § 524 Rn. 16 folgern aber aus dieser Rechtsprechung zu Unrecht, eine solche Überschrift sei *„unnötig"*.

[1616] *Grunsky*, Tatsachenstoff S. 800 Fn. 7; *Heiderhoff* S. 1403; *Schollmeyer* S. 24 (unter II 5); *Gehrlein*, ZPR § 14 Rn. 14.

[1617] BGH NJW 2003, 2388 gegen die Vorinstanz OLG Frankfurt a.M. MDR 2003, 594; FamRZ 2004, 1481; *Jacoby* S. 188.

Gemäß §§ 524 III 2 i.V.m. 519 IV, 130 Nr. 6 ZPO muß die Anschlußschrift unterzeichnet sein.

II. Frist

1. Grundsatz

Die Anschlußberufung ist gemäß § 524 II 2 ZPO (i.d.F. des 1. JuMoG) bis zum Ab- 338
lauf der Berufungserwiderungsfrist zulässig; wird eine solche nicht gesetzt, kann bis zum Schluß der mündlichen Verhandlung Anschlußberufung eingelegt werden[1618]. Obwohl es sich weder um eine Notfrist noch um eine andere der in § 233 ZPO genannten Fristen handelt, gewährt die h.M. in analoger Anwendung des § 233 ZPO Wiedereinsetzung.[1619] Eine Verlängerung der Frist ist dagegen nach allgemeiner Ansicht nicht möglich, da in § 524 III 2 ZPO nicht auf § 520 II ZPO verwiesen wird.[1620] Wegen dieser Frist ist der schriftsätzliche Anschlußvorbehalt mit Anschluß in der mündlichen Verhandlung nicht (mehr) möglich.[1621]

Eine Erweiterung des Antrags ist – in den Grenzen der schriftlichen Begründung – auch zulässig,[1622] und zwar auch mündlich[1623].

2. Sonderfälle

**a) Eintritt oder Veränderung anschlußberechtigender Umstände nach Ablauf 339
der Anschlußberufungsfrist.** In der Praxis tritt in Unterhalts- und Schmerzensgeldprozessen seit jeher die Situation auf, daß sich im Laufe des Berufungsverfahrens die Verhältnisse (unterhaltsrechtlich relevante Umstände, Gesundheitszustand) auf Seiten des Berufungsgegners grundlegend ändern (siehe oben Rn. 333).

Vor Inkrafttreten des ZPO-RG wurden diese Fälle durch die unbefristete Anschlußberufung problemlos gelöst. Durch die vom ZPO-RG eingeführte Befristung der Anschlußmöglichkeit war dies zunächst nicht mehr möglich gewesen; die Verfasser des ZPO-RG hatten diese Fallkonstellationen mangels Praxiserfahrung einfach übersehen.[1624] Der Gesetzgeber hat auch insoweit auf vielfältige Kritik hin im 1. Justizmodernisierungsgesetz – allerdings nur teilweise – nachgebessert.

[1618] Beschlußempfehlung des Rechtsausschusses S. 49.

[1619] OLG Celle NJW 2002, 2651; OLG Zweibrücken NJW-RR 2003, 1299; *Hannich/Meyer-Seitz* § 524 Rn. 6; *MüKo-ZPO-Aktualisierungsband/Rimmelpacher* § 524 Rn. 35; *Strohn* S. 159; *Gehrlein*, Erste Fragen S. 426 (unter II 2 d); *Rosenberg/Schwab/Gottwald* § 136 Rn. 14; *Hirtz*, Wirkungskontrolle S. 58; *Wieczorek/Schütze/Gerken* § 524 Rn. 11; *Thomas/Putzo/Reichold* § 524 Rn. 10; wohl auch OLG Düsseldorf NZV 2003, 94; **a.A.** zurecht *Schneider*, ZPO-Reform Rn. 469; *Gerken* S. 1096.

[1620] OLG Celle MDR 2002, 1142 m. zust. Anm. *Würfel*; *Strohn* S. 158; *Gerken* S. 1096; *Rosenberg/Schwab/Gottwald* § 136 Rn. 14; *Wieczorek/Schütze/Gerken* § 524 Rn. 11; *Thomas/Putzo/Reichold* § 524 Rn. 10; *Musielak/Ball* § 524 Rn. 23.

[1621] *HdbStraßenverkR/Born* Kap. 3 B Rn. 226 (and. aber Rn. 227); *Musielak/Ball* § 524 Rn. 20; **a.A.** *Thomas/Putzo/Reichold* § 524 Rn. 12 unter Berufung auf die Rechtsprechung zum früheren Recht.

[1622] *Hannich/Meyer-Seitz* § 524 Rn. 7; *Gehrlein*, Erste Fragen S. 426 (unter II 2 d) und ZPR § 14 Rn. 12; *Musielak/Ball* § 524 Rn. 24; *BL/Albers* § 524 Rn. 18.

[1623] BGH NJW 1993, 269; zum **neuen Recht** *Hannich/Meyer-Seitz* § 524 Rn. 7; *Wieczorek/Schütze/Gerken* § 524 Rn. 16; *Musielak/Ball* § 524 Rn. 24; *BL/Albers* § 524 Rn. 18.

[1624] Ebenso *Gerken* S. 1096 f.; *Piekenbrock*, Anschlußberufung S. 676. Bester Beweis ist die Darstellung bei *Hannich/Meyer-Seitz* § 524 Rn. 6; aber auch manche Praktiker hatten die Problematik nicht erkannt, so z.B. *Gehrlein*, Erste Fragen S. 425 f. (unter II 2 d) und Arzthaftungsrecht S. 936.

Nunmehr gibt es nach dem neu eingeführten § 524 II 3 ZPO – auch für schon anhängige Berufungsverfahren – **keine Befristung** der Anschlußberufung **in Fällen der Verurteilung zu künftig fällig werdenden wiederkehrenden Leistungen** (§ 323 ZPO); die Anschlußberufung kann in diesem Fall also generell bis zum Schluß der mündlichen Verhandlung eingelegt werden[1625].

Während das Gesetz für Unterhaltsprozesse also zur früheren Rechtslage zurückgekehrt ist, bleibt die Lage bei Schmerzensgeldprozessen weiterhin unbefriedigend: Die zum ZPO-RG entwickelte Argumentation, der Gesetzgeber habe das Problem der streitgegenstandserweiterende Anschlußberufung nicht gesehen, weshalb die Befristung nach § 524 II 2 ZPO im Wege einer teleologischen Reduktion auf die Anschlußberufung zur Bekämpfung der Beschwer zu beschränken und die streitgegenstandserweiterende Anschlußberufung in den Grenzen des § 533 ZPO auch nach Fristablauf möglich sei,[1626] kann nach Inkrafttreten des 1. JuMoG nicht mehr aufrecht erhalten werden. Es wird sich nun eine Befristung des Schmerzensgelds anbieten, wobei die Zäsur mit dem Ablauf der Berufungserwiderungsfrist zu setzen sein wird[1627].

340 **b) Auflösungsantrag im Kündigungsschutzprozeß.** Eine besondere Frist für die Anschlußberufung sieht § 9 I 3 KSchG insofern vor, als der Auflösungsantrag in der Berufungsinstanz bis zum Schluß der letzten mündlichen Verhandlung gestellt werden kann (vgl. dazu auch oben Rn. 170).

III. Hilfsweise Anschlußberufung

341 Die Anschlußberufung kann auch hilfsweise für den Fall eingelegt werden, daß dem Hauptantrag auf Verwerfung/Zurückweisung der Berufung nicht stattgegeben wird, also die Hauptberufung Erfolg hat,[1628] eine bestimmte Entscheidung ergeht[1629] oder daß Prozeßkostenhilfe gewährt wird[1630]. Auch zur bloßen Klageerweiterung kann Hilfsanschlußberufung eingelegt werden.[1631] Etwas anderes gilt aber für eine

[1625] Beschlußempfehlung des Rechtsauschusses S. 50.

[1626] Grundlegend *Piekenbrock*, Anschlußberufung S. 675 f.; ihm folgend OLG München Urt. v. 13.2.2004 – 10 U 5381/02 (n.v.); OLG Stuttgart NZG 2004, 766; Schneider, ZPO-Reform 2002 S. 903 f. (unter 10); für bestimmte Fallkonstellationen auch OLG Hamm NJW-RR 2003, 1720 (1721): *„Es mag dahingestellt bleiben, ob im Wege der verfassungskonformen Auslegung und teleologischen Reduktion eine streitgegenstandsverändernde Anschlussberufung in bestimmten Fällen aus Gründen der Waffengleichheit unbefristet als zulässig erachtet werden kann (verneinend: OLG Celle, NJW 2002, 2651; bejahend: Piekenbrock, MDR 2002, 675). Ein aus verfassungsrechtlicher Sicht möglicherweise bedenkliches Ungleichgewicht* besteht *allenfalls insoweit, als nur der Berufungskl. noch im laufenden Prozess auf Änderungen des Sachverhalts, die nach Ablauf der Anschlussberufungsfrist eintreten, reagieren kann, nicht jedoch der Berufungsbekl. Dies kann z.B. in Unterhalts- und Schmerzensgeldprozessen relevant werden (vgl. die von Gerken,* NJW *2002, 1095 angeführten Beispiele).“*

[1627] *Soyka* S. 482; *Wieczorek/Schütze/Gerken* § 524 Rn. 12.

[1628] RGZ 142, 311; 168, 285; BGHZ 67, 305 (310) für die Anschlußrevision; BAGE 74, 268 (271); BSGE 24, 247 (249); zum **neuen Recht** *Pantle/Kreissl* Rn. 576; *Schellhammer*, Zivilprozess Rn. 1018; *Schneider*, ZPO-Reform Rn. 466; *Zöller/Gummer/Heßler* § 524 Rn. 17; *Rosenberg/Schwab/Gottwald* § 136 Rn. 10; *Wieczorek/Schütze/Gerken* § 524 Rn. 17, 24; *Thomas/Putzo/Reichold* § 524 Rn. 12; *BL/Albers* § 524 Rn. 3; *Musielak/Ball* § 524 Rn. 12.

[1629] BGH NJW 1984, 1240 (1241); *Thomas/Putzo/Reichold* § 524 Rn. 12; *Musielak/Ball* § 524 Rn. 12.

[1630] OLG Frankfurt a.M. FamRZ 2000, 240; *Zöller/Gummer/Heßler* § 524 Rn. 17.

[1631] BGH NJW-RR 1986, 874 (875*); Musielak/Ball* § 524 Rn. 12.

Hilfsanschlußberufung für den Fall, daß der Klageanspruch eines nicht notwendigen Streitgenossen auf die Berufung abgewiesen wird, weil eine solche Hilfsanschlußberufung die nur äußerliche Verbindung der selbständigen Verfahren unterlaufen würde.[1632]

IV. Begründung

1. Zeitpunkt

Gemäß § 524 III 1 ZPO muß die Anschlußberufung in der „*Anschlußschrift*" begründet werden. Dies bedeutet aber nach richtiger Ansicht nicht, daß die Begründung zwingend in demselben Schriftsatz erfolgen muß.[1633] **342**

Der Wortlaut der Vorschrift, auf den sich die Gegenansicht[1634] stets beruft, steht dem nicht entgegen, weil es sich insoweit um ein Redaktionsversehen handelt, wie sich aus folgenden Überlegungen ergibt:

- § 524 III 2 ZPO verweist u.a. auch auf § 520 III 1 ZPO,[1635] wo aber ausdrücklich die Berufungsbegründung in einem gesonderten Schriftsatz zugelassen wird.
- Für den ebenso formulierten § 340 III 1 ZPO ist es allgemein anerkannt, daß die Begründung des Einspruchs in einem gesonderten Schriftsatz erfolgen kann[1636].
- In der Begründung des Regierungsentwurfs heißt es: „*Absatz 3 Satz 1 bestimmt, daß die Anschlussberufung in der Anschlussschrift zu begründen ist. Einer längeren* ***Frist*** *für die Begründung der Anschlussberufung bedarf es nicht …*"[1637]; noch deutlicher Meyer-Seitz im Referentenkommentar zum ZPO-RG: „*Die Anschlussberufung ist in der Anschlusssschrift zu begründen, § 524 Abs. 3 S. 1. Die Begründung muß also in der für die Anschließung geltenden Monatsfrist des § 524 Abs. 2 S. 2 vorliegen; eine gesonderte Anschlußberufungsbegründungs****frist*** *gibt es nicht.*"[1638]

2. Inhalt

Gemäß §§ 524 III 2 i.V.m. 520 III 2 ZPO muß die Anschlußschrift Berufungsanträge und deren Begründung enthalten. Die Stellung eines Abweisungsantrags ohne eigenen Sachantrag und die bloße Auseinandersetzung mit den Gründen des angefochte- **343**

[1632] BGH NJW-RR 1989, 1099; *BL/Albers* § 524 Rn. 3; *Zöller/Gummer/Heßler* § 524 Rn. 17; *Wieczorek/Schütze/Gerken* § 524 Rn. 24; *Thomas/Putzo/Reichold* § 524 Rn. 12; *Musielak/Ball* § 524 Rn. 12; *BL/Albers* § 524 Rn. 3.

[1633] *Schmidt/Schwab/Wildschütz* S. 1221; *Schneider*, ZPO-Reform 2002 S. 903 (unter 10; anders noch ZPO-Reform Rn. 470); *Oberheim* Rn. 517; *Schellhammer*, Zivilprozess Rn. 1019; *Musielak/Ball* § 524 Rn. 21; vgl. auch *Steinert/Theede* Kap. 12 Rn. 74; *BL/Albers* § 524 Rn. 17.

[1634] OLG Köln NJW 2003, 1879; *Holthaus/Koch* S. 153; *Sattelmacher/Sirp/Schuschke* Rn. 511; *Meyer-Rahe* S. 139; *Schaub/Neef/Schrader* § 86 I Rn. 4; *Wieczorek/Schütze/Gerken* § 524 Rn. 18; *Thomas/Putzo/Reichold* § 524 Rn. 15; beiläufig auch BGH NJW 2003, 2388 (2389).

[1635] Von den Verfassern des ZPO-RG ebenso verkannt (vgl. BegrRegE/ZPO-RG S. 99) wie von *Gehrlein*, ZPR § 14 Rn. 12.

[1636] Vgl. etwa *Zöller/Herget* § 340 Rn. 10; *Thomas/Putzo/Reichold* § 340 Rn. 5.

[1637] A.a.O. (Hervorhebung vom Verf.); ähnlich heißt es bei *Rosenberg/Schwab/Gottwald* § 136 Rn. 23: „*Die Anschlussberufung muß bereits in der Anschlussschrift begründet werden (§ 524 III 1). Die Frist kann nicht verlängert werden.*"

[1638] *Hannich/Meyer-Seitz* § 524 Rn. 8 (Hervorhebung vom Verf.).

nen Urteils genügen nicht;[1639] im Falle der Klageabweisung infolge einer Hilfsaufrechnung muß zumindest der Wille zur Erweiterung des Streitgegenstands in der Berufungsinstanz deutlich werden.[1640]

Die Regeln über die Berufungsbegründung erfahren aber eine Milderung dahin, daß die Angabe der einzelnen Anfechtungsgründe sowie der neuen Tatsachen nur insoweit geboten ist, als das Urteil angefochten wird,[1641] nicht aber bei Stellung neuer Anträge[1642]. Das gleiche gilt, wenn der Gegenstand der Anschließung zwischen den Parteien erörtert ist.[1643]

D. Kosten

Bei Beurteilung der Kostenfolgen einer Anschlußberufung sind folgende Fallkonstellationen zu unterscheiden:

I. Verwerfung oder Zurückweisung der Hauptberufung

344 Wenn die Hauptberufung gemäß § 522 I oder II ZPO mit der Folge verworfen bzw. zurückgewiesen wird, daß die Anschlußberufung gemäß § 524 IV ZPO ihre Wirkung verliert, ist umstritten, wer die Kosten der Anschlußberufung zu tragen hat:

- der Hauptberufungskläger analog § 97 I ZPO[1644] (und zwar auch dann, wenn die Anschlußberufung allein zum Zwecke der Klageerweiterung eingelegt worden war[1645])
- oder – so die h.M. – beide im Wege der Kostenteilung gemäß §§ 92 I 1 Fall 1, 97 I ZPO[1646].

1639 BGHZ 109, 179 (187); BGH NJW 2001, 1272; *Musielak/Ball* § 524 Rn. 17.

1640 BGHZ 109, 179 (187) zum bisherigen Recht; zum **neuen Recht** *Schellhammer*, Zivilprozess Rn. 1019; *Thomas/Putzo/Reichold* § 524 Rn. 16; *Musielak/Ball* § 524 Rn. 17.

1641 BGH FamRZ 1995, 1138; *Thomas/Putzo/Reichold* § 524 Rn. 16.

1642 RGZ 153, 104; *Thomas/Putzo/Reichold* § 524 Rn. 16.

1643 BGH NJW 1995, 1560; zum **neuen Recht** *Schellhammer*, Zivilprozess Rn. 1019; *Thomas/Putzo/Reichold* § 524 Rn. 16.

1644 OLG Hamburg MDR 2003, 1251; OLG Celle MDR 2004, 592 – 16. ZS; OLG Köln Beschl. v. 25.7.2003 – 2 U 97/03; v. 19.12.2003 – 2 U 119/03; v. 23.08.2004 – 11 U 196/03; *Schumann/Kramer* Rn. 383; *Doms*, Anschlußberufung S. 190 mit der offensichtlich gesetzeswidrigen Begründung, die Entscheidung nach § 522 II ZPO stünde im Belieben (!) des Berufungsgerichts; *Ludwig* S. 671; *Hülk/Timme* S. 15 mit dem mittlerweile in jedem denkbaren Zusammenhang bemühten Argument von der „Waffengleichheit"; *Musielak/Ball* § 516 Rn. 16; für das frühere Recht ebenso RG JW 1936, 257; BGH(GS)Z 4, 229 (243); 67, 305 für die Anschlußrevision.

1645 *Musielak/Ball* § 516 Rn. 16; für das frühere Recht ebenso OLG Frankfurt a.M. MDR 2001, 837.

1646 OLG Düsseldorf NJW 2003, 1260; OLG Celle NJW 2003, 2755 f. – 2. ZS; OLG Dresden BauR 2003, 1431 und OLGR 2004, 309; OLG Brandenburg MDR 2003, 1261 und OLGR 2004, 308 (309); OLG Frankfurt a.M. OLGR 2004, 288; OLG Braunschweig Beschl. v. 15.4.2004 – 8 U 75/03; OLG Karlsruhe OLGR 2004, 335 jedenfalls für den Fall, daß auch die Anschließung unbegründet war; *Gehrlein*, Erste Fragen S. 426 (unter II 2 d) und ZPR § 14 Rn. 16; *Hannich/Meyer-Seitz* § 524 Rn. 10; *Rosenberg/Schwab/Gottwald* § 136 Rn. 26 (für § 522 II ZPO); *Wieczorek/Schütze/Gerken* § 522 Rn. 86; *Thomas/Putzo/Reichold* § 524 Rn. 20; *BL/Hartmann* § 524 Rn. 22; für das frühere Recht ebenso BGH(GS)Z 80, 146 für die Anschlußrevision, die durch die Nichtannahme der Hauptrevision gem. § 554 b ZPO a.F. gegenstandslos wurde.

II. Verwerfung oder Zurückweisung der Anschlußberufung

Wird die Anschlußberufung selbständig verworfen (etwa wegen Versäumung der Frist nach § 524 II 2 ZPO, unzulässiger Parteierweiterung oder Vergleich über die der Hauptberufung zugrundeliegenden Ansprüche[1647]) oder zurückgewiesen (was allerdings nicht vor der Entscheidung über die Hauptberufung möglich ist[1648]), trägt der Anschlußberufungskläger analog §§ 97 I, 92 I 1 Fall 1 ZPO die entstehenden Kosten der Anschlußberufung anteilig.[1649] **345**

III. Verwerfung oder Zurückweisung von Haupt- und Anschlußberufung

Werden Haupt- und Anschlußberufung gleichzeitig verworfen oder zurückgewiesen, erfolgt Kostenaufhebung oder Kostenteilung gemäß §§ 92 I 1 Fall 1, 97 I ZPO;[1650] ggf. ist § 92 II ZPO anzuwenden.[1651] **346**

IV. Rücknahme der Hauptberufung

Wird die Hauptberufung **vor Einlegung der Anschlußberufung** zurückgenommen, hat der Anschlußberufungskläger die Kosten der Anschlußberufung zu tragen, selbst wenn ihm die Rücknahme nicht bekannt gewesen sein sollte.[1652] **347**

Wird die Hauptberufung **nach Einlegung der Anschlußberufung** mit der Folge zurückgenommen, daß die Anschlußberufung gemäß § 524 IV ZPO ihre Wirkung verliert, so hat der Hauptberufungsführer gemäß § 516 III 1 ZPO auch die Kosten der Anschlußberufung zu tragen.[1653] Etwas anderes gilt dagegen, wenn die Parteien die Hauptsache übereinstimmend für erledigt erklären – wegen der dann noch notwendigen Kostenentscheidung nach § 91 a ZPO verliert die Anschlußberufung nicht auto-

---

[1647] BAG NJW 1976, 2143; krit. *Pantle/Kreissl* Rn. 575.

[1648] BGH NJW 1994, 2235.

[1649] OLG Köln NJW 2003, 1879; *Zöller/Gummer/Heßler* § 524 Rn. 43; *Rosenberg/Schwab/Gottwald* § 136 Rn. 26; *Wieczorek/Schütze/Gerken* § 516 Rn. 31; *Thomas/Putzo/Reichold* § 516 Rn. 11; *Musielak/Ball* § 516 Rn. 17; *ErfKoArbR/Koch* § 64 ArbGG Rn. 23; für das frühere Recht ebenso RGZ 44, 374 (Unbegründetheit); BGH(GS)Z 4, 229 (235, 240); 67, 305 (306) für die Anschlußrevision; NJW 1983, 578; BGHZ 100, 383 (390); zu Unrecht nimmt das OLG Oldenburg NJW 2002, 3555 eine volle Kostentragungspflicht des Berufungsklägers an.

[1650] *Musielak/Wolst* § 97 Rn. 2; für das frühere Recht RG JW 1933, 512; *BRiHb/Schmitz* A XXII Rn. 31.

[1651] RG JW 1933, 512; *Anders/Gehle* Teil B Rn. 601.

[1652] *Gehrlein*, ZPR § 14 Rn. 16; *Zöller/Gummer/Heßler* § 524 Rn. 43; *Pape* S. 1151 f.; *Rosenberg/Schwab/Gottwald* § 136 Rn. 26; *Thomas/Putzo/Reichold* § 516 Rn. 11; *Musielak/Ball* § 516 Rn. 17; *ErfKoArbR/Koch* § 64 ArbGG Rn. 23; für das frühere Recht ebenso BGHZ 17, 398 (399); NJW 2000, 3215.

[1653] OLG Oldenburg NJW 2002, 3555; OLG Köln NJW 2003, 1879; *Gehrlein*, ZPR § 14 Rn. 16; *Pape* S. 1151; *Zöller/Gummer/Heßler* § 524 Rn. 43; *Rosenberg/Schwab/Gottwald* § 136 Rn. 25; *Thomas/Putzo/Reichold* § 516 Rn. 10; *Musielak/Ball* § 516 Rn. 16; *ErfKoArbR/Koch* § 64 ArbGG Rn. 23; *Musielak/Wolst* § 97 Rn. 2 hat den Wegfall des Zustimmungserfordernisses zur Berufungsrücknahme in § 516 I ZPO nicht berücksichtigt und stellt deshalb auf die früheren Unterscheidungen von Rücknahme der Hauptberufung vor und nach Beginn der mündlichen Verhandlung und Rücknahme mit und ohne Zustimmung des Gegners ab (vgl. zur früheren Rechtslage umfassend hier die 1. Aufl. Rn. 286, 287).

matisch ihre Wirkung,[1654] vielmehr ist eine einheitliche Kostenentscheidung nach § 91 a ZPO zu treffen.[1655] Etwas anderes gilt auch, wenn der Hauptberufungsführer seine von Anfang an unzulässige Hauptberufung zurücknimmt – in diesem Fall trägt der Anschlußberufungskläger gemäß § 92 I ZPO die Kosten der Anschlußberufung,[1656] weil eine Partei, die sich der Berufung des Gegners anschließt, die Zulässigkeit dieses Rechtsmittels prüfen und die Folgen tragen muß, wenn sie diese unrichtigerweise bejaht[1657].

[1654] BGH NJW 1964, 108; 1986, 852.

[1655] BGH NJW 1986, 852 gegen OLG München MDR 1984, 320.

[1656] RGZ 95, 121, stRspr.; BGHZ 67, 305 (307) jeweils für die Anschlußrevision; OLG Nürnberg MDR 1989, 648; zum **neuen Recht** *Pantle/Kreissl* Rn. 574; *Gehrlein,* Erste Fragen S. 426 (unter II 2 d) und ZPR § 14 Rn. 16; *Zöller/Gummer/Heßler* § 524 Rn. 43; *Wieczorek/Schütze/Gerken* § 516 Rn. 31; *Thomas/Putzo/Reichold* § 516 Rn. 11; *Musielak/Ball* § 516 Rn. 17; *Schumann/Kramer* Rn. 383 will darauf abstellen, ob die Unzulässigkeit der Hauptberufung für den Anschlußberufungsführer erkennbar war oder nicht – zu Unrecht, weil damit die Kostenentscheidung systemfremd mit subjektiven Elementen belastet wird.

[1657] RG JW 1936, 257; OLG Nürnberg MDR 1989, 648.

4. Teil. Die Berufungsverhandlung

§ 14 Der Ablauf der Verhandlung[1658]

Nachdem die Berufungsverhandlung vom offenen Rechtsgespräch geprägt sein sollte[1659] und jedenfalls vor den Oberlandesgerichten meist auch ist[1660], wird vom Berufungsanwalt, jedenfalls vor dem Oberlandesgericht, durchaus nicht selten eine (zusammenfassende) Erklärung (Plädoyer) erwartet[1661] oder ihm wenigstens die Möglichkeit hierzu gegeben[1662]. Hierauf muß sich der Berufungsanwalt vorbereiten.[1663]

Die **inhaltliche Vorbereitung** umfaßt i.d.R. folgende Schritte: **348**

- Zunächst ist der Akteninhalt unter Erstellung eines „Aktenrenners" (☛ **Muster 11** für die erste Instanz, **Muster 12** für die zweite) gründlich durchzuarbeiten. Es wirkt sehr unprofessionell, wenn der Anwalt das Datum seines Berufungsantrags nicht parat hat und bei der Erörterung eines bestimmten Vortrags in einer ungeordneten und ungehefteten Akte „wühlt". Bei Berufungsverhandlungen mit mehreren Terminen ist die ständige Vergegenwärtigung des aktuellen Standes der mündlichen Verhandlung unabdingbar, was aber nur auf der Basis von aussagekräftigen Terminzetteln (☛ **Muster 13**) möglich ist,[1664] da die Protokolle häufig sehr formal sind, insbesondere die wichtigen Andeutungen und informellen Stellungnahmen des Gerichts (die es trotz § 139 IV ZPO auch in Zukunft geben wird) nicht beinhalten.
- Der nächste Schritt ist eine – selbstkritische – Bewertung der eigenen Position unter sorgfältiger Auswertung der gegnerischen Schriftsätze und etwaiger Hinweise oder verfahrensleitender Anordnungen des Gerichts (etwa bezüglich der Ladung von Zeugen, Beiziehung von Akten).
- Erforderlich ist weiter das Entwickeln von Handlungsalternativen wie ein mögliches Anerkenntnis, eine Berufungsrücknahme oder ein Vergleichsabschluß, für den vor der Verhandlung die Eckwerte bestimmt werden müssen; dies alles setzt u.U. eine nochmalige Kontaktaufnahme zum Mandanten und zu Dritten wie z.B. der Haftpflichtversicherung voraus. Aus richterlicher Sicht ist es enttäuschend, wenn auf einen detaillierten Vergleichsvorschlag geantwortet wird, man könne sich eine gütliche Einigung durchaus vorstellen, man müsse aber erst mit dem Mandanten etc. Rücksprache nehmen.

Bei der **formalen Vorbereitung** muß man sich zwei Dinge vergegenwärtigen: Die **349**
erwartete Stellungnahme ist aus dem Stegreif zu formulieren und muß den Stand der

---

[1658] Vgl. im einzelnen *Tempel/Theimer* S. 236 ff. und *Oberheim* Rn. 403–411.

[1659] Vgl. die nachdrücklichen Empfehlungen von Richtern an Richter bei *BRiHb/Schmitz* A XXII Rn. 40; ferner *Schumann/Kramer* Rn. 563.

[1660] So jetzt auch *Oberheim* Rn. 408

[1661] Vgl. *Commichau* Rn. 171 Fn. 65 und 412; *Oberheim* Rn. 408.

[1662] So *Tempel/Theimer* S. 238.

[1663] *Commichau* Rn. 412.

[1664] Hierfür auch *Commichau* Rn. 410 und *Zwanziger/Heitmann* S. 152.

mündlichen Verhandlung reflektieren. Leider erlebt man häufig, daß auf Fragen oder kritische Anmerkungen seitens des Gerichts mit bloßer Wiederholung des schriftlichen Vortrags reagiert wird, wozu nach Wegfall des § 526 ZPO a.F. nicht einmal mehr eine formale Rechtfertigung besteht. Das alles wird natürlich nur gelingen, wenn kommunikationspsychologische und rhetorische Grundfertigkeiten vorhanden sind, welche man in einer der zahlreichen einschlägigen Fortbildungsveranstaltungen für Anwälte erwerben kann und sollte. Einen ersten Einstieg in das Thema „Plädoyer im Zivilprozeß“ bieten die Ausführungen von *Commichau*[1665], *Rinsche*[1666], *Zwanziger/Heitmann*[1667] und *Hartmann*[1668].

§ 15 Das Versäumnisverfahren

350 Das Versäumnisverfahren spielt eine nur sehr geringe Rolle, gleichwohl und gerade deshalb muß der Anwalt mit den in § 539 ZPO geregelten Besonderheiten des Versäumnisverfahren in der Berufungsinstanz vertraut sein:

- Zunächst muß von Amts wegen und unabhängig von der Säumnis einer Partei (nochmals) die **Zulässigkeit der Berufung** geprüft werden und im Falle der Verneinung die Berufung durch sog. unechtes Versäumnisurteil, also durch streitiges (kontradiktorisches) Urteil verworfen werden.[1669] Hierzu wird es aber wegen der Möglichkeit der Verwerfung im Beschlußwege nach § 522 I 2, 3 ZPO nur sehr selten kommen, z.B. wenn erst nachträglich bekannt wird, daß der Anwalt des Berufungsführers nicht postulationsfähig ist.
- Anschließend muß wiederum von Amts wegen und unabhängig von der Säumnis einer Partei die **Zulässigkeit der Klage** geprüft werden und im Verneinungsfall ein etwaig klagezusprechendes Urteil durch ein wiederum kontradiktorisches Urteil abgeändert und die Klage abgewiesen werden.[1670]
- Erst wenn die Zulässigkeit von Berufung und Klage bejaht worden sind, kann bei Säumnis einer Partei ein **Versäumnisurteil** ergehen.
  - Ist der **Berufungskläger säumig**, wird seine Berufung gemäß § 539 I ZPO durch Versäumnisurteil zurückgewiesen. Diese Vorschrift (wortgleich mit § 542 I ZPO a.F.) hat durch eine Entscheidung des Bundesgerichtshofs vom 17.12.2002[1671] große Aktualität erlangt. Der Bundesgerichtshof kommt in direkter Anwendung des § 330 ZPO zu dem Ergebnis, daß ein Versäumnisurteil gegen den Berufungskläger, dessen Klage in erster Instanz wegen zur Zeit fehlender Fälligkeit abgewiesen worden war, eine erneute Geltendmachung des Klageanspruchs *„in jedem Falle unzulässig“* mache. Diese Entscheidung, die im Widerspruch zur Recht-

[1665] Rn. 171–175, 412.
[1666] Rn. 169–171.
[1667] S. 150 ff.
[1668] *BL/Hartmann* § 137 Rn. 21–23.
[1669] BGH ZIP 1986, 740; OLG Köln Urt. v. 14.7.2004 – 13 U 204/03; *Schellhammer*, Zivilprozess Rn. 1561; *Rosenberg/Schwab/Gottwald* § 139 Rn. 1; *Thomas/Putzo/Reichold* § 539 Rn. 1.
[1670] BGH JR 1987, 26; *Schellhammer*, Zivilprozess Rn. 1561; *Rosenberg/Schwab/Gottwald* § 139 Rn. 2; *Thomas/Putzo/Reichold* § 539 Rn. 3.
[1671] NJW 2003, 1044.

sprechung des Bundesarbeitsgerichts[1672] steht und im Schrifttum ganz überwiegend abgelehnt worden ist[1673], zwingt den Anwalt, auf eine „Flucht in die Säumnis" in zweiter Instanz zu verzichten und statt dessen bei erkennbarer Aussichtslosigkeit die Berufung zurückzunehmen (der alternative Vorschlag, die Klage zurückzunehmen,[1674] scheitert daran, daß hierzu die Einwilligung des Beklagten erforderlich ist, die i.d.R. nicht zu erlangen sein wird;[1675] auch der Rat, zunächst ein Versäumnisurteil ergehen zu lassen und sodann Einspruch einzulegen,[1676] ist nicht unproblematisch, da das dann notwendige Urteil nach § 540 I Nr. 2 ZPO u.U. nur sehr kurz begründet wird,[1677] häufig unanfechtbar ist und erhebliche Kosten entstehen).

- Ist der **Berufungsbeklagte säumig**, ist nach § 539 II 1 ZPO zu prüfen, ob das als zugestanden geltende Vorbringen des Berufungsklägers (aus beiden Instanzen) eine Abänderung der angefochtenen Entscheidung rechtfertigt (Schlüssigkeitsprüfung). Bejahendenfalls ergeht gemäß § 539 II 2 ZPO ein Versäumnisurteil, verneinendenfalls ein kontradiktorisches Urteil[1678].

[1672] AP Nr. 1 zu § 542 ZPO a.F.

[1673] *Just* NJW 2003, 2289; *Deubner* JuS 2003, 892 (894 f.); *Greger* EWiR 2003, 441 (442); *Siemon* MDR 2004, 301 (307); zust. dagegen *Zöller/Herget* § 330 Rn. 9 ohne Bezug zur berufungsrechtlichen Problematik.

[1674] *Reichling* ProzRB 2003, 206 (207).

[1675] *Siemon* MDR 2004, 301 (302).

[1676] *Reichling* ProzRB 2003, 206 (207).

[1677] *Siemon* MDR 2004, 301 (302).

[1678] *Schellhammer*, Zivilprozess Rn. 1561; *Rosenberg/Schwab/Gottwald* § 139 Rn. 4, 5.

5. Teil. Besondere Formen der Verfahrensbeendigung

§ 16 Die Berufungsrücknahme

A. Abgrenzungen

I. Berufungsrücknahme und Klagerücknahme

Im Hinblick auf die völlig unterschiedlichen Rechtsfolgen ist sorgfältig zwischen 351
der Rücknahme der Klage (Folgen gemäß § 269 III 1, VI ZPO: Rechtstreit wird als nicht anhängig gewesen betrachtet, etwaig ergangenes Urteil wird wirkungslos, Kostentragungspflicht, Klage kann aber erneut erhoben werden) und der Rücknahme der Berufung (Folgen gemäß § 516 III 1 ZPO: Verlust des Rechtsmittels und, wenn die Berufungsfrist abgelaufen ist, Rechtskraft der erstinstanzlichen Entscheidung sowie Kostentragungspflicht) zu unterscheiden.

Beide Formen können in einem Prozeßvergleich kombiniert werden (Teilklagerücknahme gegen Berufungsrücknahme seitens des Beklagten).[1679]

II. Berufungsrücknahme und Verzicht auf Berufung

Die Rücknahme der Berufung hat gemäß § 516 III 1 ZPO *„den Verlust des **eingelegten** Rechtsmittels"* zu Folge, es kann also innerhalb offener Berufungsfrist erneut Be- 352
rufung eingelegt werden[1680]. Der Verzicht hat demgegenüber gemäß § 515 ZPO den Verlust des Rechts *„**der Berufung**"* schlechthin zur Folge.

III. Berufungsrücknahme und Erledigterklärung

In der instanzgerichtlichen Rechtsprechung und in der Literatur wird häufig die 353
Meinung vertreten, eine Auslegung oder Umdeutung einer (einseitigen) Erledigterklärung im Sinne einer Klage- oder Berufungsrücknahme käme ausnahmslos oder jedenfalls im Zweifel nicht in Betracht.[1681] Der Bundesgerichtshof hat dagegen gerade für das Berufungsverfahren einen differenzierenden Standpunkt eingenommen und auf den Einzelfall abgestellt.[1682] Der Bundesgerichtshof bringt dazu folgendes Beispiel: *„So mag, wenn die Erledigung vom Gegner bestritten wird, der der Klage (Widerklage) zu Grunde liegende Streit in der Tat auch nicht erledigt ist, andererseits der Kläger (Widerkläger) den Erledigungsantrag stellt, weil er an der Durchführung der Klage*

[1679] *Grunsky*, Taktik Rn. 553.

[1680] BGHZ 45, 380 (382).

[1681] OLG Bamberg JurBüro 1977, 1620; *Schröer* JA 1991, 73 (78); *Schellhammer*, Zivilprozess Rn. 1688; *Wieczorek/Schütze/Gerken* § 516 Rn. 13; *Thomas/Putzo/Hüßtege* § 91 a Rn. 6.

[1682] BGHZ 34, 200 (203); BGH NJW 1967, 564 (565); ebenso *Rosenberg/Schwab/Gottwald* § 135 Rn. 53.

kein Interesse mehr hat ..., in dem Antrag, die Hauptsache als erledigt zu erklären, eine Berufungszurücknahme gesehen werden können.«[1683]

B. Verfahren

I. Form der Rücknahme

354 Die Rücknahme erfolgt gemäß § 516 II 2 ZPO in der mündlichen Verhandlung zu Protokoll (§ 160 III Nr. 8 ZPO), außerhalb der mündlichen Verhandlung schriftsätzlich.

Die Rücknahme ist gemäß § 516 II 1 ZPO gegenüber dem **Berufungsgericht** zu erklären. Erfolgt die Erklärung gegenüber dem Gegner, ist sie unwirksam;[1684] strittig ist, ob sie in eine Verpflichtung zur Berufungsrücknahme[1685] oder -verzicht[1686] umgedeutet werden kann. Die Rücknahmeerklärung muß unbedingt abgegeben werden.[1687]

Die Rücknahmeerklärung kann nur von einem postulationsfähigen Rechtsanwalt erklärt werden. Hiervon hat die Praxis zwei Ausnahmen zugelassen:

- Wurde die Berufung unzulässig durch die Partei selbst eingelegt, so kann sie von ihr auch ohne Einschaltung eines Anwalts wieder zurückgenommen werden.[1688] In diesem Fall können (und sollten) auch die Kosten der Berufungsinstanz gemäß § 21 I 3 GKG (= § 8 I 1 GKG a.F.) niedergeschlagen werden.[1689]
- Wurde die Berufung unzulässig durch einen nicht postulationsfähigen Rechtsanwalt eingelegt, so kann sie von ihm auch wieder zurückgenommen werden.[1690]

355 Hinsichtlich einer Anfechtbarkeit oder Widerruflichkeit der Rücknahmeerklärung sind folgende Fallkonstellationen zu unterscheiden:

- Der Anwalt nimmt **weisungswidrig** eine oder **versehentlich** eine von mehreren Berufungen gleichen Rubrums zurück, die aber eigentlich durchgeführt werden sollte, so kommt ein Widerruf nur in Betracht, wenn die Weisungswidrigkeit oder das Versehen für Gericht und Gegner offensichtlich ist.[1691]

1683 BGHZ 34, 200 (203).

1684 *St/J/Grunsky* § 515 Rn. 14; *MüKo-ZPO/Rimmelspacher* § 515 Rn. 10; *Zöller/Gummer/Heßler* § 516 Rn. 14.

1685 **Verneinend** RG ZZP 55 (1930) 425 m. zust. Anm. *Rosenberg*; *Rosenberg/Schwab/Gottwald* § 135 Rn. 61; **bejahend** *St/J/Grunsky* § 515 Rn. 14; *MüKo-ZPO/Rimmelspacher* § 515 Rn. 10; *Zöller/Gummer/Heßler* § 516 Rn. 14.

1686 **Verneinend** *St/J/Grunsky* § 515 Rn. 14; **bejahend** *Zöller/Gummer/Heßler* § 515 Rn. 22.

1687 BGH NJW-RR 1990, 67; *Rosenberg/Schwab/Gottwald* § 135 Rn. 53; *Thomas/Putzo/Reichold* § 516 Rn. 5.

1688 BVerwGE 14, 19 (für die Revisionsrücknahme); BVerwG NJW 1970, 1205 (für die Klagerücknahme des revisionsbeklagten Klägers); LG Bremen NJW 1979, 987 (Ls.); *AK-ZPO/Ankermann* § 515 Rn. 2; *St/J/Grunsky* § 515 Rn. 15; *Zöller/Gummer/Heßler* § 516 Rn. 15; *Steinert/Theede* Kap. 12 Rn. 14 Fn. 25; *Thomas/Putzo/Reichold* § 516 Rn. 5; *BL/Albers* § 516 Rn. 10.

1689 *Tempel/Theimer* S. 215 mit Muster S. 241 f.; *Schumann/Kramer* Rn. 44; *Steinert/Theede* Kap. 12 Rn. 17.

1690 BGH NJW-RR 1994, 759; *AK-ZPO/Ankermann* § 515 Rn. 2; *St/J/Grunsky* § 515 Rn. 15; *Zöller/Gummer/Heßler* § 516 Rn. 15; *Steinert/Theede* Kap. 12 Rn. 14 Fn. 25; *BL/Albers* § 516 Rn. 10.

1691 BGH VersR 1977, 574; 1988, 526; NJW 1991, 2839; LAG Köln AnwBl. 2001, 71; *Rosenberg/Schwab/Gottwald* § 135 Rn. 53; *Thomas/Putzo/Reichold* § 516 Rn. 6.

– Der Anwalt nimmt eine Berufung **aufgrund einer vorsätzlichen Täuschung** durch den Prozeßgegner zurück. Hier werden drei verschiedene Lösungen vertreten: Anfechtung nach zivilrechtlichen Regeln,[1692] Wiedereinsetzung[1693] oder – so die h.M. – ein schlichter Widerruf, wenn ein Restitutionsgrund nach § 580 ZPO vorliegt (wobei strittig ist, ob auch die besonderen Voraussetzungen nach § 581 ZPO gegeben sein müssen)[1694].
– Im übrigen ist eine Anfechtbarkeit oder Widerruflichkeit der Rücknahmeerklärung, auch bei Einverständnis des Gegners, aus Gründen der Rechtssicherheit ausgeschlossen.[1695]

II. Zeitpunkt

Die Rücknahme kann gemäß § 516 I ZPO *„bis zur Verkündung des Berufungsurteils"* erfolgen, was nach h.L. dahin zu verstehen ist, daß die Rücknahme nur bis zum Beginn der Verkündung (die gemäß § 311 II 1 ZPO durch Verlesen der Urteilsformel oder gemäß § 311 II 2 ZPO durch Bezugnahme auf die Urteilsformel erfolgt) zulässig ist[1696]. Anders als nach früherem Recht (und entgegen dem Referentenentwurf zum ZPO-RG) ist damit aber eine Berufungsrücknahme nach Verkündung des Urteils bis zum Ablauf der Rechtsmittelfrist nicht mehr möglich.[1697] **356**

III. Zustimmung durch den Gegner

Eine solche ist gemäß § 516 I ZPO im Unterschied zur früheren Rechtslage in keinem Fall erforderlich. **357**

IV. Kostenfolge

Die Kostentragungspflicht ergibt sich aus § 516 III 1 ZPO; eine in einem außergerichtlichen Vergleich enthaltene abweichende Regelung hat Vorrang[1698]. **358**

Die Kostentragungspflicht ist – anders als nach früherem Recht – gemäß § 516 III 2 ZPO von Amts wegen durch Beschluß auszusprechen. Während dieser Beschluß nach § 515 III 3 ZPO a.F. generell unanfechtbar war, kommt jetzt – wenn auch eher theoretisch – eine Rechtsbeschwerde kraft Zulassung nach § 574 I Nr. 2 ZPO in Betracht.[1699]

[1692] Vgl. die Nachweise bei *MüKo-ZPO-Aktualisierungsband/Rimmelspacher* § 516 Rn. 15; **abl.** generell BGH NJW 1991, 2839.

[1693] *MüKo-ZPO-Aktualisierungsband/Rimmelspacher* § 516 Rn. 13–15.

[1694] RGZ 150, 392 (395); BGHZ 12, 284 (285), stRspr., zuletzt BGH NJW 1991, 2839; OLG Dresden OLGR 2002, 121 (122); *Wieczorek/Schütze/Gerken* § 516 Rn. 23; *Thomas/Putzo/Reichold* § 516 Rn. 6; **abl.** *MüKo-ZPO-Aktualisierungsband/Rimmelspacher* § 516 Rn. 15; *Rosenberg/Schwab/Gottwald* § 135 Rn. 53.

[1695] *MüKo-ZPO-Aktualisierungsband/Rimmelspacher* § 516 Rn. 15; *Wieczorek/Schütze/Gerken* § 516 Rn. 23; *Thomas/Putzo/Reichold* § 516 Rn. 6.

[1696] *v. Cube* S. 40; *Schumann/Kramer* Rn. 391; *Hannich/Meyer-Seitz* § 516 Rn. 8; *Gehrlein*, Arzthaftungsrecht S. 936; *ErfKoArbR/Koch* § 64 ArbGG Rn. 25; *BL/Albers* § 516 Rn. 3; **a.A.** *Hartmann*, Wichtige Änderungen S. 2591 f. (unter XXVI 7).

[1697] *Hannich/Meyer-Seitz* § 516 Rn. 4 und 9; *Gehrlein*, ZPR § 14 Rn. 19.

[1698] OLG Frankfurt a.M. MDR 2004, 844; *Musielak/Ball* § 516 Rn. 15; *Zöller/Gummer/Heßler* § 516 Rn. 18; *Thomas/Putzo/Reichold* § 516 Rn. 9; *BL/Albers* § 516 Rn. 19.

[1699] BegrRegE/ZPO-RG S. 132; *Schneider*, ZPO-Reform Rn. 480 und *Gehrlein*, ZPR § 14 Rn. 21, die

C. Gebührenrechtlicher Hinweis

359 Die **Gerichtsgebühren** gemäß Nr. 1220 KV-GKG reduzieren sich bei Rücknahme vor Schluß der mündlichen Verhandlung gemäß Nr. 1222 Nr. 1 KV-GKG von 4,0 auf 2,0. Die vorherige Durchführung eines Verfahrens über einen Antrag nach § 718 I ZPO ist unschädlich.[1700]

360 Was die **Anwaltsgebühren** betrifft, wurde zur BRAGO von der zuletzt h.M. der Anfall der Erörterungsgebühr gemäß § 31 I Nr. 4 BRAGO verneint, wenn die Berufung auf eine näher erläuterte Rechtsauffassung des Gerichts hin ohne dezidierte Stellungnahme seitens des Prozeßbevollmächtigten des Berufungsführers zurückgenommen wurde.[1701] Vorb. 3 III VV zum RVG macht nun anders als § 31 I Nr. 4 BRAGO die Entstehung der Terminsgebühr nicht mehr von einer „Erörterung" abhängig, was man rein sprachlich als aktive Teilnahme am Prozeßgeschehen verstehen konnte, sondern von der bloßen „Vertretung" im Termin, also der vertretungsbereiten Anwesenheit.[1702]

Empfehlungen:
1. Bis zu einer höchstrichterlichen Auslegung der neuen Gebührenvorschrift sollte weiter entsprechend der Empfehlung von *Hansens* zum früheren Recht in der mündlichen Verhandlung **stets** die eigene **Rechtsauffassung geäußert** werden,[1703] um so das berechtigte Gebühreninteresse zu wahren.
2. Weiter sollte der Rechtsanwalt den späteren **Nachweis der Stellungnahme** im Auge behalten. Auch wenn dieser durch dienstliche Äußerungen der Richter[1704] oder auf sonstigem Wege (Erklärungen von Parteivertretern, Parteien, Protokollführern, Zuhörern u.s.w.)[1705] geführt werden kann, ist es zweckmäßig, auf eine Protokollierung hinzuwirken (notfalls durch einen Antrag gemäß § 160 IV 1 ZPO), da eine Protokollierungspflicht nach § 160 II, III ZPO nicht besteht.

§ 17 Die Erledigterklärung

A. Die Erledigung der Hauptsache

361 Die Erledigung der **Hauptsache** zwischen den Instanzen (also nach Schluß der erstinstanzlichen mündlichen Verhandlung) oder in der Berufungsinstanz, kann z.B. durch Zahlung der Klageforderung, Wegfall des Feststellungsinteresses oder des Arrest- oder Verfügungsgrundes, Gesetzesänderung eintreten.[1706]

als denkbaren Fall die Kostenquotierung bei Unwirksamkeit der Anschlußberufung nennen; *Thomas/Putzo/Reichold* § 516 Rn. 14; *Rosenberg/Schwab/Gottwald* § 135 Rn. 58 und BL/Albers § 516 Rn. 24 haben die Gesetzesänderung übersehen.

[1700] OLG München MDR 2003, 717.

[1701] So zuletzt grundsätzlich BGH NJW-RR 2004, 1438.

[1702] So eingehend *Gerold/Schmidt/Müller-Rabe* Vorb. 3 Rn. 63; auch *Hartmann* Nr. 3104 VV Rn. 4 läßt eine „mitdenkende" Anwesenheit genügen.

[1703] § 31 Rn. 55.

[1704] OLG Frankfurt a.M. JurBüro 1984, 233 und 2682; OLG Düsseldorf OLGR 1997, 69; 2000, 436.

[1705] OLG Hamburg JurBüro 1985, 411.

[1706] Vgl. für die Revision etwa jüngst BGH GRUR 2004, 701.

Tritt das erledigende Ereignis **zwischen den Instanzen** ein, gilt folgendes:

- Die **übereinstimmende** Erledigterklärung ist bis zum Ablauf der Rechtsmittelfrist gegenüber dem **Ausgangsgericht** abzugeben.[1707] Hierdurch wird das erstinstanzliche Urteil entsprechend § 269 III 1 ZPO wirkungslos und der Weg für eine Kostenentscheidung nach § 91a ZPO eröffnet.
- Geht man mit der h.M. davon aus, daß es sich bei der **einseitigen** Erledigterklärung des Klägers (!) um eine nach § 264 Nr. 2 ZPO stets zulässige Klageänderung in eine Erledigtfeststellungsklage handelt[1708] und eine solche wegen § 296 a ZPO[1709] nach Schluß der mündlichen Verhandlung nicht mehr möglich ist, so kann sie nur mit der Berufungseinlegung gegenüber dem **Berufungsgericht** erklärt werden[1710]. Problematisch ist dabei die Frage der Beschwer. Während eine verbreitete Meinung an der Grundregel festhält, wonach diese zum Zeitpunkt der Rechtsmitteleinlegung gegeben sein muß,[1711] vertritt die heute wohl überwiegende Ansicht die Meinung, in einem solchen Fall sei grundsätzlich eine (formelle oder materielle) Beschwer gegeben[1712]. Eine Beschwer fehlt aber dem Beklagten, wenn er nach Schluß der mündlichen Verhandlung erster Instanz die Klageforderung vorbehaltlos und nicht etwa zur Abwendung der Zwangsvollstreckung erfüllt.[1713]

Tritt das erledigende Ereignis erst **nach Einlegung der Berufung** ein, gelten die allgemeinen Regeln über die Erledigterklärung. **363**

1707 OLG Zweibrücken OLGZ 1975, 44; LAG Hamm NJW 1972, 2063; *St/J/Bork* § 91 a Rn. 14; *Zöller/Vollkommer* § 91 a Rn. 21; *Rosenberg/Schwab/Gottwald* § 130 Rn. 18; *Thomas/Putzo/Hüßtege* § 91 a Rn. 23 und 27.

1708 BVerfG NJW 1993, 1061; BGH stRspr., zuletzt NJW 2002, 442; *Schlichter* ZZP 26 (1899) 499 (507), grdl.; *Schellhammer*, Zivilprozess Rn. 1720; *Zöller/Vollkommer* § 91 a Rn. 34; *Thomas/Putzo/Hüßtege* § 91 a Rn. 32.

1709 *Thomas/Putzo/Hüßtege* § 91 a Rn. 37; vgl. zu § 296 a ZPO oben Rn. 31. OLG Zweibrücken OLGZ 1975, 44 zieht zur Begründung § 318 ZPO heran.

1710 BGH NJW-RR 1992, 1032; OLG Schleswig MDR 1997, 1159; OLG Nürnberg FamRZ 2000, 1025; *Bergerfurth* NJW 1992, 1655 (1656); *Zöller/Vollkommer* § 91 a Rn. 38; *Rosenberg/Schwab/Gottwald* § 130 Rn. 29; *Thomas/Putzo/Hüßtege* § 91 a Rn. 40.

1711 RGZ 27, 365 und 45, 412 für Fälle der Zahlung der Klageforderung; 104, 368 für Wegfall des Feststellungsinteresses; BGH NJW 1951, 274; LM § 91 a ZPO Nr. 4; Warn. 1975, 234; OLG Hamburg NJW 1954, 722 (3. ZS) für Wegfall des Arrestgrundes; 1957, 1404 (6. ZS) für Wegfall des Verfügungsgrundes; MDR 1976, 473; OLG Bremen NJW 1964, 259; OLG Hamm NJW 1975, 1843 und NJW-RR 1991, 1343; LG Oldenburg NJW-RR 1995, 717; *BL/Hartmann* 91 a Rn. 101, 102; unklar *Zöller/Gummer/Heßler* Rn. 23 vor § 511 für den Fall der Erfüllung.

1712 BGH MDR 1958, 501 m. Nachw. aus der älteren Rechtsprechung und Lehre; NJW-RR 1992, 1032 (1033); OLG Koblenz ZZP 65 (1952) 285; OLG Hamburg NJW 1955, 1115 und MDR 1973, 767; OLG Stuttgart NJW 1962, 540; OLG Hamm AnwBl 1987, 42; OLG Düsseldorf BB 1992, 2173; KG OLGZ 1976, 361 und 1989, 330; OLG Schleswig MDR 1997, 1159; OLG Nürnberg FamRZ 2000, 1025 (für Erledigungsereignis vor erstinstanzlichem Urteil mit Überbürdung der Kosten gem. § 97 II ZPO auf den Berufungsführer!); LG Saarbrücken MDR 1956, 748; *Bergerfurth* NJW 1992, 1655 (1656); *Thomas/Putzo/Reichold* Rn. 29 vor § 511.

1713 OLG Köln OLGR 2004, 181.

B. Die Erledigung der Berufung

364 Die Erledigung der Berufung kann eintreten, wenn die ursprünglich zulässige und begründete Berufung (überwiegend des Beklagten[1714]) nachträglich unzulässig oder unbegründet wird. Beispiele hierfür:

- Wegfall der Beschwer durch Berichtigung des erstinstanzlichen Urteils gemäß § 319 ZPO;[1715]
- Zeitablauf;[1716]
- Behebung eines Verfahrensmangels im Laufe des Berufungsverfahrens (str.);[1717]
- Berufung eines Beklagten gegen eine zu Unrecht erfolgreiche Wechselklage, die in der Berufungsinstanz begründet wird, wobei der Beklagte zur Erhaltung seiner Einwendungen im Nachverfahren nicht anerkennen kann;[1718]
- Berufung eines Antragstellers gegen ein die Abtrennung einer Folgesache aussprechendes Scheidungsurteil, wenn der Antragsgegner den Folgesachenantrag zurücknimmt;[1719]
- Berufung des Beklagten im Hinblick auf eine umstrittene Klagerücknahme wird durch Beschwerdeentscheidung, welche die Wirksamkeit der Klagerücknahme feststellt, gegenstandslos[1720].

365 Ob eine einseitige oder übereinstimmende Erklärung der Erledigung der Berufung zulässig ist, ist strittig, wird aber von der herrschenden Meinung in Rechtsprechung und Literatur bejaht.[1721] Durch die Zulassung einer solchen Erledigterklärung kann die sonst mit einer Berufungsrücknahme verbundene, in den vorliegenden Fällen unge-

---

[1714] *Rosenberg/Schwab/Gottwald* § 130 Rn. 45; *Zöller/Vollkommer* § 91 a Rn. 19.

[1715] OLG Hamm FamRZ 1987, 1056; OLG Bamberg Rpfleger 1995, 289; OLG Karlsruhe OLGR 2002, 56; LG Bochum ZZP 97 (1984) 215 m. insoweit zust. Anm. *Waldner*; *Bergerfurth* NJW 1992, 1655 (1656); *Zöller/Vollkommer* § 91 a Rn. 19; *Rosenberg/Schwab/Gottwald* § 130 Rn. 46; **offengelassen** von BGHZ 127, 74 (82) (verneint für den Sonderfall eines Rechtsmittels eines Dritten, dessen Parteistellung infolge eines Berichtigungsbeschlusses rückwirkend entfallen ist).

[1716] KG OLGZ 1986, 359; *Zöller/Vollkommer* § 91 a Rn. 19.

[1717] OLG Frankfurt a.M. NJW-RR 1989, 63; *Zöller/Vollkommer* § 91 a Rn. 19; **a.A.** OLG Karlsruhe OLGR 2002, 56 (57).

[1718] *Rosenberg/Schwab/Gottwald* § 130 Rn. 46.

[1719] KG FamRZ 1982, 950; *Bergerfurth* NJW 1992, 1655 (1656); *Rosenberg/Schwab/Gottwald* § 130 Rn. 46.

[1720] BGH NJW 1998, 2453.

[1721] BGH GRUR 1959, 102 (für übereinstimmende Erledigterklärung); NJW 1998, 2453 (2454 für einseitige Erledigterklärung des Beklagten und Berufungsklägers); NJW-RR 2001, 1007 (für übereinstimmende Erledigterklärung im Beschwerdeverfahren); OLG Hamburg NJW 1960, 2151 (2152); KG FamRZ 1982, 950; OLGZ 1986, 359 (für übereinstimmende Erledigterklärung); OLG Hamm FamRZ 1987, 1056; OLG Frankfurt a.M. NJW-RR 1989, 63 (für einseitige Erledigterklärung) und 1998, 1447 (für einseitige Erledigterklärung hinsichtlich einer Beschwerde); OLG Bamberg Rpfleger 1995, 289; OLG Stuttgart BauR 1995, 135; *Hölzer* JurBüro 1991, 1 (3); *Bergerfurth* NJW 1992, 1655 (1656); *MüKo-ZPO/Lindacher* § 91 a Rn. 109 f.; *Rosenberg/Schwab/Gottwald* § 130 Rn. 45; *Zöller/Vollkommer* § 91 a Rn. 19 und 40; *BL/Hartmann* § 91 a Rn. 195 ff.; **ablehnend** OLG Karlsruhe FamRZ 1991, 464 (für übereinstimmende Erledigterklärung); *St/J/Bork* § 91 a Rn. 52, 53; *Thomas/Putzo* § 91 a Rn. 8, 29, außer die angefochtene Entscheidung wird richtig, im übrigen sei die Erledigterklärung als eine der Hauptsache oder als eine Berufungsrücknahme *„auszulegen oder umzudeuten"*; **offengelassen** von BGH NJW-RR 1993, 386 (390) und BGHZ 127, 74 (82) jeweils für eine einseitige Erledigterklärung.

rechte Kostenfolge nach § 516 III 1 ZPO vermieden werden (die Kostenentscheidung richtet sich im Falle der einseitigen Erledigterklärung nach § 91 I ZPO, im Falle der übereinstimmenden nach § 91 a ZPO).

§ 18 Der Prozeßvergleich

Der Prozeßvergleich hat statistisch gesehen auch und gerade in der Berufungsinstanz erhebliche Bedeutung. Dies deckt sich mit der Erfahrung der Praxis.[1722]

A. Typische Regelungsmöglichkeiten

Im folgenden sollen nur einige typische und in der gerichtlichen Praxis besonders relevante Fragen erörtert werden.

I. Regelungen der Hauptsache

- **Abfindungsvergleich** 366
  Bei Abfindungsvergleichen, etwa in Verkehrsunfallssachen, muß zunächst dafür Sorge getragen werden, daß spätere endlose und außerordentlich unerquickliche Auseinandersetzungen wegen angeblich nicht abgegoltener Änderungen der tatsächlichen Lage vermieden werden.
  Formulierungsvorschlag (vorbehaltloser Abfindungsvergleich):

  > Mit der Zahlung der Vergleichssumme sind alle Schadensersatzansprüche des Klägers aus dem der Klage zugrundeliegenden Verkehrsunfall vom ... in ... abgegolten, seien diese bekannt oder unbekannt, vergangen, gegenwärtig oder zukünftig, vorhersehbar oder unvorhersehbar.[1723]

  Sollen Vorbehalte vereinbart werden, ist zum einen statt allgemeiner Formulierungen wie „erhebliche Verschlechterung" oder „Verschlimmerung" etwa der Grad der Verschlechterung mit einer genauen Prozentzahl festzulegen, zum anderen eine etwaig zusätzlich erforderliche Verjährungsunterbrechung etwa durch ein titelersetzendes Anerkenntnis zu bedenken[1724].[1725]
- **Anerkenntnis bei gleichzeitigem Teilerlaß** 367
  Der Gläubiger kann sich dadurch absichern, daß er im Gegenzug für ein Anerkenntnis des vollen Klagebetrags durch den Beklagten diesem bei fristgemäßer Zahlung eines Teilbetrags die Restforderung gemäß § 397 I BGB erläßt; in diesem Fall

---

[1722] *Schneider*, Prozeßvergleich S. 145; *Herr* S. 418 ff. mit eindrucksvollen Beispielen; *DAV-Forum/Böttcher* S. 83.

[1723] Vgl. *Arndt* S. 191; ähnlich *Heß/Burmann* S. 207; die von *Edenfeld* MDR 2001, 972 (974) vorgeschlagene Formulierung „*Damit sind alle Ansprüche für jetzt und in Zukunft vorbehaltlos auch wegen unerwarteter und unvorhersehbarer Folgen endgültig abgefunden.*" ist weniger eindeutig und auch weniger üblich. Zu den extrem seltenen Ausnahmen von der mit obiger Klausel erfolgten umfassenden Abgeltung siehe etwa BGH VersR 1990, 984; OLG Hamm VersR 1987, 509; OLG Köln VersR 1988, 520; OLG Frankfurt a.M. VersR 1993, 1147; OLG Düsseldorf NZV 1995, 482.

[1724] Vgl. dazu BGH NZV 2003, 225.

[1725] Formulierungsbeispiele hierzu mit weiterführender Literatur bei *Heß/Burmann* S. 207 f.

kann der Gläubiger die sofortige Erteilung einer Vollstreckungsklausel beantragen.[1726]

Formulierungsvorschlag:

1. [Hauptsache]
2. Zahlt der Beklagte bis spätestens ... € an den Kläger, so ist der darüber hinausgehende Betrag erlassen.
3. [Kosten]

oder (kombiniert mit einem Ratenzahlungsvergleich)

1. [Hauptsache]
2. [Ratenzahlungsklausel]
3. Zahlt der Beklagte rückstandsfrei ... × ... €, so ist der darüber hinausgehende Betrag erlassen.[1727]
4. [Verfallsklausel]
5. [Kosten]

368 • **Einbeziehung Dritter**

Ein Prozeßvergleich liegt entgegen dem ungenauen Wortlaut des § 794 I Nr. 1 ZPO nicht vor, wenn er nur zwischen einer Partei und einem Dritten abgeschlossen wird, weil es dann nicht zur Prozeßbeendigung kommt.[1728] Mithaftende, eintrittspflichtige oder auch nur zahlungswillige Dritte[1729] können entweder durch Beitritt (§ 794 I Nr. 1 ZPO), für den nach h.M. kein Anwaltszwang besteht[1730] oder durch außergerichtlichen Vergleich[1731] oder schließlich durch Vertrag zugunsten des Dritten[1732] einbezogen werden. Ein Fall unmittelbarer Drittwirkung findet sich in § 1629 III 2 BGB.

369 • **Gesamtvergleich**

In den Prozeßvergleich können auch prozeßfremde, d.h. anderweitig rechtshängige oder sonst streitige Materien einbezogen werden (sog. Gesamtvergleich).[1733]

1726 *Grunsky*, Taktik Rn. 263; *Michel/von der Seipen* S. 259.

1727 Zur grundsätzlichen Schädlichkeit einer auch nur geringfügigen Fristüberschreitung durch den Schuldner zuletzt BGH MDR 2003, 979.

1728 BGHZ 86, 160 (164); BAG AP Nr. 21 zu § 794 I; *MüKo-ZPO/Wolfsteiner* § 794 Rn. 34; *Jauernig* § 48 II 4; *Rosenberg/Schwab/Gottwald* § 129 Rn. 15; **a.A.** ohne nähere Begründung *Zöller/Stöber* § 794 Rn. 6.

1729 Vgl. zu den einzelnen Fallgestaltungen eingehend *Gottwald/Treuer* S. 61 ff.

1730 BGHZ 86, 160 (163), in BGHZ 5, 251 (258) noch offengelassen; *Gehrlein*, ZPR § 9 Rn. 28 und 32; *Zöller/Stöber* § 794 Rn. 7; *Thomas/Putzo* § 794 Rn. 12; **a.A.** z.B. OLG Köln NJW 1961, 786; *Michel/von der Seipen* S. 242 f. unter irriger Berufung auf die erstgenannte BGH-Entscheidung.

1731 BAG NJW 1973, 918.

1732 OLG Karlsruhe JW 1934, 49; OLG Köln MDR 1959, 44; KG NJW 1973, 2032; *Tempel/Theimer* II S. 363 unter 7; *Gehrlein*, ZPR § 9 Rn. 28; *Rosenberg/Schwab/Gottwald* § 129 Rn. 13. Strittig ist, ob dem – nicht beitretenden – Dritten auch eine Vollstreckungsbefugnis zugestanden werden kann (**verneinend**: OLG München NJW 1957, 1367; OLG Celle NJW 1966, 1367; KG NJW 1973, 2032; *Gehrlein* a.a.O.; *Schellhammer*, Zivilprozess Rn. 692; *Zöller/Stöber* § 794 Rn. 6; *Rosenberg/Schwab/Gottwald* a.a.O. Fn. 17; *Thomas/Putzo* § 794 Rn. 27; **bejahend**: OLG Celle MDR 1954, 746; *Jauernig* JZ 1960, 10 und 1967, 29; *Kion* NJW 1966, 2021; *Heil* NJW 1969, 1909).

1733 BGHZ 14, 381 (387); 35, 309 (316); BAG MDR 1982, 526; OLG Hamburg MDR 1950, 292; OLG Koblenz NJW 1971, 1043; OLG Düsseldorf NJW 1975, 2296 (2299); OLG Oldenburg VersR 1992, 377; *Gehrlein*, ZPR § 9 Rn. 29; *Jauernig* § 48 II 4; *Thomas/Putzo* § 794 Rn. 14; *BL/Hartmann* § 307 Anh. Rn. 6; *Schellhammer*, Zivilprozess Rn. 694; **a.A.** OLG Frankfurt a.M. FamRZ 1987, 737.

Die bisherige gebührenrechtliche Streitfrage, ob die 15/10-Gebühr nach § 23 I 1 BRAGO gemäß § 11 I 4 BRAGO um 3/10 auf 19,5/10 zu erhöhen war,[1734] ist unter dem RVG gegenstandslos[1735]. Für die anhängigen Ansprüche fällt gemäß Nr. 1004 VV eine Gebühr in Höhe von 1,3 an, für die nichtanhängigen gemäß Nr. 1000 VV eine solche von 1,5; beide Gebühren sind nach Maßgabe des § 15 III RVG zusammenzufassen.[1736]

- **Ratenzahlungsvergleich** 370

  Es ist darauf zu achten, daß die Zahl, Höhe und Fälligkeit der Raten eindeutig bestimmt sind und eine Verfallsklausel aufgenommen wird, in der zweckmäßigerweise der Verfall nicht vom Vorliegen eines (gemäß §§ 280 I 2, 286 IV BGB verschuldensabhängigen) Verzugs, sondern vom bloßen Zahlungsrückstand abhängig gemacht wird[1737]. Die grundsätzliche Beweispflichtigkeit des Gläubigers für den Zahlungsrückstand gemäß § 726 I ZPO sollte durch eine Beweislastvereinbarung auf den Schuldner abgewälzt werden.[1738]

  Formulierungsvorschlag:

  1. [Hauptsache]
  2. Der Beklagte kann die unter 1) genannte Summe in monatlichen Raten von ... €, fällig jeweils am 1. eines Monats, erstmals am 1....200..., bezahlen.
  3. Kommt der Beklagte mit einer Rate ganz oder teilweise länger als 14 Tage in Rückstand, so ist der ganze jeweils noch offene Restbetrag sofort auf einmal fällig.
  4. Der Nachweis der Erfüllung der in Nr. 2 festgelegten Zahlungsverpflichtung obliegt dem Beklagten.
  5. [Kosten, ggf. mit einer von § 367 BGB abweichenden Regelung]

- **Rücktrittsrecht** 371

  Der Gläubiger kann die tatsächliche Zahlung der Vergleichssumme durch Vereinbarung eines befristeten Rücktrittsrechts absichern.[1739]

  Formulierungsvorschlag:

  Kommt der Beklagte mit der Zahlung der Vergleichssumme/einer Rate ganz oder teilweise länger als 14 Tage in Rückstand, ist der Kläger berechtigt, von diesem Vergleich innerhalb von zwei Wochen durch Anwaltsschriftsatz gegenüber dem erkennenden Gericht zurückzutreten.

[1734] **Bejahend**: z. B. KG MDR 1998, 681; OLG Schleswig JurBüro 1999, 586; OLG Nürnberg MDR 1999, 1155; *N. Schneider* MDR 1998, 197; Gebührenreferenten der Rechtsanwaltskammern, BRAK-Mitt. 1999, 216; **verneinend**: z. B. OLG München MDR 1999, 706; OLG Hamburg MDR 2001, 536; LG Köln JurBüro 1997, 414; LG Berlin JurBüro 1997, 639; *Hansens* § 23 Rn. 15.

[1735] *Gerold/Schmidt/v. Eicken* Nr. 1003 VV Rn. 3.

[1736] *Gerold/Schmidt/v. Eicken* a.a.O.

[1737] *Arndt* S. 190; *Zwanziger/Heitmann* S. 136; *Michel/von der Seipen* S. 254 Fn. 36; *Böhme/Fleck/Bayerlein* Muster Nr. 14 (S. 36 Anm. 5); *Prechtel* S. 294; unrichtig deshalb *Crückeberg* Rn. 285.

[1738] *Prechtel* S. 294; zu zwangsvollstreckungsrechtlichen Problemen bei Ratenzahlungsvergleichen mit Verfallsklauseln vgl. auch *Pantle/Kreissl* Rn. 547.

[1739] *Michel/von der Seipen* S. 259.

372 • **Unterhaltsvergleich**
Es ist stets an die Möglichkeit des § 323 ZPO zu denken und entweder die Abänderung auszuschließen oder die gegenwärtige Berechnungsgrundlage im Vergleich festzuhalten.[1740]

373 • **Vergleichsumfang**
Der Vergleichsumfang sollte nicht durch Formulierungen wie „*zur Abgeltung der Klageforderung*" bestimmt werden, da es sich ja um eine (verdeckte) Teilklage handeln könnte, sondern etwa wie folgt: „*zur Abgeltung aller Ansprüche aus dem der Klage zugrundeliegenden Sachverhalt*"[1741].

374 • **Verpflichtung zur Abgabe von Willenserklärungen**
Soweit es um die Abgabe einer Willenserklärung geht, muß darauf geachtet werden, daß nicht bloß eine Verpflichtung zur Abgabe vereinbart wird, sondern die **Willenserklärung selbst unmittelbar und eindeutig** abgegeben wird,[1742] da § 894 ZPO auf den Prozeßvergleich nicht anwendbar ist[1743] und der Gläubiger auf Zwangsmaßnahmen nach § 888 ZPO[1744] oder eine neue Klage auf Abgabe der Willenserklärung aus der Verpflichtung im Vergleich[1745] angewiesen wäre.
Formulierungsbeispiele:

- Der Mietvertrag vom ... wird mit Wirkung vom ... aufgehoben.[1746]
- Die Parteien sind sich einig, daß das Eigentum an dem im Grundbuch für ... eingetragene, in ... belegenen Grundstück auf den Kläger übergeht.[1747]
- Der Beklagte bewilligt und beantragt die Löschung der im Grundbuch für ... eingetragenen Auflassungsvormerkung.
- Der Kläger nimmt die Klage in diesem Verfahren/im Verfahren [Az., Gericht] zurück.[1748]

Ein Musterbeispiel eines nicht vollstreckbaren Vergleichs behandelt der Beschluß das OLG Frankfurt a.M. vom 6.5.2004.[1749] Im Vergleich fand sich folgende Klausel: „*Die Beklagten zu 1), 2) und 3) erbringen sämtliche Mitwirkungshandlungen, die erforderlich sind, damit eine Entlassung des Klägers aus gegenüber der Volksbank eingegangenen Bürgschaften erfolgen kann.*" Das OLG Frankfurt a.M. hielt diese Vereinbarung zurecht für „evident" nicht vollstreckungsfähig.

375 • **Verzinsung**
Zinsen sind entsprechend dem allgemeinen Gebot größtmöglicher Bestimmtheit von Vergleichen nach Laufzeit und Zinshöhe genau festzulegen.[1750]

[1740] *Arndt* S. 190.
[1741] Vgl. *Arndt* S. 190.
[1742] *Arndt* S. 190; *Prechtel* S. 294; *Tempel/Theimer* II S. 363 unter 5; *Schellhammer*, Zivilprozess Rn. 692.
[1743] BGHZ 98, 127 m.w.N.; *Thomas/Putzo* § 894 Rn. 3; allg. M.
[1744] OLG Köln MDR 1975, 586; LG Koblenz DGVZ 1986, 43; *Schellhammer*, Zivilprozess Rn. 692; *Thomas/Putzo* § 894 Rn. 3.
[1745] *Schellhammer*, Zivilprozess Rn. 692; *Thomas/Putzo* § 894 Rn. 3; das Rechtsschutzbedürfnis fehlt insoweit nicht, BGHZ 98, 127 (128).
[1746] Vgl. *Arndt* S. 190.
[1747] Vgl. *Arndt* a.a.O.
[1748] Vgl. *Arndt* a.a.O.
[1749] OLGR 2004, 297.
[1750] *Oelkers/Müller* S. 120; *Grunsky*, Taktik Rn. 259.

- **Zahlungstermin** 376
  Grundsätzlich gilt § 271 I BGB, ein späterer Zahlungstermin kann vereinbart werden.

II. Widerrufsvorbehalt und Bestätigungsvorbehalt

1. Widerrufsvorbehalt

Der Widerrufsvorbehalt muß den Adressaten, die Form und die Frist des Widerrufs **eindeutig bestimmen**, da andernfalls zahlreiche, auch innerhalb der höchstrichterlichen Rechtsprechung strittige Probleme entstehen. Im einzelnen:

a) Der Adressat. Zunächst ist darauf zu achten, daß der Adressat des Widerrufs ein- 377
deutig bestimmt wird, was leider häufiger unterbleibt, als gemeinhin angenommen wird[1751]. Ist keine ausdrückliche Vereinbarung getroffen worden, so kann der Widerruf gemäß § 130 BGB gegenüber dem Gegner erklärt werden.[1752] Es kann aber nach den Umständen des Einzelfalls auch die stillschweigende Vereinbarung angenommen werden, der Widerruf könne gegenüber dem Gericht erklärt werden,[1753] wobei zum einen strittig ist, ob eine solche stillschweigende Vereinbarung aus der in einem bestimmten Gerichtsbezirk bestehenden Übung, den Widerruf gegenüber dem Gericht zu erklären, gefolgert werden kann[1754], zum anderen, ob das Gericht dann ausschließlicher Adressat ist[1755]. Soll ein auswärtiger Spruchkörper (vgl. dazu oben Rn. 128) Widerrufs-

---

[1751] Vgl. *Scharpenack* S. 883 f.

[1752] RGZ 135, 338; 161, 253; BGH LM § 130 BGB Nr. 2; ZZP 71 (1958) 454; OLG München NJW 1992, 3042; OLG Koblenz MDR 1997, 883; *Schellhammer*, Zivilprozess Rn. 687; *Zöller/Stöber* § 794 Rn. 10 a; BVerwGE 10, 110 für den Verwaltungsgerichtsprozeß; **a.A.** *BL/Hartmann* Anh. § 307 Rn. 12, (45 unter irriger Berufung auf BAG MDR 1998, 794 [nicht 784!], wo das Gericht ausdrücklich als Widerrufsadressat vereinbart war; auch die Entscheidung OLG München NJW 1992, 3042 betraf einen Fall einer ausdrücklichen Vereinbarung des Gerichts als Widerrufsadressat); OVG Lüneburg NJW 1992, 3253 (für den Verwaltungsgerichtsprozeß); BSGE 24, 4 (6 für den Sozialgerichtsprozeß): nur gegenüber dem Gericht.

[1753] BGH ZZP 71 (1958) 454; OLG Köln NJW 1990, 1369; OLG Brandenburg NJW-RR 1996, 123 (aus dem sehr kurzfristig für den Fall des Widerrufs anberaumten Verkündungstermin folgt das Gericht als Widerrufsadressat); *Bergerfurth* NJW 1969, 1797 (1798); *Zimmermann* § 794 Rn. 10; *Rosenberg/Schwab/Gottwald* § 129 Rn. 45.

[1754] **Verneinend** RGZ 161, 253; LG Aachen MDR 1962, 403; *Teplitzky* MDR 1962, 403 und NJW 1963, 1997; *St/J/Münzberg* § 794 Rn. 84; **bejahend** BAG AP Nr. 1 zu § 794 ZPO; OLG München MDR 1958, 245; OLG Köln NJW 1990, 1369; LG Lübeck SchlHA 1963, 189 (wobei es aber für den LG-Bezirk Lübeck eine solche Übung verneint); LAG Düsseldorf NJW 1963, 1997; *Thomas/Putzo* bis 10. Aufl., § 794 Anm. 4 e; *AK-ZPO/Schmidt- von Rhein* § 794 Rn. 9; *MüKo-ZPO/Wolfsteiner* § 794 Rn. 61; *Zöller/Stöber* § 794 Rn. 10 a; *Musielak/Lackmann* § 794 Rn. 12 (im Zweifel); **offengelassen** von OLG Düsseldorf NJW-RR 1987, 255 (256); vgl. auch BAG AP Nr. 39, 41 zu § 794 ZPO und LG Oldenburg VersR 1956, 803, wo bei der Auslegung eines Widerrufsvorbehalts dem Gerichtsgebrauch maßgebliche Bedeutung beigemessen wird (von *St/J/Münzberg* a.a.O. zu Unrecht für den verneinenden Standpunkt in Anspruch genommen); *Rosenberg/Schwab/Gottwald* § 129 Rn. 45 erkennen das eigentliche Problem nicht.

[1755] **Verneinend** BGH LM § 130 BGB Nr. 2; BAGE 9, 172 (176); OLG Düsseldorf NJW-RR 1987, 255; *Bergerfurth* NJW 1969, 1797 (1798); *MüKo-ZPO/Wolfsteiner* § 794 Rn. 61 (der sich zu Unrecht auf BAG NJW 1969, 110 beruft); **bejahend** BAG AP Nr. 41 zu § 794 ZPO (*„im Zweifel“*); OLG Köln NJW 1990, 1369; OLG München NJW 1992, 3042; *Zimmermann* § 794 Rn. 10; *Thomas/Putzo* § 794 Rn. 21; **offengelassen** in BAG AP Nr. 15 zu § 794 ZPO.

adressat sein, muß dies durch eine eindeutige Regelung sichergestellt werden (wie dies zu bewerkstelligen ist, ist nicht abschließend geklärt: Während der Bundesgerichtshof die Formulierung *„Zivilsenate des OLG München in Augsburg"* genügen ließ,[1756] soll dem Bundesarbeitsgericht zufolge die Formulierung *„Arbeitsgericht Würzburg, Kammer Aschaffenburg"* nicht genügen, erforderlich sei vielmehr z.B. die Aufnahme der vollen Anschrift des auswärtigen Spruchkörpers[1757]); ist ein auswärtiger Spruchkörper des Berufungsgerichts bestimmt, genügt der Eingang des Widerrufs beim Stammgericht nicht[1758].

378 **b) Die Form.** Eine bestimmte Form ist materiellrechtlich von Gesetzes wegen nicht vorgeschrieben ist; ist Schriftform vereinbart, gelten die §§ 127, 126 BGB[1759]. Prozessual gilt folgendes: Haben die Parteien keine Vereinbarungen getroffen, so kann der Widerruf auch gegenüber dem Gericht in jeder beliebigen Form (mündlich, telefonisch, telegraphisch, per Telefax, schriftlich) erfolgen[1760] (beim Widerruf per Telefax muß sorgfältig darauf geachtet werden, daß der Widerruf auch vollständig bei Gericht eingegangen ist, was nur durch eine Rückfrage beim Gericht während der Dienstzeit gewährleistet werden kann (der o.k.-Vermerk beim Absendergerät genügt nicht und Wiedereinsetzung ist nicht möglich [siehe unten Rn. 379]![1761]). Ist „schriftsätzlicher" Widerruf vereinbart, so ist Unterzeichnung erforderlich,[1762] ebenso bei „schriftlicher Anzeige zu den Gerichtsakten",[1763] während bei einer „einfachen Anzeige zu den Gerichtsakten" auch ein nicht eigenhändig unterzeichneter Schriftsatz[1764] und bei „Anzeige an das Gericht" gar eine mündliche oder telefonische Erklärung[1765] genügen. Die Vereinbarung einer „(schriftlichen) Anzeige zu den Gerichtsakten" sollte man aus Anwaltssicht tunlichst vermeiden, da sie bei strenger Betrachtung durch den Eingang des Widerrufsschriftsatzes bei der Einlaufstelle nicht gewahrt werden kann[1766]. Im Anwaltsprozeß unterliegt der Widerruf dem Anwaltszwang.[1767]

379 **c) Die Frist.** Es handelt sich hierbei um eine rechtsgeschäftliche, nicht um eine gesetzliche oder richterliche Frist,[1768] weshalb die §§ 222, 224 ZPO nicht gelten[1769].

1756 NJW 1980, 1753 (1754).

1757 NZA 2004, 999.

1758 BGH NJW 1980, 1753; *Thomas/Putzo* § 794 Rn. 23.

1759 BAG AP Nr. 39 zu § 794 ZPO.

1760 BVerfG Rpfleger 1985, 406 (für Fernschreiben); RGZ 135, 338; BAGE 9, 172 (177 für Telefon); OLG München NJW 1992, 3042 (für Telefax); *St/J/Münzberg* § 794 Rn. 83; *Zöller/Stöber* § 794 Rn. 10 b; *Thomas/Putzo* § 794 Rn. 21.

1761 LAG Düsseldorf BRAK-Mitt. 2004, 160 m. zust. Anm. *Chab*.

1762 BAG AP Nr. 39 zu § 794 ZPO; LAG München WM 1989, 836; *Zöller/Stöber* § 794 Rn. 10 b; *Thomas/Putzo* § 794 Rn. 21; **a.A.** *Vollkommer* Anm. zu BAG AP Nr. 39 zu § 794 ZPO.

1763 OLG Hamm NJW 1992, 1705.

1764 RGZ 135, 388; *St/J/Münzberg* § 794 Rn. 83 m.w.N.; *BL/Hartmann* Anh. § 307 Rn. 12 unterscheidet die verschiedenen Fallgestaltungen nicht genau genug.

1765 *St/J/Münzberg* § 794 Rn. 83 m.w.N.

1766 So LG Hagen BRAK-Mitt. 2004, 160; auch *Michel/von der Seipen* S. 258 Fn. 46 und *Jungk* in der Anm. zur Entscheidung des LG Hagen raten von einer solchen Klausel ab.

1767 *Bergerfurth* NJW 1969, 1797 (1798).

1768 *BL/Hartmann* Anh. § 307 Rn. 10.

1769 OLG Saarbrücken DRZ 1950, 299; LG Bonn BB 1952, 209; LG Berlin NJW 1965, 765 (766); *Bergerfurth* NJW 1969, 1797 (1799); *Schneider*, Widerrufsvergleich S. 595; **a.A.** bzgl. § 222 ZPO ohne Begründung und Erwähnung der h.M. *StJ/Münzberg* § 794 Rn. 87, *BL/Hartmann* Anh. § 307

Die Fristberechnung erfolgt gemäß § 186 BGB nach §§ 187 ff. BGB, so daß die Frist am Tag nach dem Vergleichsschluß und nicht erst mit Erhalt des Protokolls zu laufen beginnt[1770] und § 193 BGB gilt[1771]. Die Parteien können über die laufende Frist beliebig verfügen,[1772] das Gericht darf die Frist dagegen nicht verlängern[1773]. Strittig ist, ob die Verlängerung durch die Parteien formlos möglich ist (h.M.)[1774] oder eine gerichtlichen Protokollierung[1775] oder wenigstens eine Mitteilung der Verlängerung gegenüber dem Gericht vor Ablauf der Widerrufsfrist[1776] erforderlich ist. **Wiedereinsetzung** gemäß § 233 ZPO ist nach ganz h.M. **nicht möglich.**[1777] Besondere Härtefälle können über § 242 BGB[1778] oder § 826 BGB[1779] gelöst werden.[1780] Es empfiehlt sich deshalb gegebenenfalls die Aufnahme einer Wiedereinsetzungsklausel[1781] oder statt eines Widerrufsvorbehalts eines Bestätigungsvorbehaltes[1782] in den Vergleich.

Die Nichtausnutzung der Widerrufsmöglichkeit ist nicht anfechtbar, da es sich nicht um eine Willenserklärung handelt (arg. § 1956 BGB).[1783] Ein Widerruf des Widerrufs ist nicht möglich.[1784]

Rn. 12 und sich jeweils wechselseitig zitierend *Thomas/Putzo/Hüßtege* § 222 Rn. 1 und *Thomas/Putzo* § 794 Rn. 20.

1770 OLG Schleswig NJW-RR 1987, 1022 (ber. 1344); *Schneider*, Widerrufsvergleich S. 595; *St/J/Münzberg* § 794 Rn. 87; *Thomas/Putzo* § 794 Rn. 20; *Rosenberg/Schwab/Gottwald* § 129 Rn. 45.

1771 BGH NJW 1978, 2091; 1979, 49; BAG AP Nr. 1 zu § 794 ZPO; OLG München NJW 1975, 933; *Prechtel* S. 290; *Schellhammer*, Zivilprozess Rn. 688; *Rosenberg/Schwab/Gottwald* § 129 Rn. 45.

1772 BGHZ 61, 394 (398); KG JW 1930, 2081; OLG Hamm FamRZ 1988, 535; *Gehrlein*, ZPR § 9 Rn. 36; *Crückeberg* Rn. 303; *BL/Hartmann* Anh. § 307 Rn. 10, der zu Unrecht die vorgenannte BGH-Entscheidung dahin zitiert, daß danach eine Verlängerung nicht möglich sei; zweifelnd *Pantle/Kreissl* Rn. 540.

1773 BGHZ 61, 394 (398); KG JW 1930, 2081; OLG Hamm FamRZ 1988, 535; *Schneider*, Widerrufsvergleich S. 596; *Michel/von der Seipen* S. 258; *Thomas/Putzo* § 794 Rn. 20 i.V.m. § 224 Rn. 1.

1774 KG JW 1930, 2081; OLG Hamm FamRZ 1988, 535; St/J/Roth § 224 Rn. 5; eingehend *Schneider*, Widerrufsvergleich S. 596 f.; *Zöller/Stöber* § 794 Rn. 10 c; *Musielak/Lackmann* § 794 Rn. 14; *Rosenberg/Schwab/Gottwald* § 129 Rn. 45; *Thomas/Putzo/Hüßtege* § 224 Rn. 1.

1775 VG Hamburg MDR 1982, 962; LG Bonn MDR 1997, 783; *MüKo-ZPO/Wolfsteiner* § 794 Rn. 62 ohne Erwähnung der gegenteiligen h.M.; *BL/Hartmann* Anh. § 307 Rn. 10 unter unzutreffender Berufung auf OLG Hamm FamRZ 1988, 535 und *Zöller/Stöber* § 794 Rn. 10 c.

1776 OLG Hamm BauR 2001, 833; ablehnend *Schneider*, Widerrufsvergleich S. 597; offengelassen von *Crückeberg* Rn. 303.

1777 BVerfG AP Nr. 27 zu § 794 ZPO; RAG DR 1943, 549 (551); BGH stRspr., zuletzt etwa NJW 1995, 521 (522); BAG stRspr., zuletzt NJW 1998, 2844; OLG München NJW 1992, 3042; LAG Bremen MDR 2003, 289; h.L, etwa *Schellhammer*, Zivilprozess Rn. 688; *Gehrlein*, ZPR § 9 Rn. 36; *Crückeberg* Rn. 304; *Rosenberg/Schwab/Gottwald* § 129 Rn. 43; *Thomas/Putzo* § 794 Rn. 23.

1778 BGHZ 61, 394 (400); BAG NJW 1969, 110; LG Bonn DB 1952, 209; LAG Bremen MDR 2003, 289 (290); *BL/Hartmann* Anh. § 307 Rn. 10.

1779 RAG DR 1943, 449 (552); BGH LM § 130 BGB Nr. 2.

1780 Offengelassen von OLG Düsseldorf NJW 1968, 111 m. abl. Anm. *Säcker* NJW 1968, 708; OLG Hamm NJW 1992, 1705 (1706).

1781 *Scharpenack* MDR 1996, 883 (886); ohne nähere Begründung zweifelnd *Michel/von der Seipen* S. 258 Fn. 44.

1782 *Jauernig* § 48 VI a.E.

1783 OLG Celle VersR 1969, 930; *BL/Hartmann* Anh. § 307 Rn. 14; *Palandt/Sprau* § 779 Rn. 30.

1784 BGH LM § 794 I Nr. 1 ZPO Nr. 3; OLG München BayJMBl. 1953, 220; *Schellhammer*, Zivilprozess Rn. 687; *Crückeberg* Rn. 304; *Rosenberg/Schwab/Gottwald* § 129 Rn. 45; *BL/Hartmann* Anh. § 307 Rn. 14.

Der folgende **Vorschlag** entspricht einer, wie es das BAG einmal ausgedrückt hat, *„von erfahrenen Prozeßrichtern gehandhabten Formulierung"*[1785]:

Dieser Vergleich kann durch Anwaltsschriftsatz gegenüber dem erkennenden Gericht, der bis [Wochentag, Datum] eingegangen sein muß, widerrufen werden.[1786]

2. Bestätigungsvorbehalt

380 Statt eines Widerrufsvorbehalts können die Parteien auch einen Bestätigungsvorbehalt vereinbaren,[1787] was allerdings in der Praxis kaum vorkommt[1788].

Formulierungsvorschlag:

Dieser Vergleich wird nur dann wirksam, wenn ihn die Parteien durch Anwaltsschriftsatz gegenüber dem erkennenden Gericht, der bis ... eingegangen sein muß, bestätigen.

B. Kosten- und Gebührenfragen

I. Kosten

1. Grundsatz

381 Nach § 98 ZPO sind die Kosten, wenn der Rechtsstreit durch einen Prozeßvergleich beendet worden ist, als gegeneinander aufgehoben anzusehen, falls die Parteien nichts anderes vereinbart haben.

Umstritten ist die kostenrechtliche Behandlung einer Erledigung des Rechtsstreits durch Abschluß eines außergerichtlichen Vergleichs, der keine Kostenregelung enthält. Der Streit geht darüber, ob gemäß § 91 a ZPO von Amts wegen über die Kosten zu entscheiden ist[1789] oder ob § 98 ZPO, der auch auf außergerichtliche Vergleiche Anwendung findet, eine solche Entscheidung in der Regel ausschließt[1790] und eine Kostenentscheidung nach § 91 a ZPO nur in Betracht kommt, wenn die Parteien die Kostenregelung in dem Vergleich bewußt ausgeklammert und zur Entscheidung des Gerichts gestellt haben[1791].

2. Sonderfälle

382 Besondere Vorsicht ist im Falle der Beteiligung von Rechtsschutzversicherungen im Hinblick auf die sog. sekundäre Risikobegrenzung nach § 2 III Buchst. a) ARB 75

[1785] BAGE 9, 172 (177).
[1786] Ähnlich *Arndt* S. 191, *Schumann/Kramer* Rn. 555 und *Thomas/Putzo* § 794 Rn. 25.
[1787] *Bergerfurth* NJW 1969, 1797 (1799); *Oelkers/Müller* S. 118.
[1788] *Pantle/Kreissl* Rn. 541.
[1789] OLG Bremen OLGZ 1980, 223; *Zöller/Vollkommer* § 91 a Rn. 58 „Vergleich" und § 98 Rn. 5.
[1790] BGH MDR 1970, 46; OLG München VersR 1976, 395; OLG Hamm MDR 1976, 147; AnwBl 1982, 72; **a.A.** OLG Braunschweig NJW 1964, 1576 (1577); OLG München NJW 1970, 1329.
[1791] BGH NJW-RR 1997, 510; OLG München VersR 1976, 395; OLG Düsseldorf MDR 1978, 940; OLG Zweibrücken OLGZ 1983, 80; OLG Frankfurt a.M. MDR 1984, 674; KG NJW-RR 1988, 1406; OLG Bremen OLGZ 1989, 100; OLG Koblenz NJW-RR 1991, 638; OLG Oldenburg NJW-RR 1992, 1466; OLG Brandenburg NJW-RR 1995, 1212; OLG Saarbrücken NJW-RR 1996, 320; OLG Naumburg NJW-RR 1996, 1216; OLG Köln OLGR 2000, 76; *Zimmermann* § 98 Rn. 3; *Thomas/Putzo/Hüßtege* § 98 Rn. 42; *BL/Hartmann* § 98 Rn. 8.

bzw. § 5 III Buchst. b) ARB 94/2000 geboten.[1792] Die mit dieser Leistungseinschränkung verbundenen Probleme lassen sich aber durch eine übereinstimmende Erledigterklärung seitens der Parteien mit anschließender Kostenentscheidung nach § 91 a ZPO umgehen, da im Fall des § 91 a ZPO die genannten ARB-Vorschriften nicht eingreifen.[1793] Allerdings entfällt dann die Gebührenermäßigung nach Nr. 1222 S. 1 Nr. 3 KV-GKG.[1794] Ein Rechtsmittelverzicht hinsichtlich der Kostenentscheidung sollte nur signalisiert, nicht aber formell erklärt werden, weil andernfalls ein Verstoß gegen die Abstimmungsobliegenheit nach § 15 I Buchst. d) cc) ARB 75 bzw. § 17 V Buchst. c) aa) ARB 94/2000 vorliegen könnte,[1795] ebenso kein Verzicht auf Begründung der Kostenentscheidung, weil nach einer weit verbreiteten – allerdings verfehlten – Rechtsprechung auch darin ein Rechtsmittelverzicht liegen soll[1796].

Formulierungsvorschlag:

1. [Vergleich in der Hauptsache]
2. Mit diesem Vergleich ist der Rechtsstreit in der Hauptsache erledigt.
3. Über die Kosten des Rechtsstreits und dieses Vergleichs soll das Gericht [ggf.: nach Ablauf der Widerrufsfrist] gemäß § 91 a ZPO entscheiden.[1797]

Besondere **Vorsicht** ist auch **bei** einer **Berufungsrücknahme aufgrund** eines **Vergleichs** geboten. Enthält ein außergerichtlicher Vergleich, der im wesentlichen nur die Anerkennung des erstinstanzlichen Urteils zum Gegenstand hat, keine Kostenregelung, gilt nach h.M. nicht die in § 98 S. 2 ZPO vorgesehene Kostenaufhebung, sondern § 516 III 1 ZPO.[1798] Auch hinsichtlich einer etwaig bestehenden Rechtsschutzversicherung ist eine vergleichsweise Berufungsrücknahme problematisch: Der Abschluß eines 383

[1792] Vgl. dazu etwa *Michel/von der Seipen* S. 257; *Plote* Rn. 216, 242; *Crückeberg* Rn. 295; *Prechtel* S. 296 sowie umfassend jetzt *Harbauer/Bauer* § 2 ARB 75 Rn. 168 ff. Bei der Beurteilung der Inadäquatheit der Kostenregelung ist auf eine rein formale Betrachtungsweise abzustellen (BGH NJW 1982, 1103; weitere Nachw. bei *Plote* Rn. 242 Fn. 368).

[1793] OLG Karlsruhe VersR 1984, 839 = zfs 1984, 335; LG Mosbach VersR 1983, 681; LG Frankfurt a.M. AnwBl 1988, 495; *Oelkers/Müller* S. 143 f.; *Prechtel* S. 297; im Erg. auch *Crückeberg* Rn. 296; *Harbauer/Bauer* § 2 ARB 75 Rn. 168. Die Behauptung von *Gottwald/Treuer* S. 82, diese Vorgehensweise sei *„schlicht unzulässig"*, entbehrt jeder Begründung und ist völlig lebensfremd. *Michel/von der Seipen* S. 257 und *Edenfeld* S. 973 behandeln diese Vorgehensweise nicht.

[1794] *Hartmann* Nr. 1211 KV-GKG Rn. 10; zu Nr. 1202 c KV-GKG a.F.: OLG München MDR 1996, 424; OLG Hamburg MDR 1997, 103; OLG Köln NJW-RR 1998, 1293; OLG Karlsruhe OLGR 2000, 279 = JurBüro 2001, 315; *Crückeberg* Rn. 298; *Prechtel* S. 296.

[1795] So AG Rockenhausen zfs 1990, 90 (Achtung: Der Leitsatz ist grob sinnentstellend!); *Prölss/Martin/Prölss/Armbrüster* § 15 ARB 75 Rn. 7 (ohne Differenzierung zwischen vorab erklärtem Rechtsmittelverzicht und Nichtanfechtung der Kostenentscheidung) und *Harbauer/Bauer* § 2 ARB 75 Rn. 168.

[1796] OLG Hamm MDR 1989, 919 – 22. ZS; NJW-RR 1993, 827 (828) – 20. ZS; 1994, 1407 – 12. ZS; OLG Brandenburg NJW-RR 1995, 1212 (1213); OLG Köln MDR 2000, 472 m. abl. Anm. *Schneider* S. 987; OLG Braunschweig MDR 2001, 1009 m. abl. Anm. *Schneider*; **a.A.** OLG München JurBüro 1981, 892; OLG Köln KostRspr. BRAGO § 9 Nr. 43; OLG Hamm MDR 2003, 116 – 30. ZS.

[1797] Vgl. auch *Tempel/Theimer* S. 370, die aber irrig statt auf den Ablauf der Widerrufsfrist auf eine – von ihnen selbst S. 351 zutreffend verneinte – *„Rechtskraft des Vergleichs"* abstellen; ebenfalls irrig sprechen *Oelkers/Müller* S. 128 von „Kosten des *Verfahrens*".

[1798] BGH NJW 1989, 39 (40); *MüKo-ZPO/Rimmelspacher* § 515 Rn. 25; *Thomas/Putzo/Reichold* § 516 Rn. 9; *Rosenberg/Schwab/Gottwald* § 135 Rn. 57 (allerdings ohne Differenzierung nach dem Inhalt des Vergleichs in der Hauptsache); *BL/Albers* § 516 Rn. 19; **a.A.** LAG München VersR 1988, 280; *ErfKoArbR/Koch* § 64 ArbGG Rn. 26.

mit dem Ersturteil inhaltsgleichen Vergleichs statt eine – kostengünstigere – Berufungsrücknahme verstößt gegen die Kostenvermeidungsobliegenheit nach § 15 I Buchst. d) ARB 75 bzw. § 17 V Buchst. c) cc) ARB 94/2000.[1799]

II. Gebühren

384 Der Anwalt erhält im Falle eines Prozeßvergleichs gemäß Nr. 1004 VV eine Einigungsgebühr (bisher Vergleichsgebühr) in Höhe von 1,3. Eine Gebühr fällt nicht an, wenn die „Einigung" in einem vollständigen Anerkenntnis oder Verzicht besteht (Abs. 2 S. 1 der Vorbemerkung zu Nr. 1000 VV).

Für die Mitwirkung an einem schriftlichen Vergleich nach § 278 VI 2 ZPO erhält der Anwalt gemäß Nr. 3104 Nr. 1 Var. 3 VV die volle Terminsgebühr (bisher Verhandlungsgebühr); die bisher von der Rechtsprechung verneinte Frage[1800] ist damit erfreulicherweise zugunsten der Anwaltschaft gelöst.

C. Haftungsrechtliche Hinweise

385 Hier sollen nur einige zentrale Aspekte angesprochen werden, hinsichtlich der Einzelheiten muß auf die einschlägige Spezialliteratur zur Anwaltshaftung verwiesen werden:

- Ausgangspunkt der anwaltlichen Tätigkeit im Rahmen des Abschlusses eines Prozeßvergleichs ist die dem Rechtsanwalt obliegende Aufgabe, den Mandanten in die Lage zu versetzen, die Entscheidung, ob ein Vergleich geschlossen werden soll,[1801] eigenständig treffen zu können[1802].
- Dazu muß sich der Rechtsanwalt zunächst anhand von Rechtsprechung und Literatur einen umfassenden Überblick über die Prozeßaussichten seines Mandanten verschaffen.[1803]
- Der Rechtsanwalt hat im Rahmen der Beratung seines Mandanten die Risiken einer Beweisaufnahme, die Kosten, die Einstellung des Richters und die Erfolgsaussichten darzulegen,[1804] wobei auch die ernsthaften Wünsche des Mandanten und dessen familiäre und psychische Lage zu berücksichtigen sind[1805]. Auf Bedenken und Nachteile eines Vergleichs hat er hinzuweisen.[1806] Die gilt ganz besonders im Falle eines Abfindungsvergleichs mit nicht unerheblicher Tragweite.[1807] Eine richterliche Empfehlung zum Vergleichsabschluß entbindet den Anwalt nicht von seinen Pflich-

[1799] LG Saarbrücken zfs 1986, 338; *Prölss/Martin/Prölss/Armbrüster* § 15 ARB 75 Rn. 9; vgl. für das erstinstanzliche Verfahren AG Köln r + s 2000, 422 m. Anm. *Schimikowski.*

[1800] OLG München NJW-RR 2003, 788; OLG Schleswig JurBüro 2003, 301; OLG Koblenz NJW-RR 2004, 66; OLG Stuttgart NJW-RR 2004, 423; OLG Celle NJOZ 2004, 1234 und 1445.

[1801] OLG Frankfurt a.M. NJW 1988, 3269; OLG Köln VersR 1992, 448.

[1802] BGH NJW-RR 1996, 567.

[1803] RG JW 1932, 2856; BGH BB 2000, 536 m. Anm. von *Jungk* BRAK-Mitt. 2000, 126 f.; ferner OLG Saarbrücken OLGR 2001, 437 (438, 440); *Michel/von der Seipen* S. 245 f.

[1804] OLG Köln VersR 1992, 448.

[1805] OLG Düsseldorf NJW-RR 1997, 3034.

[1806] BGH VersR 1961, 276; NJW-RR 1996, 567; OLG Hamm VersR 1992, 1404 (Ls.).

[1807] BGH VersR 1961, 467; NJW 1994, 2085; OLG Köln NJW-RR 1995, 1529; OLG Hamm MDR 1999, 388; *Michel/von der Seipen* S. 245 f.; eingehend *Arndt* S. 190 f., *Edenfeld* S. 974 und mit gutem Muster einer schriftlichen Belehrung des Mandanten *HdbStraßenverkR/Born* Kap. 3 B Rn. 218–220 d.

ten,[1808] auch wenn dieser ein erhebliches Gewicht zukommt, insbesondere, wenn kein Rechtsmittel gegeben ist[1809].

- Bei der Abfassung des Vergleichstextes muß der Rechtsanwalt für eine vollständige und richtige Niederlegung des Willens seines Mandanten und für einen möglichst eindeutigen und nicht erst der Auslegung bedürftigen Wortlaut sorgen.[1810]
- Weist ein Mandant seinen Rechtsanwalt endgültig an, einen Prozeßvergleich zu widerrufen, so hat der Rechtsanwalt den Widerruf unverzüglich zu erklären; dabei hat er zu bedenken, daß für seinen Mandanten im Falle der Fristversäumung regelmäßig keine Möglichkeit bleibt, sich vom Vergleich zu lösen, weil es keine Wiedereinsetzung gibt (siehe oben Rn. 379); er hat deshalb die erforderlichen Maßnahmen zu ergreifen, die den rechtzeitigen und formgerechten Eingang des Widerrufs in beweisbarer Form sicherstellen, wobei er sich aller – grundsätzlich gleichwertiger – Übermittlungsmöglichkeiten bedienen kann.[1811]

[1808] OLG Stuttgart VersR 1984, 450; OLG Frankfurt a.M. NJW 1988, 3269.

[1809] OLG Frankfurt a.M. NJW 1988, 3269.

[1810] BGH NJW 2002, 1048. Das Musterbeispiel eines mißglückten Vergleichs behandelt *Schneider* MDR 1997, 1091.

[1811] BGH NJW 1995, 521.

6. Teil. Die Vorbereitung der Revision

Das oben Rn. 2 zum Verhältnis 1. Instanz/Berufungsinstanz Gesagte gilt angesichts des nur noch sehr eingeschränkten Zugangs zum Revisionsgericht auch und gerade für das Verhältnis Berufung/Revision.[1812] Der Berufungsanwalt muß während des gesamten Berufungsverfahrens die geringen Chancen seines Mandanten auf eine revisionsgerichtliche Kontrolle des Berufungsurteils im Auge behalten. Dazu gehören neben einer grundsätzlich sorgfältigen Prozeßführung **386**

- zunächst die Stellung und Begründung spezifisch auf die Revision abzielender Anträge (vgl. oben Rn. 280, 281),
- die sorgfältige Beobachtung der Protokollierung (insbesondere ist darauf zu achten, daß bei einer grundsätzlich revisiblen Sache, wenn also kein Fall des § 26 Nr. 8 EGZPO vorliegt, von der Erleichterung der Protokollierung nach § 161 I Nr. 1 ZPO kein Gebrauch gemacht wird),
- die Prüfung des Protokolls sowie
- die Prüfung der Bezugnahmen auf die tatsächlichen Feststellungen des erstinstanzlichen Urteils sowie der Darstellung etwaiger Änderungen und Ergänzungen durch das Berufungsgericht (§ 540 I Nr. 1 ZPO) im Hinblick auf § 559 ZPO.

[1812] So zur Rechtslage vor dem ZPO-RG schon *U. Schneider*, passim.

Anhang: Muster

Muster 1: ausgearbeitete Klageschrift[1813]

An das
Amtsgericht München
– Streitgericht –
80315 München

München, den …

Klage

der X-GmbH, …, … München, vertreten durch den Geschäftsführer …, ebenda

– Klägerin –

Prozeßbevollmächtigte: Rechtsanwältin …, … München

gegen

die Y-GmbH, …, … München, vertreten durch die Geschäftsführerin …, ebenda

– Beklagte –

wegen Werklohns

mit folgenden

Anträgen:

I. Die Beklagte wird verurteilt, an die Klägerin 1.460,– DM nebst 5 % Zinsen aus 1.437,50 DM seit dem 20.04.1996 zu bezahlen.

II. Für den Fall der Anordnung eines schriftlichen Vorverfahrens und des Anerkenntnisses oder der nicht rechtzeitigen Anzeige der Verteidigungsbereitschaft durch die Beklagte wird der Erlaß eines Anerkenntnisurteils bzw. eines Versäumnisurteils ohne mündliche Verhandlung beantragt.

[1813] Um einen realistischen Eindruck von dem auch in der amtsgerichtlichen Praxis Möglichen zu vermitteln, wurde diese Originalklageschrift aus dem Jahr 1996 ohne Rücksicht auf zwischenzeitliche tatsächliche und rechtliche Änderungen abgedruckt.

Begründung:

Die Klägerin verlangt Vergütung aus einem Speditionsauftrag.

I. Der Klage liegt folgender Sachverhalt zugrunde:

1. Mit Telefax vom ... hielt die Beklagte die Einzelheiten eines telefonischen Speditionsauftrags vom selben Tage an die Klägerin wie folgt fest:

1.) Ein Fahrzeug/Std.	*= DM 106,– × 3 Std.*	*DM 318,–*
2.) Zwei Mann Fa. ...	*= DM 57,– × 3 Std.*	*DM 342,–*
3.) Umladepauschale 1	*= DM 150,– Gr. Cont.*	*DM 150,–*
4.) Umladepauschale 1	*= DM 30,– Kl. Cont.*	*DM 30,–*
5.) Kilometerpauschale	*einmalig*	*DM 50,–*
Gesamt		*DM 840,–*
		(zzgl. 15 % MWSt.)

Beweis: 1. Beglaubigte Kopie des Telefaxes vom ...

als **Anlage K 1**

2. Frau ..., zu laden über die Klägerin,
als **Zeugin**

2. Unter dem ... übersandte die Klägerin eine „Auftragsbestätigung" (Nr. 5295), die folgenden Inhalt hat:

	Einzelpreis	*Steuer*	*Gesamtpreis*
2 Mann à 3,0 Std.	*DM 57,–*	*15 %*	*DM 342,–*
1 Lkw mit Hänger à 3,0 Std.	*DM 106,–*	*15 %*	*DM 318,–*
Kilometerpauschale	*DM 50,–*	*15 %*	*DM 50,–*
1 Umschlagpauschale für 1,0 Cont.	*DM 150,–*	*15 %*	*DM 150,–*
1 Umschlagpauschale für 2,0 Cont.	*DM 30,–*	*15 %*	*DM 60,–*
Netto			*DM 920,–*
MWSt.		*15 %*	*DM 138,–*
Endbetrag			*DM 1.058,–*

Die Auslagerung findet am ... ab 8.00 Uhr statt. Wir kommen mit unserem Containerfahrzeug, beladen mit einem Überseecontainer und zwei kleineren Containern. Wie vereinbart stellen Sie Helfer zur Verfügung.

Wir laden die Container aus, das Verbringen des Umzugsgutes in die Wohnung übernehmen Ihre Helfer.

Wir rechnen nach tatsächlichem Aufwand ab. Bei Ein- und Auslagerung sowie für den Zugang zum Lagergut berechnen wir eine Umschlagpauschale.

Der Auftrag ist bereits erteilt. Da der Gesetzgeber die Schriftform verlangt, senden Sie uns bitte ein unterschriebenes Exemplar zurück.

Zahlungsbedingungen: ...

Beweis: Beglaubigte Kopie der Auftragsbestätigung vom ...

als **Anlage K 2**

Die geforderte Unterzeichnung des „Auftrages (Umzug)" unterblieb.

Beweis: wie eben.

3. Der Umzug wurde am ... in der Zeit von 7.00 Uhr bis 12.00 Uhr durchgeführt.

Beweis:

1. Beglaubigte Kopie des Umzugsberichts der Klägerin vom ..., abgezeichnet von einem Mitarbeiter der Beklagten, namens ...

   als **Anlage K 3**

2. Beglaubigte Kopie der Empfangsbestätigung vom ..., ebenfalls von dem vorgenannten Mitarbeiter der Beklagten abgezeichnet,

   als **Anlage K 4**

3. ..., München,

   als **Zeuge**

4. ..., zu laden über die Klägerin,

   als **Zeugin**

Bezüglich der Zahlung wurde „Rechnungsstellung" vereinbart.

Beweis: Beglaubigte Kopie des Umzugsberichtes vom ...,

als **Anlage K 3** bereits vorgelegt.

4. Die Leistungen der Klägerin wurden der Beklagten unter dem ... mit 1.437,50 DM in Rechnung gestellt.

Beweis: Beglaubigte Kopie der Rechnung vom ...,

als **Anlage K 5**

5. Der Einzug der Forderung aufgrund der von der Beklagten bereits am ... bezüglich anderer Leistungen der Klägerin erteilten Lastschriftermächtigung scheiterte am ... wegen Nichtbezahlung.

Beweis:

1. Beglaubigte Kopie der Lastschriftermächtigung vom ...,

   als **Anlage K 6**

2. Beglaubigte Kopie des Kontoauszuges betreffend die Rücklastschrift vom ...,

   als **Anlage K 7**

Für die Rücklastschrift fielen der Klägerin insgesamt 22,50 DM zur Last.

Beweis: Beglaubigte Kopie des Kontoauszuges vom ...,
als **Anlage K 7** bereits vorgelegt.

6. Mit Schreiben ohne Datum setzte die Klägerin der Beklagten eine Frist bis zum ... zur Bezahlung der Rechnung.

Beweis: 1. beglaubigte Kopie des Mahnschreibens,
als **Anlage K 8**
2. Frau ...,
als **Zeugin** b.b.

Die Beklagte reagierte hierauf nicht.

II. In rechtlicher Hinsicht ist folgendes auszuführen:

1. Die Werklohnforderung wird auf §§ 631 BGB; 1, 5, 16 I, 17 GüKUMB gestützt.
   a) Vorliegend ist nach den Ausführungen der Beklagten in ihrem Telefax vom 16.04.1996 der Speditionsauftrag bereits am ... telefonisch abgeschlossen worden und auch die Klägerin geht in ihrer „Auftragsbestätigung" vom ... ausdrücklich von einem bereits abgeschlossenen Vertrag aus.
   Das Fehlen der von der Klägerin in ihrer Auftragsbestätigung angesprochenen – sich aus § 16 II 2 GüKUMB ergebenden – Schriftform ist zivilrechtlich irrelevant, da es sich insoweit nur um eine öffentlich-rechtliche Ordnungsvorschrift handelt (vgl. zur parallelen Situation nach §§ 10, 11, 15 III KVO Baumbach/Hopt, HGB, 29. Aufl. München 1995, § 11 KVO Rz. 1 und § 15 KVO Rz. 1).
   b) Hinsichtlich der Fälligkeit der Werklohnforderung wurde als „abweichende Vereinbarung" i. S. d. § 17 GüKUMB im Umzugsbericht vom ... „Rechnungsstellung" vereinbart.

2. Die Forderung auf Erstattung von 22,50 DM Rücklastschriftspesen wird auf positive Verletzung des Werkvertrages gestützt.

3. Die Zinsforderung wird auf §§ 353 S. 1, 352 I 1, 343 I, 344 I HGB; 27 GüKUMB gestützt.

....
Rechtsanwältin

Muster 2: Antrag auf Verschiebung der Urteilszustellung[1814]

An das
Amtsgericht/Landgericht ....

....

Az.. ....

In dem Rechtsstreit

..../. ....

wird im anwaltlich versicherten Einverständnis mit der Gegenseite **beantragt**, die Zustellung des am ... verkündeten Urteils bis auf weiteres hinauszuschieben.

Die Gegenseite wird einen gleichlautenden Antrag stellen.

....
Rechtsanwalt/Rechtsanwältin

[1814] Weiteres Beispiel bei *BProzFb/Büchel* S. 300.

Muster 3: Antrag auf Tatbestandsberichtigung[1815]

An das
Amtsgericht/Landgericht ....

....

Az. ....

In dem Rechtsstreit

..../. ....

beantragt der (die) Kläger(in),
den Tatbestand des Urteils vom ... dahin zu berichtigen, daß ...

Begründung:

....

....
Rechtsanwalt/Rechtsanwältin

[1815] Weitere Muster bei *BProzFb/Büchel* S. 295 und *Müller/Schöppe-Fredenburg* S. 116.

Muster 4: Isolierter Prozeßkostenhilfeantrag

An das
Landgericht/Oberlandesgericht ....
– Zivilkammer/-senat –

....

Antrag auf Prozeßkostenhilfe

In dem Rechtsstreit

....

– Kläger(in) –

Prozeßbevollmächtigte(r): Rechtsanwalt/Rechtsanwältin ....

gegen

....

– Beklagte(r) –

Prozeßbevollmächtigte(r): Rechtsanwalt/Rechtsanwältin ....

wegen ....

wird **beantragt,**

dem Kläger (der Klägerin) Prozeßkostenhilfe für den zweiten Rechtszug zu bewilligen und ihm (ihr) den (die) Unterzeichnende(n) als Prozeßbevollmächtigte(n) beizuordnen.

Begründung:

1. Die Klage wurde durch Urteil des AG/LG .... vom ......, Az .... abgewiesen.
   Hinsichtlich der Einzelheiten wird auf die beigefügte beglaubigte Abschrift des Urteils Bezug genommen.
2. Der Kläger (die Klägerin) beabsichtigt, gegen dieses Urteil Berufung einzulegen.

3. Der Kläger (die Klägerin) kann die Kosten für das Berufungsverfahren nicht aus eigenen Mitteln aufzubringen.
   Er (Sie) legt insoweit eine Erklärung über seine (ihre) persönlichen und wirtschaftlichen Verhältnisse vom … samt der erforderlichen Belege vor.

[4. Die hinreichenden Erfolgsaussichten ergeben sich aus folgendem:

   ………………………………………………………………]

5. Der Kläger (die Klägerin) beabsichtigt, nach Entscheidung der Kammer/des Senats über die Prozeßkostenhilfe einen Antrag auf Wiedereinsetzung zu stellen.

…………………………………

Rechtsanwalt/Rechtsanwältin

Muster 5: Wiedereinsetzungsantrag und Berufung

An das
Landgericht/Oberlandesgericht ....
– ... Zivilkammer/-senat –

....

Az. ....

Wiedereinsetzungsantrag und Berufung

In dem Rechtsstreit

....

– Kläger(in) und Berufungskläger(in) –

Prozeßbevollmächtigte(r): Rechtsanwalt/Rechtsanwältin ....

gegen

....

– Beklagte(r) und Berufungsbeklagte(r) –

Prozeßbevollmächtigte(r): Rechtsanwalt/Rechtsanwältin ....

wegen ....

wird **beantragt,**[1816]

dem (der) Kläger(in) **Wiedereinsetzung** in den vorigen Stand gegen die Versäumung der Berufungsfrist zu gewähren.

Gleichzeitig lege ich gegen das Urteil des AG/LG .... vom ......, Az. ....

Berufung

ein.

[1816] Wie hier *Schumann/Kramer* Rn. 167. Im übrigen Schrifttum wird dagegen überwiegend zuerst die Berufung und dann erst der Wiedereinsetzungsantrag gebracht (so etwa *Luchterhand Prozeßformularsammlung* Nr. 1.A.05.a.#06; *BProzFb/Büchel* S. 140; *Borgmann/Haug* S. 425 und 432; *Oelkers/Müller* S. 298 ff.; *AF/Krumscheid* Rn. 158 [Muster 800]; *Steinert/Theede* Kap. 12 Rn. 28; *Müller/Schöppe-Fredenburg* S. 226). Die hier gewählte Form ist aber enger an § 236 II 2 Hs. 1 ZPO angelehnt.

Weiter **beantrage** ich bereits jetzt,
die Berufungsbegründungsfrist um **einen Monat** zu verlängern.

Schließlich **rege ich an**, das Verfahren gemäß § 238 I 2 ZPO zunächst auf die Verhandlung und Entscheidung über den Wiedereinsetzungsantrag zu beschränken.

Begründung:

I.

Der (die) Kläger(in) war ohne eigenes Verschulden gehindert, die Berufungsfrist einzuhalten, denn er (sie) war aufgrund seiner (ihrer) persönlichen und wirtschaftlichen Verhältnisse nicht in der Lage, die Kosten der Prozeßführung aufzubringen.

1. Er (Sie) hatte deshalb mit Schriftsatz vom ..., also innerhalb der bis zum ... laufenden Berufungsfrist, für die beabsichtigte Berufung Prozeßkostenhilfe beantragt.
2. Mit Beschluß vom ..., Az. ...., hier eingegangen am ..., wurde dem (der) Kläger(in) die Prozeßkostenhilfe mit der Begründung versagt, die Rechtsverfolgung biete keine hinreichende Aussicht auf Erfolg.
3. Zur Glaubhaftmachung beziehe ich mich auf die Gerichtsakten.

II.

Der (die) Kläger(in) geht weiterhin von den Erfolgsaussichten der Rechtsverfolgung aus und hat sich deshalb entschlossen, die Berufung auf eigene Kosten durchzuführen.

....
Rechtsanwalt/Rechtsanwältin

Muster 6: Berufungsschrift

An das
Landgericht/Oberlandesgericht ....
– Zivilkammer/-senat –

....

Berufung

In dem Rechtsstreit

....

– Kläger(in) und Berufungskläger(in) –

Prozeßbevollmächtigte(r): Rechtsanwalt/Rechtsanwältin ....

gegen

....

– Beklagte(r) und Berufungsbeklagte(r) –

Prozeßbevollmächtigte(r): Rechtsanwalt/Rechtsanwältin ....

wegen ....

lege ich gegen das Urteil des AG/LG .... vom ..., Az. ....

Berufung

ein.

Berufungsanträge und Berufungsbegründung bleiben einem gesonderten Schriftsatz vorbehalten.

Eine Urteilsabschrift sowie eine beglaubigte und eine einfache Abschrift dieser Berufungsschrift sind beigefügt.

....
Rechtsanwalt/Rechtsanwältin

Muster 7: Antrag auf Verlängerung der Berufungsbegründungsfrist

An das
Landgericht/Oberlandesgericht ....
– ... Zivilkammer/-senat –

....

Az. ....

Antrag auf Verlängerung der Berufungsbegründungsfrist

In dem Rechtsstreit

....

– Kläger(in) und Berufungskläger(in) –

Prozeßbevollmächtigte(r): Rechtsanwalt/Rechtsanwältin ....

gegen

....

– Beklagte(r) und Berufungsbeklagte(r) –

Prozeßbevollmächtigte(r): Rechtsanwalt/Rechtsanwältin ....

wegen ....

wird **beantragt,**

die am ... ablaufende Berufungsbegründungsfrist **um einen Monat** zu verlängern.

Es wird höflich um eine telefonische Vorabunterrichtung über die gewährte Verlängerung gebeten.

Begründung:[1817]

1. Die/Der Unterzeichnende befindet sich in der Zeit vom … bis … im Urlaub. Dabei handelt es sich um ihren/seinen Jahresurlaub, der in der Normandie verbracht wird. Dazu hat die/der Unterzeichnende im November vergangenen Jahres für sich und ihre/seine Familie ein Ferienhaus gemietet.

   Glaubhaftmachung: anwaltliche Versicherung

2. Im Hinblick auf § 53 I Nr. 2 BRAO wird darauf hingewiesen, daß eine Vertretung durch den Sozius der/des Unterzeichnenden, Herrn Rechtsanwalt … aus folgenden Gründen ausscheidet:

   Die/Der Unterzeichnende vertritt den Berufungskläger schon seit der Zeit vor der Sozietätsgründung. Aus dieser langjährigen, rund ein Dutzend Rechtsangelegenheiten umfassenden Zusammenarbeit ist ein besonderes Vertrauensverhältnis zwischen dem Berufungskläger und der/dem Unterzeichnenden entstanden.

   Glaubhaftmachung: anwaltliche Versicherung

   Der vorliegende Fall hat seinen Schwerpunkt im Transportrecht.

   Der Sozius der/des Unterzeichnenden ist Fachanwalt für Familienrecht und betreut nach der kanzleiinternen Geschäftsverteilung auch ausschließlich dieses Gebiet.

   Glaubhaftmachung: anwaltliche Versicherung

   Eine – notwendigerweise kurzfristige – Einarbeitung in die vorliegende völlig andersgelagerte Materie, die den Anforderungen an ein [oberlandesgerichtliches] Berufungsverfahren Rechnung trägt, ist kaum möglich und vor allem nicht zumutbar.

…………………………………
Rechtsanwalt/Rechtsanwältin

[1817] Weitere Beispiele substantiierter Begründungen von Verlängerungsanträgen finden sich bei *Steinert/Theede* Kap. 12 Rn. 44 sowie – jeweils für Verlängerungsgesuche erster Instanz – bei *BProzFb/Büchel* S. 146 ff. und *Michel/von der Seipen* S. 74.

Muster 8: ausgearbeitete Berufungsbegründung[1818]

An das
Oberlandesgericht München
– … Zivilsenat –
Prielmayerstr. 5
80097 München

Az. …/04

Berufungsbegründung

In dem Rechtsstreit

Eisenhandel Georg Mayer GmbH, …

– Klägerin und Berufungsklägerin –

Prozeßbevollmächtigter: Rechtsanwalt Dr. Anton Bauer, …………

gegen

Stahlwarenvertrieb Heinz Huber GmbH, …

– Beklagte und Berufungsbeklagte –

Prozeßbevollmächtigte: Rechtsanwältin Dr. Brigitte Stern, …

wegen Kaufpreisforderung u.a.

stelle ich zur Begründung der mit Schriftsatz vom … eingelegten Berufung[1819] gegen das Urteil des LG X vom … (Az. …) folgende

---

[1818] Weitere Muster bei *BProzFb/Goll* S. 307 f., *Müller/Schöppe-Fredenburg* S. 218 und *MüProzFb-ArbR/Kasper* Kap. 3 G I 2. 1, 2.2 a, 2.2. b.

[1819] *Schaub/Neef/Schrader* § 86 I Rn. 2 Fn. 7 empfehlen noch die Angabe des Eingangsdatums der Berufungsschrift bei Gericht sowie der Daten einer etwaig gewährten Verlängerung der Berufungsbegründungsfrist, weil man „*so die routinemäßigen Feststellungen des Berufungsgerichts in der mündlichen Verhandlung problemlos nachvollziehen kann, ohne in der Akte blättern zu müssen*"; das erscheint angesichts der hier empfohlenen Sitzungsvorbereitung (vgl. oben Rn. 348) nicht notwendig.

Anträge:

I. Unter Abänderung des Urteils des LG X vom … (Az. …) wird die Beklagte verurteilt, an die Klägerin … € nebst Zinsen hierauf in Höhe von 5 Prozentpunkten über dem Basiszinssatz seit dem … zu zahlen.

II. Vorsorglich wird für den Fall des Unterliegens beantragt, die Revision zuzulassen.

III. Eine Entscheidung der Sache durch den Einzelrichter ist nicht angezeigt.

Die Anträge werden wie folgt **begründet**:

Die Klägerin verfolgt mit der Berufung die in erster Instanz geltend gemachten Kaufpreisforderungen aus zwei zwischen den Parteien geschlossenen und seitens der Klägerin erfüllten Kaufverträgen sowie die Schadenersatzforderung aus einem dritten Lieferungsgeschäft in vollem Umfang weiter.

I. Das LG X hat den Klageantrag zu 1) mit der Begründung abgewiesen, der diesbezügliche Klagevortrag sei nicht hinreichend substantiiert (UA. S. 7 unter I 2). Dies ist insofern verfahrensfehlerhaft, als das Erstgericht auf diesen seiner Ansicht nach bestehenden Mangel nicht in der von § 139 I 2 ZPO geforderten Art und Weise hingewiesen hatte.

1. Zwar hat das LG X in der mündlichen Verhandlung vom … die Klägerin darauf hingewiesen, daß *„die Klage teilweise nicht hinreichend substantiiert"* sei (Protokoll vom …, S. 2). Es hat aber – trotz Nachfrage des Prozeßbevollmächtigten der Klägerin – keine weiterführenden Ausführungen gemacht, wobei es sich dabei auf die *„bekannte Rechtsprechung"* berief, daß eine anwaltlich vertreten Partei ohnehin nicht auf eine mangelnde Schlüssigkeit hingewiesen werden müsse.

   Dies ist in mehrfacher Weise fehlsam:

   a) Zunächst besteht entgegen der Meinung des Erstgerichts die Hinweispflicht gemäß § 139 ZPO grundsätzlich auch gegenüber einer anwaltlich vertretenen Partei. Das LG X hat zur Rechtfertigung seines Standpunkts wohl die Entscheidung des VIII. Zivilsenats des Bundesgerichtshofs (*NJW 1984, 310*) im Auge gehabt. Es hat dabei aber verkannt, daß diese Entscheidung nicht nur im Widerspruch zur vorausgegangenen Rechtsprechung des Bundesgerichtshofs (vgl. insbesondere *BGHZ 3, 206 [213]; Rpfleger 1977, 359 [360]*) steht, in der obergerichtlichen Rechtsprechung (*OLG Hamm AnwBl 1984, 93; OLG Schleswig NJW 1986, 3146f. [ebenso schon NJW 1982, 2783]; OLG Frankfurt a.M. NJW 1989, 722; OLG Celle NJW-RR 1998, 493; OLG Köln ZIP 1989, 604; MDR 1998, 1306; OLGR 2001, 14*) und im Schrifttum (*Deubner NJW 1984, 311; Peters JZ 1984, 1921; E. Schneider MDR 1989, 1069ff.; Piekenbrock NJW 1999, 1360 (1362); MüKo-ZPO/Peters, 2. Aufl. 2000, § 139 Rn. 11ff.; Crückeberg, Zivilprozeßrecht, 2. Aufl. 2002, § 3 Rn. 325; Prechtel, Erfolgreiche Taktik im Zivilprozess, 2. Aufl. 2003, S. 271f.; Gehrlein, Zivilprozessrecht, 2. Aufl. 2003, § 3 Rn. 15; Jauernig, Zivilprozessrecht, 28. Aufl. 2003, § 25 VII 6 [S. 94];Schellhammer, Zivilprozess, 10. Aufl. 2003, Rn. 409; Zöller/Greger, ZPO, 24. Aufl. 2004, § 139 Rn. 12; Fellner MDR 2004, 728;*

Rosenberg/Schwab/Gottwald, Zivilprozessrecht, 16. Aufl. 2004, § 78 Rn. 17; Wieczorek/Schütze/Gerken, ZPO, 3. Aufl. 2004, § 531 Rn. 26; Thomas/Putzo/Reichold, ZPO, 26. Aufl. 2004, § 139 Rn. 12; BL/Hartmann, ZPO, 63. Aufl. 2005, § 139 Rn. 54, 55, 83; grundsätzlich auch *Musielak/Stadler, ZPO, 4. Aufl. 2005, § 139 Rn. 6*) keine Gefolgschaft erfahren hat und vom Bundesgerichtshof seit längerem aufgegeben worden ist, insbesondere auch vom VIII. ZS selbst in seiner Entscheidung NJW-RR 1997, 441 (vgl. ferner *BGHZ 127, 254 [260]; NJW 1999, 1264; 2001, 2548; NJW-RR 2002, 1436 [1437]; BGHReport 2003, 16 [18]; NJW-RR 2004, 281*).

b) Weiter genügt ein Gericht seiner Hinweispflicht nicht dadurch, daß es nur allgemein oder pauschal auf irgendwelche Bedenken hinweist (*BGH NJW 1999, 420 [421], 1264, 1867 und 2123 f.; OLG Hamm MDR 1977, 940; Prechtel S. 264; Gehrlein § 3 Rn. 12; Zöller/Greger a.a.O.; Rosenberg/Schwab/Gottwald a.a.O.; Fellner a.a.O.; BL/Hartmann § 139 Rn. 28*). Dies gilt grundsätzlich auch im Anwaltsprozeß (vgl. *BGH NJW 1999, 1264 und 2123 f.; OLG München NJW-RR 1997, 1425*). Wenn in der Lehre unter Hinweis auf eine angebliche Arbeitsteilung zwischen Gericht und Anwaltschaft (*Musielak/Stadler a.a.O.; Jauernig § 25 VII pr. [S. 92 f.]; Zöller/Greger a.a.O.*) oder die Aufgabe der Gerichte, *„die notwendige Konkurrenzsituation [in der Anwaltschaft] nicht zu verzerren“* (*Musielak/Stadler a.a.O.*) z.T. eine gegenteilige Auffassung vertreten wird, ist dem nicht zu folgen (so auch *Schellhammer a.a.O.; E. Schneider, ZPO-Reform, 2002, Rn. 80;* i. Erg. auch *BL/Hartmann a.a.O.*). Es wird nämlich zum einen verkannt, daß ein Hinweis nur dann einen Sinn haben kann, wenn er inhaltlich soweit bestimmt ist, daß der Hinweisempfänger wenigstens grundsätzlich darauf reagieren kann (vgl. *BGH NJW-RR 1997, 441; 2002, 1436 [1437]*); dies gilt erst recht in Fällen wie dem vorliegenden, wo der Rechtsstreit mehrere Streitgegenstände hat. Zum anderen gehört die Aufrechterhaltung der „Konkurrenzsituation“ in der Anwaltschaft auf Kosten der Parteien nicht zu den Aufgaben eines Gerichts.

2. Ein unterlassener oder unvollständiger Hinweis auf eine ungenügende Substantiierung des Vortrags ist ein Verfahrensfehler (*OLG Schleswig NJW 1986, 3146; OLG München NJW-RR 1997, 1425; Prechtel S. 269; Thomas/Putzo/Reichold § 139 Rn. 2*).

3. Das angefochten Urteil beruht auch i.S.d. § 513 I Fall 1 ZPO auf diesem Verfahrensfehler, da die Klägerin bei einem konkreten Hinweis seitens des Erstgerichts detailliert Stellung genommen hätte und eine Klageabweisung aus diesem Grund nicht möglich gewesen wäre. Hätte das LG X die im angefochtenen Urteil angeführten angeblichen Substantiierungsmängel bereits in der mündlichen Verhandlung im einzelnen bezeichnet, hätte die Klägerin in Ergänzung ihres bisherigen Klagevortrags folgendes ausgeführt:

a) Soweit das Gericht Vortrag dazu, wer/wann/wo/mit wem verhandelt habe, vermißt, ist darauf hinzuweisen, daß dies nach allgemeiner Ansicht in Rechtsprechung (*BGH NJW 1986, 919; NJW-RR 1998, 1409; NJW 1999, 1859 [1860]; 2000, 3286 [3287]; OLG Köln NJW-RR 1999, 1155; ferner OLG Jena Urt. v. 19.4.2001 – 1 U 1082/00; OLG Celle NJW-RR 2004, 1367*) und Lehre (z.B. *Pantle/Kreissl, Die Praxis des Zivilprozesses, 3. Aufl. 2002, Rn. 342; Prechtel S. 101; Schellhammer Rn. 368*) für einen substantiierten Sachvortrag nicht erforderlich ist. Vorsorglich wird aber folgendes vorgetragen:..

b) ...

II. Das LG X hat den Klageantrag zu 2) mit der Begründung abgewiesen, es sei aufgrund der Einvernahme des Prokuristen Friedrichs der Beklagten überzeugt, daß es insoweit noch nicht zu einem Vertragsabschluß zwischen den Parteien gekommen sei (UA. S. 9 unter II 2). Dies ist insoweit rechtsfehlerhaft, als es das Erstgericht unterließ, den Geschäftsführer der Klägerin, der für diese die Vertragsverhandlungen führte, als Partei zu vernehmen oder anzuhören und seine Bekundungen in die Verhandlungs- und Beweiswürdigung gemäß § 286 I 1 ZPO einzustellen.

1. Wie das BVerfG in seiner Entscheidung vom 21.2.2001 (*NJW 2001, 2531f.*) ausgeführt hat, muß in Fällen des sog. Vier-Augen-Gesprächs die in Beweisnot befindliche Partei entweder gemäß § 448 ZPO von Amts wegen als Partei vernommen werden (hierfür *EGMR NJW 1995, 1413f.; Schlosser NJW 1995, 1404ff.; Schöpflin NJW 1996, 2134; Roth ZfEuP 1996, 484; Gehrlein ZZP 110 [1997] 451ff.; Zwanziger DB 1997, 776ff.; Deubner JuS 1997, 835 (837); Zwanziger/Heitmann, Erfolgreich als Anwalt praktizieren, 2. Aufl. 1998, S. 90f.; Coester-Waltjen ZZP 113 [2000] 269 [291]; Oberhammer ZZP 113 [2000] 295 [309]; Reinkenhof JuS 2002, 645ff.; Kocher NZA 2003, 1314; Thomas/Putzo/Reichold § 448 Rn. 4; Musielak/Huber § 448 Rn. 7*) oder wenigstens gemäß § 141 I ZPO angehört werden (hierfür *schon BGHZ 122, 115 [121]; ferner BGH NJW 1998, 306f.; 1999, 363 [364; tendenziell]; 2002, 2247 [2249 unter Beschränkung des Aspekts der Waffengleichheit auf das echte Vier-Augen-Gespräch]; 2003, 1002; 2003, 3636; Beschl. v. 30.9.2004 – III ZR 369/03; BAG NZA 2002, 731 (734); OLG Zweibrücken NJW 1998, 167; OLG Saarbrücken OLGR 2000, 296; OLG Brandenburg VersR 2003, 344 [345]; OLG München OLGR 2004, 139; LAG Dresden NZA-RR 2000, 497; AG Herborn VersR 1999, 47; Wittschier DRiZ 1997, 247ff.; E. Schneider MDR 1998, 690 [693f.]; Gehrlein § 10 Rn. 67; Grams BRAK-Mitt. 2004, 23 [24]; Musielak/Huber § 448 Rn. 7*).
2. Wäre das Erstgericht auf diese Weise prozeßordnungsgemäß vorgegangen, wäre es bei Beachtung des Grundsatzes, daß bei gegensätzlichen Aussagen eine **positive** Begründung der Glaubhaftigkeit einer Aussage unter Einbeziehung aller Gesichtspunkte wie Neutralität oder anderweitig erkennbare Objektivität der Aussageperson mit ausreichender Beobachtungsfähigkeit und Erinnerungskritik erforderlich ist (so eingehend *OLG Karlsruhe NJW-RR 1998, 389* mit zahlr. Nachw. aus der forensischen Aussagepsychologie*; E. Schneider MDR 1998, 997 [1000]*; vgl. ferner *AG Marbach MDR 1987, 241; Zimmermann, ZPO, 6. Aufl. 2002, § 286 Rn. 13; BL/Hartmann § 286 Rn. 11*), zu dem Ergebnis gelangt, daß der Aussage des Zeugen Friedrichs kein besonderes Gewicht beizumessen ist.

III. Das LG X hat den Klageantrag zu 3) mit der Begründung abgewiesen, die Klägerin habe insoweit keinen ausreichenden Beweis geführt (UA. S. 12 unter III 1).

1. Die Klägerin kann nunmehr zu der von ihr behaupteten und von der Beklagten bestrittenen Erklärung des Prokuristen der Beklagten, der von der Beklagten

angebotene und dann auch gelieferte Typ Stahlträger sei von einem Sachverständigen getestet und für dem Stand der Technik entsprechend befunden worden,
Beweis antreten durch
Heinz Siegel, ... als **Zeuge**.

2. Die Klägerin kann dieses neue Beweismittel gemäß § 531 II 1 Nr. 3 ZPO vorbringen, da es sich um ein neu aufgefundenes handelt, bei dem eine Nachlässigkeit in der Prozeßführung nach dem geschilderten Ablauf der Ereignisse ausscheidet (sog. nova reperta; *OLG Zweibrücken OLGR 2003, 34; OLG Saarbrücken NJOZ 2003, 1003; RegE/ZPO-RG, BT-Dr. 14/4722, S. 101; Rimmelspacher NJW 2002, 1897 [1904]; Gehrlein VersR 2002, 935 [939] und MDR 2003, 421 [428]; Prechtel S. 193; Michel/von der Seipen, Der Schriftsatz des Anwalts im Zivilprozess, 6. Aufl. 2004, S. 266; Zöller/Gummer/Heßler § 531 Rn. 30; Rosenberg/Schwab/Gottwald § 137 Rn. 56; Fellner MDR 2004, 241 [243]; Musielak/Ball § 531 Rn. 19*).

   Der Zeuge, der bekunden wird, daß die Beklagte auch dem von ihm vertretenen Unternehmen anläßlich eines ähnlichen Geschäfts rund drei Monate vor dem streitgegenständlichen eine gleichartige Erklärung gegeben habe, war der Klägerin bis zum Entscheidungsverkündungstermin nicht bekannt. Er meldete sich zunächst bei der Klägerin und dann auf deren Anraten beim Unterzeichnenden, wobei er erklärte, er habe von dem Prozeß aufgrund von Gesprächen in Branchenkreisen erfahren.

IV. Die Zulassung der Revision wird im Hinblick auf die Notwendigkeit der Fortbildung des Rechts oder der Sicherung einer Einheitlichkeit der Rechtsprechung (§ 543 II 1 Nr. 2 ZPO) beantragt. Der Rechtsstreit berührt Fragen, zu denen sich der Bundesgerichtshof nicht oder nicht abschließend geäußert hat (z.B. die Frage der positiven Begründung der Glaubhaftigkeit bei widersprechenden Zeugenaussagen im Zivilprozeß).

V. Da eine – jedenfalls teilweise – Wiederholung der Beweisaufnahme mit einer diffizilen Würdigung widersprüchlicher Zeugenaussagen erforderlich sein wird und der Rechtsstreit z.T. in der höchstrichterlichen Rechtsprechung noch nicht abschließend geklärte Fragen aufwirft, erscheint eine Übertragung der Sache auf den Einzelrichter nach § 526 I Nr. 2 ZPO nicht angezeigt (vgl. *Wieczorek/Schütze/Gerken § 526 Rn. 5; Thomas/Putzo/Reichold § 526 Rn. 7*).

Eine beglaubigte und eine einfache Abschrift dieser Berufungsbegründung sind beigefügt.

Dr. Anton Bauer
Rechtsanwalt

Muster 9: Berufungserwiderung[1820]

An das
Landgericht/Oberlandesgericht ....
– ... Zivilkammer/-senat –
....

Az. ..../......

Berufungserwiderung

In dem Rechtsstreit

....

– Kläger(in) und Berufungskläger(in) –

Prozeßbevollmächtigte(r): Rechtsanwalt/Rechtsanwältin ....

gegen

....

– Beklagte(r) und Berufungsbeklagte(r) –

Prozeßbevollmächtigte(r): Rechtsanwalt/Rechtsanwältin ....

wegen ....

wird **beantragt**, die Berufung zurückzuweisen.

Begründung:

Das angegriffene Urteil des Amtsgerichts/Landgerichts ... entspricht der Sach- und Rechtslage und ist deshalb aufrechtzuerhalten. Im einzelnen:

I.

II.

....
Rechtsanwalt/Rechtsanwältin

[1820] Weitere Muster bei *Luchterhand Prozeßformularsammlung* Nr. 1.A.05.a#03 und 04; *BProzFb/Goll* S. 315 f.; *AF/Krumscheid* Rn. 181 (Muster 811); *Steinert/Theede* Kap. 12 Rn. 72 und *Müller/Schöppe-Fredenburg* S. 222.

Muster 10: Anschlußberufung[1821]

An das
Landgericht/Oberlandesgericht ....
– ... Zivilkammer/-senat –

....

Az. ..../ ......[1822]

Anschlußberufung

In dem Rechtsstreit

....

– Kläger(in), Berufungskläger(in) und Anschlußberufungsbeklagte(r) –

Prozeßbevollmächtigte(r): Rechtsanwalt/Rechtsanwältin ....[1823]

gegen

....

– Beklagte(r), Berufungsbeklagte(r) und Anschlußberufungskläger(in) –

Prozeßbevollmächtigte(r): Rechtsanwalt/Rechtsanwältin ....

wegen ....

lege ich gegen das Urteil des AG/LG .... vom ..., Az. ....

Anschlußberufung

ein, mit folgenden

[1821] Weitere Muster *Luchterhand Prozeßformularsammlung* Nr. 1.A.05.a#05; *AF/Krumscheid* Rn. 182 (Muster 812); *BProzFb/Goll* S. 312 f.; *Steinert/Theede* Kap. 12 Rn. 75; *Müller/Schöppe-Fredenburg* S. 224; *Schaub/Neef/Schrader* § 86 I Rn. 5.

[1822] *Luchterhand Prozeßformularsammlung* Nr. 1.A.05.a.#05 sieht hier zu Unrecht die Angabe des erstinstanzlichen Aktenzeichens vor.

[1823] *Schaub/Neef/Schrader* § 86 I Rn. 5 sieht hier unverständlicherweise die Angabe des Prozeßbevollmächtigten 1. Instanz vor.

Anträgen:

1. ....
2. ....

Begründung:

....

....
Rechtsanwalt/Rechtsanwältin

Muster 11: Aktenrenner 1. Instanz (in Verkehrszivilsachen)[1824]

Rechtsstreit .... gegen ....

Aktenrenner

Klagepartei	**Beklagte Partei**
❑ Fußgänger	❑ Fußgänger
❑ Radfahrer	❑ Radfahrer
❑ Kraftradfahrer	❑ Kraftradfahrer
❑ Kraftfahrer	❑ Kraftfahrer
	❑ Halter
	❑ Versicherung
Amtl. Kennz.:	Amtl. Kennz.: ....
Typ:	Typ: ....
Farbe	Farbe ....
❑ Klageantrag .... €	❑ Klageabweisungsantrag
nebst ... Prozentpunkte Zinsen aus .... € seit	❑ Teilanerkenntnis .... €
	❑ Teilerledigung .... €
	❑ Teilrücknahme................. €
❑ Feststellungsantrag Bl.	❑ Streitverkündung
Streitwert: .... €	❑ Widerklage ❑ Drittwiderklage gegen .... gegen ....
❑ Hauptsacheerledigung .... € Zinsen hieraus?	.... € nebst ... Prozentpunkte Zinsen aus ... € seit ....
❑ eingeklagte Quote	
❑ Wider-/Drittwiderklage? ❍ ja ❍ nein	

[1824] Nach *Werner Bachmeier*, Das Mandat in Verkehrszivilsachen, München 1999 (Verlag C.H.Beck), S. 256 f. (mit freundlicher Genehmigung des Autors).

Zeuge .... Bl. .... Zeuge .... Bl. .... Zeuge .... Bl. .... Zeuge .... Bl. .... ❑ **Streitverkündung?** ❍ ja ❍ nein	Zeuge .... Bl. .... Zeuge .... Bl. .... Zeuge .... Bl. .... Zeuge .... Bl. ....
	Zuständigkeit?
Streit um ❑ Grund ❑ Höhe ❑ Schmerzensgeld	❑ B1 ❑ B2 ❑ B3

Klagepartei:

....

....

....

....

....

....

....

Beweisangebote ❑ ja ❑ nein

❍ Zeugen ❍ Partei ❍ Sachverständige

❑ eigene ❑ Gegner

Beklagte:

....

....

....

....

....

....

....

Beweisangebote ❑ ja ❑ nein

❍ Zeugen ❍ Partei ❍ Sachverständige

❑ eigene ❑ Gegner

Höhe	**Offene Beweisangebote**
❑ bestritten: ❑ nicht bestritten	
❑ Zinsanspruch Bl.	Kläger Beklagte
❍ Höhe ❍ Zeitpunkt	❑ Zeugen ....
❑ Reparaturkosten Bl.	❑ Gutachten.................................
❑ Wertminderung Bl.	❑ Augenschein ....
❑ Wiederbeschaffungswert Bl.	❑ Parteivern. ....
❑ Restwert Bl.	❑ Aktenbeiziehung ....
❑ Gutachterkosten Bl.	❑ ....
❑ Nutzungsausfall Bl.	❑ ....
❍ Höhe ❍ Dauer Bl.	❑ ....
❑ Mietwagenkosten Bl.	❑ Verdienstausfall Bl.
❍ Höhe ❍ Dauer Bl.	❑ ....
❑ Schmerzensgeld Bl.	❑ ....
❑ Anwaltskosten Bl.	❑ ....
❑ Bl.	Einverständnis mit Verwertung:
	❑ ja ❑ ja
	❑ nein ❑ nein

Muster 12: Aktenrenner 2. Instanz

Rechtsstreit .... gegen ....

LG/OLG		**Az.** ..../.........	
Urteil des AG/LG		vom	Az. ..../.........
Streitwert: .... €		Streitwert in 1. Instanz: .... €	
Termin am			
	1. **Kläger**:	1. **Beklagter**:	
	2. Kläger:	2. Beklagter:	
	3. Kläger:	3. Beklagter:	
Prozeßbevollmächtigte/r	....	....	
Urteil zugestellt am	....	....	
Berufungsschrift vom	....	....	
Berufungsbegründungsfrist verlängert bis	....	....	
Berufungsbegründung vom	....	....	
Berufungserwiderung vom	....	....	
Anschlußberufung vom	....	....	
Anschlußberufungs-erwiderung vom	....	....	
Replik vom	....	....	
Duplik vom	....	....	
weitere Schriftsätze vom	....	....	
Berufungsantrag vom	....	....	
Berufungsgegenantrag vom	....	....	
Anschlußberufungsantrag vom	....	....	
Anschlußberufungs-gegenantrag vom	....	....	
Beweisanordnung/-beschluß vom	....	....	
Gutachten	SV .... SV .... SV	vom .... vom .... vom	

Muster 13: Terminzettel

Kanzlei-Az. ....

Terminzettel

in der Berufungssache ....
Az. .... LG/OLG .... (... Zivilkammer/-senat)

Termin vom .... Uhr .... Saal ....

Präsenz:

❑ Mandant/in
❑ Gegenpartei
❑ Gegenanwalt ....

Anträge:

❑ unsere Seite
  ❍ wie Schriftsatz vom ....
  ❍ wie folgt: ....
❑ Gegenseite
  ❍ wie Schriftsatz vom ....
  ❍ wie folgt: ....

Bemerkungen des Gerichts:

❑ zur Sachlage
❑ zur Rechtslage
❑ Vergleichsvorschlag
} siehe Anlage

Ergebnis:

❑ Berufungs-/Klagerücknahme
❑ Berufungsurteil
  ❍ VU/Anerkenntnis-/Verzichtsurteil
❑ Vergleich
  ❍ unwiderruflich
  ❍ widerruflich

Widerrufsfrist: ....

❑ Ruhen des Verfahren
❑ Beweistermin ....

- ❑ sonstiger Fortsetzungstermin ....
- ❑ **VT** ....

....
Rechtsanwalt/Rechtsanwältin

Sachverzeichnis

(Die Zahlen verweisen auf die Randnummern)

W